MINGCUNZHI 〓 TANGLIAN

汤联村志

张家港市名村志系列丛书

《汤联村志》编纂委员会 编

广陵书社

图书在版编目（ＣＩＰ）数据

汤联村志 / 《汤联村志》编纂委员会编. -- 扬州：
广陵书社，2019.11
（张家港市名村志系列丛书）
ISBN 978-7-5554-1274-8

Ⅰ. ①汤… Ⅱ. ①汤… Ⅲ. ①村史－张家港 Ⅳ.
①K295.35

中国版本图书馆CIP数据核字(2019)第230935号

书　　名	汤联村志
编　　者	《汤联村志》编纂委员会
责任编辑	王浩宇
出版发行	广陵书社
	扬州市维扬路 349 号　　　邮编　　225009
	（0514）85228081（总编办）　85228088（发行部）
	http：// www.yzglpub.com　E－mail：yzglss@163.com
印　　刷	无锡市海得印务有限公司
装　　订	无锡市西新印刷有限公司
开　　本	787 毫米×1092 毫米　1/16
印　　张	25.5
字　　数	500 千字
版　　次	2019 年 11 月第 1 版
印　　次	2019 年 11 月第 1 次印刷
标准书号	ISBN 978-7-5554-1274-8
定　　价	280.00 元

《汤联村志》编纂委员会

名誉主任：沈学如　蒋　炜

主　　任：季　健

副 主 任：徐　江　李金城　高丽萍

委　　员：肖玉春　李卫丰　徐琴芬

《汤联村志》编纂人员

主　　审：徐　江　李金城

主　　编：闵荣高

编　　辑：陈正元　徐建标

校　　对：徐建标

审 定 单 位

张家港市杨舍镇人民政府

中共张家港市委党史地方志办公室

《汤联村志》资料员名单

（按姓氏笔画排列）

李卫丰　李连生　李金城　李喜生　肖玉春

邹丽娟　闵汝生　闵培章　张正兴　张后兴

张　丽　陈　博　徐　飞　徐方保　徐正元（无锡）

徐　江　徐兴保（南园）　　徐如明　徐阿标

徐国和　徐国柱　徐高保　徐敏珠　徐琴芬

徐惠荣　徐福年　高丽萍　隆志川　程叙法

缪仁元

《汤联村志》审稿人员

（按姓氏笔画排列）

许漱芬　李卫丰　李金城　肖玉春　邹丽娟

闵汝生　闵培章　张后兴　陈永章　陈梅根

徐　江　徐国治　徐明保　徐高保　徐琴芬

高丽萍　程叙法

2016年汤联村行政区域示意图

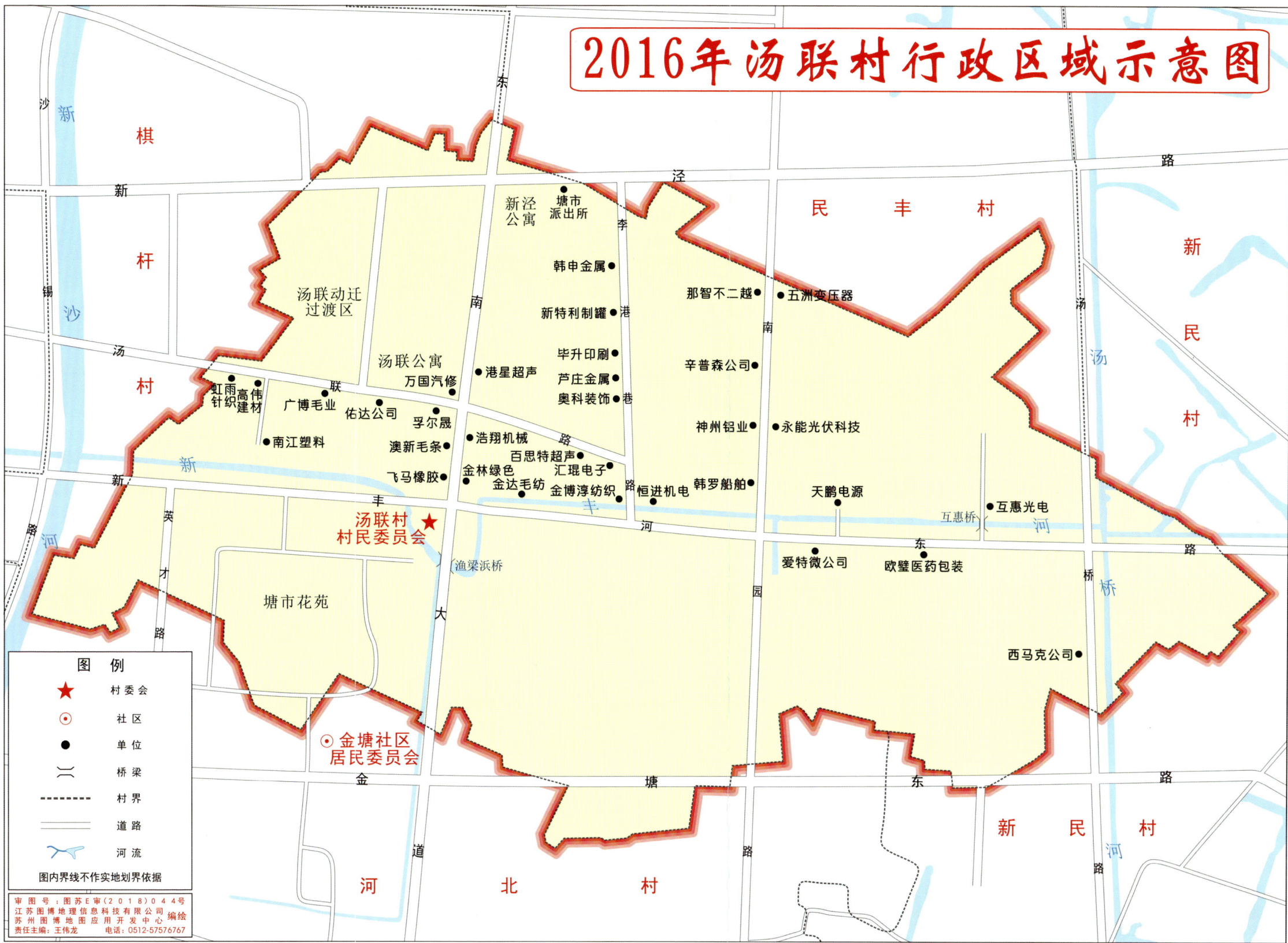

新沙

棋杆

锡沙

汤村

新泾公寓

塘市派出所

民丰村

新民村

汤联动迁过渡区

韩申金属●

那智不二越● ●五洲变压器

新特利制罐●

毕升印刷●

汤联公寓

辛普森公司●

虹雨高伟针织建材●

万国汽修

港星超声●

芦庄金属●

奥科装饰●

神州铝业● ●永能光伏科技

广博毛业●

佑达公司●

孚尔晟●

浩翔机械●

南江塑料●

澳新毛条●

百思特超声●

汇琨电子●

恒进机电●

韩罗船舶●

天鹏电源●

互惠桥

互惠光电●

飞马橡胶●

金林绿色●

金达毛纺●

金博淳纺织●

汤联村村民委员会 ★

渔梁浜桥

爱特微公司●

欧璧医药包装●

桥桥

东

塘市花苑

西马克公司●

◉ 金塘社区居民委员会

新民村

河北村

图例

★	村委会
◉	社区
●	单位
⌒	桥梁
----	村界
═	道路
〰	河流

图内界线不作实地划界依据

审图号：图苏E审（2018）044号
江苏图博地理信息科技有限公司 编绘
苏州图博地图应用开发中心
责任主编：王伟龙 电话：0512-57576767

汤联村在杨舍镇的位置图

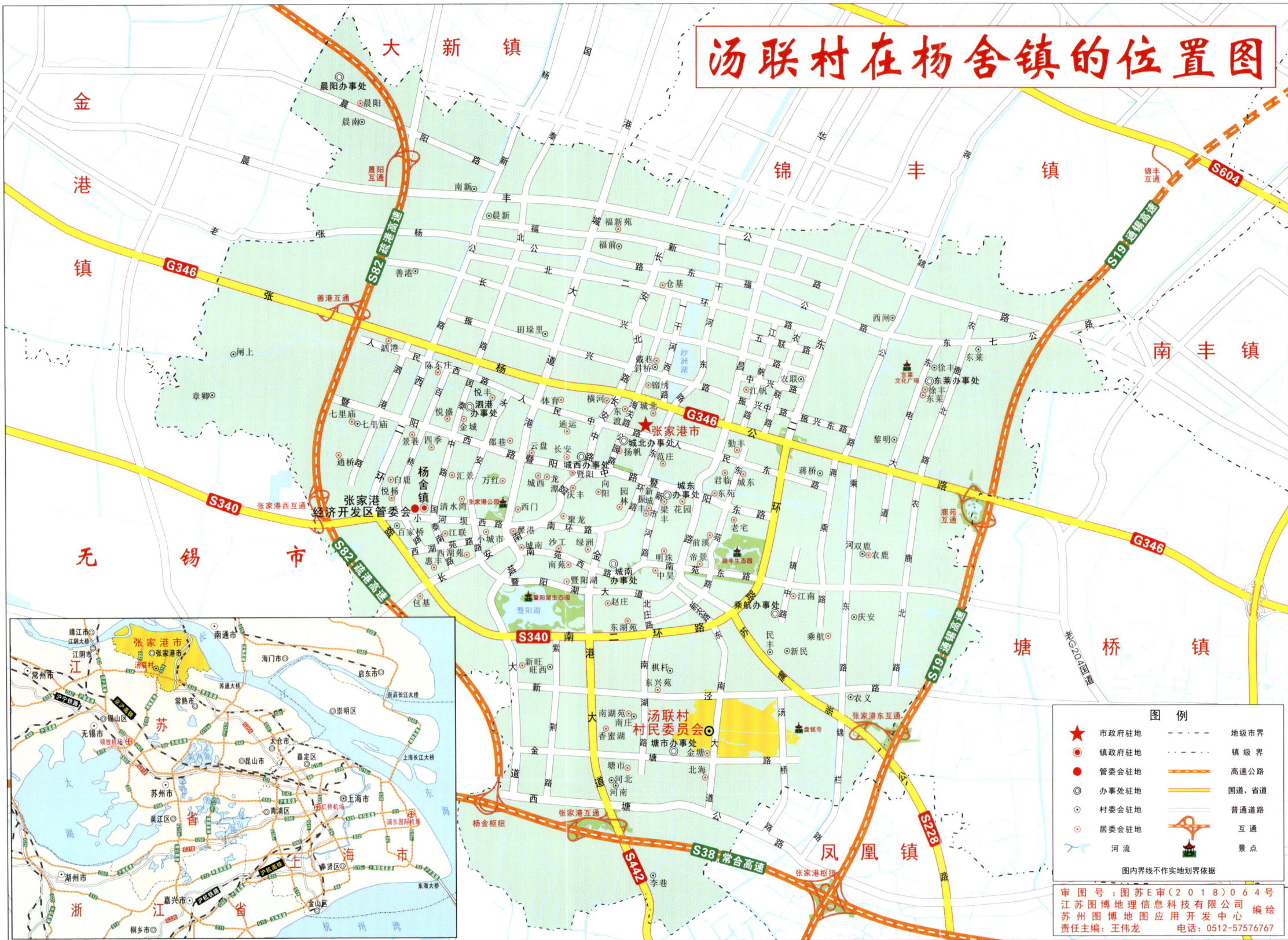

大新镇
锦丰镇
南丰镇
塘桥镇
凤凰镇
金港镇
无锡市
杨舍镇
张家港市

汤联村
村民委员会

张家港经济开发区管委会

审图号：图苏E审（2018）064号
江苏图博地理信息科技有限公司 编绘
苏州图博地图应用开发中心
责任主编：王伟龙　电话：0512-57576767

图例
市政府驻地　　地级市界
镇政府驻地　　镇级界
管委会驻地　　高速公路
办事处驻地　　国道、省道
村委会驻地　　普通道路
居委会驻地　　互通
河流　　景点
图内界线不作实地划界依据

G346　S82　S340　S19　S604　S228　S38　S442

汤联村综合办公大楼（2016年摄）

苏州市政府领导到汤联村调研经济发展情况（2014 年摄）

中共张家港市委领导到汤联动迁过渡区建设现场考察（2013 年摄）

中共青海省委原副书记姚湘成（中）
为《汤联村志》作序（2016 年摄）

村委领导访问丁振邦和倪荷珍夫妇
（2017 年摄）

村委领导和村志编辑访问王仲坤（中，2017 年摄）

2016 年汤联村两委班子成员

2018 年汤联村两委班子成员

村民自治动员会（2015 年摄）

服务上门（2015 年摄）

"加强党性修养，争做合格党员"专题党课（2017 年摄）

"股权固化"工作听证会（2015 年摄）

认真审核（2015 年摄）

民主测评（2017 年摄）

民声面对面（2015 年摄）

干群交谈（2015 年摄）

村务公开栏（2017 年摄）

党员活动（2016 年摄）

送温暖（2014 年摄）

过渡房（2013 年摄）

村民住房（2016 年摄）

塘市花苑(2013年摄)

金塘社区（2013 年摄）

20 世纪 70 年代农民住房（徐惠荣提供）

20 世纪 80 年代农民住房（徐惠荣提供）

汤联公寓（2016 年摄）

新泾公寓（2014 年摄）

和合园（2018 年摄）

文明驿站（2018 年摄）

塘市花苑东区（2013 年摄）

情暖夕阳服务站（2018 年摄）

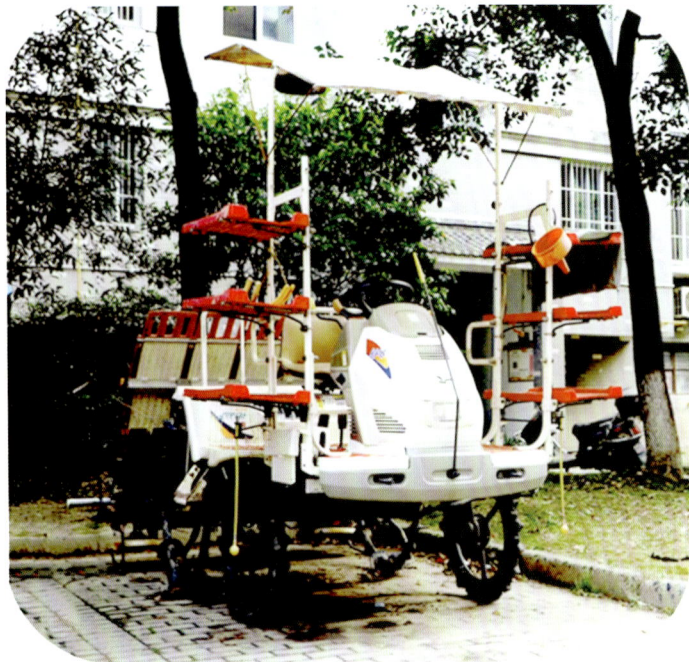

插秧机（2009 年摄，张后兴提供）

拖拉机（2009 年摄，张后兴提供）

移栽不久的水稻（1998 年摄）

机械收割（1998 年摄）

《张家港日报》记者采访汤联芹菜种植情况（2016 年摄）

拔芹菜现场（2016 年摄）

简易大棚西瓜（2009 年摄）

村庄整体动迁后的渔梁泾（2014 年摄，徐飞提供）

新丰路（2016 年摄）

渔梁浜桥（2016 年摄）

汤联桥（2017 年摄）

汤联路（2017 年摄）

渔梁浜后房段（2015 年摄）

新泾路汤联段（2016 年摄）

汇琨电子制造有限公司车间一角（2018年摄）

企业证书（2014年摄）

南江塑料制品有限公司（2015年摄）

金林绿色研发中心（2017年摄）

百思特超声电气有限公司车间一角（2015年摄）

牧之情羊绒衫厂（2015年摄）

飞马橡胶用布有限公司（2016 年摄）

虹雨针织有限公司（2018 年摄）

金博淳纺织有限公司
（2018 年摄）

澳新毛条毛线有限公司
（2018 年摄）

消防演练（2014 年摄）

"菜根香"私房菜馆（2016 年摄）

万国汽修有限公司（2015 年摄）

社区图书馆（2015 年摄）

社区书场一角（2016 年摄）

才艺展示（2014 年摄）

第七届老年人计算机技能展示活动评比（2015 年摄，闵文龙提供）

文艺演出（2015 年摄）

文艺晚会（2015 年摄）

红领益站（2015 年摄）

和合广场（2014 年摄）

迎新年农民健身长跑赛（2013 年摄）

吴柏平信鸽获国家赛郑州赛区亚军（2016 年摄）

篮球比赛（2017 年摄）

健步行活动（2016年摄）

过渡房区篮球场（2016年摄）

喜迎十八大篮球赛（2012年摄）

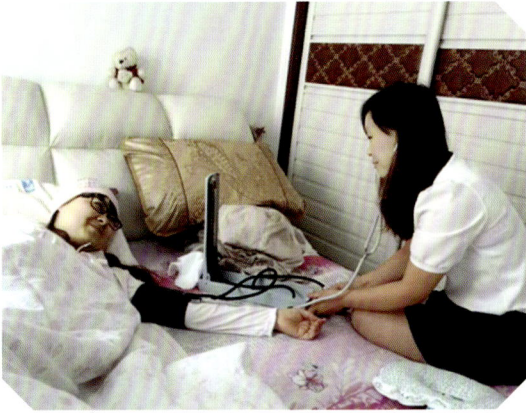

产后探访（2014 年摄）

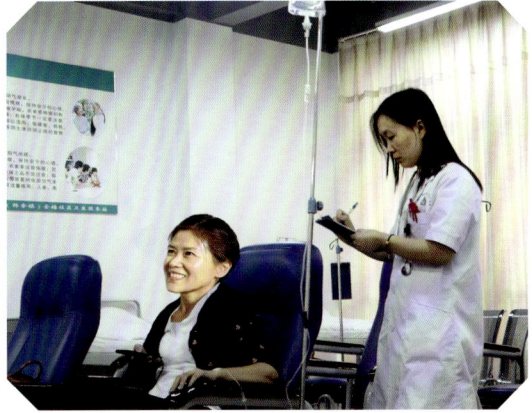

医疗服务（2018 年摄）

义诊活动（2014 年摄）

隆竹梅（1925 年生，隆正平提供）

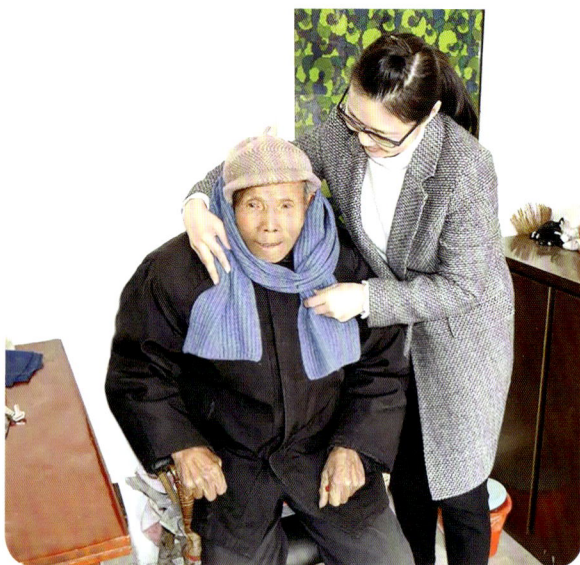

闵华秋（左，1926 年生，徐琴芬提供）

姚保妹（前排右二，1925 年生，徐琴芬提供）

徐节妹（右，1912 年生，徐琴芬提供）

徐满保（1919 年生，徐惠荣提供）

王定珍（1925 年生，隆志川提供）

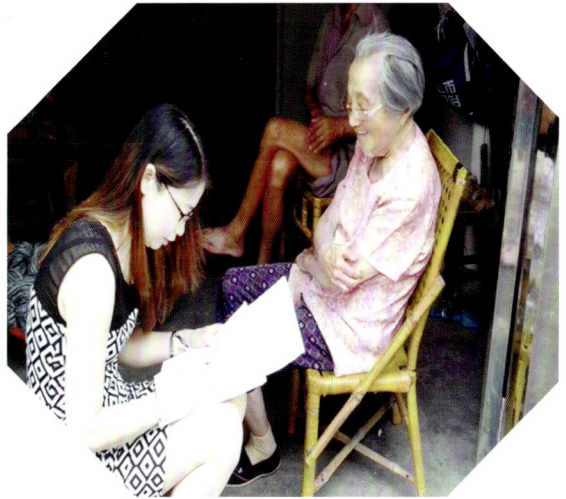

闵莲珍（右，1922 年生，徐琴芬提供）

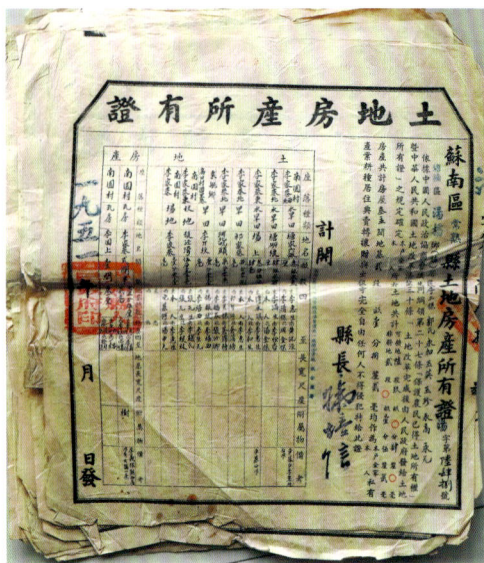

解放初期土地房产所有证
（2016 年摄，李喜生提供）

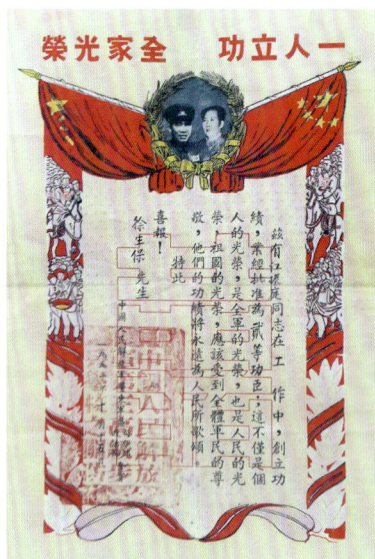

解放初期的立功证
（2016 年摄，徐国和提供）

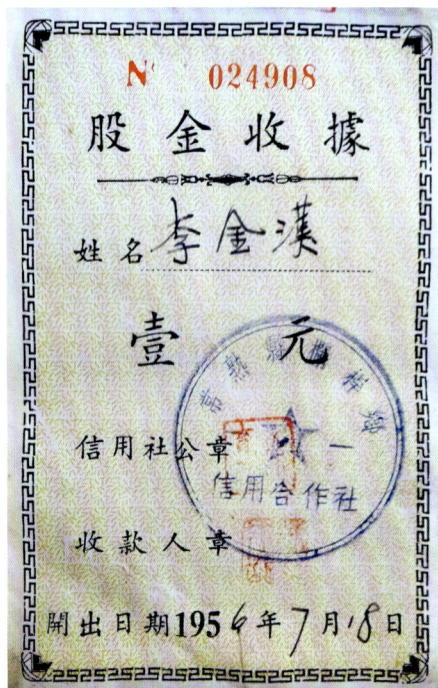

1983 年供销社股票
（2016 年摄，李炳元提供）

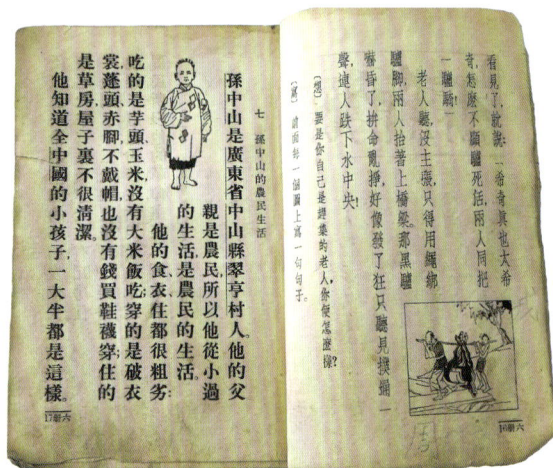

1956 年信用社股金收据
（2016 年摄，李喜生提供）

民国时期教科书（2016 年摄，李喜生提供）

鞋篮（2016 年摄，李喜生提供）

芹菜桶（2016 年摄，陈正元提供）

汤联村出土的徐八都堂母亲墓志盖（2014 年摄，徐飞提供）

20 世纪 60—70 年代的粮票
（2016 年摄，李炳元、李喜生提供）

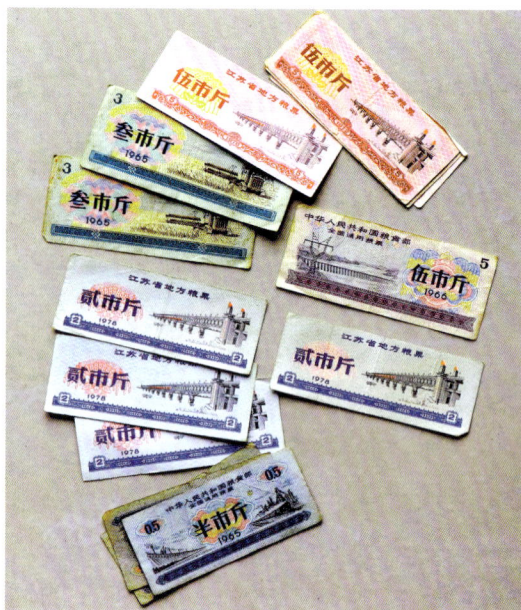

锡山李氏宗谱
（2016 年摄，李喜生提供）

渔梁徐氏宗谱（2018 年摄，徐江提供）

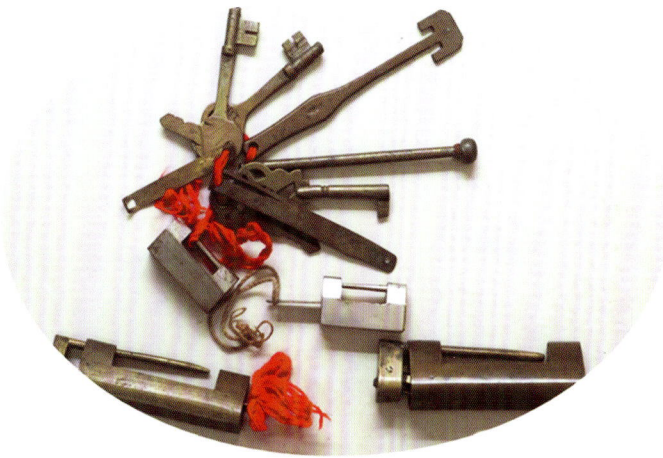

旧时锁具（2016 年摄，李喜生提供）

脚炉（2016 年摄，徐惠荣提供）

旧时纺纱织布用梭子、锭子、边撑（2016 年摄，李喜生提供）

摇篮（2015 年摄，徐惠荣提供）

坐车（2015 年摄，徐惠荣提供）

清代玉石雕刻（2017 年摄，闵文华提供）

1951 年汤桥乡行政区域示意图（2017 年摄，闵文华提供）

汤联村部分荣誉证书

汤联篮球队部分奖杯

张家港市
文 明 村
CIVILIZED VILLAGE
中共张家港市委员会
张家港市人民政府
二〇一一年十二月

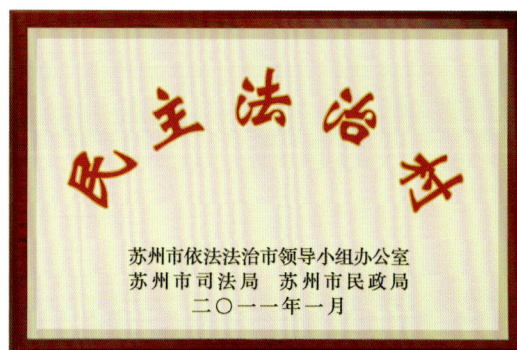

民 主 法 治 村
苏州市依法法治市领导小组办公室
苏州市司法局　苏州市民政局
二〇一一年一月

2012-2014年度

文 明 社 区

苏州市精神文明建设指导委员会

江苏省优秀志愿服务社区

江 苏 省 民 政 厅
二〇一五年十二月

二〇一五年度

文 明 社 区 标 兵

MODEL CIVILIZED COMMUNITY

中共张家港市委员会
张家港市人民政府
二〇一六年二月

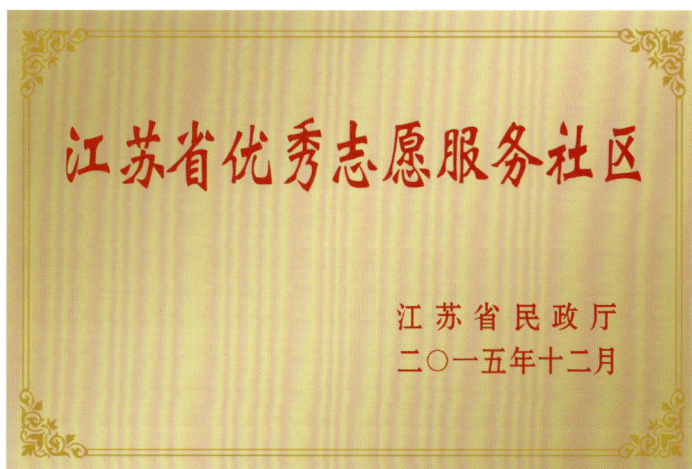

金塘社区部分荣誉

《汤联村志》编纂筹备会（村委成员与参会的社会各界人士代表合影，2015 年摄，左起：徐福年、李卫丰、徐琴芬、陈建明、徐江、蒋炜、姚湘成、沈学如、李金城、肖玉春、邹丽娟）

《汤联村志》稿终审会（2018 年摄，前排左起：蔡惠兴、朱永平、闵荣高、季健、戴玉兴、汪丽菁、陆正芳、苏仁兴；后排左起：徐敏珠、肖玉春、李金城、高丽萍、徐江、徐琴芬、邹丽娟、李卫丰、徐建标）

序 一

　　汤联村地处江南水乡,隶属江苏省张家港市杨舍镇。这里历史悠久,历经多次区划变更;物产丰富,素有鱼米之乡美称;人文荟萃,涌现出一批名人志士。

　　在漫长的历史长河中,先祖们饱受天灾人祸、兵荒马乱和社会动荡的苦难,但他们依然倔强地挺起腰板,奋斗不息,艰辛耕耘,繁衍生息,一代又一代地相传下来,在中华大地上过着日出而作、日落而息的农耕生活。

　　1949年中华人民共和国成立以来,历史进入一个崭新的变革时期。汤联村经历了土地改革、农村合作化、改革开放等重大历史变迁,发生了翻天覆地的变化,人们的思想境界登上了新的台阶,实干苦干、创新开拓蔚然成风。特别是近20年来,汤联人遵循和发扬"团结拼搏、负重奋进、自加压力、敢于争先"的张家港精神,按照科学发展的要求,取得了巨大成绩,赢得了很多荣誉。随着开发建设的不断推进,原有的村落已经无处寻觅,展现在人们面前的是环境优美、配套齐全、功能完善、服务到位的花苑小区;汤联人的就业和收入结构不断优化,人均可支配收入由解放初期的不足百元增加到2016年的2.6万元;文教卫生体育事业齐头并进,极大地提高了汤联人的生活质量。

　　如今汤联人在新时代中国特色社会主义思想指引下,和着高质量发展的节拍,奋进新时代,展现新作为,谱写新篇章,为实现两个百年奋斗目标的中国梦而不懈努力。喜看今日汤联,城乡融为一体,生态优美宜居,经济兴旺发达,文化繁荣昌盛,生活美满幸福,可谓欣欣向荣的太平盛世。

　　《汤联村志》内容丰富,体例新颖,类目科学合理,资料真实可信,行文通俗易懂,体现了较高的编纂水准,凝聚了闵荣高、陈正元、徐建标等一批编纂者和资料员的心血,其心可鉴,其情可嘉。在本志编纂过程中,得到张家港市有关方面和许多老同志的有力支持和帮助,对此深表感谢。

　　汤联村是生我养我的地方,是我永远的根和源,仰望先贤,心生无限爱慕之情。几十年来,我远在内地工作,恋乡之情一直存于心间,不敢忘却先祖的恩泽,不敢丢失先贤的优秀品德和传统,坚守本色,把汤联人的这份情、这份爱化作全心全意为人民服务的不竭动力。

　　观史思治,修志谋远。《汤联村志》的问世,必将发挥"存史、资政、育人"等多重功效,为今人乃至后人了解研究汤联村的古今提供可靠依据和借鉴。

　　在《汤联村志》即将问世之际,我受编委会委托,为志作序,深感荣幸。我衷心祝愿《汤联村志》代代相传,历久不衰;祝愿家乡人民更加精诚团结,更加奋发进取,更加富庶幸福。

中共青海省委原副书记：姚湘成

2018 年 11 月

序 二

　　贯穿古今,阅尽沧桑。跨越世纪,共创辉煌。《汤联村志》经过三年修编,终于面世了,这是全村人民的一件大喜事。《汤联村志》既是留给每个汤联子孙后代的一份珍贵史料,也是献给想认识汤联、了解汤联人们的一份特殊礼物,更是推荐汤联、发展汤联的一张靓丽名片。

　　我在汤联工作近三年,恰逢村志修编期,身临其境,耳濡目染,深知村志来之不易,深知汤联的自然环境和风土人情,这是一块宝地。汤联村有着悠久的历史。早在宋元时期,汤联村的祖先就在我们脚下这块土地上繁衍生息。数百年来,他们辛勤耕耘,砥砺奋进,为建设美好家园历尽艰辛。

　　在漫漫历史长河中,汤联人民筚路蓝缕,不竭追寻,探索过很多农业农村发展新路。当代的汤联人继承祖辈聪明能干、勤劳肯干、踏实会干、埋头苦干、善于巧干、诚信实干的优良传统。20世纪70—90年代,汤联家家户户进行水芹种植,男女老少齐上阵,亲戚朋友来帮忙,场面宏伟壮观,描绘了一幅"水芹青绿数百年,幸福生活共奋斗"的和谐画卷,人民生活蒸蒸日上,汤联水芹名噪一时。

　　改革开放后,汤联人主动融入时代,接纳变化,勇于尝试,大胆实践,他们开办工厂,开创事业,为美好未来加油。全村涌现出一批以澳洋集团总裁沈学如为代表的优秀企业家,他们引领着汤联人民在追求幸福生活的道路上大步向前,用行动为幸福生活努力奋斗。汤联人抢机遇、抢发展,村级经济快速发展,农村面貌翻天覆地,人民生活安居乐业。在新的发展道路上,汤联人民正在以矫健的步伐,谋求"稳稳"的幸福。

　　盛世修志,志载盛世。《汤联村志》内容丰富,它凝聚着村志编纂者的无数心血,基本准确地反映了汤联区域的真实历史和理性总结。细读《汤联村志》,不仅可以从中感受人情世事沧桑,感知村庄变迁历史,感悟现实生活启示;还可以从一个村的发展轨迹看到一个国家向前跨越的矫健步伐,能听到这个时代进步的厚重足音。

汤联是我永远的第二故乡,在汤联工作的经历,是我一生中最为宝贵的财富。今天,我已离开汤联,在其他岗位工作。但无论走到哪里,我永远都是汤联的赤子,我愿为汤联做些力所能及的事,能以赤子之爱,感恩汤联。我祝愿汤联村代代相续,历久不衰;祝愿汤联人更加精诚团结,更加奋发进取,更加富庶幸福。

《汤联村志》编成之际,编委会嘱我写序,深感荣幸,略缀数字,以为序。

中共杨舍镇汤联村总支部委员会书记:李建

2018 年 8 月

凡　例

一、本志以马列主义、毛泽东思想、邓小平理论、"三个代表"重要思想、科学发展观、习近平新时代中国特色社会主义思想为指导，坚持辩证唯物主义和历史唯物主义的立场、观点和方法，贯彻实事求是、存真求实的原则，力求全面、系统、客观地记述时限内的发展历程和变化情况，为存史、资政、育人服务。

二、本志记述的地域范围，以 2016 年末汤联村行政区划为准。

三、本志记述上限尽量追溯，下限止于 2016 年 12 月。图片、大事记延至 2018 年。

四、本志志首列编纂人员名录、地图、彩页、序、凡例、概述、大事记；专志各卷为主体，横排竖写，纵述史实；志尾设志余、编后记。

五、本志人物设人物传记、人物简介和人物名录，主要收录汤联籍或在汤联工作的各界知名人士。其中，人物传记遵循生不立传之原则记述已故人物，以卒年为序；人物简介收录汤联籍国务院津贴获得者、江苏省条线以上先进或担任副处级以上职务等在世人物，以生年为序；人物名录收录市级以上先进人物、中级职称以上专业技术人员。其中先进人物以获得荣誉先后为序，其余以生年为序。

六、本志运用述、记、志、传、图、照、表、录等方志体裁，以志为主。全志语言采用现代汉语语体文。概述有叙有议，叙议结合，以叙为主；大事记采用编年体和纪事本末体相结合的记述方法；其余均以类系事，以时为序，只记事实，一般不作评述。

七、本志记述地理名称、政区、机构、官职等时，均沿用当时名称，必要时加注现名。一般使用全称，可以简称者在第一次使用全称时括注简称。本志纪年，中华民国成立前以朝代年号纪年括注公元纪年，中华民国成立后采用公元纪年。相同的朝代年号、不同的年份，或相同的世纪、不同的年代在本志中同一卷（章）多次出现时，为记述方便和减少字数，在第一次出现时括注相应的公元纪年或标明"××世纪"，以后出现不再括注公元纪年，不再在年代前冠以"××世纪"。

八、本志所称"解放前、解放后"的界限,以1949年4月22日张家港市全境解放为准。本志所称"党"而未指明何种党派的,均指中国共产党。

九、本志引用的各种数据,以统计部门为主,统计部门缺项的,则采用主管部门提供的数据。

十、本志资料来源于《张家港市志》《沙洲县志》《沙洲县土地志》《常熟县志》《常昭合志》《江阴县志》《杨舍镇志》《塘市镇志》,以及张家港市档案馆、张家港市图书馆、杨舍镇档案馆、村档案室的档案、旧志等历史资料。所有入志资料包括采访的口碑材料,均经考证核实后选用,一般不再注明出处。

十一、本志所用长度、面积、体积、重量等单位均采用国家法定单位,面积单位因兼顾到统计表中"亩产"名称,则仍用"亩"。

十二、本志受众对象主要为村民,对个别生僻字(土话)加注拼音。

目　录

第二卷　居　民

第五卷 农 业

第六卷 工 业

第十二卷　精神文明建设

第十三卷　人物·荣誉

志 余

概　述

汤联村,位于张家港市杨舍镇域南部,北距杨舍镇政府驻地5千米。村域东与新民村毗邻、南与河北村相连、西与棋杆村接壤、北与民丰村隔菖蒲塘相望。区域面积1.62平方千米。村委会驻东南大道与新丰中路交会处。渔梁浜、菖蒲塘与二干河、新沙河交织成网,纵横贯通,东南大道、新泾中路穿村而过。

2016年末,全村辖16个村民小组和1个居民委员会,有户籍居民557户,总人口2201人。

村域属北亚热带南部湿润性气候区,气候温和,四季分明,光照充足,雨量充沛。境内地势平坦,河道纵横,属于典型的江南水乡。

地理环境得天独厚　20世纪80年代以前,穿村而过的谷渎港、二干河,南通苏杭,北出长江。陆路交通有东西向的新泾路、汤联路、新丰路,南北向的东南大道,直达沪、宁、苏、锡、常等大中城市。汤联村依托相对独立、稳定的人文、地理优势,吸引了不少独具慧眼的企业家到此投资置业,推动了全村经济社会事业的高速发展。

70年代前,境内交通运输主要依靠水上航运。80年代沙锡公路开通,1985年村级道路通到每个自然村,形成了参差错落的陆运交通网。1996年新沙锡公路建成投用,2003年更名为金港大道,随之,东南大道、新泾路、金塘路与沿江高速公路相继衔接,使得境内交通更加方便快捷。

历史悠久人文荟萃　宋、元时期起至1956年,汤联隶于常熟县。1957年划归江阴县。人民公社化时期为塘市公社九大队。1962年划归沙洲县。1980年为沙洲县塘市公社汤联大队。1983年改称塘市乡汤联村。1986年改属张家港市塘市乡。1993年改属塘市镇。2000年7月,塘市镇并入杨舍镇,汤联全境属杨舍镇。2008年9月,张家港经济开发区与杨舍镇实行"区镇合一"管理。全境隶属张家港经济开发区(杨舍镇)。

明清时期,境内有州府都堂徐恪为代表的国学文化;新民主主义革命时期有后房朱家墙门的儒家文化,尤其是在中国共产党进步思想影响下,走出了丁振邦、陈妙庭、丁昌林、丁昌岐等热血青年,他们投身革命,留下了可歌可泣的故事;新中国成立后,有不少农民的儿女响应祖国征召,参加抗美援朝、援越抗美,赴西藏、新疆、甘肃等地"支边、支内";社会主义建设和改革开放时期,涌现出一批成就卓越的专家学者,能工巧匠,造就了姚湘成、王仲坤等党政军高中级干部,陈祖元等获国务院特殊津贴的科技工作者,沈学如等江苏省级民营企业家。

汤联民风淳朴。从土地改革时期起至2016年,汤联的社会稳定工作在塘市地区一直领先。2003年、2005年被评为杨舍镇"四无村"。2003年开始,农村城镇化建设有序推进,境内大片土地被征用。至2016年,全村农户除3户人家外,其余全部被拆迁安置到棋杆花苑、北海花苑、东兴苑、南湖苑、塘市花苑、西溪花苑集中居住。原自然村不复存在,动迁进度为杨舍镇辖区内5个城郊办事处49个行政村之首。

农副工业并驾齐驱 早在清末民初,境内就有"黄昏始织,三鼓方睡"之说,种桑养蚕、纺纱织布是农家习惯。但在土地私有制的体制下,加上水利设施和耕作技术的落后,粮食收成一直处于低水平。解放后,特别是改革开放后,逐步走出一条以农业为基础,以工业为支柱,多层次、多门类发展经济的路子。合作化、人民公社化时期,汤联(九大队)的农业生产在塘市地区一直处于领先地位。1977年获"沙洲县农业生产先进单位"称号。1979年,中央新闻电影制片厂到汤联大队拍摄小麦收割场景。1983年实行家庭联产承包责任制后,村委不断增加对农业的投入,狠抓科技兴农,积极培育良种,确保粮食作物高产稳产。1983年调整农业产业结构,机电化程度越来越高,农业生产开始全面实现机械化,全村水稻、三麦平均亩产达855千克(其中三麦亩产280千克,水稻亩产575千克),比1990年三麦、水稻平均亩产(760千克)增95千克。

多种经营以种养殖业为主,其中鱼、虾、猪、鸡、鸭养殖和蔬菜种植朝着规模化、名特优方向发展。1996年起,境内淡水养殖创出新路——养殖能手到外村承包内河水面和低洼地330亩。作为张家港特产的"汤联芹菜",在苏、锡、常乃至华东地区小有名气,1990年种植面积扩大到228亩,占全村耕地面积的18.6%。多种经营1994年、1998年获塘市镇"致富杯"金杯,1997年获张家港市"先进单位"称号。

工业经济通过1995—1997年的体制改革以后,民营企业异彩纷呈。2016年,全村有各类民营企业28家,职工4000余人。形成了电子、电器、机械、轻工、服装、纺织、光伏、五金、医药包装等行业同步发展的工业体系。工业小区连成一片,村民就近就业占总劳动力的90%以上,辅助劳力就业占辅助劳力总数的95%。2016年实现工农业总产值5.5亿元,村财政可支配收入758万元。

人民生活不断提升 中华人民共和国成立前,境内农户生活贫困,大多住草房。中华人民共和国成立后,经过土地改革和农业合作化运动,农民生活有所改善。1949年,境内农民人均收入仅30元。1958年、1962年、1970年人均收入分别为56元、78元、95元。

中共十一届三中全会后,人均收入迅速增长,1985 年、1990 年、1999 年、2006 年人均收入分别为 815 元、1120 元、4978 元、10176 元。2016 年达到 26268 元。农民居住条件得到根本改善,从 50 年代的草房、平房到 80 年代的楼房。至 2016 年,全村 99.5% 以上的居民住进了环境优美、配套齐全、功能完善、服务到位的动迁安置小区。2000 年全村居民储蓄额 1082 万元,比 1996 年增加 50%,2013 年全村居民储蓄额 8418 万元。村级经济的发展,使得村民的福利标准逐年提高。2013 年村民福利费用 59 万元,2014 年村民福利费用 64 万元(人均 952 元)。2016 年提高全村 586 名 60 周岁以上老人端午节、中秋节的物资慰问质量,并增加春节现金慰问金额。

2016 年,全村医保、社保实现应保尽保。全村 70 岁以上老人都拥有"三卡",即医保卡、社保卡、老年卡。全村 99.5% 以上的劳动力都参加新农保及相关社会保险,因病致贫、因天灾人祸致贫的特困户、困难户生活都有保障,孤寡老人、孤贫儿童都得到政府和社会救助。

村民收入结构呈现多元化趋势,有领工资、得分红、收租金、拿补助等渠道。工资收入、土地流转收入、福利收入成为村民过上富裕生活的重要途径。2016 年,全村农户拥有小汽车 502 辆,拥有移动电话 1686 部。由于生活条件改善和医疗水平的提高,2016 年汤联人均预期寿命 80 岁。

文教卫体同步发展　汤联境内的教育源远流长。民国时期,后房置有私塾;人民公社化时期,大队建办幼儿园、耕读小学。1969 年大队建办汤联小学。

随着农村经济体制改革成果的迭现,村民的消费结构发生了显著变化,长期以吃、穿为主的生活性消费开始向文化、教育、医疗等提高生活质量的消费转化。为顺应民意,村部置有老年书场、图书室、乒乓室、棋牌室、篮球场、健身广场等,社区拥有融文化娱乐、休闲、健身于一体的阵地,有合格的卫生室,实现了小病不出村,保健在家门,医疗条件大大改善。90 年代,汤联业余篮球队成立。2005 年开始,不少民营企业先后增设文体活动室,丰富职工业余文化生活。虹雨针织有限公司建健身馆 200 余平方米,乒乓球、桌球等健身器材一应俱全,佑达工程公司企业主等 10 余名乐器爱好者组建乐队,不仅为职工(村民)表演,还常年开设培训班为社会服务。2010 至 2016 年,汤联篮球队参加苏州市千村万人幸福乡村篮球赛等赛事,11 次获得佳绩;2016 年开始,篮球队与张家港篮球协会一起,到有关国家和地区参加世界华人篮球友谊赛。2011 年开始,吴柏平驯养的信鸽多次参加全国性比赛并获得奖项。2016 年,汤联村开通有线电视 557 户,其中 60% 的居民改装了高清电视。

文明建设成效喜人　汤联村在注重发展村级经济的同时,坚持"两手抓、两手硬"的方针,大力弘扬张家港精神,把城乡一体化建设、全力营造文明和谐的社会环境融于精神文明建设的全过程,把实现村民利益、满足村民需求作为一切工作的出发点和落脚点。2000 年起,汤联村注重投资村容村貌改造,实现了路平、水清、村绿、花香的规划目标,提高了居民幸福指数。2001年开始加快新农村建设步伐,全村建成3个安置小区,使农村面貌发生了翻天覆地的变化。2003年被评为省级卫生村,2005年被评为张家港市"双学双比"优胜单位,2007年被评为江苏省生态文明村,2010年被评为苏州市民主法治村。2012年,按照张家港市保留"吴文化地名"的规划,在东南大道西侧紧靠汤联路建设的"汤联公寓",已经成为外来人才的宜居乐园。2010—2016年,汤联村连续7年被评为张家港市文明村。2012—2016年,金塘社区成为张家港经济技术开发区(杨舍镇)展示文明创建成果的前沿阵地,成为全国科普示范市创建工作现场点、苏州市卫计委流动人口社会融合现场教育点。分别获江苏省和谐社区建设示范单位、苏州市"十佳"科普示范社区、张家港市五星级和谐社区、区镇十佳文明社区等荣誉称号,创评为全国科普示范社区、江苏省文明社区、江苏省科普示范社区,连续三年获评张家港文明社区标兵单位。

勤劳聪慧的汤联人,在村党总支的坚强领导下,高举习近平新时代中国特色社会主义思想伟大旗帜,豪情满怀,励精图治,为加快"推进富民强村新跨越,建设幸福魅力新家园"而砥砺奋进。

大 事 记

西汉

汉高祖十二年（前 195）　吴王刘濞开凿盐铁塘，西起谷渎港，沿冈身（天然港）向东与吴淞江相接。

汉景帝前元时期（前 156—150）　常熟地域首次设虞乡建置，境内划归会稽郡吴县虞乡。

西晋

太康四年（283）　境内隶属吴郡。

南北朝

永泰元年（498）　境内隶属晋陵郡海虞县。

宋

天禧四年（1020）　江阴知军崔立组织民众开凿东横河，境内民工参加。

元

渔梁徐氏先祖从乘航邸舍始迁渔梁里（渔梁浜旁）定居。

明

洪武二十五年（1392） 疏浚谷渎港，境内段为 2 千米。境内民工参加。

天顺二年（1458） 江阴知县周斌重修谷渎港，境内段为 2 千米。境内民工参加。

嘉靖十三年（1534） 夏，大水淹没田禾，境内有人畜伤亡。

清

顺治十七年（1660） 暴雨六昼夜，境内平地水深数尺，舟船入市。

乾隆三年（1738） 杨舍堡城大修，境内乡民参加。

道光三年（1823） 暴雨，大水。

道光二十九年（1849） 暴雨，大水。

咸丰六年（1856） 秋，大旱。

同治六年（1867） 江阴县令组织民众疏浚东横河，境内民工参加。

光绪八年（1882） 飞蝗蔽天，境内野草、竹叶被吃尽。

宣统三年（1911） 全境先后属常熟县虞乡、海虞乡敬真里、汤桥乡。

中华民国

1917 年

境内蝗灾严重，百姓收成锐减。

1934 年

夏 大旱，境内连续 98 天无雨，河道断航，谷渎港河底裂缝，秋熟减收。

1935 年

春 疏浚谷渎港，境内乡民参加。

秋 境内螟害成灾。

1936 年

强台风过境，最大风力 8 级以上，连续 5 天 5 夜普降大雨。境内受灾严重。

1937 年

11 月　日军入侵塘墅地区,境内百姓受欺凌者达 50 余人次。

1939 年

霍乱流行,境内 7 人死亡。

1944 年

7 月　北园 17 岁的丁振邦与塘墅江兆怡等赴宜兴参加新四军。

1945 年

8 月 15 日　日本宣布无条件投降。日军撤出境内。国民党军队进驻塘墅。境内强化保甲制度,实行联保。

1947 年

境内麻疹流行。

1948 年

境内群众响应抗丁、抗粮、抗捐的"三抗"斗争。

1949 年

4 月 22 日　全境解放。沙洲武工队派员占领塘墅乡公所,境内群众自发参与集会庆祝解放。

5 月下旬　境内开展剿匪特斗争。

7—8 月　境内众多农户献粮,支援解放全中国。

中华人民共和国

1949 年

10 月 1 日　境内群众自发举行游行,热烈庆祝中华人民共和国成立。

10 月上旬　开始划区分乡,建立行政村,废除保甲制。全境属常熟县汤桥乡。

12 月　各自然村创办冬学、民校,组织农民学习政治、文化,教唱"解放区的天"等歌曲。

1950 年

3 月　汤桥乡干部到境内调查各阶层土地占有情况。

10 月　常熟县土改工作队进驻境内,开展土地改革。

冬　塘市乡邮政所建立,境内开始通邮路。

是年　徐妙全、李清宝等青年报名参加中国人民志愿军。

是年　境内开展镇压反革命运动。

1951 年

3 月　塘墅乡供销合作社成立,发动农民入股,每股 1 元,境内农民自愿入股。

9 月　土地改革核查工作结束。

10 月　塘桥区隆重召开群众大会,颁发土地证。

是年　伪乡长丁卓彪(北园人)被人民政府枪决在南渔池岸边。

1952 年

春　境内普种牛痘。

春　各自然村陆续建立临时互助组和常年互助组。

7 月　汤桥乡开始发展积极分子入党。后房村王仁宝参加常熟县塘桥区举办的干部学校"党训班"学习。

冬　境内推广祁建华"速成识字法",开展扫盲运动。

1953 年

4 月　王仁宝被批准入党,成为汤桥乡第一批中共党员。

夏　开展全国第一次人口普查工作,历时 9 个月。

11 月　根据中央人民政府政务院的命令,境内对粮食实行计划收购及计划供应。

是年　境内原属常熟县汤桥乡的西庄、葫芦簖自然村划入江阴县塘市乡。

是年　境内先后成立大星、红星、新星初级社。

1954 年

3 月　汤桥乡召开第一届人民代表大会,境内社员代表参加。

春　开展肃反运动,境内民众积极参与。

8 月 25 日　境内大雨,雨量 100.6 毫米,农田普遍被淹没。

9 月 15 日　实行凭票供应棉布,境内每人每年计划布票 2 米。

是年　徐高保应征入伍,参加中国人民志愿军。

是年　栏杆乡成立信用合作社,境内农民自愿入股。

1955 年

1 月　河道封冻,水路交通中断。

3 月　新版人民币发行。境内民众 1 万元旧币换 1 元新币。

是月　国家实行义务兵役制,朱叙金、闵东宝、徐锦高、徐妙生等适龄青年应征入伍。

春　国家实行粮食、油料计划供应,境内执行定产量、定口粮、定征购的"三定"政策。

12 月　对资本主义工商业进行社会主义改造,私营商店、米厂等实行公私合营,后房徐永元家机船并入塘市机灌站。

冬　贯彻毛泽东《关于农业合作化问题的报告》,境内 95% 以上农户参加初级农业生产合作社。

1956 年

春　大星、红星、新星 3 个初级社合并建立汤桥乡第一(汤联)高级农业生产合作社。

8 月　台风过境,最大风力 10 级,境内倒塌房屋数十间。

1957 年

春　南园、后房、闵巷村划归江阴县,并入塘市乡,称塘丰五社,西庄、葫笋簛属塘丰一社。

秋　高级社正副职干部集中塘市中心小学,参加整风运动,运用"大鸣、大放、大字报、大辩论"方式,开展"反右"斗争。

10 月　塘市乡召开第一次党员代表大会,境内党员代表参加。

1958 年

3 月　境内民工参加塘市乡组织的拓浚谷渎港工程。

4 月　江阴县召开生产队队长以上干部参加的万人大会,贯彻中共中央制定的"鼓足干劲,力争上游,多快好省地建设社会主义"的总路线,发动"大跃进",境内生产队长以上干部参加大会。

5 月　境内开展群众性的除"四害"(麻雀、苍蝇、老鼠、蚊子)运动。

9 月 24 日　塘市人民公社成立,下辖 8 个工作区。境内塘丰一社、五社为一工区。

10 月　实行全民皆兵,一工区建立民兵营,各小队设民兵排、班的组织。

是月　收回自留田,各队办食堂,吃饭不要钱。

是月　大搞土地深翻,深耕标准 0.4 米以上。

是月　境内大搞土农药、土化肥、土水泥的"三土"工厂,年末停工。

是月　公社召开向钢铁进军誓师大会,成立钢铁指挥部,境内社员在家前屋后垒筑土灶参与大炼钢铁,不久相继停止。

11月　大搞河网化,全境民工500多人参加拓浚张家港,6个月完工。

是年　工区在北园建副业队,北园拆除草房数十间。

是年　掀起积肥高潮,大搞"万担潭"。

是年　境内在后房建办幼儿园。

是年　工区办公室通电话(手摇电话机),老百姓有急事可就近拨打电话。

1959 年

2月17日　塘市公社第二次党员代表大会召开,境内党员代表参会。

4月　塘市公社召开第三届人民代表大会,境内社员代表参加。

5月5日　境内基层干部集中长泾区参加江阴县委分片召开的"算旧账"三级干部会议,会议要求对1958年的"一平二调"进行算账退赔。

是月　江阴县实行公社、大队两级核算。

是月　塘市人民公社8个工区划分为10个生产大队、134个生产队。一工区划分为一、九两个大队,境内为九大队。

8月　徐林保、闵福保、徐凤祥、徐华才、丁龙江、徐妙生等9人响应公社号召,自愿报名支援边疆建设,被批准到新疆、甘肃等地"支边""支内"。

11月15日　华塘河拓浚,全长13千米,土方93万立方米,翌年1月完成。境内200余名民工参加。

是年　后房石河梢靠鱼梁泾岸挖除河坝建造"布机桥"。

1960 年

2月　全大队党员集中塘市公社开展以"反右倾斗争"为内容的整风运动,历时3个月。

秋　传达贯彻中共中央关于"全党动手,大办农业,大办粮食"的方针。境内集中劳力大办农业。

是年　粮食减产,境内社员口粮不足,以瓜菜充饥。

1961 年

3月　塘市公社召开全体党员和三级干部会议,贯彻中共中央《关于农村人民公社当前政策问题的紧急指示信》(简称《十二条》)。境内党员干部参加整风整社,重点检讨工作中出现的"共产风、命令风、浮夸风、瞎指挥风"。

4 月　对"大跃进"期间平调社员的住房、家具和其他财产开始算账退赔,7 户社员获得赔偿。

7 月　公社召开会议全面贯彻落实中央《农村人民公社工作条例(草案)》(简称《农业六十条》)。会后,大队全面落实社员自留地等农村各项经济政策,实行三级所有、生产队为基础的农村经济管理体制。

8 月　各生产队食堂先后停办。

是年　补划社员自留地,平均每人 0.06—0.09 亩,约占耕地总面积的 6%。

是年　粮食继续歉收,口粮紧缺,不少社员患浮肿病。

是年　一大队一分为二,南片(塘市片区)称一大队,北片(后房片区)称九大队。

1962 年

1 月 1 日　沙洲县成立,塘市公社划归沙洲县管辖。九大队改称汤联大队,全境属沙洲县。

春　开始精简下放职工,汤联大队有 20 余人从城市(镇)返乡务农,至 1963 年 5 月告一段落。

春　各生产队发动社员大拔三楞根草,实行以工带粮,每千克三楞根草奖 0.2 千克大米。

7 月 1 日　棉布、鞋帽、食盐、豆制品、火柴、搪瓷制品、橡胶制品等 14 类商品实行平价定量供应。针织品、自行车、钟表、烟、酒、食糖、副食品等商品,实行议价供应,以低于集市贸易价、高于平价供应市场。境内民众受益。

9 月 5—6 日　14 号台风过境,风力 8—10 级,连续降雨 36 小时,雨量达到 284.3 毫米,部分房屋倒塌,农田受涝。

1963 年

2 月　开展社会主义教育活动,贯彻《农业六十条》。

4 月　各生产队适当栽种双季稻,品种为矮脚南特号。

5 月　连续阴雨,全大队三麦赤霉病严重。

6 月　各生产队开始建账,实行"三级所有、队为基础"的分配方案。

是年　团员青年带头响应毛泽东"向雷锋同志学习"号召,自觉为集体、为社会做好事。

是年　全大队开展厉行节约、反贪污盗窃、反投机倒把、反铺张浪费、反分散主义、反官僚主义的运动。

1964 年

3 月　汤联大队成立贫下中农协会,各生产队设贫协小组。

4 月　社会主义教育运动开始,工作队进驻汤联大队,全面开展"四清"(清政治、清思想、清经济、清组织)运动。

5 月　境内三麦爆发黏虫病,断穗满田。

7 月　开始进行全国第二次人口普查。

1965 年

1 月　境内脑膜炎流行,持续一个月。

2 月　全面学习贯彻中共中央《关于社会主义教育中目前提出的一些问题(简称《二十三条》)。

秋　全公社白喉流行,经采取措施,疫情得到控制。

是年　汤联大队大搞绿萍放养,以绿萍作水稻有机肥料,持续 10 年之久。

是年　汤联大队大搞样板田、试验田、丰产田。

1966 年

4 月　各生产队建立学习《毛泽东选集》(简称"毛选")小组,有"毛选"辅导员 1—2 人。开展"忆苦思甜"活动。

5 月下旬　各生产队传达贯彻《中国共产党中央委员会通知》精神。

8 月 11 日　下午 2 时,境内遭龙卷风袭击,部分房屋受损。

是月　破"四旧"(旧文化、旧思想、旧风俗、旧习惯),立"四新"(新文化、新思想、新风俗、新习惯)运动展开。塘市公社挑选部分"四旧"物品在塘市中学举办"四旧展览会",境内不少社员前往观看。

9 月　对部分家庭进行查抄"四旧",全大队有 3 户被查抄。

10 月　各队张贴大字报,内容以"打倒走资派""打倒保皇派"为主。

是月　公社党政机关停止办公,大队主要干部被迫靠边。

是年　汤联大队改称东方红大队。

是年　塘市公社广播站架线到各生产队,高音喇叭装到田头、场头。

1967 年

1 月　境内"造反派"进行夺权。

3 月　公社、大队成立革命委员会。

6 月　公社人武部接管"抓革命、促生产"办公室,主持日常工作,指挥大队"抓革命、促生产"，大队原领导班子处于瘫痪状态。

10 月　撤销"东方红"大队，复名汤联大队。

1968 年

4 月　大队建立老中青"三结合"的革命领导小组。

是月　塘市公社建立"清队专案组"，大队建立专案小组，开始清理阶级队伍。

7 月　从上到下开展忠于毛主席、忠于毛泽东思想、忠于毛主席革命路线的"三忠于"活动。

8 月 7 日　县革命委员会发出学生重返学校"复课闹革命"的通知，后房耕读学校正常上课。

9 月　知识青年插队，居民下放至生产队参加农业劳动。全大队共接收知识青年、城镇居民 20 余人。

10 月　公社机关十部下村包队，参加劳动，接受贫下中农再教育。全大队共有下村包队的公社机关干部 3 人。

12 月 1 日　新沙河（杨舍至塘市段）按六级航道标准实施拓浚。境内民工参加。

是年　各生产队在主要道路两侧房屋墙壁上用红油漆书写毛主席语录等宣传标语。

是年　渔梁浜桥修建。

1969 年

3 月 2 日　整党建党工作开始，按照毛泽东"五十字建党方针"，实行"吐故纳新"，汤联大队培养入党积极分子 2 名。

4 月 2 日　塘市公社召开第二届贫下中农代表大会，汤联大队成立贫下中农分会，朱叙金任主任。

是月　大队成立革命委员会，李进保任主任，各生产队成立革命领导小组。

是月　中国共产党第九次全国代表大会在北京召开，汤联大队在大会堂举行庆祝活动。

是月　大队建办卫生室，培训赤脚医生 2 人，实行农村合作医疗制度。

9 月 1 日　公办小学下放给大队办，教师下放当农民，农民进校当教师，教师工资实行工分制。汤联小学在大会堂内正式开学。

是月　实行贫下中农管理学校，徐金元为汤联大队贫下中农管理学校委员会主任。

是年　大队从范家巷架 1 万伏高压线到南园建电灌站，实现农田灌溉机电化。

是年　大队从电灌站开始修筑通往各片区的地下渠道。

1970 年

2 月　响应政府号召,全大队开展"一打三反"(打击现行反革命,反对贪污盗窃、反对投机倒把、反对铺张浪费)运动。

春　大力发展集体养猪事业,各生产队建办养猪场。

7 月 12—18 日　两次特大暴雨,全大队大部分水稻受淹。

是年　各生产队大面积推广双季稻三熟制。

是年　大队购置第一台 195 型手扶拖拉机,派 5 名社员参加培训,学习驾驶技术。

1971 年

7 月 24 日　境内受台风、冰雹影响,农作物受损。

是月　"红眼病"流行,经防治,8 月下旬得到控制。

冬　传达贯彻中央专案组整理的《粉碎林彪反党集团反革命政变的斗争》材料精神,大队举办学习班,开展"批林批孔"整风运动。

1972 年

春　丧葬改革开始,推行火葬。结合平整土地,推平坟墓,填平低洼田及小河浜,扩大芹菜种植面积。

是年　大搞平整土地,格田成方。

1973 年

春　全面实行火葬。

9 月　大队进行开门整风,组织党员学习新修定的《中国共产党章程》,10 月底结束。

是年　普及"革命样板戏",大队宣传队排练《红灯记》《黄海前哨》等宣传节目,参加公社汇演并到各自然村巡回演出。

是年　汤联小学易地渔梁泾桥北垅,重建校舍 22 间。

1974 年

2 月　全面开展"批林批孔"运动,境内以政治夜校为阵地,开展大批判。

7 月 26—31 日　境内连续大雨,累计雨量 457.7 毫米。

9 月　汤联小学恢复秋季招生。

12 月　贯彻中共中央 32 号文件精神,实行计划生育政策。

1975 年

2 月 26 日　大队运输船队由上海浦东装生铁返回,途经昆承湖遇特大暴风雨翻船。船工陈元龙不幸殉难,时年 42 岁。事后,大队在第三生产队仓库场召开追悼会,全体党员,大、小队干部、社员代表 200 余人参加,大队书记李进保致悼词。

春　整顿社队领导班子,批判"重副轻农""重钱轻线(路线)"思想,要求"端正社会主义方向"。

11 月　开挖大寨河,自河头经刘市三房巷、二房巷至李巷廊下、虎泾口,全长 2.7 千米,底宽 5 米,底高 0.5 米,总土方 22.5 万立方米,为排灌运输河,境内各生产队派民工参加。

是年　各生产队通电。

1976 年

1 月 8 日　国务院总理周恩来逝世。境内干部群众自发戴黑纱,沉痛哀悼。

4 月　境内开展"反击右倾翻案风"运动。

7 月 6 日　全国人大常委会委员长朱德逝世,境内干部群众自发佩戴黑纱悼念。

8 月中旬　省、地、县相继发出地震紧急预报,全大队普遍搭建简易防震棚,不少社员夜间住防震棚内,时间持续一月余。

9 月 9 日　中共中央主席毛泽东逝世,汤联大队干部群众以多种方式举行悼念活动。

10 月 6 日　粉碎"江青反革命集团",长达十年的"文化大革命"宣告结束。境内群众自发庆祝。

11 月　汤联大队开展揭批"江青反革命集团"的群众活动。

冬　汤联大队党员干部参加党的基本路线教育学习。

1977 年

春　塘市公社召开"农业学大寨"万人誓师大会。提出"向高标准大寨进军",生产队长以上干部参加。

8 月　汤联大队开展争创民兵工作"三落实"(组织落实、政治落实、军事落实)先进单位和"五好"民兵活动。

夏　各生产队试种杂优稻。

是年　大队被沙洲县政府授予农业生产先进集体。

是年　大队干部开始实行参加集体生产劳动的制度。

是年　境内开展"三打"(打击现行反革命、打击贪污犯、打击投机倒把分子)活动。

1978 年

春 境内开展"二打一反"(打击阶级敌人破坏活动、打击资本主义进攻、反对铺张浪费)活动。

7 月 10 日 下午,狂风暴雨,最大风力 9 级以上,电线杆、房屋、树木大片受损。石棉厂大礼堂坍倒,5 名职工被压在废墟中。附近住户王定珍、隆阿保全家人不顾个人安危,冒雨火速施救,用挂桨机船把伤员送往县人民医院救治。

夏 高温、干旱,70 天无雨,农作物减产。

12 月 调整提高农副产品收购价格,境内农民得实惠。

是年 境内对 7 岁以下儿童实行计划免疫。

是年 复查"文化大革命"中冤假错案,落实有关政策。同时,对"文化大革命"前历次政治运动中处理的案件进行复查。

1979 年

1 月 4 日 大、小队干部参加公社冬训,学习中共十一届三中全会公报。

2 月 4 日 开始对"四类分子"(地、富、反、坏)进行摘帽、纠错和对地主富农子女新定成分工作,4 月底全部结束。

3 月 境内在实行计划生育中,提倡一对夫妻只生一胎。

8 月 10 日 杨舍至塘市公共汽车正式通车,境内群众出行更方便。

是年 贯彻党的十一届三中全会精神,把工作重心转移到经济建设上来,境内开始注重发展队办企业。

是年 建办汤联泡沫厂。

1980 年

1 月 11—21 日 大、小队干部参加公社冬训,坚持实事求是,树立敢于带领群众治穷致富的思想。

是年 各生产队推广除草醚和绿麦隆,实行化学除草。

是年 大队筹建塘市第二毛纺厂(以下简称毛纺厂)。

1981 年

1 月底 大雪。境内供水、交通中断一星期。

5 月 1 日 晚 9 时 30 分左右,全大队遭受暴风雨和冰雹袭击。

7 月 20 日 境内开始执行严格用地制度,社员建房要严格审批。

8 月 13 日 农业生产责任制试点工作在各生产队开始。

是年　全大队党员干部认真学习"严禁党员干部参加赌博"的文件。

是年　境内开展"五讲四美三热爱"活动。

1982 年

2 月　汤联大队开展打击经济领域中严重犯罪活动的斗争。

6 月 10 日　从杨舍至无锡的长途汽车全线通车,极大方便了境内农民的出行。

7 月　全国第三次人口普查,大队干部划片包干落实完成。

是年　境内开始推行家庭联产承包责任制。

1983 年

3 月 27 日　汤联村开始筹办罗布麻厂。

春　全面实行家庭联产承包责任制,全大队农民都承包责任田。

6 月　塘市人民公社撤销,设立塘市乡人民政府,汤联大队改称汤联村。

10 月　取消棉布定量凭票供应办法,境内民众受益。

是年　全村开展以讲文明、讲礼貌、讲卫生、讲秩序、讲道德和心灵美、语言美、行为美、环境美为主要内容的"五讲四美"文明礼貌活动。

是年　村建立经济合作社,徐士福任社长。

是年　全国开展"严打",全村 7 人被捕入狱。

1984 年

5 月 21 日　南黄海发生 6.2 级地震,全村有震感。

7 月　连续高温日 17 天,最高超过 35℃。

10 月 10 日　普及初中教育,汤联小学 95% 的小学毕业生升入初中。

11 月　汤联毛纺厂扩建。

是年　撤销贫下中农协会。

是年　汤联泡沫厂新建办公楼房 14 间,扩建车间 2 跨 16 间。

1985 年

1 月 1 日　水产品收购和销售价格全面放开。农民购物得实惠。

3 月　汤联毛纺厂新添 12 台织机投产。

4 月 1 日　生猪收购价格全面放开,境内农民得实惠。

9 月 10 日　首届教师节,村干部到汤联小学与教师一起庆祝。

是年　汤联小学移地渔梁泾南岸重建。

是年　罗布麻厂关闭。

1986 年

1 月 25 日　汤联综合厂副厂长兼毛纺厂业务厂长蒋文达赴昆山出差患急性传染病,经市第一人民医院抢救无效死亡。村委对其家庭生活妥善安置。

2 月　村办企业推行厂长三年任期承包责任制。

9 月 16 日　经国务院批准,撤销沙洲县,在原境域建立张家港市(县级),隶于苏州市,12 月 1 日正式挂牌。境内属张家港市。

11 月　汤联村召开第一届村民代表大会,选举陈梅根为村民委员会主任。

是年　汤联村被评为张家港市先进村。

1987 年

6 月 30 日　塘市乡邮电局自动电话并网工程竣工,7 月 1 日零点开通。汤联村长期靠人工拨打电话的历史结束。

是年　全村人均收入超千元。

是年　境内居民开始领取并使用第一代居民身份证。

1988 年

5 月 3—4 日　境内连续两次遭暴风雷雨袭击,油菜倒伏,部分房屋倒塌。

冬　连续 70 多天未雨,为百年未遇的冬旱。

是年　汤联毛纺厂转产建办毛巾被厂。

是年　境内进行第二届村民委员会换届选举。

1989 年

2 月 22 日　塘市乡老龄协会成立。汤联村建老龄协会组织,村民委员会主任兼任村老龄会主任。

是年　开展评选"新风户"活动。

是年　汤联小学移地汤联路南侧重建楼房校舍。

是年　村成立农业服务站,为农户服务。

1990 年

4 月 2 日　汤联境内第一任党支部书记闵煜生病故,村委会派代表前往吊唁慰问。

7 月 25 日　13 时 20 分,境内暴风雷雨,部分民房屋面被掀,损坏房屋 11 间,直接经济损失 5 万余元。

是年 村委会推行"两公开、一监督"（公开办理制度、公开办理结果、依靠群众监督）制度。

是年 进行全国第四次人口普查工作，村干部划片包干到各村民小组。

是年 新沙河上建汤联大桥。

1991 年

6 月 30 日至 7 月 2 日 境内遭特大暴雨袭击。

7 月 3—6 日 又遭暴雨袭击，雨量 358.6 毫米，农作物损失严重，村干部组织群众防洪排涝，生产自救。

是年 村党支部换届选举，徐祖元当选党支部书记。

1992 年

3 月 村委会调整村级企业发展思路，作出"增加固定资产投入，筑巢引凤"决定，进一步加大招商引资力度。

4 月 5 日 筹建幕墙玻璃厂，10 月 5 日正式投产。

5 月 为加强三农服务，村委会添购联合收割机等大型农机具。

是年 制定发展村级经济三年规划。

1993 年

春 境内进行第三届村民委员会换届选举。

9 月 28 日 塘市镇举办"建设新塘市、人人献爱心"歌咏晚会，汤联村派党员干部代表参加。

是年 全村党员、干部，村办企业等为筹建塘市幼儿园捐款 2.16 万元。

是年 汤联村开设义明市民学校，开展义明市民教育活动。

1994 年

6 月 30 日 村组织合唱队参加塘市镇举办的"党在我心中"大合唱比赛。

是年 新沙锡公路（后改称金港大道）建成通车，全村村民出行更方便。

是年 全村开展文明新风户评比活动。

是年 汤联村副业生产成绩显著，获塘市镇"致富杯"金杯。

是年 部分村办企业开始转制。

是年 幕墙玻璃厂停产。

1995 年

2 月　村女子拔河队参加镇"团结杯"迎春拔河赛。

10 月　实行责任田与口粮田两田分开,种田专业户应运而生。全村有多种经营专业户 20 余户。

年末　境内开展访贫问苦、关怀孤寡老人和孤贫儿童工作。

1996 年

3 月　后房朱锦通等 8 户种养殖业专业户参加塘市镇千户特色家庭争创活动。

5 月　大搞农业平整复垦土地,全村拆除废弃小窑 1 座,填平河浜洼地 3 亩。

是年　汤联村被评为程控电话村、党报村。

是年　境内党组织开展向孔繁森、曹克明学习活动。

是年　境内开始在村委办公地外墙设村务公开栏。

1997 年

6 月 28 日　村委会组队参加塘市镇万人游园活动,热烈庆祝香港回归。

7 月　开展"村务公开,民主管理"活动,请党员,村民小组长、村民代表审核村级财务状况。

8 月 18 日　22 时至 19 日上午 10 时,境内受 11 号强台风袭击,最大风力 10 级,最大风速每小时 108 千米,雨量 64.7 毫米。

是年　经江苏省民政厅批准,"张家港市汤联益民基金会"成立,首批募集慈善基金 20 余万元。

是年　汤联村两委班子成员签订防治"节日病"责任承诺书。

是年　村办企业转制结束。

1998 年

3 月 19 日　境内下大雪,当年夏熟减产严重。

春　汤联路构筑。

7 月　汤联路汤联桥至村委会驻地段 600 米浇筑柏油路,全体村干部参加拌石子劳动。

是年　汤联村坚持"筑巢引凤、借鸡生蛋"的招商理念,新建 1200 平方米标准型厂房,引进企业 3 家。

1999 年

2 月　开展扶贫帮困活动,全村有 7 户孤寡老人和贫困儿童得到救助。

春　村民委员会换届选举。

是年　汤联大部分村民接通自来水,全村改水、改厕率分别达到 85%、60%。

是年　全村翻建新楼房的农户达到 98%。

2000 年

春　汤联村新引进企业 6 家。

7 月 8 日　杨舍、塘市、泗港、乘航四镇合并组建新的杨舍镇,汤联村改属杨舍镇管辖。

是年　开展"三个代表"教育活动。

是年　进行全国第五次人口普查工作,村干部划片包干到各村民小组。

是年　杨舍镇在泾东村召开全镇经济工作会议,汤联村党支部书记张后兴作摘掉汤联贫困村帽子的表态发言。

是年　汤联村被评为张家港市双文明单位。

2001 年

春　村两委派员访贫问苦,慰问 3 户特困家庭和 2 户困难老党员。

5 月 28 日　村中心路水泥路面浇筑,全长 2500 米。

12 月　汤联村召开第六届村民委员会换届选举大会,李金城当选村民委员会主任。

是年　全村建设公厕 6 座,完成西庄、后房、南园、程虞家堂自然村道路改造。

2002 年

春　村委召开由老干部和企业主参加的迎新春茶话会,共商汤联村发展大计。

夏　村党支部组织老党员、老干部 50 多人赴浙江红色旅游,接受革命传统教育,开展"三个代表"重要思想学习活动。

9 月　村党支部换届选举,张后兴当选党支部书记。

是年　新泾路东南大道开始修筑。

是年　跨新丰河的渔梁浜桥重建。

2003 年

春　村委会主要干部深入各村民小组,组织开展慰问困难户、孤寡老人和贫困儿童活动。

是年　汤联村继续开展筑巢引凤,引进企业 11 家。

是年　汤联村被评为杨舍镇"四无"(即无个人上访、无集体上访、无越级上访、无进京上访)村。

是年　汤联村被评为江苏省卫生村。

2004 年

1 月 市政府开始实施老年居民社会养老补贴制度。汤联村符合条件的农民都拿到养老金补贴卡。

11 月 汤联村举行村民委员会换届选举,李金城继续当选村民委员会主任。

是年 全村开展"五星文明家庭"评选活动。

是年 途经汤联村的东南大道设新泾公寓(212 公交车)站点,村民出行更便捷。

2005 年

4 月 江苏港星方能超声洗净科技有限公司落户汤联村。

春 村委会开展走访活动,慰问老党员 5 户、困难户 16 户。

夏 汤联村邀请张家港市锡剧团演出,丰富村民文化生活。

9 月 村委会为全村 60 周岁以上老人发放重阳节礼品。

冬 汤联村全面开展"五星文明家庭"评选活动。

是年 汤联村被评为杨舍镇"四无"(即无重复上访、无越级上访、无集体上访、无进京非正常上访)村。

是年 汤联村获张家港市"'双学双比'优胜单位"荣誉称号。

2006 年

1 月 1 日 国家取消农业税,惠及汤联村农民。

2 月 开始换发第二代居民身份证。

是月 开展以访贫问苦送温暖为主要内容的干部走访活动,全村共访问老党员、贫困户等 23 户。

4 月 全村开展第三批先进性教育活动。

8 月 汤联村股份合作社成立。

是年 汤联村被杨舍镇评为"三无"(即无重复上访、无集体上访、无越级上访)村。

是年 境内开始换发第二代居民身份证。

是年 汤联村获"张家港市双学双比劳动竞赛(青年组)先进单位"称号。

是年 村党支部升格为汤联村党总支。

2007 年

春 村干部到各村民小组慰问老干部、老党员、困难户。

春 村委会邀请文艺宣传队进村演出 15 天。

夏 镇党委组织办深入汤联村,指导帮助创新党建工作,开展设"五岗"、当"五员"活动。

9 月　对全村 60 周岁以上老年人进行中秋节慰问。

冬　村委会给 17 户贫困家庭送寒衣。

是年　南园路、李港巷路开始构筑。

2008 年

春　村委会主要领导访问全村 9 户困难户家庭。

夏　镇党委组织办深入汤联村,指导开展"党员中心户"活动。

秋　全村党员、干部,各企业自觉捐款捐物,为四川地震灾区献爱心。

冬　雪灾严重,汤联村发动党员干部、村民开展抗灾自救活动。

是年　村委组织体育爱好者开展"迎奥运、扬风采"体育活动。

是年　汤联村完成第二次全国工业企业及第三产业经济普查工作。

2009 年

春　村委对全村 11 户困难户开展访贫问苦送温暖活动。

夏　党总支组织开展"党员中心户"活动,全村建 17 个活动点。

秋　全村开展"'十个一' 文化工程"活动。

9 月　江苏永能光伏科技有限公司在汤联村落户。

冬　汤联村卫生服务站建成张家港市级合格村(社区)卫生服务站。

是年　保定天威集团(江苏)五洲变压器有限公司落户汤联村。

是年　全村开展学习实践科学发展观活动。

是年　汤联村获张家港市 "民主法治村" 称号。

是年　村委会驻地北侧建休闲广场 1800 平方米。

2010 年

春　村委会对全村老干部、老党员、困难户等 31 户家庭慰问。

7 月　塘市派出所在原闵家巷村址落成,村民办理相关手续更方便。

冬　汤联村推广七里庙村 "村情发布会" 经验。

是年　村党支部创新党建工作,在企业、村民小组开展"党员中心户"活动。

是年　第九届村民委员会换届选举,李金城当选村民委员会主任。

是年　村业余篮球队获塘市办事处举办的"澳洋杯"篮球邀请赛冠军。

是年　汤联村被评为张家港市文明村。

2011 年

春 村干部给全村贫困户、困难老党员送温暖。

8 月 塘市花苑竣工落成,汤联村部分被拆迁村民搬入新家。

夏 村委与有关部门联合部署极少数未动迁农户的动迁工作。

是年 汤联路浇筑成沥青混凝土路面。

是年 汤联村动迁过渡房破土动工。

是年 构筑汤桥路。

是年 全村开展"绩效比拼年"活动。

是年 汤联村创建江苏省二星级档案室。

是年 西马克技术(苏州)有限公司在汤联村落户。

是年 汤联村获"张家港市民主法治村"称号。

是年 汤联村被评为张家港市文明村。

2012 年

2 月 召开全村骨干企业业主迎新春茶话会,共商村经济、社会发展大计。骨干企业业主 8 人参加。

3 月 张家港市汤联益民基金会调整理事长、秘书长。

春 村体育爱好者参加塘市地区篮球赛、乒乓球赛、象棋赛。

秋 村委会在动迁过渡房区举行迎中秋大型文艺联欢晚会。

10 月 全村开展"廉政大讲堂"教育活动。

是月 汤联村开展"网上村委会"便民活动。

是年 村党员干部参加冬训。

是年 欧璧医药包装科技(中国)有限公司在汤联村落户。

是年 汤联村实现可用财政总收入 277.44 万元。

是年 汤联村被评为张家港市文明村。

2013 年

夏 境内晴热高温少雨,截至 8 月 21 日,出现高温日(气温 35℃或以上)47 天,超历史最高值 24 天,其中 40℃以上高温 5 天,极端最高气温达 41℃。

8 月 村党支部完成换届选举,蒋炜当选村党支部书记,李金城当选副书记,肖玉春、徐琴芬、李卫丰等当选委员。

11 月 汤联村举行第十届村民委员会换届选举,李金城当选村民委员会主任,肖玉春、徐琴芬、李卫丰、邹丽娟为委员。

是年　汤联村创建江苏省三星级档案室。

是年　汤联村被张家港市关工委评为"五有五好"创优争先先进村。

是年　汤联村可用财力突破 300 万元。

2014 年

1 月 28 日　汤联村召开境内企业业主迎新春茶话会,共同总结 2013 年经济工作成果,共商 2014 年发展大计。

是月　村干部分片慰问 60 周岁以上老人、困难户、孤寡老人、生活困难的老党员等 182 人,共发放慰问金 7.15 万元。

2 月　村委举办青少年道德大讲堂活动 3 期,有 187 人次参加活动。

3 月 15 日　汤联村召开党的群众路线教育实践动员大会。活动为时半年,至 9 月底结束。

3 月 29 日　村委召开"三老"(老党员、老干部、老龄村民代表)座谈会,认真听取群众的"呼声、心声、怨声"。

5 月　组织全村 60 周岁以上参保村民体检。

6 月　党总支书记蒋炜在党员会上传达经开区(杨舍镇)党工委关于汤联村党支部并入金塘社区党总支的决定。

是月　在金塘社区举办"党群心连心,共圆中国梦"迎"七一"文艺晚会暨暨阳群众文化艺术团志愿服务基层行活动。

8 月上旬　汤联村对全境 2 个工业小区的所有企业进行安全生产大检查,消除各种安全隐患。

12 月 20 日　经开区(杨舍镇)在东兴苑开展第 48 次"民生面对面"党的群众路线教育实践活动,闵荣高受村委委托,代表汤联村老党员、老干部向经开区(杨舍镇)党工委书记张伟提交"保留汤联地域名"的请求书。

是年　汤联村可用财力突破 600 万元。

是年　汤联村被评为张家港市文明村。

2015 年

2 月　召开骨干企业业主、老干部、老党员新春茶话会,共商 2015 年发展大计。

3 月　举办"迎三八·生活乐缤纷"趣味运动会。

是月　金塘社区举办第九次家电免费维修服务进社区 活动。

4 月 15 日　金塘社区火舞金凤艺术团参加张家港市举办的 2015 年"体育彩票"杯全国健身秧歌及腰鼓大赛,荣获健身秧歌项目三等奖。

4月28日　沈学如等18家企业老总、闵荣高等367名村民代表联名上书,向杨舍镇政府和张家港市地名委请求"保留汤联地域名"。

6月5日　张家港市地名委一行5人到汤联村,就"保留汤联地域名"事项听取基层意见。

6月19日　金塘社区首场民间锡剧票友演唱会在和合书场拉开帷幕,20多名票友联合演出了《灯赋》《赠塔》《夫妻恩爱结同心》《祖国的好山河》等14个优秀节目。

7月1日　金塘社区(汤联村)举办"幸福网格"——经开区(杨舍镇)暨阳群众文化艺术团志愿服务基层行暨"和合金塘·文明家园"迎"七一"文艺汇演。

是月　举办"快乐少年·七彩追梦"青少年暑期活动。

8月21日　金塘社区和合广场举行"文明百村欢乐行"2015年大型公益文艺巡演。

8月24日　金塘社区根据经开区(杨舍镇)统一要求,作为居民自治的试点社区,在三楼会议室召开居民代表大会。社区居民代表及成员单位代表共49人参加,张家港市有关领导、市委组织部、宣传部、政法委分管领导、市民政局、市法制办主要领导,区镇领导及有关局室负责人,各办事处(街道办)分管领导,各试点社区负责人,塘市办事处主任、副主任、村社区负责人50多人观摩会议。

9月12日　经开区(杨舍镇)第119场民生面对面活动在金塘社区举行。

9月21日　村委会召开《汤联村志》编撰工作协调会,沈学如、陈建明、徐江等骨干企业负责人参加。

10月15—25日　金塘社区开展"小煤炉"专项整治。

10月17日　为纪念第28个"老年节",金塘社区(汤联村)在和合广场上举办"传递敬老正能量,构建和合新金塘"戏曲专场晚会。

10月25日　中共青海省委原副书记姚湘成回故乡看望父老乡亲,调研汤联村经济社会发展情况,并对《汤联村志》编写工作提出具体要求。

是月　汤联村纪念第28个"老年节",和合广场演出传统越剧《盘妻索妻》。

11月　汤联村股份合作社第三届第一次代表大会召开。

是月　《汤联村村民自治章程》及"土地经营权固权固化方案"开始实施。

是年　汤联村被评为张家港市文明村。

2016年

1月6日　村文明交通青年志愿者到张家港市区道路开展安全服务。

1月16日　汤联村在金塘社区三楼会议室召开2015年度述职述廉述党建、党员民主评议、村民代表会议暨党员冬训大会。

是月　汤联村召开骨干企业业主迎新春茶话会,通报2015年经济建设情况,共话2016

年村级经济和社会事业发展大计。

2月18日　汤联村召开党的群众路线教育实践活动总结大会,全村党员干部106人参加。

3月1日　《汤联村志》编写工作正式启动。

3月16日　金塘社区联合塘市派出所、辖区物业组织开展消防演练活动,内容包含如何正确使用灭火器和消防应急物资,如何有组织、安全快速疏散逃生等。

3月29日　汤联村党组织班子成员调整,书记:季健;副书记:李金城、徐江;委员:李卫丰、肖玉春、徐琴芬。

5月1日　汤联村(金塘社区)举办"激情五一"健步行活动。

是月　中国共产党张家港经济技术开发区(杨舍镇)金塘社区总支部委员会更名为汤联村总支部委员会。

7月1日　全村开展"两学一做"专题学习教育,就"新形势下如何做一名合格的共产党员"展开大讨论。

9月18日　汤联村党总支举行党总支换届选举工作大会。

9月28日　汤联村妇女第十一次代表大会召开,选举第十一届执行委员会人员。

是月　村委会为60周岁以上老年居民发放中秋福利。

10月1—15日　金塘社区和合书场聘浙江省曲艺团国家一级演员陆嘉乐、张家港市评弹艺术传承中心徐文龙、刘路专场演出。

10月2日　塘市办事处主办,汤联村(金塘社区)、河北村(北海社区)、南庄村(南湖苑社区)、塘市派出所、交警开发区中队承办,张家港市篮球协会、塘市篮球俱乐部协办的"塘市办事处两学一做系列活动暨2016年塘市首届社区篮球友谊赛在金塘社区举行。

10月8日　金塘社区和合广场举办"相约重阳"文艺晚会。

11月16日　汤联村召开两委班子会议,商议购买北海商业街一期3-M1门面房事宜。

11月17日　中共青海省委原副书记姚湘成回故乡考察,与村委班子共话家乡经济建设和社会事业发展形势,并为《汤联村志》撰稿。

11月23日　汤联村举行第十届村民委员会换届选举工作会。李金城当选村主任,肖玉春、李卫丰、邹丽娟、隆志川当选村委委员。

12月28日　塘市办事处在金塘社区广场举行"党群服务联盟"揭牌仪式暨"两学一做"专题文艺晚会。

是年　村业余篮球队获"苏州市千村篮球赛优胜奖"称号。

是年　汤联村被评为张家港市文明村。

2017 年

1月1日—2月29日　金塘社区举办"十个一"活动:

（1）"邻里情·左邻右舍包馄饨"活动;

（2）"邻里睦·猴年送祝福"送春联活动;

（3）"邻里乐·迎新年文艺汇演"活动;

（4）"邻里阅·好书推荐"活动;

（5）"邻里创·文明楼道评选"活动;

（6）"邻里赞·最美家庭评比"活动;

（7）"邻里亲·邻里结伴宴宾客"活动;

（8）"邻里爱·巧手温暖邻里心"活动

（9）"邻里和·生活乐缤纷"趣味游戏;

（10）"邻里护·共建洁美家园"环境整治活动。

1月9日　汤联村（金塘社区）开展2016年度基层党建"联述联评联考"、领导干部"述职述廉"工作暨党员冬训大会。

1月17日　金塘社区举办太极拳免费培训班,60多位太极拳爱好者参加培训。

3月23日　市疾控中心联合澳洋医院医护人员在金塘社区开展结核病宣传义诊活动。

4月1日　举办家庭教育沙龙,邀请市家庭教育协会副会长朱镁开展"如何打造幸福家长"课堂活动。

6月24日　召开"七一"党员大会暨"加强党性修养,争做合格党员"专题党课。

7月6日　开展党员普查活动,进一步了解党员的生活、家庭、工作情况。

7月19日　开展安全生产走访活动。

9月28日　汤联村举行推行村级财务"第三方代管"的村民代表大会。将村级收入、支出、备用金、固定资产、会计报表、票据及会计档案等村级财务,交给"第三方"代管。

10月23日　党总支召集11名老党员开展"夕阳寄语"活动。

10月25日　汤联村联合澳洋顺康医院开展"健康义诊行"活动,为老年人发放重阳糕。

11月27日　联合塘市派出所召开消防安全会议。村委、社区工作人员、社区民警、物业公司、业主代表、房东代表、村民代表等30多人参加。

12月23日　举办"不忘初心,继续前行"十九大红歌演唱会。老干部、老党员、居民代表齐聚一堂,用歌声致敬十九大。

2018 年

1月　汤联村召开两委班子、村民代表会议,讨论厂房、土地等集体资产流转,委托农村产权交易中心杨舍镇分中心进行线上交易事项。

2月　汤联村为老年居民发放春节福利。

5月5日　"331"专项整治开始。"331",第一个"3",指容易引发火灾事故的"三合一"场所、出租房(群租房)和电动自行车等三类突出隐患;第二个"3",指专项行动要对照执行的任务清单、履职清单和追责清单"三张清单";"1"指的是100天。原定至8月12日基本结束。后根据张家港市委、市政府重新部署,"331"专项行动持续到年底。

6月25日　《汤联村志》终审会召开。张家港市、杨舍镇两级史志部门专家,汤联村两委班子成员参加。

是月　村召开两委班子、党员、村民代表会议,再次讨论村厂房、土地等集体资产流转,委托农村产权交易中心杨舍镇分中心进行线上交易事项。

是月　汤联村为老年居民发放端午福利。

是月　汤联村党总支召开党员干部大会,庆祝中国共产党成立97周年。

8月4日　经开区(杨舍镇)到汤联村召开党员干部大会,宣布村党总支书记季键工作调动,明确由总支副书记徐江主持汤联村工作。

9月　张家港市第二专项巡察组对汤联村巡察。巡察内容主要为执行中央八项规定、党风建设、廉政建设、集体"三资"管理等,至11月结束。

是月　第16村民小组青年李双应征服役,村委会组织欢送。

是月　村委会对老年居民发放中秋、重阳福利。

10月　塘市办事处对汤联村(金塘社区)"331"专项整治行动"兜底翻"检查。

是年　汤联篮球队获苏州市第十二届"千村万人·幸福乡村"篮球总决赛第一名。

第一卷　建置区划·自然环境

　　汤联村位于张家港市杨舍镇域南部,北距杨舍镇镇政府驻地5千米。村域东与新民村毗邻、南与河北村相连、西与棋杆村接壤、北与民丰村隔菖蒲塘相望,总面积1.62平方千米。汤联境域三面环河,东至老二干河,西至古谷渎港,北至菖蒲塘,渔梁浜(又名渔梁泾)靠村域南,东西穿村而过,自古交通水利比较发达。汤联境域,历史上长期隶属常熟县管辖。1957年划归江阴县。1962年划归沙洲县。1986年沙洲县撤县建张家港市,汤联全境属张家港市管辖,直至2016年未变。

　　汤联地处亚热带南部湿润气候区,春夏秋冬四季分明,具有春季温和、夏季酷热、秋季凉爽、冬季寒冷的特点,是典型的亚热带季风气候。全境地势平坦,气候温和,雨量充沛。

　　2003年境内有大小汉浜、池塘、河道89条,水域面积占全村区域面积的9.8%。2016年,全村有耕地212亩,有汉浜、池塘、河道6条。

第一章　建置区划

第一节　沿　革

大约 6000 年前的马家浜文化时期,汤联境内就有人类活动。

夏、商时期,境内为扬州属地。东周元王五年(前 471),越灭吴,境内隶属越。秦统一中国,实行郡县制,境内属会稽郡吴县。西汉景帝前元时期(前 156—前 150),常熟地域上首次设虞乡建置,境内隶属会稽郡吴县虞乡。东汉永建四年(129),会稽郡浙江以西另设吴郡,境内隶于吴郡吴县虞乡。三国鼎立期间,境内属东吴吴郡吴县虞乡。西晋太康四年(283),境内隶于吴郡。南北朝,南齐永泰元年(498),境内隶于晋陵郡海虞县。五代十国期间,境内属吴越国。宋代,境内属平江(今苏州)府常熟县。清咸丰十年(1860),太平军攻占常熟,境内属苏福省常熟县。同治元年(1862),太平军退,境内仍隶属苏州府常熟县。宣统三年(1911)至民国末年,全境分属常熟县虞乡、海虞乡敬真里、新庄乡(第九保)、汤桥乡。

1949 年 4 月 22 日,全境解放,暂时保持民国时期建制。10 月,常熟县人民政府调整区、乡设置,乡以下建行政村,同时废除保甲制。1950 年 9 月,境内属常熟县塘桥区汤桥乡。10 月,境内分属常熟县塘桥区汤桥乡南园村、闵巷村、后房村和市北村(部分)。1954 年 2 月,实行农业合作化,境内分属大星、红星、新星初级农业生产合作社(以下简称"初级社")。1956 年春,在三个初级社的基础上,成立汤桥乡第一高级农业生产合作社(以下简称"高级社")。是年冬,第一高级社改称汤联高级社。1957 年,境内改属江阴县长泾区塘市乡塘丰五社。1958 年 9 月,撤销区,以乡为单位建立人民公社(以下简称"公社"),实行政社合一体制。塘市公社成立,撤销原高级社建制,设 8 个工区,境内属塘市公社第一工区。

1959 年 10 月,调整公社体制,实行公社、大队两级核算,塘市公社 8 个工区划分为 10 个生产大队(以下简称"大队")。一工区划分成一、九两个大队,境内为九大队。

1961 年 9 月,重设区(只设中共区委),境内属长泾区塘市公社。1962 年 1 月,沙洲县正式成立,塘市公社归沙洲县管辖,全境属沙洲县塘市公社。是月,以数字排序的大队分别更名,九大队改称汤联大队(该名称沿袭解放初期原汤桥乡中部三个初级社联合起来之意而得)。"文化大革命"初期,汤联大队改称东方红大队,1968年复名汤联大队。

1983年10月,政社分设,塘市公社改称塘市乡,大队改称村,生产队改称村民小组,汤联大队改称汤联村。1986年9月,经国务院批准,撤销沙洲县,设立张家港市,汤联村随塘市乡改属张家港市。

1993年3月,塘市撤乡建镇,称塘市镇,汤联村属塘市镇。2000年7月,塘市镇并入杨舍镇,设立塘市街道办事处,汤联村改属杨舍镇塘市街道办事处(2004年2月更名为塘市办事处)。2006年10月,杨舍镇将塘市办事处划归张家港经济开发区代管。2008年9月4日,张家港经济开发区与杨舍镇实行"区镇合一"管理新体制,汤联村属张家港经济开发区(杨舍镇)。2011年9月,张家港经济开发区升格为国家级开发区,并更名为张家港经济技术开发区(简称"经开区")。自此,汤联村隶于经开区(杨舍镇)。

第二节　境　界

清代至民国期间,境域界限无从考证。

1949年10月1日,中华人民共和国成立。1950年土地改革后,境域东至老二干河东岸、鳗鲡浜南岸吴家堂,与新民村丁家角、孙王家堂相连;南与河北村(塘市片区)接壤;西与芦庄隔谷渎港相望;西北至阚庄宅基中间四桐庵(后改为坎庄小学);北与水洞坝、河南桥、汤家桥相连。

1957年以后,境域东至老二干河东岸、鳗鲤浜南岸吴家堂,与丁家角、孙王家堂一河之隔;南与塘市村接壤;西以谷渎港为界,与芦庄一河之隔;北与水洞坝、河南桥、汤家桥相连。境域面积1.62平方千米。至2016年一直未变。

第三节　行政区划

清代至民国年间,境内分属常熟县虞乡、海虞乡敬真里、新庄乡、汤桥乡。1949年4月22日解放后,境内分属常熟县新庄乡、汤桥乡。1950年土地改革结束后,境内为常熟县汤桥乡南园、后房、闵巷村和市北村(部分)。1954年,境内为大星、红星、新星3个初级社。1956年为汤桥乡第一高级社。1957年为塘市乡塘丰五社,全境设8个小队(也称生产队)。1958年10月为塘市公社第一工区。1959年2月为塘市公社一大队,10月,改为塘市公社九大队,全大队划分为9个小队。1962年1月更名为汤联大队,全大队划分为15个小队。1983年10月,汤联大队改称汤联村,全村有16个村民小组,直至2016年。

1950—1957 年境内行政区划演变一览表

表 1-1

1950—1953 年土改时期	农业合作化时期		辖自然村
	1953—1955 年初级社	1956—1957 年高级社	
市北村	无　考	汤　联	西　庄
			葫芦䃼
南园村	红　星		南　园
			北　园
			程虞家堂
			沈家堂
			李家堂
			石家堂
			张家堂
			李港巷
后房村	新　星		后　房
			西洋巷
闵巷村	大　星		闵家巷
			野鸡场
			坎庄(东)

注：农业合作化时期，坎庄(东)划到塘丰四社(今棋杆村)。

第四节　自然村

中华人民共和国成立初期，汤联境内有 16 个自然村，农业合作化时期坎庄(东)划到塘丰四社(今棋杆村)。2016 年已没有自然村，但村民的经济关系仍保留在原村民小组。

一、南园　位于南园路与新丰路交会处东南口，距村委会驻地 500 米。境域东靠原二干河、南壤虞家巷、西接后房、北连北园，村庄呈长方形，占地 15000 平方米。该自然村形成于明代。据《渔梁徐氏宗谱》记载，明嘉靖年间(1522—1566)，徐八都堂(即徐恪)先祖在大宅院东南建"南花园"，徐姓族人在此管理，形成村落，故名南园。

民国年间，南园分属常熟县海虞乡、汤桥乡。土改时期为常熟县汤桥乡南园村，合作化时期先后属红星初级社和汤联高级社。1957 年划归江阴县，属塘市公社塘丰五社。人民公社化时期先后属塘市公社一工区、塘市公社九大队。1962 年改属沙洲县塘市公社汤联大队。

1983 年后属汤联村。

2004 年,有徐、虞、丁等三姓村民 63 户 258 人。是年开始,村民分别被拆迁安置到南湖苑、东兴苑、北海花苑、塘市花苑居住。

民国年间,该自然村有一家豆腐坊,掌柜人称"豆腐惠惠",祖传二代靠做豆腐营生,而且质量上乘,地方上颇有名气。

二、北园　位于南园路与新丰路交会处东北口,距村委会驻地 500 米。该村庄形成于明代。东、西、北三面被张泾河环绕,南连原南园自然村,占地 1750 平方米。相传为徐八都堂先祖造的后花园而得名。

民国年间,北园先后属常熟县海虞乡、汤桥乡。土改时期属常熟县汤桥乡南园村,合作化时期先后属红星初级社和汤联高级社。1957 年划归江阴县,属塘市公社塘丰五社。人民公社化时期先后属塘市公社一工区、九大队。1962 年改属沙洲县塘市公社汤联大队。1983 年后属汤联村。

解放前,该宅基有丁、徐、蒋等三姓,共十四五户人家。解放后有 7 人外出参军、支援边疆(内地)建设后定居在外省市。20 世纪 50 年代末,大队在该宅基建办副业队,原有绝大多数住户先后分别搬迁到南园、李港巷居住。90 年代初期,仅剩 3 户村民分别搬到南园居住,整个自然村不复存在。2016 年村民的经济关系为汤联村第四村民小组。

先后参加解放战争和抗美援朝的丁振邦、徐妙全和徐高保等就出生在该宅基。

三、后房　位于东南大道东、新丰中路南、南园路西、渔梁浜北,是村委会驻地。该自然村占地 65500 平方米,形成于元末。渔梁徐氏始迁人、明朝州府徐八都堂家的祖坟就在宅基西北侧。整个陵墓(俗称大松坟)占地 20 余亩,栽满松柏,陵墓南门口石柱牌坊雄伟庄观。该陵墓及牌坊在"文化大革命"时期被毁。毁林平坟期间出土的徐八都堂母亲的墓志盖现保存在张家港市博物馆,石柱牌坊在重建西渔梁浜桥时用作桥枕头。该自然村有徐姓(徐八都堂家族后裔)、朱姓、王姓、李姓四个大族,坊间称徐家(西)墙门、朱家墙门、王家墙门、李家墙门。其中徐家(西)墙门形成年代最早,明末清初就已发展到 18 个"八字"墙门。至解放初期,徐家(西)墙门房屋已很破旧。朱家墙门在土改时期改建成耕读学校。王家墙门形成年代最晚,至"文化大革命"时期仍保留着"花格长窗蝴蝶门,沓联二进隔厢房"的清代建筑风格。

民国年间,后房属常熟县海虞乡、汤桥乡。土改时期属常熟县汤桥乡后房村,合作化时期先后属新星初级社和汤联高级社。1957 年划归江阴县,属塘市公社塘丰五社。人民公社化时期先后属塘市公社一工区、塘市公社九大队。1962 年改属沙洲县塘市公社汤联大队。1983 年后属汤联村。

2005年,有第五、第六、第九、第十五等4个村民小组。有徐、朱、王、孟、姚、隆、李等姓村民共128户516人。是年开始,分别被拆迁安置到棋杆花苑、南湖苑、东兴苑、北海花苑、塘市花苑、西溪花苑居住。2016年,村民的经济关系仍保留在原村民小组。

中共青海省委原副书记姚湘成就出生在该宅基。

民国年间,该宅基有一李姓伤科土医生,两代家传,接骨拿臼。有朱家母女俩用土方草药专治朝所里小孩(即出生不满一个月的婴儿)黄疸(坊间称"锁口")、漆油疸等症,方圆十里都知晓。昔日,朱氏门上每天少则两三个、多则五六个妇女怀抱孩子上门求诊,直至20世纪70年代末才锐减。

四、西洋巷　位于东南大道东、新丰路(原渔梁浜段)南。境域东距原南园自然村200米,南连范家港,西与西庄隔陶家坝(也称新开河)相望,北与后房仅渔梁浜一河之隔。村庄占地16680平方米。该自然村形成于元代。因水陆交通便捷,元代就有内河鱼、长江鲜等活鱼交易场所,并因人气鼎旺逐渐形成了西洋街,故坊间有"先有西洋街再有后房村"的传说。

民国年间,西洋巷先后属常熟县海虞乡、汤桥乡。土改时期属常熟县汤桥乡后房村,合作化时期先后属新星初级社和汤联高级社。1957年划归江阴县,属塘市公社塘丰五社。人民公社化时期先后属塘市公社一工区、塘市公社九大队。1962年改属沙洲县塘市公社汤联大队。1983年后属汤联村。

2005年,有朱、徐、王、李姓村民29户121人。是年开始,分别被拆迁安置到南湖苑、东兴苑、北海花苑、塘市花苑居住。2016年村民的经济关系为汤联村第十四村民小组。

五、程虞家堂　位于原张家堂东、菖蒲塘南、老二干河西、张泾河北,距村委会驻地约900米。该自然村形成于明代。村庄占地6000平方米。

民国年间,程虞家堂属常熟县海虞乡、汤桥乡。土改时期属常熟县汤桥乡南园村,合作化时期先后属红星初级社和汤联高级社。1957年划归江阴县,属塘市公社塘丰五社。人民公社化时期先后属塘市公社一工区、塘市公社九大队。1962年改属沙洲县塘市公社汤联大队。1983年后属汤联村。

2005年,有程、虞、陈等姓村民54户225人。是年开始,分别被拆迁安置到棋杆花苑、南湖苑、东兴苑、北海花苑、塘市花苑居住。2016年村民的经济关系为汤联村第十三村民小组和第三村民小组(部分)。

六、沈家堂　位于菖蒲塘北岸,东、北、西与汤家桥(宅基)相连,距村委会驻地1100米。该自然村形成于明代,村庄占地6700平方米。

民国年间,沈家堂属常熟县海虞乡、汤桥乡。土改时期属常熟县汤桥乡南园村,合作化时期先后属红星初级社和汤联高级社。1957 年划归江阴县,属塘市公社塘丰五社。人民公社化时期先后属塘市公社一工区、塘市公社九大队。1962 年改属沙洲县塘市公社汤联大队。1983 年后属汤联村。70 年代中期,有 3 户社员分别搬迁到程虞家堂居住。2012 年,有沈姓村民 3 户 12 人。是年开始,分别被拆迁安置到北海花苑居住。2016 年村民的经济关系为汤联村第十三村民小组。江苏省民营企业家沈学如就出身于该宅基。

七、张家堂 位于原李港巷东、菖蒲塘南、程虞家堂西、张泾河北,距村委会驻地 800 米。该自然村形成于清代,村庄占地 3400 平方米。

民国年间,张家堂属常熟县海虞乡、汤桥乡。土改时期属常熟县汤桥乡南园村,合作化时期先后属红星初级社和汤联高级社。1957 年划归江阴县,属塘市公社塘丰五社。人民公社化时期先后属塘市公社一工区、塘市公社九大队。1962 年改属沙洲县塘市公社汤联大队。1983 年后属汤联村。

2005 年,有张姓村民 8 户 35 人。是年开始,分别被拆迁安置到东兴苑、北海花苑、塘市花苑居住。2016 年村民的经济关系为汤联村第十三村民小组。

八、小张家堂 位于老二干河东、菖蒲塘南、王家堂西、鳗鲡浜北岸。境域东与王家堂相邻、南与吴桥头一河之隔、西与程虞家堂隔老二干河相望、北连石家堂,距村委会驻地 1200 米。该自然村形成于清代,村庄占地 2000 平方米。

民国年间,小张家堂属常熟县海虞乡、汤桥乡。土改时期属常熟县汤桥乡南园村,合作化时期先后属红星初级社和汤联高级社。1957 年划归江阴县,属塘市公社塘丰五社。人民公社化时期先后属塘市公社一工区、塘市公社九大队。1962 年改属沙洲县塘市公社汤联大队。1983 年后属汤联村。

2005 年,有张姓、徐姓村民 3 户 12 人。是年开始,分别被拆迁安置到北海花苑居住。2016 年,村民的经济关系为汤联村第三村民小组。

九、石家堂 位于老二干河东、鳗鲡浜北岸。境域东接王家堂、南靠鳗鲡浜、西与程虞家堂隔老二干河相望、北枕菖蒲塘,距村委会驻地 1200 米。该自然村形成于明代,村庄占地 1700 平方米。

民国年间,石家堂属常熟县海虞乡、汤桥乡。土改时期属常熟县汤桥乡南园村,合作化时期先后属红星初级社和汤联高级社。1957 年划归江阴县,属塘市公社塘丰五社。人民公社化时期先后属塘市公社一工区、塘市公社九大队。1962 年改属沙洲县塘市公社汤联大队。1983 年后属汤联村。2005 年,有徐姓村民 3 户 9 人。是年开始,分别被拆迁安置到北海花苑居住。2016 年村民的经济关系为汤联村第三村民小组。

十、李家堂 位于原菖蒲塘南、老二干河西,西、北与原程虞家堂相连,距村委会驻地

1000 米。该自然村形成于明代,村庄占地 5400 平方米。

民国年间,李家堂属常熟县海虞乡、汤桥乡。土改时期属常熟县汤桥乡南园村,合作化时期先后属红星初级社和汤联高级社。1957 年划归江阴县,属塘市公社塘丰五社。人民公社化时期先后属塘市公社一工区、塘市公社九大队。1962 年改属沙洲县塘市公社汤联大队。1983 年后属汤联村。

2005 年,有李姓、陈姓、徐姓、虞姓村民 11 户 38 人。是年开始,分别被拆迁安置到北海花苑居住。2016 年村民的经济关系为汤联村第三村民小组。

十一、李港巷　位于原闵家巷东、菖蒲塘南岸、李港巷路西、新丰路北。距村委会驻地 500 米。境域东邻原张家堂,南连后房,西邻闵家巷,北靠菖蒲塘,村庄占地 23400 平方米。

该自然村形成于明代。因村庄自东至西被张泾河、传水浜、下泾河、东泾河和西泾河环绕,四周高,村落低,东西两条大坝是村民进出唯一通道,故坊间有"小台湾"之称。住户中以李姓居多,解放前有汤姓从无锡搬入,解放后有将姓搬迁至此定居。

民国年间,李港巷属常熟县海虞乡、汤桥乡。土改时期属常熟县汤桥乡南园村,合作化时期先后属红星初级社和汤联高级社。1957 年划归江阴县,属塘市公社塘丰五社。人民公社化时期先后属塘市公社一工区、塘市公社九大队。1962 年改属沙洲县塘市公社汤联大队。1983 年后属汤联村。

2005 年,有李、汤、蒋等姓村民 46 户 183 人。是年开始,分别被拆迁安置到南湖苑、东兴苑、北海花苑居住。2016 年村民的经济关系为汤联村第七、第十六村民小组。

明代末年,该宅基曾有一个人称"李四强盗"的农民,力气过人,肩上扛了一挽子(挽子,农村里用来盛放粮食的一种用具,由柳条和毛竹片制作)大米,可泅渡过村前 20 多米宽的下泾河,而且大米不浸一点水。

十二、西庄　位于英才路东、渔梁浜南、东南大道西、塘市花苑北区地域。距村委会驻地 200 米。境域东靠原西洋巷、南连市北(今属河北村)、西接葫芦簖、北与野鸡场隔渔梁泾相望。村庄占地 48000 平方米。据史料记载,该宅基形成于明代,是渔梁徐氏始迁地之一。

民国年间,西庄属常熟县海虞乡、汤桥乡。土改时期属常熟县汤桥乡市北村。1953 年划归江阴县,属塘市乡市北村。人民公社化时期先后属塘市公社一工区、塘市公社九大队。1962 年改属沙洲县塘市公社汤联大队。1983 年后属汤联村。

2005 年,有徐、陈等姓村民 81 户 323 人。是年开始,分别被拆迁安置到南湖苑、东兴苑、北海花苑、塘市花苑居住。2016 年村民的经济关系为汤联村第一村民小组(部分)和第十一村民小组。

解放前跟随新四军何洛、杨明岐从事地下工作的陈妙亭就出生在该宅基。

民国年间,该宅基五六家农户有育苗鸡(俗称"嘌小鸡",即把刚从蛋壳里钻出来的鸡苗拿到家里,精心喂养 10—15 天,再上市销售)的传统。20 世纪 60—70 年代,生产队组织有嘌小鸡技能的人搞副业。80 年代后,发展到 30 余户 100 多人从事该项生意。阳春三月,鸡农肩挑鸡担走街串巷,上门推销,也有的用自行车或乘其他交通工具把苗鸡运到常熟、无锡、金坛、溧阳等地销售。

十三、葫芦簖　位于新沙河东、原野鸡场南、英才路西、渔梁浜北,距村委会驻地 350 米。境域东靠原西庄、南连市北(今属河北村)、西枕新沙河、北与野鸡场接壤,村庄占地 15000 平方米。该村庄形成于明代,20 世纪 80 年代,因塘市公社在该地建造水泥厂,被整体从渔梁浜南岸搬迁到渔梁浜北岸。

民国年间,葫芦簖属常熟县海虞乡、汤桥乡。土改时期属常熟县汤桥乡市北村。1953 年划归江阴县,属塘市乡市北村。人民公社化时期先后属塘市公社一工区、塘市公社九大队。1962 年改属沙洲县塘市公社汤联大队。1983 年后属汤联村。

2005 年,有陈姓村民 12 户 46 人。是年开始,分别被拆迁安置到北海花苑、塘市花苑居住。2016 年村民的经济关系为汤联村第一村民小组。

十四、野鸡场　位于古谷渎港(今新沙河)东、新泾中路南、渔梁浜北,距村委会驻地 400 米。境域东、北连原闵家巷,南接西庄、葫芦簖,西邻朱家堂,村庄占地 16700 平方米。相传南宋抗金名将韩世忠屯兵庆安时在该地种菜养猪("猪"和"鸡"在庆安方言中为谐音)而得名。

民国年间,野鸡场属常熟县海虞乡、汤桥乡。土改时期属常熟县汤桥乡闵巷村,合作化时期先后属大星初级社和汤联高级社。1957 年划归江阴县,属塘市乡塘丰五社。人民公社化时期先后属塘市公社一工区、塘市公社九大队。1962 年改属沙洲县塘市公社汤联大队。1983 年后属汤联村。

2005 年,境域内有陈、闵、张等姓村民 37 户 160 人。是年开始,分别被拆迁安置到南湖苑、东兴苑、北海花苑、塘市花苑居住。2016 年,村民的经济关系为汤联村第八村民小组。

据村内年长者回忆,该宅基中部靠古谷渎港东岸有一块 2000 多平方米的竹园,解放前陈金才利用竹园中三间碾房作掩护,与新四军何洛、杨明岐部下(即沙洲地区武工队)的地下工作者经常在此活动。又因宅基紧靠谷渎港,水路交通方便,民国时期有 2 户农民以木帆船运输度日。

十五、闵家巷(又名闵港巷)　位于东南大道与新泾中路交会处南路口。境域东壤原李港巷、南连野鸡场、西邻张家湾(棋杆村)、北枕菖蒲塘,村庄占地 38700 平方米。距村委会驻地 500 米。据传,南宋韩世忠抗金时,委派鹿苑(今滩里村)藉闵氏族人在今野鸡场种菜养猪,后闵氏在此定居繁衍逐渐形成村落,故称闵家巷。

民国年间,闵家巷属常熟县海虞乡、汤桥乡。土改时期属常熟县汤桥乡闵巷村,合作化时期先后属大星初级社和汤联高级社。1957 年划归江阴县,属塘市公社塘丰五社。人民公社化时期先后属塘市公社一工区、塘市公社九大队。1962 年改属沙洲县塘市公社汤联大队。1983 年后属汤联村。

该村庄呈长方形,西半个村庄被一条小河(名宅基河)四周环绕,仅南面有条坝进出,宅基河东边称河东,为第十村民小组。宅基河中水墩上称河西,为第二村民小组。

第二村民小组有个陶掌妹,终身以农为业,自小就下地劳动,在家纺纱织布,性格豁达,快言快语。90 岁时身体依旧强健,眼不花,耳不聋。她有家传接骨拿臼、针灸"横炎"(腹股沟淋巴结炎症)的手艺,用消过毒的缝衣针在患者脚后跟上一点的穴位上扎一下,针到病除,炎症消失。为附近村民服务了几十年不图回报,坊间颇有影响力。直至 1992 年病故,该手艺失传。河东(第十村民小组)的高龄老人(人口占比)为汤联各自然村之首,2016 年,90 岁以上的老人有 6 个。其中:王保妹 102 岁,耳聪目明,生活自理;徐积妹 2016 年 104 岁,每天还能拄着竹竿拐杖在小区里散步。坊间议论,除遗传因素外,也许与该宅基的民风有关。这里晚辈孝顺,家庭和睦,邻里听不见有人相骂吵架。

闵家巷的居民以闵姓居多,另有丁姓一名男性入赘,缪姓、李姓从外地迁入。2005年,闵家巷有村民 79 户 323 人。是年开始,村民分别被拆迁安置到棋杆花苑、南湖苑、东兴苑、北海花苑、塘市花苑、西溪花苑居住。2016 年村民的经济关系为汤联村第二、第十村民小组。

2003年村民住宅示意图（1）

南　园

渔梁浜

徐继明
徐娜达　徐惠达
徐娜达　徐惠达

丁建东
徐云法
虞金祥

徐永元　徐金元
徐红强
丁建坏
徐沙林　徐福
徐卫新
徐娜达　徐敏英

徐祖元
徐清潮
徐湖明
丁正秋
徐建明
徐强
徐根年　丁怡坤
丁国荣

徐建新
徐福元
徐宝忠
徐国平　徐进楼
徐二芳

徐绍峰
徐斌
徐洪年

徐惠明
徐慧明
徐明和
虞金平

徐云平
徐慧云
徐福达　徐振荣
徐建荣
徐明　徐斌

徐伟
徐永法　徐兴荣

徐建军　徐桐法
徐云法　徐林荣
徐法明

徐清东
徐慧生
徐海龙
虞金明

徐慧平
徐二丰
虞金龙

徐建兴
徐建平
徐建平

徐建东
徐平
徐海龙
徐建平
徐洪新　徐昌年

徐云海　徐沃福　徐东东

2003年村民住宅示意图（2）

2003年村民住宅示意图（3）

后房

浜

梁

渔

西洋巷

王路春
王湖春
孟生明
王路夏
王仲义
王法根
李德元
王金石
徐建古
徐桂保
朱涌林
李福明
李曜吃
王华石

徐结春
王忠财
徐国治
王鹤儿

顾建林
徐惠新
徐远忠
王公保
徐卫
徐飞
徐士龙
李建坤
徐仁昌
朱顺法
徐新忠
王正宝
徐洋翔
徐满明
徐明华
徐阳庆
徐福生
李满保
朱惠琴
朱惠琴
徐月良
徐市良
徐国昌
徐根法

徐明际
李建达
李阿五
王卫忠
徐新良
李远新
李正新
徐桂芳
徐六保
徐金良

2003年村民住宅示意图（4）

后 房

徐士达

徐祖林 徐虎

徐正 徐石

徐国 徐建达

朱裕国 朱通国

东湖刚 东湖明

徐晓东

徐利东

徐冰良

徐卫刚 徐海东

徐建际 徐慧春

徐金满

徐少东

朱土东

薛浩明

薛雨东

徐勤东

徐福东 朱东进

朱东洋 朱远才

徐国耿

徐桂祥

徐江

王晓东

朱锦森 朱少丰

徐国良

施湘成

徐德明

徐世昌

王耿际

朱宝红

宋玉红

朱金龙 朱天龙

徐丰

朱月才

2003年村民住宅示意图（5）

汤联村委会

朱国荣　朱绪通　隆正荣　朱永高

徐国华　李德兴　徐祥生　隆清　徐伟

李惠石　徐汝金

后　房

徐士福　隆海　隆斌

陈立新　陈正甫　隆根才　李炳元　朱正飞　朱仁林　朱建明

李维昌　李建高　李尧明　朱惠东　隆竹梅　朱永法

徐建东　徐建明　陈正新　李尧达　丁同春　朱正刚　朱正祥　朱金成

李新海　徐世明　李建清　朱一村　朱荣达

李建强　徐仁法　李永昌　李德龙　徐顺生　徐祥兴　徐正东

徐阿标　徐立　李惠明　徐维红　朱新达　徐国华　徐建华　孔陶芹

渔　梁　浜

西洋巷

2003年村民住宅示意图（6）

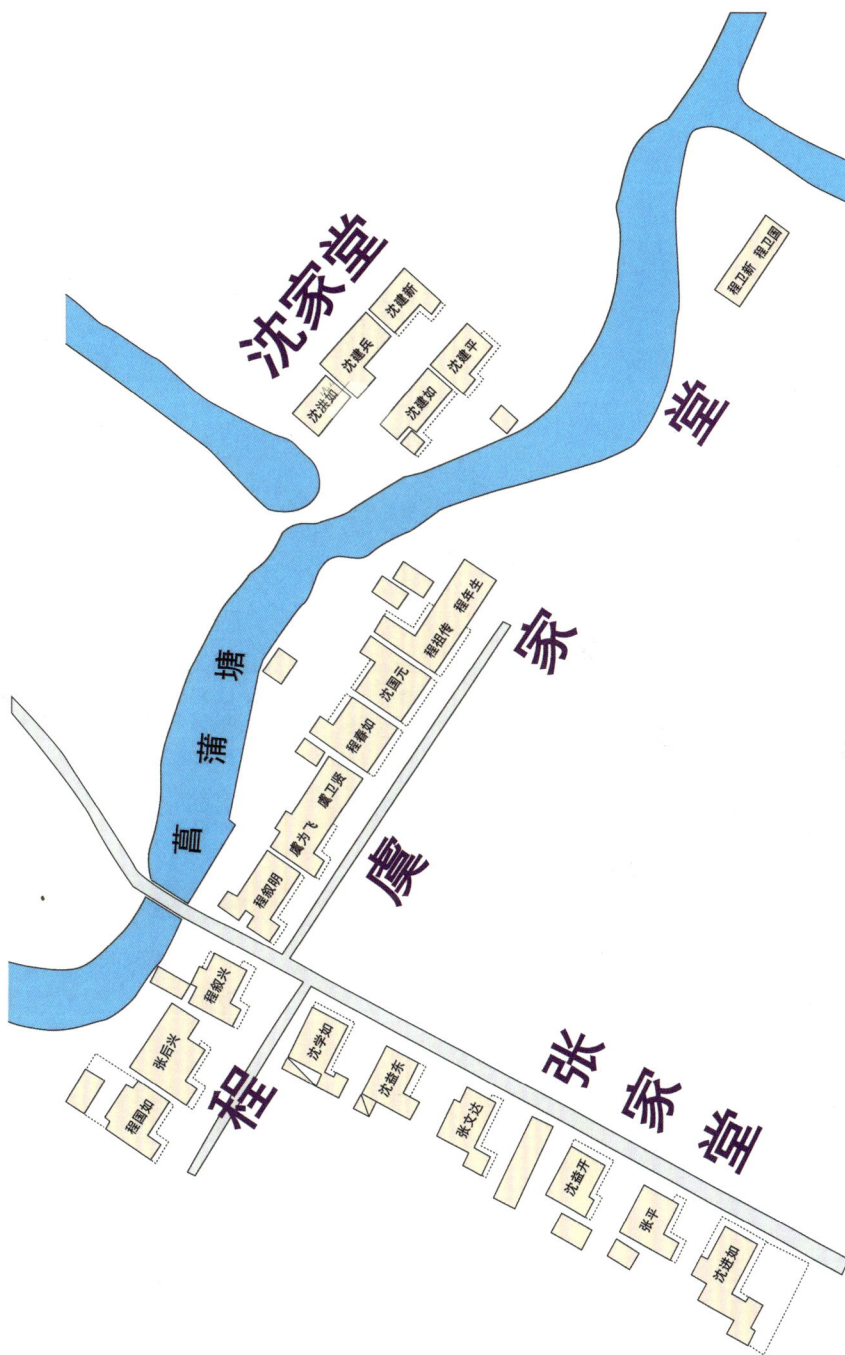

2003年村民住宅示意图（7）

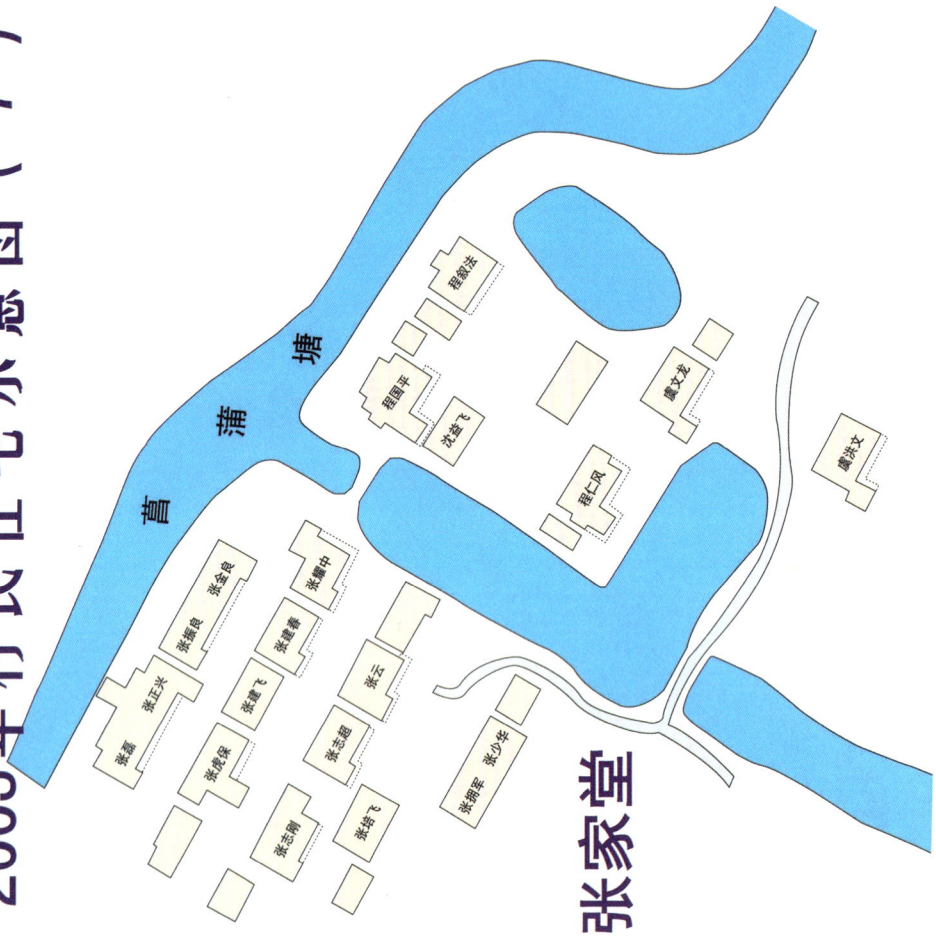

昌蒲塘

张家堂

程毓法
祖国平
沈益飞
瞿文龙
程仁风
瞿洪文

张正兴
张满良
张全良
张云
张建春
张耀中
张建飞
张培飞
张虎保
张志祖
张志刚
张湘军
张少华

2003年村民住宅示意图（8）

程虞家堂

石家堂

李家堂

小张家堂

吴家堂

2003年村民住宅示意图（9）

李港巷

2003年村民住宅示意图（10）

西 庄

2003年村民住宅示意图（11）

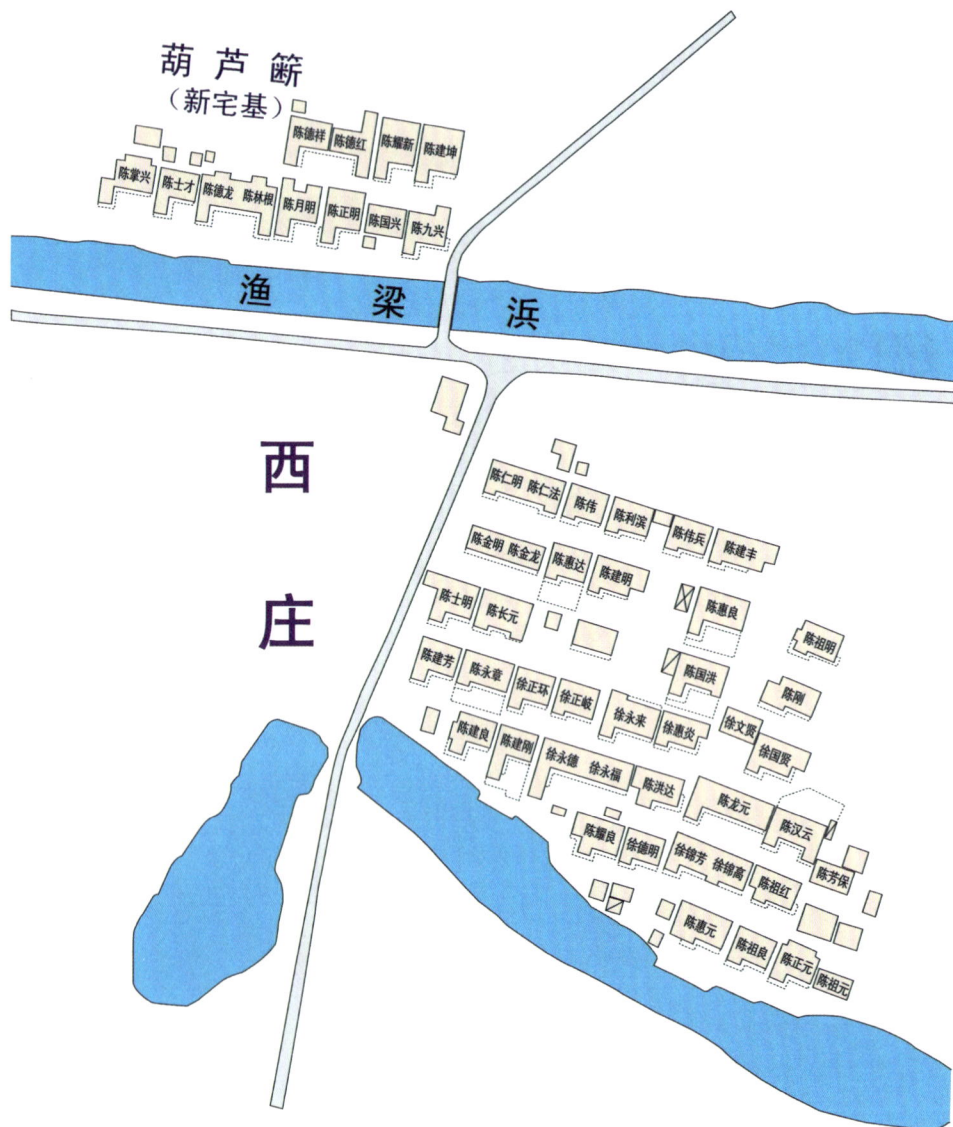

葫芦簖
（新宅基）

陈德祥　陈德红　陈耀新　陈建坤

陈掌兴　陈士才　陈德龙　陈林根　陈月明　陈正明　陈国兴　陈九兴

渔　梁　浜

西庄

陈仁明　陈仁法　陈伟　陈利滨　陈伟兵　陈建丰

陈金明　陈金龙　陈惠达　陈建明

陈士明　陈长元　陈惠良　陈祖明

陈建芳　陈永章　陈国洪　陈刚

徐正环　徐正敏　徐永来　徐文贵　徐国宽

陈建良　陈建刚　徐永德　徐永福　陈洪达　陈惠炎

陈龙元　陈汉云

陈耀良　徐德明　徐绵芳　徐绵高　陈祖红　陈芳保

陈惠元　陈祖良　陈正元　陈祖元

2003年村民住宅示意图（12）

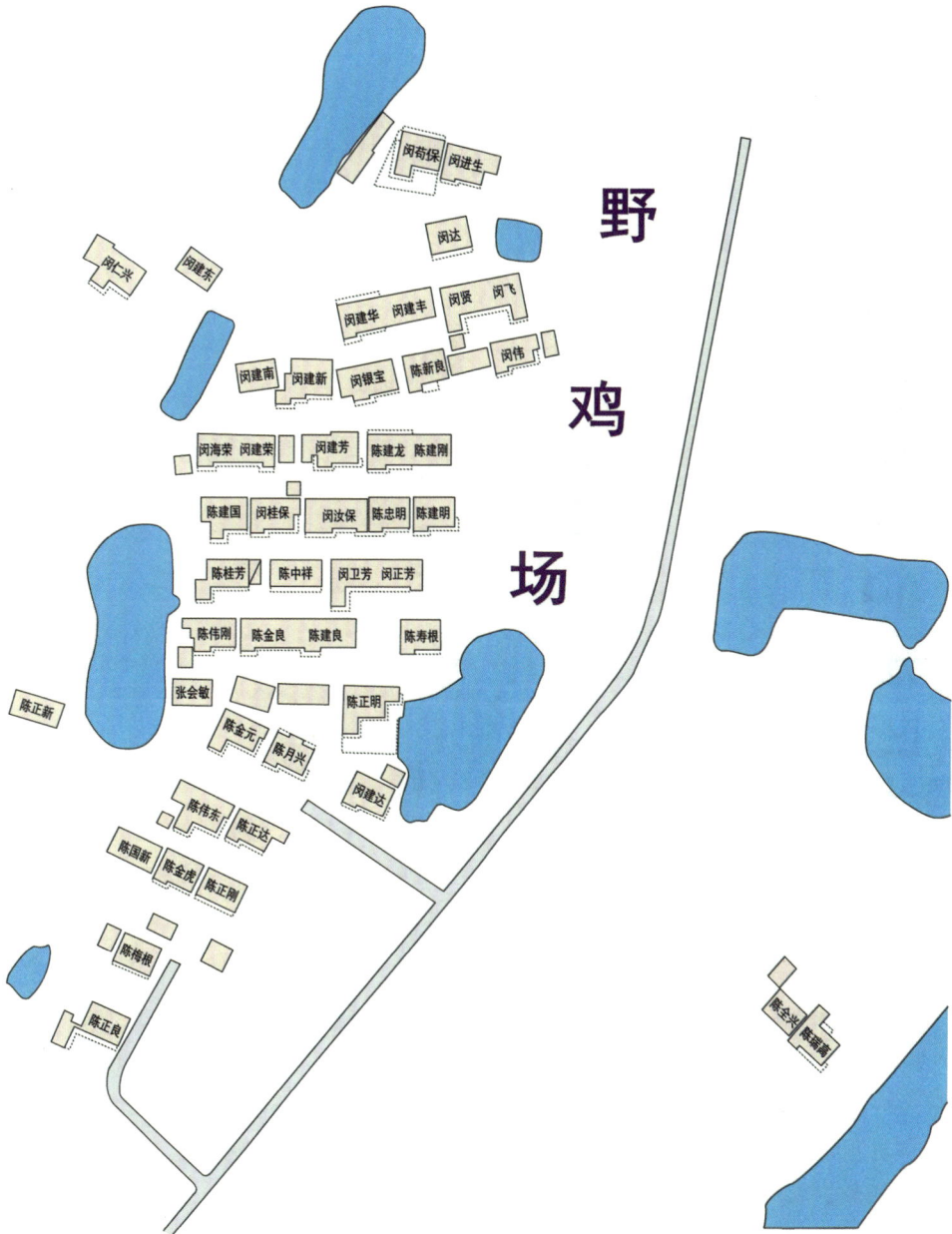

野鸡场

闵苟保 闵进生

闵达

闵仁兴 闵建东

闵建华 闵建丰 闵贤 闵飞

闵建南 闵建新 闵银宝 陈新良 闵伟

闵海荣 闵建荣 闵建芳 陈建龙 陈建刚

陈建国 闵桂保 闵汝保 陈忠明 陈建明

陈桂芳 陈中祥 闵卫芳 闵正芳

陈伟刚 陈金良 陈建良 陈寿根

张会敏 陈正明

陈正新 陈金元 陈月兴

闵建达

陈伟东 陈正达

陈国新 陈金虎 陈正刚

陈梅根

陈正良

陈会兴 陈琅根

2003年村民住宅示意图（13）

蒲
塘

闵 家 巷
（俗称闵港巷）

第二章　自然环境

第一节　成　陆

汤联村位于杨舍镇域南部,是长江三角洲的一个组成部分。

大约 12000 年前,当时的长江口还在扬州、镇江附近。直到距今 8000 余年前,长江口外南北两侧的浅海条形成一条沙嘴。南侧的沙嘴由镇江向东偏南方向逐步伸展,经江阴、杨舍,至福山转向东南,沿太仓、上海的外岗、马桥与钱塘江北侧沙嘴相接,成为老长江三角洲的界线。

长江口外,南侧沙嘴伸展,把黄山、君山、长山、香山等山丘连在一起。泥沙不断围积,并向今闸上、杨舍、鹿苑一线扩展,逐步形成南部陆地。古长江三角洲形成之后,直到公元前一二世纪的漫长时间里,古长江岸线比较稳定,逐步形成一条几十米至一二千米宽、七八米高的岗地。汤联村位于南部老长江三角洲的古代沙嘴区,成陆年代为 6000 年以上,是海相河相沉积平原。

第二节　地　貌

汤联全境主要是第四系沉积覆盖。据江苏省煤田地质钻探队的勘察结果表明,第四系覆盖层的厚度为 90—240 米。

境内地面高程(吴淞零点)4—5 米。由于古代沙嘴的不连续,形成了一系列低平田和蝶形低洼地。全境地势西高东低:西部的西庄、葫芦簖、野鸡场、闵家巷一带地势较高,东部的程家堂、虞家堂、张家堂、南园、北园一带偏低。

第三节　气　候

境内属亚热带季风性湿润气候区,季风环流是支配汤联气候的主要因素。

境内四季分明、雨量充足、气候温和、无霜期长,是典型的海洋性气候。全年春、夏两季以东南风为主,秋、冬两季以偏北风向为主,是典型的季风气候。以气候特点计算,汤联地区四季的时间为:每年4月2日至6月13日,日平均气温在13℃左右,为春季,长73天;6月14日至9月16日,日平均气温在22℃以上,为夏季,长95天;9月17日至11月16日,日平均温度10℃至22℃,为秋季,长61天,是四季中最短的一季;11月17日至第二年的4月1日,日平均温度低于10℃,是冬季,长136天。以农历的月份划分四季,从正月起作为春季的开始,每季三个月,依次分为春、夏、秋、冬四季。

一、四季气候特征

现代科学以候(5天为1候)平均温度的不同,作为划分四季的依据。凡候温升到22℃或以上为夏季,候温降到10℃或以下为冬季,候温介于10℃至22℃之间是春季或秋季。以候平均温度为准,全境四季的时间为:3月至5月为春季,6月至8月为夏季,9月至11月为秋季,12月至翌年2月为冬季。

春季是冬、夏季风交替的季节,具有回暖早但不稳定的特点。进入春季后,仍常有冷空气侵袭,寒潮天气平均每10年有2—3次。立夏前后平均温度上升到15℃以上。春季由于夏季风兴起,暖湿空气活跃,与黄海北部来的冷气流相遇形成锋面雨。这期间,降雨日和雨量都显著增加。

夏季炎热多雨。降水量的多寡一般取决于梅雨量和台风雨量的多少。一般每年6月16日入梅,7月7日出梅。夏初又是梅雨期的开始。出梅后进入了盛夏,降水量明显增多,约占年降水量的五分之二。夏季常出现两种截然不同的天气系统,即初夏的梅雨天气和盛夏的伏旱天气。梅雨天气云量多,日照少,温度和气压低,连续降雨,相对湿度大。梅雨天气每10年有7—8次。伏旱天气云量少,日照强,温度和气压迅速增高,偶有阵发性降水,相对湿度较小。伏旱天气每10年出现5—6次。枯梅连伏旱的天气每10年出现1—2次,夏季常有破坏性强雷、暴雨、冰雹、龙卷风等局部强对流天气,若遇台风袭击或外围影响,则造成局部性的雨涝灾害。

秋季是冬季风取代夏季风的过度季节。9月中旬寒潮开始南下,天气稳定少变,常形成风力微弱、阳光灿烂、秋高气爽的天气特征。但有些年份进入秋季后,夏季风未退,而冷气流频频南下,冷热空气争雄激荡及受台风影响,形成秋季连续阴雨。每10年出现2次左右。

冬季,由于受到冷空气的频繁侵袭,气温明显降低,在一次冷空气侵袭之后,往往有一个天气转晴、气温回升的过程,有"三日寒""四日暖"的交替变化。这种变化一般7天至10天就有1次,每交替1次,气温就要下降1次。24小时内降温大于10℃、最低气温低于5℃的寒潮天气,1996至2016年共发生54次,平均每年2.7次。冬季中,农历12月下旬至翌年1月上旬为最冷,月平均温度约2.3℃。

二、气温

境内 1960—2016 年，年平均气温为 15.2℃，年际间变化不超过 1℃。夏季最高月平均温度与冬季最低月平均温度相差 25.3℃，7 月份最热，1 月份最冷。

春季平均气温 13.7℃。3 月降温大于 10℃ 的强冷空气平均每年 1 次。4 月降温大于 7℃ 的中强冷空气平均每年 1.8 次。日平均温度稳定通过 10℃、12℃ 的初日分别是 4 月 3 日和 4 月 12 日。

夏季平均气温 26.1℃。7 月平均气温为全年最高，达 29.97℃。1971 年 7 月平均气温达 31.7℃，极端最高温度 39.3℃。1968 年、1988 年、1994 年持续高温 25 天以上，2013 年持续高温 47 天，极端最高气温达 41℃。一般年景高于 35℃ 的天数平均每年占 6.7 天，7 月占 3.8 天，8 月占 2.9 天。

秋季平均温度 17℃。日平均温度稳定通过 12℃、10℃ 的终日分别是 11 月 9 日和 11 月 17 日。降温大于 10℃ 的强冷空气，平均每年在 11 月出现 1.1 次。

冬季平均温度 3.6℃。1 月是全年最冷的月份，最低气温低于零下 5℃ 的天数平均每年有 8 天，其中 12 月有 2.1 天。低于 0℃ 的，平均每年有 51 天，其中 12 月有 18 天，1 月有 18 天，2 月 15 天。极端最低温零下 11.3℃，出现在 1969 年 2 月 6 日。

三、降水

汤联地处亚热带季风性湿润气候，雨水充足。平均年雨日 122.3 天，降水量 1039.3 毫米。春季雨量占全年总量的 26%，雨季占 42%，秋季占 23%，冬季占 9%，其中 8 月份最多，12 月份最少。雨日最多达到 159 天（1980 年），最少 91 天（1979 年），降水量最多达 1296.8 毫米（1979 年），最少为 640 毫米（1978 年）。4—9 月（从春播到秋收）的半年降水量为 742.7 毫米，占全年总降水量 71.5%。

夏初梅雨期，平均降水量 202.8 毫米，约占年降水量的五分之一。1960—1999 年平均梅雨期 22 天，雨日 14.8 天，约占年雨日的八分之一。丰梅年约占五分之一，最大梅雨量达 502.4 毫米（1970 年）。枯梅年约占五分之一，梅雨量少于 100 毫米，其中空梅年 1 次，雨量 46.7 毫米（1979 年）。

1960—2015 年，冬季降雪天数平均每年为 6.3 天。其中 12 月为 0.3 天，1 月为 2.6 天，2 月为 2.7 天，3 月为 0.7 天。最多年份为 17 天（1968 年 12 月至 1969 年 3 月），最少的年份为 1 天（1976 年），1971 年为空白。积雪日数平均每年 3.5 天，最多 17 天（1977 年）。最大的雪是 1984 年 1 月 17—18 日，降雪量 80.8 毫米，积雪厚度 56.7 毫米。2008 年农历年底，连续两场大雪，降雪量 100.5 毫米，积雪厚度 64.8 毫米。2016 年有 12 个暴雨日，是张家港市有气象记录以来暴雨次数最多的年份，其中 9 月 30 日雨量最大，降水量达到 81.5 毫米。

梅雨期自 6 月 20 日至 7 月 19 日,历时 30 天,降水总量 586.4 毫米。

1959—2016 年境内平均各月降水量一览表

表 1-2

项目＼月份	1	2	3	4	5	6	7	8	9	10	11	12	全年合计
平均降水量(毫米)	33.1	50.7	61.6	97.3	105.9	144.8	157.1	131.9	105.7	58.6	56.9	35.5	1039.1

四、日照

1960—2015 年,年平均日照时数为 2133.2 小时,占可照时数的 48%。年最多日照 2429.2 小时(1967 年),年最少日照为 1804 小时(1970 年)。日照百分率最多年与最少年之间差 14 个百分点。2016 年日照时数为 1770.5 小时,比 2015 年多 86.9 小时,日照百分率(相对日照)为 40%。同 1986 年至 2005 年平均日照 1887.2 小时相比少 116.7 小时,日照偏少。日照时数最多的月份是 8 月,为 286.7 小时,占月可照时数的 70%;日照时数最少的月份是 10 月,为 61.1 小时,占月可照时数的 17%。

1960—2016 年境内平均各月日照时数和日照百分率一览表

表 1-3

项目＼月份	1	2	3	4	5	6	7	8	9	10	11	12	全年合计
平均日照小时	151.4	139	160	162.5	171.4	183	232.3	256.6	174.4	186.9	157.5	158.2	2133.2
占可照时数(%)	48	45	43	42	40	43	54	63	47	53	50	51	

五、霜期

境内初霜期一般始于 11 月 9 日,于次年 4 月 4 日终霜。1960—2016 年初霜期最早的是 1972 年(10 月 22 日,刚进入"霜降"),终霜期最早的是 1976 年(3 月 21 日,进入"春分");初霜期最迟的是 1965 年(11 月 26 日,在"小雪"内),终霜期最迟的是 1962 年(4 月 18 日,在清明末期)。初霜早迟相差 35 天。终霜早迟相差 28 天。全年平均无霜期为 228.8 天,最短无霜期是 1972 年(共 195 天),最长的无霜期是 1977 年(共 257 天),最短与最长相差 62 天。

由于气候逐渐变暖,2016 年度的初霜日为 2015 年 11 月 27 日,终霜为 3 月 26 日,霜期 121 天。全年无霜期 242 天,与常年 225 天相比偏多 17 天。

六、寒潮

一般气温在 24 小时内下降 10℃以上,最低温度在 5℃以下,并伴有 5—6 级偏北大风,称为"寒潮"。每到11月至来年4月初都要受到寒潮的侵袭,民间俗称"倒春寒"。在此期间,麦苗和春播的秧苗等都会受到不同程度的冻害,严重的会影响农作物的正常生长和造成牲畜的伤亡。

七、风

汤联处于东部季风区,四季风向变化较大。春季和夏季是南方暖湿空气逐渐增强的季节,风自海洋向大陆吹来,故多东南风;秋季和冬季是北方冷空气逐渐增强的季节,风自大陆的西北方吹来,故作偏北风。全年以东南风为最多,西南风为最少。年平均风速每秒3.9米,最大风速每秒20米。

2016年度有4次台风外围影响境内,分别为第1号台风"尼伯特"、第14号台风"莫兰蒂"、第17号台风"鲇鱼"和第22号台风"海马",比常年略偏多。台风总体影响程度偏轻,未出现重大灾害。第22号台风"海马"是1973年以来影响境内时间最晚的台风。

八、积温、地温

积温,境内有丰富的热量资源。以日平均温度稳定通过0℃界限计算,1959年以来,年平均总积温5557.1℃。最多年5903℃(1961年),最少年为5238℃(1980年)。年际间高低相差164.5℃。

地温,根据张家港市气象站测量统计:1959—2016年,5厘米地温年平均为16.7℃。全年中1月最低,为3.3℃;7月和8月最高,均为30℃。年平均地温最高的是1967年,达21℃;最低的是1980年,为15.7℃。高低年之间相差5.3℃。日平均地温稳定通过5℃的初日,年平均为2月26日,最早1960年2月5日,最晚是1970年3月16日。日平均地温通过12℃的初日,年平均是4月5日,最早1959年3月20日,最晚是1980年4月16日。日平均地温通过15℃的初日,年平均是4月19日,最早是1975年4月4日,最晚是1963年5月4日。

第四节　水　系

汤联全境属长江流域太湖水系,河流纵横贯通,交织成网。境内大小河道89条,其中,新沙河与二干河为市级河道,渔梁浜(又名渔梁泾)和菖蒲塘为镇级河道。以上4条河道全长7.7千米。

一、新沙河(原名谷渎港)　位于境域西部,明清时期出江大港。南起江阴市北涧,北至杨舍镇区东横河,全长11.7千米,底宽4—6米,底高吴淞零上1.2米,通航能力5—10吨,其中境内段为1千米。20世纪50年代疏浚时,野鸡场小石桥段因出泥需要把渔梁泾与谷渎港交汇段填没。1972年疏浚东横河以南至黄旗桥（又名黄旂桥）段，截弯取直，改名新沙河，境内段西移300米，原河床从此成了内河。

二、二干河（十一圩港） 位于境域东部，原系关丝沙与焦沙间的流漕，清同治十一年（1872）开凿，为刘海沙第十一条人工河，故名十一圩港。1925年，

图1-14 原二干河河床（闵荣高摄于2016年）

十一圩港、新庄港、黄泗浦等老河拓浚接通，时为常熟县西部的第二条南北向通江干河，改名二干河。

该河南起江阴市北涠经境内南园、小张家堂、石家堂、程虞家堂、杨舍（乘航、东莱）、锦丰等镇辖区，过十一圩闸后入长江。境内段长1200米。二干河曾于1910年、1925年、1946年，1951年、1965年疏浚。1974年全线拓宽，截弯取直，升级为区域性河道，境内南园、程虞家堂段东移500米，原河床从此成了内河。

三、渔梁浜（又名渔梁泾） 横穿境域中部，据《重修常昭合志》载：渔梁浜，东起二干河，"西通谷渎港"，流经南园、后房、西庄、葫芦簖等自然村。因河道形似鱼的脊梁，故名。坊间又传：旧时为解决大片农田灌溉用水，老百姓取名渔粮（梁）浜，寓意鱼米之乡、年年丰收。

该河元代即已形成。自东向西横贯汤联村全境。渔梁浜旁有个叫后房的自然村，是渔梁徐氏的始迁地之一。

据光绪三十一年（1905）《续修渔梁徐氏综谱》载：明代都堂徐恪的先祖明十（名恢祖），"元盛时从乘航邵舍迁居邑城北西舍的敬真里渔梁另谋发展。至第十世孙徐讷（即徐恪父）时，已"任地方粮长，拥良田百顷，构积善堂"。

明代，渔梁浜跨河有东渔梁泾三节段木桥和西渔梁泾石板桥。该河历代都有疏浚。

20世纪50年代，古谷渎港疏浚，因堆泥需要，渔梁浜野鸡场（原小石桥）段被堵塞。1980年渔梁

图1-15 渔梁浜（闵荣高摄于2014年）

浜疏浚,野鸡场(原小石桥)段与新沙河段挖通,形成东起二干河、西至新沙河的格局。

2013年,渔梁浜东起二干河、西至新沙河全线疏浚。全长2千米。疏浚标准为底宽4米,底高1米,边坡系数1:1.5。河道全境有跨河桥梁南园桥、后房东桥、渔梁浜桥、(葫芦簖)过水桥、朱家堂桥5座。

四、菖蒲塘 位于境域北部,明代嘉靖年间开挖,沟通塘桥镇何桥村境内横塘,调节纵浦水流和通航。境内段东起二干河,西接新沙河,全长2.4千米,因河内多长菖蒲而得名。

2002—2016年,境内因东南大道、新泾路、南园路以及江苏新美星包装机械股份公司、新普森众泰建材(张家港)有限公司、五洲变压器有限公司等企业建设的需要,除渔梁泾西段与苍蒲塘东段(河梢)和原二干河程虞家堂段以外,其余河道均被征用填没。

第五节 土 壤

据1983年10月沙洲县第二次土壤普查资料记述,境内土壤属潟湖沉积母质水稻土类,经过人类长期耕作熟化,具有一个发育明显的犁底层和受水淋沉积的渗育层及沉积层。汤联全境水稻土大致可分二种:

一、潴育型黄泥土

古老冲击土发育而成,质地较重,一般为重壤土,耕层黏粒含量大于22%,下部黏粒含量更高些。耕地层熟化程度高,犁底层较为结实,渗育层垂直节理比较明显,厚度大于80厘米,沉积层保水性能好。土体结构型A–P–W–Bg,剖面分异度不大,一米内无障碍层次,结构面有灰色胶膜,并且布满了铁锰锈斑。生产性能较好,养分含量较高。

黄泥土土体在70厘米以下均有障碍层次,分别以铁屑层、乌泥层、砂层、黏盘层面定为铁屑黄泥土、乌底黄泥土、沙底黄泥土、螺蛳壳黄泥土则在耕层以下有螺蛳壳存在,对土壤理化性状有一定的影响。种植水稻渗漏量过大,不利水稻生长,相反有利于小麦发长,属发麦不发稻。耕作层有机质含量较高,达到2.88%,但有效磷含量低,仅4.8PPM。堆叠土是人为平整土地、挑高填低、打乱土层而形成,土类没有固定的剖面形态特征。

二、漂洗型水稻土

平田和高平田地区土体内黏粒和铁锰物质被漂洗,形成白土层,厚度大于10厘米。下层为黏土层,土体结构型为A–P–E–W–Bg型,虽无白土层次,但全层粉砂含量高,是一种土体性状相近的白土的小粉土。它属低土壤,主要有机质低(平均量仅6.1ppm),而且滞水严重,影响植物根系的生长发育,在旧社会群众反映说"小粉白脚土,还了租米没得多","小粉土(白土),小粉土,收收种种不饱肚",充分说明了这种土种的低产性。但是通过人们的长期培养,白土的理化性状有了一定的改变,部分土方的白土有机质含量超过2.2%。

根据土壤普查资料说明,境内土壤出现三个方面的变化:

耕作层变浅 1983 年境内土壤剖面调查,耕作层厚度平均 11.7 厘米。1959 年第一次土壤普查资料,水稻土壤耕作层平均厚度为 18.46 厘米,大部分都在 17 厘米以上,相比之下1983 年的耕作层比 1959 年减少 6.76 厘米。

土壤僵板、物理性状变差 汤联境内土壤质地偏黏。据对耕作层土壤测定,黄泥土的物理黏粒都在 50% 以上,均为重土壤。近几年来土壤僵板,物理性变差,突出表现为空气孔隙不足 5%。由于土壤僵板、通透性差,土壤持水能力增强,超过三麦能容水量,使三麦迟发或僵苗。

土壤养分偏低 总的趋向是有机质含量低,缺磷、缺钾比较普遍。

地产土壤面积 1983 年普查统计:全境低产土壤面积 804 亩。共分几种类型,黏重发僵占低产因子 28.74%,田僵板结占低产因子 27.1%,漏水漏肥占低产因子 29.69%,白土层、铁屑占低产因子 5.57%,其他占低产因子 8.9%。到 2013 年,大片良田减少(工业、民用用地增加)。

2010 年汤联村土壤种类分布一览表

表 1-4　　　　　　　　　　　　　　　　　　　　　　　　　　　　　　　　单位:亩

合计	黏沙心黄泥土	黄泥土	堆叠土	螺蛳壳黄泥土	乌底黄泥土	僵共泥土	铁屑黄泥土
1779.41	1631.49	25.32	52.2	40	—	—	30.4

第六节　自然灾害

由于自然的异常变化,主要是气候、海潮的变化,往往造成各种自然灾害。

一、旱灾

夏季只要连续三旬的旬雨量小于 20 毫米,便有旱象发生。秋季连续三旬以上旬雨量小于 10 毫米,就会形成秋旱。

高温干旱多发生在梅雨期后,这是在强副热带高压控制下形成的。1934 年秋,连续高温,久旱无雨,许多农田禾苗枯死,农民用锄头松土栽种绿豆。1959—2003 年的 54 年中,发生夏旱的有 1959 年、1961 年、1966 年、1971 年、1978 年、1994 年共 6 次。1959 年、1978年气温大于 35℃的日数都在 15 天以上,连续 5 旬的旬雨量不足 20 毫米。1971 年 6 月 6

日至 8 月 4 日,连续 40 天,每天最高气温都在 30℃以上,是 1934 年以来干旱时间最长的一次,高田旱情严重,农作物基本停止生长。

秋旱较夏旱为多,平均 2—3 年发生一次。据记载,发生秋旱的有 1959 年、1960 年、1962 年、1964 年、1966 年、1967 年、1972 年、1978 年、1983 年、1988 年、1995 年。

1988 年 10 月下旬至 1989 年 1 月上旬连续 70 多天干旱,小麦、油菜播种后未下过雨,影响生长,是百年罕见的冬旱。

1994 年 5 月至 8 月 9 日,境内遭汛期特大干旱,超过 35℃的持续高温天气近 30 天。2008 年 7 月 6 日,最高气温达到 38℃。2013 年达 35℃高温日数 48 天,境内农作物受到严重影响。

二、暴雨

日雨量大于 50 毫米的暴雨,多发生在梅雨期和台风季节。1949—2013 年,共出现过 109 次暴雨,平均每年 1.58 次。最早的出现在 4 月 8 日(1968 年),最迟的出现在 11 月 9 日(1972 年)。暴雨出现比较集中的是 6 月、7 月、8 月。日雨量超过 100 毫米以上的特大暴雨,近 20 年中共发生 7 次,其中 9 月份就有 4 次。

1949 年 6 月下旬起连续半月大雨。7 月 24 日,6 号台风过境,大风、暴雨相交一昼夜,境内淹没农田 200 余亩,倒塌房屋数十间,牲畜死亡甚多。1952 年 6—7 月连续降雨,境内数十亩水稻被淹死。1954 年 5—6 月,境内降雨 700 多毫米。8 月 25 日,台风袭击,降暴雨 100.6 毫米。境内抽水机船全部投入排涝。同时组织群众抢修圩岸,筑坝挡水。但淫雨不断,连绵数日,不少圩田屡排屡淹。

1962 年 9 月 5—7 日,14 号台风登陆北上,穿越太湖过境,6 日一天降雨 247.1 毫米,境内受淹农田 800 多亩,其中 8 个生产队水淹过膝。1963 年 5 月 7 日午夜到 9 日清晨 36 小时内,境内降雨 128.6 毫米。夏熟作物普遍受涝。1974 年 7 月 26 日晚,遭大风暴雨袭击,风力 7—8 级,降雨量达 218.8 毫米。28—29 日又遇 10 级大风,降雨 124.1 毫米。30 日晚至 31 日上午再遇大雨,雨量 96.8 毫米。26—31 日累计雨量 457.7 毫米,受淹农田 600 余亩。

1991 年 6 月 30 日深夜暴雨连续 6 个小时,全境内涝成灾。7 月 1—6 日持续暴雨,雨量 358.6 毫米,内河水暴涨至 3.1 米,超过正常水位 2 米,境内淹没农田 900 余亩。汤联村工业区一片汪洋,村办企业大部分停产,全境鱼塘淹没,成鱼逃窜不计其数。1993 年 8 月 12 日,特大暴雨,降水量达 105 毫米。1994 年 10 月 9 日至 10 日,27 小时降水量达 264 毫米,境内农田受淹近 500 余亩。1999 年 6 月 28 日至 30 日,两次暴雨,总降水量达 158.4 毫米。

2001 年 6 月 23 日至 24 日,受 2 号台风影响,36 小时雨量达 139.8 毫米。2003 年 7 月 5 日至 7 日,降水量超过 200 毫米,部分农田受淹。2005 年 8 月 6 日至 7 日,受 9 号台风"麦莎"外围影响,最大降水量151.4毫米,部分农田受淹。

2015年6月,境内共出现5次灾害性天气、3次大暴雨天气和2次暴雨天气。2016年秋季出现罕见连续阴雨,雨日多、雨量大,连续降雨时间长,为历史同期所罕见。10月12—31日,出现持续阴雨天气,期间仅有5天出现日照。

三、淫雨

连续阴雨的天气主要发生在春季、初夏(梅雨)和秋季。这种雨日较长、雨量偏多的连续阴雨天气,对农作物的生长都有不同程度的危害。1969—2013年,春季阴雨日超过15天、雨量超过100毫米的有19年。

1969年7月初至18日,连续下雨,雨量311毫米,使秋熟作物受涝较重,有些田块重新改种,还诱发了稻瘟病。

1975年秋季3个月中,出现5次连阴雨,其中11月2—16日,阴雨达15天,导致秋播湿耕烂种。

1980年梅雨早到,夏收期间长时间阴雨,连续数十天,造成烂麦,损失严重。

据记载梅雨期雨量在200毫米以上的有1960年(236.5毫米)、1967年(221.7毫米)、1969年(351.7毫米)、1970年(502毫米)、1971年(258.7毫米)、1074年(316毫米)、1975年(453.7毫米)、1979年(227.5毫米)、1980年(328.2毫米),几乎每两年就有一次。秋季雨量1次超过100毫米的有1973年,连续下雨11天,雨量135,5毫米;1977年,连续下雨6天,雨量173.3毫米;1996年秋季连续阴雨半个月,雨量130毫米,不少农户稻谷成熟后来不及收到场上,造成烂"稻铺"。1999年6月7日至7月下旬,连续梅雨达45天,为历史少见。

四、台风、龙卷风

台风 6—10月为台风季节,其中以7—9月为最多。影响境内的台风,大多数是从上海一带登陆或从沿海转向北上。境内平均每年有1—2次受台风影响,严重的伴有大雨和8级以上的大风。从1960—2013年共出现69次。其中成灾较大的有:1960年的7号台风,最大风速为每秒20米,雨量达122.2毫米。1962年9月上旬(5—6日)的14号台风,最大风速为每秒16米,雨量达247.1毫米,秋熟作物被淹,有的民房、仓库房遭受破坏。1977年9月10日8号台风,从沿海转向北上危及境内,汤联遭受正面袭击,最大风力达11级,兼有暴雨,雨量173.7毫米,11日下午风力由8级转为10.5级,连续3天降雨量达130毫米。台风使部分群众的房屋受损,同时造成公路交通、广播、邮电通信和供电一度中断。1978年7月10日下午,狂风暴雨,最大风力9级以上,电线杆、房屋、树木大片受损,石棉厂大会堂房屋全部坍倒。1987年7月28日,7号台风最大风力9级,伴有暴雨,雨量22毫米。1989年

8月4日,14号台风过境,最大风力8—9级,雨量79.4毫米。1997年8月19日,11号台风过境,最大风力10—11级,雨量66毫米。2005年8月6—7日,受9号台风"麦莎"外围影响,最大风力9—10级,最大降雨量151.4毫米。

龙卷风　龙卷风是一种小范围的强烈旋风,是从积雨云盘旋下垂的一个漏斗状云体,有时触及地面或水面,可造成严重破坏。至2013年,境内有记载的龙卷风共发生3次,分别发生在1966年8月11日、1976年4月22日和1990年。其中发生于1966年的龙卷风造成的灾害最为严重。当日凌晨2时左右,龙卷风袭击。汤联地区有39户的房屋不同程度受损,农作物受害。

附:

大会堂坍倒之后

1978年7月10日下午3时左右,汤联大会堂内石棉厂的职工与往常一样忙碌着,拼线的拼线,验收的验收。12岁的徐梅娣提着满满的一篮石棉线交货,检验员徐谷芬走上去帮着提到验收台上,边问她"今天怎么你来交货",边仔细地查看着有无"膨肚皮"纱。

突然,风声四起,天空阴沉沉的像压下来一样。有人跑出大门观望,只见乌云密布。"龙卷风,下大雨了!"话音未落,一道刺眼的闪电划破长空,紧接着一声霹雳,狂风大作,震得大会堂前门、后门、窗户"砰""砰"作响。又一阵电闪雷鸣,暴雨倾盆而下。门口的职工躲到屋里,屋里的职工窜到门口。"呼!""哗!"又一阵暴风雨袭来,只听"轰"的一声,十间人字架梁、砖木结构的汤联标志性建筑大会堂如"牵麻雀"那样顷刻坍倒。

说时迟,那时快。站在门口的职工夺门而出,直奔北侧隆家避雨。

汤联大队第一任妇女主任、共产党员王定珍听到大会堂坍倒还有部分职工被压在房屋下的消息,马上叫丈夫隆吉秀(又名隆阿保)、儿子隆根才带上锄头、铁耙,媳妇顾球娣带上雨具火速施救。刚踏进隆家大门想避雨的职工也跟着返回到大会堂旁边。大家一边大声呼喊着被压职工的名字,一边细心地观察着废墟里的动静。压在废墟下的职工听到呼喊声,尽力回应着。伤得严重的,一时失去了知觉。为防止二次伤害,隆阿保父子俩小心翼翼用铁耙、锄头耙开废墟,职工们有的用木椽撬,有的用双手搬开砖块瓦片,寻找着被压职工的身影。

李凤珍找到了,闵梅娣、张建英、闵和英、朱雪芬救出来了……从废墟里搜救出的职工,有的砸坏了腿,有的压伤了腰,也有的头部受创伤。陈珍保算是运幸,一根大梁竖着掉下来,侧倒在距她不到20厘米的人字架上。大家背着、扶着伤员前往隆家避雨。王定珍和家人把所有可穿的夏天衣服找出来让职工们换上。又叫大家再次回忆废墟下有没有其他职工。站场职工克制着"惊魂未定"的紧张心理,冷静回忆着身边的同事:"还有徐谷芬!""还有徐梅娣!"王定珍顾不得包扎划破的手指,一边吩咐顾球娣通知徐谷芬的家庭,一边领着众人再到大会堂废墟搜救。顾球娣顶风冒雨到后房徐谷芬家中告知情况后,直接到综合厂(后房东侧)向大队分管工业的闵荣高汇报事故情况。闵荣高见顾球娣浑身湿透,说话哽咽,一把黑色遮阳伞撕成二片,伞骨枝全副断裂,二话没说,直奔出事地点。

台风还在肆虐,暴雨还是倾盆。

待闵荣高赶到隆家,王定珍穿着一身丈夫的外衣(自己的衣服都被石面厂职工穿上了),欣慰地说:"一个不缺!都找到了,伤者已由徐如明用挂桨机船送往沙洲县人民医院救治。"

晚上 10 时左右,时任大队书记徐祖元从无锡参观双季稻样板田回来,到医院看望受伤的职工,守候在病房里的闵荣高与幸免一劫的职工们齐声夸赞:今天要是没有王定珍全家人相救,后果不堪设想。

(本文根据当事人徐谷芬、闵和英、张建英、朱雪芬等集体回忆整理)

五、冰雹

冰雹一般出现在春夏之际,由强烈的对流引起,常伴有雷暴、大风、暴雨及龙卷风等恶劣天气。据 1959—2013 年气象资料统计,平均每年发生一次冰雹。

1981 年 5 月 1 日晚 9 时左右,境内遭受暴风雨和冰雹的袭击,风力 7—8 级,部分小麦倒伏,损失一成左右;油菜被打得折枝断茎,损失二成左右。这次冰雹大的如鸡蛋,小的如团圆,是历史上罕见的。后房李巧妹外出回家途中,突然遇此恶劣天气,来不及躲闪,额头被砸伤,住院 3 天。

六、低温冻害

低温冻害,在春、秋、冬三季均有发生,而以冬春为多。每年秋冬、冬春之交,易受北方强冷空气的侵袭。据气象部门提供的 1959—2013 年资料表明,境内受强冷空气侵袭的有74 次,其中秋季为 16 次,冬季为 36 次,春季为 22 次。多的年份(1970 年、1978 年)有 5—6 次,1964 年出现过 1 次,1973 年、1975 年均未出现。强冷空气第一次出现最早的是 1970 年(10月 5 日),出现最晚的是 1969 年(4 月 15 日)。

秋季低温,是后季抽穗扬花时期的主要灾害。1972 年、1977 年、1980 年正遇上低于20℃气温,影响水稻灌浆,致使大面积瘪谷翘穗,产量锐减,个别田块甚至颗粒无收。

冬季寒潮冻害,对越冬作物的危害最大。1962 年 12 月 14 日至 1963 年 2 月初,50多天未下雨,表土干达 6—7 厘米,气温从 1963 年 1 月初下降到 0℃,直至 2 月初尚未回升,平均温度为零下 1℃左右,最低温度达零下 7℃,赤地冰冻,深 3—6 厘米,大风吹刮持续 20 天,使绿肥、油菜、蚕豆受害极重,冻死率为 15%—80% 不等。1977 年 1 月 31 日的极端最低温度降到零下 11.2℃,前后积雪 14 天之久,麦子、油菜等越冬作物严重受害。

春季低温危害农作物的时段是 3 月下旬至 5 月上旬,主要影响水稻育苗。据 1959—2013 年气象资料记载,4 月下半月,24 小时降温 8℃以上的较强冷空气平均每年有 1 次。5 月上旬,极端最低温度至 3.8℃,对农作物影响很大。1979 年春寒低温,严重影响三麦返青春发,三麦亩产减收 30 千克左右。1980 年秋季,寒流袭击,低温造成水稻灌浆不足,瘪谷翘穗甚多,水稻减产一成以上。

据 2013 年方志出版社出版的《张家港市志》记载:"1998 年 3 月 18 日至 22 日,境内连续出现大风、雷雨、大雪、雪中夹雷、低温冰雹等灾害性天气,其中 19 日最高气温为 17.4℃,至 20 日凌晨最低气温突然降至零下 1℃,12 个小时内降温 18.4℃。20 日至 22 日连续三天降雪和低温天气,降雪量 49.8 毫米,积雪深度 5—10 厘米,积雪时间 5—6 天;气温在零度以下,其中 22 日最低气温为零下 1.5℃,造成小麦叶片受冻害率 100%,幼穗冻死率 37.9%。"

1999 年 3 月 16 日下午 4 时又是一场春雪,雪量中等。连续两年的春雪是少有的。2008 年 1 月 25 日至 28 日,境内遭强降雪,为历史上罕见的特大雪灾,地面积雪深度 31 厘米,树木断枝,境内部分厂房倒塌,麦苗、禽畜棚舍和栽培设施受到较大损失。

2016 年 1 月 22—24 日,境内受强寒影响,48 小时最低气温降幅达 9.6℃,24 日早晨境内最低气温降至零下 9℃,列历史第七位,跌破近 20 年来次低值,24 日白天最高气温低至零下 4.6℃,为历史罕见。

七、地震

汤联地区处于茅山—江阴褶皱东的末端,在 6 度地震区内。黄海南部和茅山地区发生的地震对全境都有影响。

据不完全统计,自 1401 年至 1949 年间,境内受地震影响共有 58 次。

1949 年 10 月 1 日以来,据江苏地震台网的记载,境内有震感的地震共有 10 次,其中震感较强的有 1979 年 7 月 9 日溧阳 6 级地震,1984 年 5 月 21 日南黄海 6.2 级地震。距震中较近的是 1985 年 4 月 30 日西张乡许巷村发生的 1.2 级地震。上述地震均未造成损失。

八、雾霾

雾霾天气早在元代就有记载。雾霾是对空气质量的污染,除了机动车尾气排放、工地扬尘,还有煤炭燃烧等因素,造成空气质量明显下降。进入 21 世纪后,境内由于工厂、道路、景区和民房小区等建设,使雾霾天气天数超过全年的三分之一。2013 年有 137 天,其中 12 月上旬出现持续性的雾霾天气。2014 年共有 139 天雾霾天气,其中 1 月最多有 20 天。2015 年有所下降,共有 123 个雾霾天气,比 2014 年少 16 天,主要集中在 1 月中下旬(12—23 日)和 3 月中下旬(14—27 日)。2016 年共有 107 个雾霾天气,比上年少 16 天。年内持续时间较长的 3 次雾霾天气过程分别出现在 1 月中旬(13—19 日)、3 月上旬(2—7 日)、12 月上旬(4—9 日)。政府通过有效的治理,雾霾天气从 2014 年的 139 天,减少到 2016 年的 107 天,减少 32 天,减少了 23%。

第三章　自然资源

第一节　土地资源

1980 年,全大队境域面积为 1.62 平方千米。耕地面积 1789.5 亩,其中旱田 166.35 亩。2012 年全村耕地面积为 1812.3 亩,其中,集体耕地 1663.65 亩,农民自留地 148.65 亩。2003 年以后,农村城镇化建设不断加快,大片土地被征用。至 2016 年,全村被征用土地 1015 亩,道路交通建设用地 405 亩。2016 年,全村剩耕地 392 亩。

1998 年汤联村土地资源分布情况

第一村民小组主要有东七亩、中七亩、赵家田、高三亩、松毛坵、六亩里、五亩里、四亩里、坟川川、大坵头、一亩半、二亩四、一亩三、金田里、横六里、三亩半、隆家坟、牛头坵、尖坵、西七亩、丹头郎、占毛坵、阿永六亩田等田块,总面积 90.33 亩。

第二村民小组主要有朱培里、庙基坵、根涛二亩半、新田、其其四亩、三亩半、李兴兴坟坵、杜舵廊、曲插泾田、二亩六、员莎田、六分头、阿连坟坵、腾弯泾芹菜田、七亩里、小二亩、六亩里、九分头、一亩七、八亩里、六亩里、一亩头、呗四亩、西三亩、常熟六亩、牛角邱等田块,总面积 85.31 亩。

第三村民小组主要有七亩里、四亩里、六亩头、十二亩里、上八亩、中田里、六分头、中八亩、五亩头、尖角坵、团田里、张田十亩、水沟里、上秧田、下秧田等田块,总面积 95 亩。

第四村民小组主要有七亩里、刘青田、二亩七、番瓜坵、八分头、六分头、二二亩、高头二、高头三、石家堂、芹菜田、长沿郎、下八亩、六亩里、野六亩、上八亩、十亩里、四六分头、高头二五、下家西、上家西、二亩里等田块,总面积 84.34 亩。

第五村民小组主要有小郎田、东大坵、小黄泥潭、大郎田、西大坵、下大度、北三亩、半亩田、中大度、北四亩、西三亩、上大度、南三亩、中三亩、老坟头、中黄泥潭、六亩里、东高头、大黄泥潭、一亩七、两一亩半、中坵、沈坵田、朝天六、枕头坵、下趗田、七分头、六七郎田、三和坽、六房坟、四分头、合坽亩、北四亩等田块,总面积 64.64 亩。

第六村民小组主要有野六亩、西七亩、荒河里、楝树坽、袁家亩、永加田、桥头四亩、高头三亩、东七亩、五知县田、三亩八、义义田、一亩六、东大坽、横头泾、西大坽、高三亩、西八亩、荒三亩、西泾湾、短二亩、里郎田、东五亩、西五亩、肚兜坽、西五亩、来兴田、西泾坽、钱家坟等田块,总面积 85.70 亩。

第七村民小组主要有网船朗、五亩里、下一亩、东四亩、张泾湾、朱港巷头、大一亩、九亩里、马桶头、场沿廊、二分头、七分头、上高头、康高田、小保田、三角坽、西高四亩、东高四亩、河南六亩、河南八亩、一亩四、场门前、三亩半、二亩八、下四亩、乱仓坽、秧池田等田块,总面积 69.3 亩。

第八村民小组主要有猪圈里、松坟头、曹为田、阿五田、高三亩、八亩里、庙基坽、相打坟上下坽、下介田、三角井、高低坽、开河坽、连树头、瓦房头、杨树头、野八亩、三亩半、一亩八、四分头、一亩三、五亩里、西北三亩、外三亩、坟门前等田块,总面积 71.6 亩。

第九村民小组主要有特栾田、南一亩三、一亩七、九分头、横头坽、尼姑坽、东三亩、和尚坽、三三亩、一亩八、里大坟、八分头、外大坟、四亩三、弯坽、和金田、祥和一亩三、阿未一亩三、才才田、富林田、葫芦头、南高天台、郎田里、秦家坟、草干田、北野四亩等田块,总面积 78.65 亩。

第十村民小组主要有尖坽、弯坽、横坽、乌稻坽、东山亩、五亩里、南高四亩、北高四亩、东高山亩、西高山亩、坟坽、小二亩、一亩半、友生高山亩、大二亩、刘头三亩、当门前(东坽)、当面前(西坽)、一亩三、水路郎、金弯田、二亩七、六分头、六亩里、五亩里、里山亩(北坽)、里山亩(南坽)、毛官坽、肚兜坽、三亩半、赤豆坽、洪生高山亩、松毛坽(北坽)、松毛坽(南坽)、新田、西泾岸等田块,总面积 89.7 亩。

第十一村民小组主要有满方坽、七分头、排田里、棉花田、龙头廊、王家田、南四亩、四分头、中龙糠潭、中英松坟、里狗屎潭、外狗屎潭、福三二亩半、上营盘坽、下营盘坽、大狗屎潭、一亩八、四亩六、五亩里、下四亩、二亩三、南三亩、老白头田、冯家秧田、台盘坽、十亩里、二亩八、三角田、毡帽坽、环丰里等田块,总面积 89.1 亩。

第十二村民小组主要有小积秧田、大六角坽、大小秧田、干田里、上兴坽、上四亩、下四亩、文坽田、林介门前、后大坽、二亩里、上八亩、下八亩、东三亩、东二亩、东五亩、七分头、二亩里、三亩里、志华田、根华田、二亩七、一亩三、皇帝坟坽等田块,总面积 80.19 亩。

第十三村民小组主要有宅基坽、五亩里(南)、九亩里(南)、长四亩、对桥六亩、北七亩、七亩里、小节秧田、扇通里、十一亩里、一亩三、东六亩、西六亩、南上坽、北上坽、宅基三亩、根林田等田块,总面积 106.13 亩。

第十四村民小组主要有大家东田、小家东田、坟沿郎、八亩里、包角郎、门前四亩、一亩二、一亩六、南三亩、杨树头、二小坽、小二亩、基家四亩、六亩里、木立坽、六分头、三亩八、南山亩、八分头、油车基等田块,总面积 87.46 亩。

第十五村民小组主要有小松坟、外八分、里八分、希家坟、三亩七、吊桥头、上港苍、坟堂头、庙基巷、四亩半、西三亩、二亩七、二小坵、外坵、里坵、李兴兴田、铲刀坵、八亩田、二亩二、宝清田、石柱头、上三亩、下三亩、外松坟、里松坟、下秧田、一亩八、六房坟、枕头坵、一亩六、一亩二等田块,总面积 65.6 亩。

第十六村民小组主要有包家湾、八亩里、桥头六亩、唐家四亩、木渎坵、尖角邱、湾里、新田里、闻家秧田、张泾湾里、唐家四亩等田块,总面积 69 亩。

2000 年以后,随着农村城镇化建设的快速推进,大片农田被征用。至 2016 年末,全村有土地资源 212 亩。

第二节　水资源

汤联地处江南水乡,水资源十分丰富。2002 年,全村水面积为 284 亩,其中,外河面积 90.5 亩,池塘面积 193.6 亩。据气象部门资料统计,1996—2016 年,年平均降水量为 1039.1 毫米,年平均水面蒸发量为 1395.7 毫米。8 月水蒸发量最大,为 185.2 毫米,占年平均蒸发量的 13.3% ; 1 月最小,为 54.1 毫米,占年平均蒸发量的 3.9%。1996—2016 年平均蒸发量是降水量的 134%。境内大小河塘成为天然水库,储水量丰富。境内有 2 条通江河道,长江潮水是境内地表水资源的重要组成部分。

境内地下水极为丰富。从 20 世纪 80 年代开始,随着工业的发展,深层地下水开采量与日俱增,深水井密度每平方千米 1 眼左右,导致地下水位下降,水位埋深达到 30 米至 45 米。境内出现不同程度的地面沉降,至 1997 年,累计沉降 0.2 米至 0.5 米不等。1996 年起,张家港市开始加强地下水资源管理,至 2000 年,地下水累计上升 1.5 米。从 2001 年开始,全市开展地下水限产工作,至 2005 年末,全境完成深井的封填停产工作,境内地下水位回升至 16.51 米。

2005 年境内水资源分布情况

第一村民小组内河(池塘)主要有胡罗箬、荷花池、北龙坑潭、门前泾、东虞泾、水井泾、渔粮泾、北渔池、丁家渔池、东家泾等,水面总面积 31.5 亩。

第二村民小组内河(池塘)主要有腾弯泾、曲插泾、宅基河、杨树泾河等,水面总面积 12 亩。

第三村民小组内河(池塘)主要有老二干河、李家河、倪家河、陈家河、吴家堂河等,水面总面积 9.6 亩。

第四村民小组内河(池塘)主要有小泾河、小张泾河、宅基河鱼池、长泾河、大张泾河、杏头泾等,水面总面积 27 亩。

第五村民小组内河(池塘)主要有北鱼池东、北鱼池西、北黄泥泾、南黄泥泾、长泾河、小泾河等,水面总面积 9.9 亩。

第六村民小组内河(池塘)主要有小泾河、东石河、范泾潭、黄泥巷河、野茅泾(南)、野茅泾(北)、野茅泾(中)、野茅泾(西)等,水面总面积 18 亩。

第七村民小组内河(池塘)主要有权水浜南、权水浜北、段家泾、下泾河等,水面总面积 16.5 亩。

第八村民小组内河(池塘)主要有小泾河(水面积 2 亩)、谷渎港河(水面积 2 亩)、黄草泾(水面积 1.5 亩)、腾湾泾(水面积 4.8 亩)等,水面总面积 10.3 亩。

第九村民小组内河(池塘)主要有黄泥泾北梢、黄泥泾南梢、小黄泥泾、南黄泥泾、泥方鱼池、三坟塘等,水面总面积 9.45 亩。

第十村民小组内河(池塘)主要有腾湾泾、前介小泾、南潭头、北潭头、北长泾、宅基河等,水面总面积 18 亩。

第十一村民小组内河(池塘)主要有东虞泾(水面积 1.3 亩)、水井泾(水面积 3.2 亩)、渔粮浜(水面积 3 亩)、北龙糠潭(水面积 3.1 亩)、门前泾(水面积 7 亩)等,水面总面积 17.6 亩。

第十二村民小组内河(池塘)主要有念介泾(水面积 0.65 亩)、狗屎潭(水面积 0.34 亩)、长泾河(水面积 3.28 亩)、宅基河鱼池(水面积 2.18 亩)等,水面总面积 7.45 亩。

第十三村民小组内河(池塘)主要有小张泾河(水面积 0.77 亩)、宅基河(水面积 2.26 亩)、长毛泾河(水面积 0.72 亩)、沈家河(水面积 1.42 亩)、大张泾河(水面积 4.74 亩)等,水面总面积 9.91 亩。

第十四村民小组内河(池塘)主要有小泾河、上鱼池、下鱼池、回房泾(北)、回房泾(南)、三坟塘浜等,水面总面积 8.25 亩。

第十五村民小组内河(池塘)主要有龙眼潭、松坟泾(东)、松坟泾(北)、石河梢、石河里、马王泾等,水面面积 9.75 亩。

第十六村民小组内河(池塘)主要有宅基河(水面积 1.06 亩)、东泾河(水面积 1.12 亩)、西泾河(水面积 0.84 亩)等,水面总面积 7.5 亩。

第三节　矿产资源

境内的矿产资源主要有储量丰富的可制作砖瓦的黏土和土煤。黏土分布在各个生产队。20 世纪 70 年代,境内有小窑 2 座,加工砖瓦供农户造房起屋。80 年代后期,大队建办轮窑 1 座,生产机黄砖,1990 年停办。土煤主要分布在渔梁浜后房鱼肚大荡段。20 世纪 70 年代初期,渔梁浜干河积肥,大约在距水平面 5 米以下发现"黑土层"(即土煤),土质较之一般粘土轻得多。"黑土层"厚 30—100 厘米不等,东西长约 400 米。是时,第六、第九、第十四生产队分段挖掘。挖掘到的土煤分别堆在各队仓库场上,然后分配给社员晒干后作燃料。总计约 5000 立方米。也有少数社员利用早工、夜工在集体挖过的地方再行"垦挖"。

第四节　常见野生植物

境内的野生植物约百余科近 500 个品种,常见的野生植物有 30 科 80 余个品种。分布于田间、岸堤旁、路边、河边。历史上人们就重视利用野生植物发展农、牧、渔业生产和手工编织,治疗疾病。

单子叶植物　乔本科有早熟禾、千金子、牛筋(蟋蟀草)、狗牙根、鹅观草、看麦娘、无芒稗、旱稗、棒头草,莎草科有牛毛草、球形莎草、水沙草、异性莎草、飘拂草、水葱、三棱根,雨久花科有鸭舌草,香蒲科有水烛(蒲包草),灯芯草科有灯芯草,石蒜科有石蒜,天南星科有菖蒲、石菖蒲、半夏,薯科有薯(山药),百合科有山慈姑、细叶韭(野韭菜),泽泻科有矮慈姑。

双子叶植物　三白草科有鱼腥草,蔷薇科有地榆,马齿苋科有马齿苋(酱瓣头),菱科有野菱,蓼科有何首乌、水蓼、扁蓄,苋科有刺苋、土牛膝、莲子草、水花生、反枝苋,石竹科有繁缕、粘毛卷耳,毛茛科有茴茴蒜,柳叶菜科有丁香蓼、水龙(过江藤),旋花科有打碗花,唇形科有雪间菜、半枝莲、夏至草、益母草,茄科有龙葵、枸杞、洋金花,车前科有车前草,茜草科有猪秧秧,菊科有鸡儿肠、紫苑、蒲公英,兔子彩科有多头莴苣,眼子菜科有眼子菜。

第五节　常见野生动物

鱼纲　青鱼、草鱼、三鱼鲂、鲫鱼、鳊鱼、鲤鱼、白鲢、花鲢、鳑鲏、泥鳅、鳗鲡、黑鱼、黄鳝、鳜鱼、土婆鱼。

两栖纲　蟾蜍、青蛙。

爬行纲　乌龟、鳖、壁虎、石龙子、青梢蛇、水赤链蛇、水蛇、蝮蛇。

鸟纲　外鹩鹛、绿翅鸭、斑嘴鸭、雉、鸿雁、鸢、鹧鸪、鹌鹑、云雀、家燕、灰砂燕、白头翁、乌鸦、灰喜鹊、画眉、八哥、相思鸟、麻雀、黄雀、燕雀、金丝雀。

哺乳纲　蝙蝠、獾、刺猬、草兔、野猫、黄鼠狼、田鼠、褐家鼠、黑腹绒鼠。

毛足纲　蚯蚓。

蛭纲　水蛭、蚂蟥。

腹足纲　螺蛳、田螺、蜗牛。

瓣鳃纲　中国尖脊蚌、三角帆蚌、无齿蚌、河蚬。

昆虫纲　螳螂、蟋蟀、蝼蛄、食蚜，地鳖虫，蜻蜓，草蛉、蚁蛉、红胸萤，黄蜂、姬蜂、赤眼蜂，瓢虫，知了、炸蝉、白蚁、褐蚁、红树蚁，花蝶、粉蝶、斑蝶。

甲壳纲　沼虾、白虾、米虾、龙虾、河蟹、蟛蜞。

多足纲　蜈蚣。

蛛形纲　蜘蛛、蝎。

第六节　地产中药材

境内分布在田间、岸堤旁、河边的野生植物类药材有蒲公英、白茅根、菖蒲、芦根、鱼腥草、马齿苋(酱瓣头)、益母草、接骨木(扞扞活)、车前草、地丁草、野桑枝、丝瓜筋、香橼、枇杷叶、马兰头、橘皮、药瓜(又名杜瓜)、野菊花、月季花、玫瑰花、茅针花、玉米须、桃仁、杏仁、凤仙子、枸橘李、韭菜子等。动物类药材有龟甲、鳖甲、蜈蚣、蛇、蟾蜍、鸡内金、地鳖虫、水蛭、蝼蛄、蜂房、蝉衣等。

第四章　土特产

第一节　汤联芹菜

芹菜(又名水芹)　汤联人种芹菜始于明代。汤联芹菜因其具有根茎(俗称"白头")长、叶柄粗、香味浓、耐存放等特点，清炒、混炒均可。若在开水中氽烫一下再浇上酱油、麻油等佐料，拌做冷盆，鲜嫩爽口，可谓去腻开胃。

图1-16　进入市场的芹菜(2016年摄)

20世纪70年代以后，随着气候环境的变化，汤联的菜农不断改进栽培技术，更新品种，提高质量。80年代开始，芹菜种植面积逐年增加，市场影响力不断扩大，并成为张家港特产。

80—90年代，全村翻建楼房的农户中，种芹菜的占76%以上。2000年，全村芹菜种植面积 225.5 亩,占耕地总面积的 18.5%,种植芹菜的农户占全村总户数的 87.3%,最多的一家种 4.7 亩。

2003 年,村专门成立芹菜合作社,为菜农搭建交流信息的平台。

图 1-17　拔芹菜现场(2016 年摄)

芹菜栽培

农历二月份移开始栽种苗。"夏至"以后翻耕耙地,一次性施足水草、猪圈灰、羊圈灰等有机底肥,分别翻倒 8—10 次,待地里的耕作层土质沃得如烂河泥一样润滑细腻为止。

九月上旬进入"白露"开始"抽鞭"。抽下的芹菜鞭经洗净、整理后扎成 10—20 厘米的小捆,堆砌在屋檐或树荫下,覆盖稻草"扼芽",早、晚各淋水一次,经 7—10 天,见白色嫩芽,可到地里排鞭。十月上旬开始移栽(俗称"莳芹菜")。

图 1-18　移栽不久的芹菜(2001 年摄)

移栽后的芹菜,早的一个月左右开拔、上市,迟的要过翌年正月底才能拔清。过了"雨水",气温逐渐升高,芹菜茎部开始起节(也称"拔节"),地里开始断水,水芹菜慢慢长成足根芹菜。

20 世纪 70 年代以后,随着气候环境的演变,该村菜农对芹菜不断改进栽培技术、更新品种,多以本土培育的红圆叶早熟品种为主、青圆叶晚熟品种为辅。既提早了上市季节,又降低了因天气寒冷带来的劳动强度。

2005 年以后,汤联村城镇化建设进程不断加快,大片农田被征用,芹菜地随之锐减。2016 年,村委会重新规划 65 亩芹菜基地。第一期投资 5.76 万元,建 3.2 亩示范田,培育种子,解决了本地市场对汤联芹菜的需求。

1956—2003 年汤联村(大队)芹菜种植选年一览表

表 1-5

年份 项目	1956 年	1967 年	1978 年	1985 年	1990 年	2000 年	2003 年
种植面积(亩)	46.50	79.95	95.10	124.95	169.10	194	222.50
种植户数(户)	212	307	395	402	419	464	481

張家港日報

编辑:包丽芬　美编:蒋静华　组版:闵雪蓮　校对:褚奕君　星期三　2017年1月4日　城事 3

Z 田间地头

"汤联水芹":它的翠绿水嫩绵延数百年

□本报记者 张　纯　文/摄

油滑翠绿的水芹是港城市民秋冬季节餐桌上的"常客",尤其是在江南一带,居民不仅爱吃水芹,还将种植水芹的技术代代相传。近日,记者来到经开区(杨舍镇)汤联村村委,探访了闻名港城的"汤联水芹"。

历史悠久　水芹种植源自明朝

"关于汤联水芹的渊源,那要向前追溯到明朝后期。"家住汤联村10组的村民闵云高是村志编写者,谈及"汤联水芹",闵云高一边翻阅资料,一边向记者介绍。"水芹栽种历史悠久,根据资料记载,江南一带的水芹种植起源于明朝后期,当时这里刚刚形成自然村,还没有取名汤联。"闵云高说。

1978年起,水芹开始在汤联村被广泛种植。当时,每家每户都有口粮田和责任田,因为经济效益好,村民用水芹取代了秧苗,"汤联水芹"迎来了鼎盛时期。据统计,当时全村一共种植了225亩水芹,种植水芹的村民占到了全村村民数量的87.3%,最多的一户村民种植了4亩7分田。"此后,种水芹就成为汤联村的传统,一直延续至今。"闵云高说,"在大家心目中,水芹是吉祥、喜庆、勤劳的象征,尤其是冬日里逢年过节,水芹是餐桌上的必备蔬菜,汤联人招待客人,好酒好肉要有,水芹更是不可少。"

培育栽种　种植水芹有讲究

"种植水芹,首要条件就是田。"闵云高介绍,"田里要能存得住水,再者气温不能太低。"虽然水芹的播种和收割季节都在秋冬,但每年农历2月,村民就要早早地为当年的水芹种植做准备。水芹没有籽,种植一亩水芹,收割时需要留上一分地的种苗,播种插苗前,准备工作十分繁琐。先将种苗"抽鞭"、洗净、整理,再将干净的种苗用细细的稻草扎成捆,整齐堆放在屋檐边,最后盖上厚厚的稻草"闷"种苗。"闷"的目的,就是让种苗发芽,"闷"的时间在1个星期到10天左右,其间早晚要给稻草淋水,让种苗保持湿润。

"待种苗长出白色的芽,就意味着可以用于种植了。"闵云高介绍,水芹也分"早晚"两个品种,"早熟水芹"一般农历8月播种、10月收割,"晚熟水芹"则农历10月播种、12月收割。不过,因为低气温会影响水芹的生长,一旦遇上冰冻天,收割水芹十分不易,因此近年来,"汤联水芹"均以早熟品种为主。

巧施基肥　配料和成分是关键

对于种植水芹的田而言,水重要,肥也重要。"为了保持土地的原生态、环保,汤联人种水芹,施肥很讲究。"闵云高告诉记者,种植水芹前,基肥要一次性施足,之后的种植过程中则不再施肥,以免肥料影响水芹的生长和口感。

基肥是"汤联水芹"长得粗壮、口感水嫩的"秘密武器"。"只要打听便知,汤联村种水芹的人家都养羊,这是为什么呢?"说到这里,闵云高忍不住笑了起来,"因为这基肥,用的主要配料便是羊粪,相比较猪粪,经过发酵的羊粪能改善土质,是更好的有机肥。"经过反复翻、捣,直到泥土变得"稀巴烂",才能插入水芹种苗。约20天后,种苗长长10厘米,就要进行重新栽种。

为什么要重新栽种?闵云高解释:"种水芹的土有近30厘米深,将种苗重新栽种,令根部深入泥土,生长在泥土中的白色部分,就会长成水芹最粗、最嫩、最好吃的部分,也是汤联水芹的'卖点'。"闵云高话音刚落,村民纷纷表示同意,"不过重新栽种的工作量很大,一个人一天最多只能完成一分田的工作。"

勤劳致富　村民靠水芹盖新房

比起种植水稻,种植水芹更苦更累,然而汤联村的村民们却乐此不疲,这是为什么呢?闵云高道出了答案:"以2000年的物价来估算,当时种植一亩水稻能赚1000元,而种植一亩水芹能赚近10000元,经济利益的驱使下,村民们虽然苦点、累点,但到了水芹收割的季节,算算卖水芹获得的收益,一年的辛苦都值得了。"

靠着种植水芹,汤联村村民们的腰包鼓了起来,"可以说,有七成村民就是靠着水芹盖起了楼房。"说到这,闵云高一脸骄傲,"种植水芹成为汤联村的传统,它寄托着老一辈人对我们的希望,勤劳能致富,肯干才有出路。"

汤联村有句俗语,每年到了收割水芹的时节,待身强力壮的中青年将水芹从田里收割回家后,"老的八十三、小的手里搀",全家上阵,日夜"拣水芹"。"一亩地可以收割七八千斤水芹,这些水芹要摘根,洗掉泥污,一捆捆整齐扎好,运到市场才能卖出好价。"闵云高告诉记者,如今在菜场,一斤水芹售价8到10元,到了春节,水芹的价格会飙升到18元一斤。

说到卖水芹,村民们过往的记忆被勾起,大家你一言我一句,讨论的气氛热烈起来。"我爷爷告诉我,解放初期,每年冬天,他都会划着船,到塘桥、锦丰,甚至远到上海去卖水芹。"一位热心村民回忆道,"1000斤水芹,一个早上就能卖完,很受欢迎。一次,爷爷卖完水芹,腰包塞得鼓鼓的,没想到回家时钱被扒手扒了去,气得爷爷回家大哭了一场。"

开辟新田　再续村民"水芹梦"

2003年,汤联村成立了芹菜合作社,为鼓励村民发展家庭副业、帮助村民致富,村委领导带头种植水芹,还为村民提供了政策和技术帮助。不过,随着城乡一体化的发展,2006年起,汤联村逐步动迁,很多村民没了自留田,继续种植水芹成了奢望。因为无法割舍多年种植水芹的习惯,一些村民便外出寻地,村民徐阿标就在河北村借用了亲戚的一分地,继续种起了水芹。

"今年这分地预计能收割七八百斤水芹,我留些自己吃吃,再送送亲朋好友。"徐阿标坦言,祖祖辈辈靠着种水芹生活,如今土地没了,但对水芹的情还在,"如今天气暖了,不像旧时冬天,收割水芹先要凿开冰,光着手臂伸进冰窟窿,稍微不当心,手臂被冰割得鲜血直流,那个疼啊。"

采访接近尾声,记者从村委得知了一个好消息,2017年,村委将在村里集中开辟土地,免费提供给村民种植水芹。"水芹种植技术是老祖宗传下来的宝贝,我们要永远地传承下去。"村民们纷纷表示。

《丁酉年》特种生肖邮票明首发

本报讯(*记者* **张静芳**)日前,记者从我市邮政部门获悉,中国邮政定于2017年1月5日发行《丁酉年》特种生肖邮票1套2枚,图案名称为意气风发和丁酉大吉,全套邮票面值2.40元。

据了解,《丁酉年》特种生肖邮票将"国"和"家"的概念作为整套邮票的创作理念。邮票第一图画面表现一只奋进奔跑的公鸡形象,象征国家的快速发展;第二图画面内容表现母鸡带小鸡的场景,象征家庭幸福美满,全套邮票也蕴含着"合家欢"主题。

我市邮政部门工作人员介绍,《丁酉年》特种生肖邮票启用了新型的防伪纸张和印制工艺。一是纸张采用混有"正背变色荧光纤维"和"多色组合荧光纤维"的专用防伪胶雕纸,大幅提升了邮票的防伪水平。二是《丁酉年》特种生肖邮票版式上的文字使用无墨雕刻工艺,文字印后字迹清晰隽秀,立体效果显著,也具有一定的防伪作用。

工作人员表示,1月5日上午,《丁酉年》特种生肖邮票将在市少年儿童图书馆首发,届时还将有张家港市第三届青少年个性化邮票(附票)设计大赛颁奖等活动。此外,《丁酉年》特种系列邮品——《丁酉年》邮票金、《哆啦A梦之恭贺新禧》、《哆啦A梦大拜年》、《丁酉大吉》邮票珍藏册、《大家酉福齐贺新春》邮册、《金鸡报晓》生肖文化专题册等10余款产品也将一同发行。

Z 冷暖先知

昨日雾锁港城　今迎雨水洗尘

本报讯(*记者* **钱国东**)昨天,一场强浓雾锁住了节后首个工作日,市区最差能见度不足20米。除了雾,还有霾,市环境监测站监测数据显示,我市空气中细颗粒物浓度为88微克/立方米,处于轻度污染中。不过,随着今天雨水的光临,我市空气质量会转好。

网友们纷纷为今年的首场大雾留言。"万万没想到,今年上班的第一天居然啥也看不见,找红绿灯、找路口。""我早上是靠感觉到店里的!你相信吗?""敢问路在何方,雾中!"记者从市气象台了解到,这场大雾是从昨天早上7点以后开始加强的,不过,到了10点便开始消散。市气象台在早上6点左右发布了大雾黄色预警信号,提醒市民早上出门时注意交通安全。

那么这场大雾是如何形成的呢?很多市民认为,昨早能见度极低是空气中的水汽在"作祟"。但真实情况并非如此,笼罩港城的并非只有大雾,还有霾,再加上大气均压场的作用,便形成了大雾。昨天上午9点,记者在苏州市环境监测平台上看到,整个苏州市除了吴江、昆山外,多地空气质量不甚理想,处于轻度或中度污染中。在这样的大雾中,建议儿童、孕妇、老年人和患有心脑血管、呼吸道疾病等易感人群尽量留在室内,停止户外运动。

与此同时,昨天的气温表现也相当"逆天"。据监测,昨天最低气温为4℃,最高气温为13℃。而未来虽说有雨,但气温总体上仍将保持这样的水平。从时间上看,目前已进入数九寒天的"二九",而本周四将迎来二十四节气的小寒,天气寒冷带着明显的滞后性。那么下一股强冷空气何时会到来?市气象台预测,可能会到下周。

具体天气情况是:今天白天多云转阴有小雨,夜里阴有中雨,气温5～14℃。早晨或有雾,提醒市民注意;明天中雨,气温10～12℃;后天小雨,气温9～14℃;到了周六、周日仍有雨,气温11～13℃。总

图1-19　2017年1月4日《张家港日报》对汤联芹菜的报道

附:

"老芹菜"徐永芹

徐永芹1918年生,后房三代种芹菜的徐氏家族出身。小时名永琴。据传,旧时学子们如果有幸得了高中,须到泮池里采些水芹插在帽子上到孔庙祭拜(俗称"入泮"或"采芹"),才算是真正意义的秀才。因此,后人称考中秀才为"入泮"或"采芹"。徐八都堂家族后裔读书人比其他姓氏的人多,为方便"入泮"或"采芹",他们在大松坟(徐八都堂祖坟)东南端的坟堂屋旁辟出一块低洼地,专门从外地引进贡品芹菜种子种植其中,既用于讨"口彩",又便于读书人考中秀才后"采芹"用。永琴父辈世代以在此种芹菜为嗜好。

徐永琴成年后,出于对芹菜的钟情,把自己的名字改成徐永芹,自喻对芹菜的"传承"。徐永芹种芹菜自有一套,无论是品种更新、播种要领、管理水平都高于一般菜农,哪怕同样

一捆芹菜,经徐永芹加工后"看相"就与众不同。徐永芹地里的芹菜长势粗壮嫩绿,上市销售的芹菜"手脚"头挑,坊间都呼其"老芹菜"。1985 年,"老芹菜"种 0.83 亩芹菜,销售收入与同村村民种 1.1 亩芹菜相等。"老芹菜"不仅是地方上种芹菜的行家,也是后房村的"巷撑"。农业合作化至 1972 年,"老芹菜"担任第六生产队队长。

1990 年徐永芹病故,享年 72 岁。

第二节　汤联水红菱

汤联村水域面积占村域面积的 9.8%,境内农户历来就有放菱传统。春季放养,秋季采摘。红菱,俗称四角菱、馄饨菱。色泽鲜艳,呈大红色,八月中秋是水红菱上市时节。刚采摘的红菱鲜嫩爽口,水甜汁多。红菱既可当水果,又可做菜煮熟吃,香甜细腻。农家用红菱肉与肉类同煮,别有一番风味。

图 1-20　农历七月的菱头(2002 年摄)

20 世纪 70—80 年代,全大队有 70% 的生产队都放 3—5 亩水面积的菱。1983 年农村实行联产承包责任制以后,不少农户承包河面放菱,作为副业收入。1998 年,全村有 40 多户村民承包内河放菱,水面积 130 余亩。2010 年以后,随着农村城镇化建设的不断推进,大片村庄被拆迁,大片农地(包括水面)被征用,境内无水面放菱。

第三节　野生水产品

河蟹

为江南水产中的名品。每年农历八月开始捕捉,水稻成熟期间肉质最为肥实。汤联河蟹肉质鲜嫩,尤以蟹黄味最美。尤其是新中国成立后,谷渎港、渔梁浜、菖蒲塘及各自然村内河池塘、稻田里随处都有野生河蟹可捕捉。每到河蟹出市季节,后房徐阿根、闵家巷闵永生等农民在渔梁浜、菖蒲塘架设蟹簖,靠河岸搭建临时蟹棚。捕获的河蟹除自家食用、奉送朋友外,还到集市上销售。最多的年份仅渔梁浜从东到西就有五口蟹簖。每到河蟹出市季节,外地客商纷纷到汤联境内尝蟹,临走时主人还要以蟹馈赠。1990 年以后,野生河蟹逐步减少,后房朱锦通等开始跨村承包低洼地大面积人工养殖。

黄鳝

境内因属纯稻区,适宜黄鳝繁殖生长。每到农田上水,黄鳝就开始寻食,白天藏于田岸边洞中,夜间出洞在稻田游动觅食。从芒种至大暑,是村民捕捉野生黄鳝的最佳季节。捕捉黄鳝有三种方法:一是用钩子装上诱饵钓;二是夜间用手电筒照,发现后用夹子捕捉;三是用篾笼(俗称"黄鳝笼")放入水稻田里诱捕。黄鳝是境内又一美味佳肴,烹饪方法有炒鳝丝、炒鳝片、红烧鳝筒、白蒸鳝筒等。尤以小暑时节黄鳝最为名贵,被誉为"小暑黄鳝赛人参"。

野鲫、花鲢

野鲫俗称"黄板鲫鱼",主要生长在内河池塘,大的0.5千克以上,小的0.25千克左右。鲫鱼是滋补身体的营养佳品。境内池塘多,鲫鱼一年四季可捕捉。渔梁泾、菖蒲塘的野生鲫鱼,为鱼中上品之一。

花鲢为鲢鱼品种之一。鱼鳞呈黄灰色,鱼头特别大,主要为内河养殖,一般放养两年,每条可达2—3千克,藤弯泾、下泾河、南渔池、长泾河等内河的花鲢大的4—5千克,头部白里透黄。花鲢一年四季可捕获。花鲢鱼头汤,味鲜、有肥感,是境内一道特色菜。

螺蛳

螺蛳,又名蛳螺。一般内河都有,因水肥无污染,农家淘米水栈上随手也能抓摸一两碗。旧时,民间烹调大师烧菜不用味精,用带壳螺蛳(拍碎后用纱布包扎),加黄鳝骨、猪骨(或鸡骨)、鸡血和清水,适量放点葱、姜、料酒,文火慢熬,"吊"出来的鲜汤清澈见底,香味纯正醇浓,大热天存放2—3天不发酸。渔梁浜河因"活水"(与外浜连接)、水质肥,河里的螺蛳个头一般,但肉质特别鲜嫩,并含有丰富的蛋白质,堪称江南水乡特有的"罐头食品"。2000年前后,南园村民徐根法每天到渔梁浜稇30—40千克螺蛳,在塘市市场上销售,经常出现来不及剪"屁股"的现象。

第四节　家酿米酒

秋后稻谷登场,境内农民家家有酿米酒(俗称老白酒)的传统。家酿米酒是独具风味的地方特色酒,长期适量饮服有理气活血、清胃助消化、强筋骨、补身体等功效,为江南一带人们喜爱的温性酒。老白酒有"十月白""东洋酒"和"菜黄花"之分。其中,"十月白"(农历十月酿制)酒最佳,可存放1—2年不变质。"东洋酒"(农历十一月以后酿制),"菜黄花"(春天油菜花盛开时酿制的酒)次之。

酿制方法:

用当年的糯米浸泡24小时,淘洗干净滤干水分,放入蒸笼蒸成糯米饭,倒入勃囵(一种用竹篾制成的盛器)中冷却。视米饭硬软程度适当淋些凉开水,待糯米饭的温度冷却到

35—40℃,将酒药均匀拌入其中。置于预先用开水烫泡后擦干的酒(浆)缸中,上好盖,外面用稻草包围保暖,让其发酵。缸内温度控制在 32℃左右,一昼时半(32 个小时)后开缸,就酿成了香甜的酒酿。7—10 天后,再按 1∶1—1∶2 比例加入凉开水,过 10—15 天即可开缸过滤,除去酒糟,储入酒坛中,放适量红花(中草药),就成了清香扑鼻的老白酒。也有村民把滤掉"头酒"的酒糟再次加入凉开水,按上述工艺让其"第二次"发酵,生产出的酒称为"二酒"。一般情况下"二酒"口感稍淡,不宜长时间储放。据常喝老白酒的村民说,长期饮服该老白酒有理气活血、助消化、强筋骨、补身体、延年益寿等功效。

2016 年,第一村民小组陈红、第十村民小组缪关元各酿制 500 千克糯米的老白酒,自家饮用,馈赠亲友。

第二卷 居 民

汤联境内成陆较早,6000 年前就有先民踪迹,宋、元时期先后形成后房、西洋巷、西庄、李港巷、闵家巷等 15 个自然村(宅基)。1948 年末,境内总人口 900 余人。中华人民共和国成立初期和"文化大革命"时期,境内人口增幅较大。2016 年,全村有户籍 557 户,总人口 2201 人,其中,男性 1116 人,女性 1085 人。有姓氏 134 个,其中,徐姓最多,有 143 户;陈姓、李姓、闵姓次之,分别为 67 户、52 户、51 户,分别占总户数的 25.8%、12.1%、9.4% 和 9.2%。汉族人口占 99% 以上。另有登记在册的新市民 979 户 3487 人。

中华人民共和国成立前,境内居民多数为文盲或半文盲。中华人民共和国成立后,通过扫盲运动和大力发展教育卫生事业,居民的文化素质和身体素质日益提高。2016 年,全村高中及以上学历者占人口总数的 47.5%,文盲和半文盲人口占人口总数的 15.4%,有在读大学生 92 人。人口平均预期寿命由 2005 年的 72.37 岁提高到 2016 年的 80.76 岁。全村居民自觉履行婚姻法,家庭趋向小型化。

汤联村地处虞(常熟)西与澄(江阴)东交会地域,民俗风情丰富浓郁,尤其与生产生活相关的方言俚语种类繁多,风俗习惯千姿百态,地方特色鲜明突出。随着时代变迁,有些习俗逐步消失,但大多还留存民间,成为境内民俗文化不可缺少的重要组成部分。

中华人民共和国成立前,境内除少数地主豪绅外,广大民众生活贫困。1949 年人均年收入约 33 元。中华人民共和国成立后,人民生活水平逐年提高。特别是改革开放后,全村以经济建设为中心,大力发展工农业生产,各项社会保障体系日臻完善,居民的衣食住行面貌一新,生活水平大幅提升。2016 年,居民年人均纯收入由 1970 年的 95 元提高到 26268 元。汤联村步入全面小康社会。

第一章　人　口

第一节　人口总量

明清以后,境内人口逐渐增多。中华人民共和国成立前夕,全境总户数 207 户,人口 922 人,其中,男性 453 人,女性 469 人。

土地改革时期,全境总户数 238 户,人口 1191 人。1990 年第四次全国人口普查,全村总户数 609 户,总人口 2040 人,其中男性 1044 人、女性 996 人。在总人口中,农业人口 1904 人,非农业人口 136 人。人口比 50 年代增长近一倍。据 2010 年年末统计,全村户籍居民 578 户,总人口 1890 人。其中,男性 937 人、女性 953 人,农业人口 1751 人,非农业人口 139 人。2016 年末,全村户籍居民 557 户 2201 人。

1993—2016 年汤联村户籍人口总量选年一览表

表 2-1　　　　　　　　　　　　　　　　　　　　　　　　　　　　　　单位:人

年　份	总户数	总人数	其　中	
			男　性	女　性
1993	611	1989	1015	974
1994	597	1984	1008	976
1995	593	2004	1008	996
1997	594	1981	1005	976
1998	594	1978	1004	974
2000	587	1881	954	927
2001	537	1685	855	830
2002	537	1657	841	816
2003	537	1720	873	847
2004	537	1838	933	905
2006	550	1766	896	870

（续表）

年　份	总户数	总人数	其　中	
			男　性	女　性
2010	537	1890	959	931
2011	537	1899	963	936
2012	615	2205	1119	1086
2013	615	2207	1119	1088
2014	613	2203	1118	1085
2015	557	2205	1118	1087
2016	557	2201	1116	1085

第二节　人口构成

一、民族构成　境内民族构成比较单一。1982 年第三次全国人口普查资料显示,全大队总人口 2039 人,其中少数民族 1 人(壮族),汉族人口占 99.8% 以上。1990 年第四次全国人口普查资料显示,全村人口 2040 人,其中少数民族 2 人(壮族 1 人,羌族 1 人)。2010 年第六次人口普查资料显示,全村总人口 1890 人,其中少数民族 3 人(壮族 1 人,羌族 1 人,仫佬族 1 人)。

二、性别构成　1964 年第二次全国人口普查结果,全大队总人口 1572 人,其中,男性 795 人,女性 777 人;1982 年第三次全国人口普查结果,全大队总人口 2039 人,其中,男性 1032 人,女性 1007 人;1990 年第四次全国人口普查结果,全村总人口 2040 人,其中,男性 1044 人,女性 996 人;2013 年末,全境总人口 2207 人,其中,男性 1078 人,女性 1129 人;2000 年第五次全国人口普查结果,全村总人口 1881 人,其中,男性 954 人,女性 927 人;2010 年第六次全国人口普查结果,全村总人口 1880 人,其中,男性 927 人,女性 953 人;2016 年末,全村总人口 2201 人,其中,男性 1116 人,女性 1085 人。

三、年龄构成　1990 年第四次全国人口普查结果,65 岁以上老人 155 人,其中男性 74 人,女性 81 人。老年女性增多,其他年龄阶段的女性减少。从 25 岁到 30 岁的婚龄阶段看,男性为 268 人,女性为 233 人,男性比女性多 35 人。

2016 年末,汤联村人口的年龄结构呈 16 周岁以下人口下降、老年人口增长趋势:16 周岁以下人口 194 人,占总人口 8.8%;60 周岁以上老年人口 597 人,占总人口 27.1%,有 90 岁以上高龄老人 16 人,占总人口 0.08%。2016 年,汤联村人均预期寿命 80 岁,比 2005 年提高了 5 岁。

2016 年汤联村 90 岁以上老人一览表

表 2-2

组 别	姓 名	性 别	出生年月	备 注
1	陈仁林	男	1925.04	—
1	李大保	女	1924.12	—
2	闵华秋	男	1926.07	—
4	徐满保	男	1919.01	五保户
4	支四妹	女	1922.06	—
5	隆竹梅	男	1925.11	—
7	徐金连	女	1922.09	—
7	闵莲珍	女	1922.11	—
8	陈生保	男	1922.08	—
9	赵彩芹	女	1924.04	—
10	徐节妹	女	1912.09	—
10	王保妹	女	1916.02	—
10	姚保妹	女	1925.01	—
11	繆小妹	女	1919.05	—
12	沈珍妹	女	1925.12	—
15	王定珍	女	1925.11	—

四、文化构成 中华人民共和国成立前,境内人口文盲、半文盲居多。中华人民共和国成立后,人民政府组织大规模扫盲运动,普及义务教育,人口文化结构发生深刻变化。2000年第五次全国人口普查,汤联全村文化程度为大专及以上 106 人、中专中技 273 人、高中 559 人、初中 332 人、小学 301 人;60 岁以上文盲半文盲 310 人,分别占总人口的 5.6%、14.5%、29.7%、17.7%、16% 和 16.5%。2016 年末,汤联全村 2201 人。其中,大专及以上 236 人,中专中技 179 人,高中(含职业高中)546 人,初中 612 人,小学 395 人,60 岁以上文盲半文盲 233 人,分别占总人口的 10.72%、8.13%、24.81%、27.80%、17.95% 和 10.59%。

五、职业构成 历史上境内无人口职业统计,农村除小手工业者外大多是农民。20世纪 70 年代初期,村(大队)办工业开始起步,境内人口职业构成开始变化。1978 年党的十一届三中全会以后,村(大队)办工业大规模发展,人口职业结构发生了根本性的改变。2012 年纯农业劳动力降至总劳动力的 21% 左右,亦工亦农劳力升至总劳力的 67.4%。2016 年,汤联纯农业劳动力 36 人,占总劳动力的 16%,从事第三产业等亦工亦农劳动力升至总劳力的 73.5%。

第三节 人口分布

2000年以前,汤联的人口都分布在各自然村(村民小组)。2000年以后,随着农村城镇化建设的不断推进,原自然村庄先后被拆迁,居民逐渐安置到集中居住区(小区)居住,户籍关系迁移到社区,但经济关系仍保留在原村民小组。

2016年汤联村人口分布一览表

表2-3 单位:人

组 别	人 数	组 别	人 数
一	238	九	104
二	149	十	163
三	121	十一	138
四	136	十二	125
五	123	十三	172
六	144	十四	128
七	102	十五	139
八	145	十六	74

第四节 人口变动

随着人民生活水平的提高,政府关于有计划生育的政策越来越深入人心。20世纪80年代后,汤联村人口自然增长和变动情况逐渐步入正常规律。

1971—2016年汤联村人口变动选年一览表

表2-4 单位:人

年 份	年平均人口	出 生	死 亡	迁 入	迁 出
1971	1900	54	23	17	17
1972	1918	39	17	15	19
1973	1938	41	15	12	18
1974	1958	34	11	19	22
1975	1968	38	15	15	28
1976	2000	44	17	36	31

（续表）

年 份	年平均人口	出 生	死 亡	迁 入	迁 出
1977	2008	36	16	15	27
1978	2030	30	12	21	18
1979	2034	31	6	20	42
1980	2032	24	13	12	23
1981	2030	32	17	39	62
1982	2039	28	18	14	13
1983	2030	18	12	7	17
1984	2020	16	17	6	13
1985	1996	16	14	6	25
1986	1997	32	15	14	20
1987	2015	32	10	20	19
1988	1995	29	20	10	15
1990	2040	37	14	22	12
1992	2008	26	14	7	57
1993	1989	13	13	7	26
1994	1984	23	16	6	9
1995	2064	14	15	22	19
2016	2201	17	17		

注：2010 年开始撤组转居后，村不再统计迁进迁出人口。

第五节　人口控制

中华人民共和国成立前，由于受封建传统观念的影响，境内男女普遍结婚早、生育多、间隔密，人口盲目增长。

中华人民共和国成立后，随着人民生活水平的提高，医疗卫生条件的改善，境内人口迅速增长。"三年经济困难"时期人口增速下降。1961 年末，九大队总人口 1261 人。1964 年开始，出现生育回升。1971 年开始，根据地方政府"晚、稀、少"的生育原则，提倡结婚年龄推迟到男 26 周岁、女 24 周岁。生育间隔期四年，一对夫妇最多生两个小孩。同时采取各种节育措施，节育率达到 76.4%。1975 年春，塘市公社成立计划生育办公室，采用多种形式宣传"一对夫妇只生一个孩子"的号召，有的放矢指导各大队开展计划生育。1978 年，汤联大队响应塘市公社号召,把计划生育激励机制落实到各生产队、各企业,为生育一胎的家庭颁发独生子女证,实行经济奖励。1980年,节育率上升到91.2%,人口自然增长率降至5.95%。1982年,根据沙洲县人民政府制定的《计划生育实施细则》,境内以报告会、黑板报、画廊、文艺演出、刊物、广播等阵地和形式,常年坚持宣传教育;免费为已婚育龄妇女提供避孕药具和做节育手术,免费对已婚育龄妇女定期检查;建立计划生育指导站,负责计划生育工作的管理和业务指导;建立岗位责任制,对负责计划生育工作的干部实行百分考核;认真落实独生子女奖励政策、育龄妇女节育措施经济补助政策、超计划生育罚款政策等。从此,计划生育逐步为广大群众所接受。

1979年春,汤联村成立计划生育领导小组,由村民委员会主任分管计划生育工作,妇女干部具体抓计划生育事项。至1983年末,全村计划生育率达到75.4%,独生子女证领证率88.7%,人口自然增长率4.4%。1985年末,汤联村总人口1996人,比1962年净增668人,23年中平均每年净增29人。

1988年全村计划生育节育率为90.63%,独生子女领证率100%。1990年,村民小组和企业车间都设立计划生育宣传员和辅导员,全村有26名宣传员和辅导员,形成村、村民小组、企业车间计划生育三级工作网。

1994年全村人口净增率下降为0.63%,节育率上升为92.94%,晚婚率达到95.04%。2003年,村设立计划生育指导门诊,组织育龄妇女75人次参加镇举办的婚育知识培训班。全村人口出生率6.71%,人口死亡率6.48%,自然增长率为0.23%。

2016年,全村有计划生育宣传员和辅导员29人。

第六节 外来人口管理

1985年,汤联村村办企业规模有所扩大,村内劳动力供不应求,外省市的劳动力开始进入泡沫包装厂等村办企业务工。1987年后,外来务工人员和到村内设摊做生意的外来人员越来越多,给全村的社会治安、计划生育等工作带来较大的压力。2000年,全村登记在册的外来人员有1223人,他们大都来自四川、安徽等地。其中租住村内民房的外来人员有784人。

2004年春,汤联村设警务室,为外来人员办理临时身份证、暂住证,并协助他们与私房出租户签订租房协议。7月,杨舍镇成立暂住人口管理中心,进一步加强和规范对外来暂住人口的管理工作。汤联村成立由4名队员组成的联防队,针对村内外来人员多而杂的情况,定期上门核对清查。对暂住人员、房屋出租人进行经常性的法制教育和安全教育。规定出租房屋的单位和个人,需到派出所申请登记,领取房屋出租许可证、准租证和出租门牌。对暂住一年以上、有固定工作、有稳定收入的家庭(放心户),每月上门核对;对有劣迹的、深夜不归的、交往复杂且单独居住的、无固定职业的、经常变换地址和工作单位的重点户每周见面;对"三无"盲流人员及时清理遣返。建立出租户一户一档和"三无"人员的一人一档,采集的信息一个不漏录入微机。

2016 年末,汤联村村域内有外来人员 3967 人,村委配专职协管员 6 人,对私房出租户进行登记管理。在全村范围内实行定期夜间流动巡查,对外来人员进行治安管理、信息管理、计划生育管理,为他们提供劳动就业服务,开展维权宣传教育等多项活动。

第二章　姓氏·宗谱

第一节　姓　氏

据史料记载,元代先有徐姓族人到渔梁浜两岸居住,后有其他姓氏从安徽、河南等地陆续到渔梁泾两岸定居。

20 世纪 50 年代后,国家逐年分配至塘市工作的大中专毕业生,部分定居于境内。"文化大革命"时期,有部分上海、无锡等大中城市的知识青年也定居于境内,加上因人才流动到境内工作的外籍科技人员(如教师、医生)、工厂企业技术人员等,姓氏开始增多。1990 年起,随着村办企业的崛起和城乡一体化建设的发展,不少新市民也落户到汤联,全村姓氏大幅增多。2016 年,汤联全村居民有姓氏 134 个。其中,最多的大姓依次为徐姓,有 143 户,占全村总户数的 25.8%,大多居住在西庄、后房、南园等自然村,均为徐八都堂家族的后裔;其次为陈姓、李姓,分别为 67 户、52 户,占全村总户数的 12.1%、9.4%,居住在西庄、李家巷等自然村;再次是闵姓,51 户,占全村总户数的 9.2%,大多居住在闵家巷自然村。

2016 年汤联村姓氏人数一览表

表 2-5

姓　氏	人　数	姓　氏	人　数	姓　氏	人　数
徐	573	闵	207	王	82
陈	285	朱	104	缪	63
李	214	张	85	虞	56

（续表）

姓 氏	人 数	姓 氏	人 数	姓 氏	人 数
沈	39	谢	4	殷	2
程	30	支	3	袁	2
许	26	汪	3	高	2
钱	25	辛	3	符	2
季	24	宋	3	常	2
丁	22	何	3	褚	2
隆	19	侯	3	魏	2
赵	18	倪	3	孔	1
顾	17	奚	3	卞	1
陆	16	曹	3	尤	1
黄	14	彭	3	田	1
孟	13	葛	3	叶	1
吴	12	潘	3	龙	1
杨	11	于	2	巨	1
周	10	卫	2	庄	1
陶	10	马	2	乔	1
蒋	10	毛	2	吕	1
刘	8	方	2	江	1
汤	8	韦	2	任	1
胡	8	包	2	仲	1
董	8	祁	2	匡	1
孙	7	连	2	余	1
金	7	杜	2	贡	1
邹	6	杭	2	邵	1
姚	6	岳	2	严	1
秦	6	郁	2	巫	1
范	5	郑	2	委	1
郭	5	贺	2	罗	1
俞	5	项	2	庞	1
冯	4	柳	2	居	1
肖	4	施	2	骆	1

（续表）

姓 氏	人 数	姓 氏	人 数	姓 氏	人 数
祝	1	梁	1	蒲	1
姜	1	密	1	雷	1
聂	1	渠	1	楚	1
凌	1	喻	1	廖	1
贾	1	储	1	熊	1
袁	1	韩	1	翟	1
夏	1	景	1	阚	1
唐	1	惠	1	樊	1
盛	1	鲍	1	霍	1
梅	1	蔡	1	戴	1
屠	1	詹	1		

第二节　宗　谱

据史料记载，6000 年以前，境内已有人类活动。居民世代繁衍，逐渐形成氏族。不少氏族为理清支脉，记载世系渊源，齐家修身，扬德行善，传承祖训，开始编纂宗谱，彰其孝悌忠信，导其亲善和谐，传其世代昌荣。但大多宗谱在"文化大革命"中被当作"四旧"销毁，幸存者寥寥无几。进入 21 世纪以后，随着社会、经济、文化的迅速发展，不少家族为继承先祖遗愿，光大家族荣耀，开始续修宗谱。

一、《锡山李氏世谱》

始修于明崇祯十年（1637），重修于 1948 年。24卷，铅印本，无锡图书馆有藏。2011 年续修《锡山李氏世谱》无锡、张家港地区支谱，铅印本 2 卷。李港巷李喜生具 2 卷，保存完好。

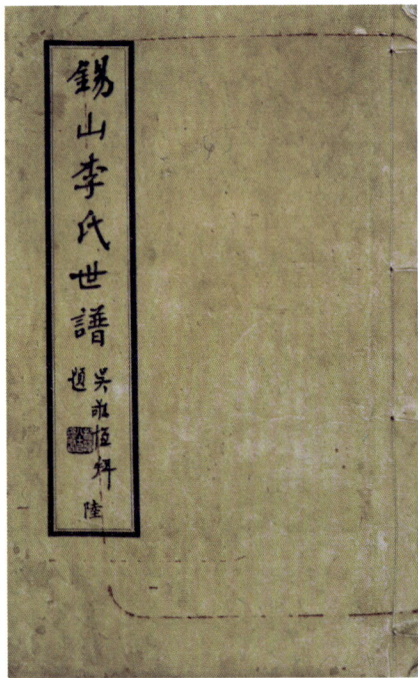

图 2-1 《锡山李氏世谱》
（2016 年摄，李世生提供）

二、《杜园陈氏宗谱》

始修于南宋绍兴五年（1135），1947 年第四次重修，14 卷，木活字本。2000 年第五次续修,铅印本。野鸡场陈林保整套(11册)保存,完好。

图 2-2 《杜园陈氏宗谱》(2016 年摄,陈林保提供)

三、《渔梁徐氏宗谱》

明正统十四年(1449)由徐恪之父徐敏叔始修。光绪三十一年(1905)重修,3 册,残本。上海图书馆保存。1947 年第四次重修。2016 年第六次续修,塘市派寒塘支谱整套 8 册铅印本完稿。西庄徐江保存整套 8 册,完好。2018 版《渔梁徐氏宗谱》,几乎渔梁徐氏后裔家家都有一套。

第三节　渔梁徐氏

据清光绪三十一年(1905)版《渔梁徐氏宗谱》和《常昭合志》记载,南宋初年,金兵压境,战火连天,大宋王朝处于风雨飘摇之际,开封府尹徐锢扈从宋高宗南渡。

徐锢自河南迁居浙江临安(今杭州)后,传第四世徐守诚,于南宋庆元年间调任吴县尉,遂居吴县。当偏安一隅的南宋朝廷被强悍的元朝灭亡时,徐守诚长子千十一(徐淳,字名世)迁居江阴梧塍里(今江阴市祝塘镇大宅里);次子千十四(徐郯,字东海)避居海虞(今常熟市)修真里之邵舍(今张家港市杨舍镇乘航境内)。

时局变幻,世事难测。千十四一家未能过上隐居生活。第三子省八(徐珵),以荐举于元初任海道都漕运府万户、龙虎上将军上护军,佩金虎符。其主要职责是将江南的漕粮通过海道(大运河时有淤塞)运往元朝都城(今北京市)。《渔梁徐氏宗谱》记载:省八公"有德政碑在苏郡闻德坊,以功赐葬邵舍"。

省八公（徐玾）生育明五、明七、明十、明十一、明十二共五个儿子。

第三子明十（徐恢祖），才华出众，志存高远。他于元朝鼎盛时，自邵舍迁居海虞城北两舍（六十里）之远的渔梁里（今张家港市汤联村境内），拓展产业，发家致富，成为渔梁徐氏始迁人。是时，渔梁泾两岸千米之内家业辉煌，良田百顷。大宅园有厅、堂、楼、阁百余间，另有南花园、北花园、南鱼池、北鱼池，前有西洋巷（鱼码头商行），后有养鸡（猪）场，南有马放潭（牧马场），北有30余亩祖茔大松坟。明十公（徐恢祖）传至第十世时，繁衍为前房支、后房支、园上支、渔梁支（今张家港市凤凰镇、塘市镇境内）以及昆山支（今昆山市境内）。其中，十一世孙徐恪，官至工部侍郎。因排行第八，又任过都堂，坊间称其徐八都堂。

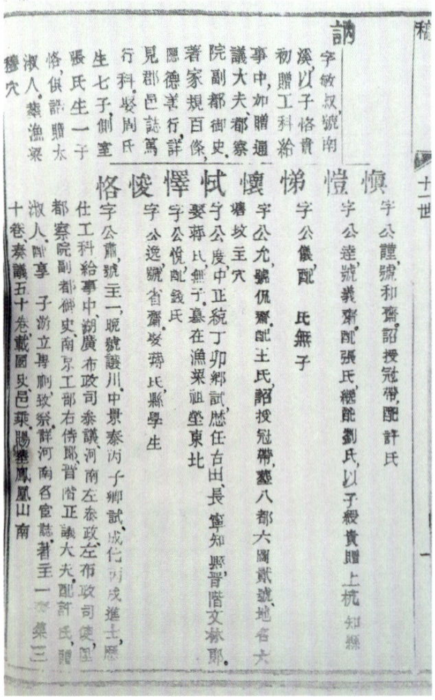
十二世
訥
字敏叔，號南溪，以子恪貴，初贈工科給事中，加贈通議大夫、都察院副都御史。著家規百條，隱德善行，詳見郡邑誌。篤行科。娶周氏，生七子；側室張氏，生一子恪，俱誥贈太淑人。葬漁梁穆穴。
慎 字公謹，號和齋，詔授冠帶，配許氏
愷 字公達，號義齋，配張氏，繼配劉氏，以子毅貴，贈上杭知縣
悌 字公儀，配　氏，無子
懷 字公允，號佩齋，配王氏，詔授冠帶，葬八都大關貳號，地名大塘坟主穴
忒 字公度，中正統丁卯鄉試，歷任古田、長寧知縣，晉階文林郎，娶蔣氏，無子，墓在漁梁祖塋東北
懌 字公悅，配錢氏
悛 字公逸，號省齋，娶蔣氏，縣學生
恪 字公肅，號主一，晚號讓川，中景泰丙子鄉試，成化丙戌進士，歷仕工科給事中、湖廣布政司參議、河南左參政、左布政司使、國都察院副都御史、南京工部右侍郎，晉階正議大夫，配許氏，贈淑人，附享。子游立專祠致祭，詳河南名宦誌。著主一齋集三十卷、奏議五十卷，載國史邑乘。賜葬鳳凰山南

图 2-3 《渔梁徐氏宗谱》
（2016年摄，徐飞提供）

20世纪60年代中期，后房西北侧大松坟砍树平坟，挖出三具完整古尸及徐八都堂母亲墓志盖一块（残缺三分之一），现保存在张家港市博物馆。

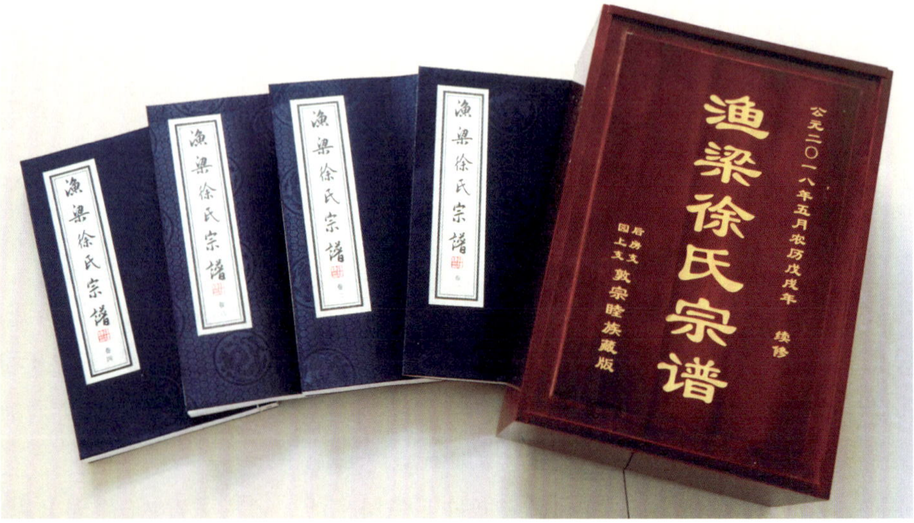

图 2-4 2018年版《渔梁徐氏宗谱》（2018年摄，徐建标提供）

图 2-5 "文化大革命"时期出土的渔梁徐氏十世孙前房支祖
徐恩(字可及,号朴菴)墓志盖(2016 年摄,徐飞提供)

附:

渔梁徐氏家规(节录)

徐 讷

一、家长总治一家大小之务,家众则令分掌庶事,然须谨守礼法,以御其下。在下者亦必皆咨禀而后行,不得私假,不得私与。

二、家长专以至公无私为本,不得徇私,当以诚待下,一言不可妄发,一行不可妄为,庶合古人身教之方。临事之际,毋察察而明,毋昧昧而昏。更须以量容人,常视一家如一身可也。如其有失,举家随而谏之,然必起敬起孝,毋妨和气,若其不能任事,次者佐之。

三、家众有过,可谏谕者,即谏谕之。如其不可,当密书贴于食几前后,言之中理即当悛改,言之无理亦宜优容,不可有一毫诟责,以妨和气。

四、增拓产业,彼则出于不得已,吾则欲为子孙悠久之计,当体究果值若干,尽数还足,不可与驵侩潜萌侵人利己之心。否则天道还好,纵得之必失之矣。

五、男女年五十者,礼宜异膳,旧管尽心奉养,务在合宜,违者罚之。

六、诸妇必须安详恭敬,奉舅姑以孝,事丈夫以礼,待娣姒以和。如其淫狎,即宜屏放。若妒忌长舌者,姑诲之。诲之不悛,则责之。责之不悛,则出之。诸妇工作当聚一处,机杼纺织各尽所长。

第三章　婚姻·家庭

第一节　婚　姻

中华人民共和国成立前,境内通行早婚,男十八娶亲,女十七出嫁。1950 年,中央人民政府颁布第一部《中华人民共和国婚姻法》,法定婚龄为男 20 周岁、女 18 周岁,早婚现象基本得到控制。20 世纪 70 年代,为贯彻计划生育、晚婚晚育政策,政府一度提出男满 25 周岁、女满 23 周岁和男女双方年龄相加满 50 周岁才允许结婚的政策。1980 年,全国人大颁布第二部《中华人民共和国婚姻法》,规定婚龄为男 22 周岁、女 20 周岁。进入 2000 年以后,已婚青年男女的离婚率和再婚率较之 60—70 年代略有上升。

2001—2016 年,汤联村登记结婚的 165 对,离婚的 36 对。

2001—2016 年汤联村结婚、离婚情况表

表 2-6　　　　　　　　　　　　　　　　　　　　　　　　　　　　　　　　单位: 对

年　份	结　婚	离　婚	年　份	结　婚	离　婚
2001	12	—	2009	12	2
2002	13	—	2010	8	1
2003	10	—	2011	8	2
2004	9	2	2012	10	5
2005	12	1	2013	11	3
2006	11	—	2014	13	4
2007	9	2	2015	9	5
2008	11	4	2016	7	5

第二节　家　庭

旧时,多子多福的传统观念束缚着人们的思想,境内 6 人或 6 人以上的大家庭较多,"三

世同堂""四世同堂"的家庭屡见不鲜。民国期间,由于经济衰退,家庭的经济能力减弱,子女与父母分居者逐渐增多。新中国成立后,国民经济得到发展,人民生活逐步改善,通过反封建教育,宗族观念逐渐淡薄,加上一部分人外出参加工作等因素,家庭成员结构发生较大变化。70年代以后,随着生产、生活方式的改变,计划生育工作的深入开展,家庭结构趋向小型化。1975年,全大队平均每个家庭3.76人。1986年,全村平均每个家庭3.54人。家庭组成人员大多为父母和一个独生子女,两代或三代人生活在一起。

2008年开始,由于小城镇建设快速推进,原自然村逐渐被拆迁,被动迁农户基本分到2至3套安置房,单元面积相对原住房屋略小,但住房条件得到了很大改善。不少老年人为免爬楼梯,喜欢住在空调、厨卫设施等配套的底楼或汽车库。原来三代(或四代)同堂吃、住在一起的家庭,出现吃在一起、住在两处的现象。再加撤组转居,原单独立户的老年人与子女合并。2016年,全村有557户2201人,平均每个家庭3.95人。

第四章　语言·民俗

第一节　方　言

历史上,汤联长期属于常熟、江阴两县交界处,因其独特的地理位置和复杂的人口来源,形成了富有地方特点的方言。主要方言有虞西话,稍夹带一些澄东话,俗称"西(虞西)腔东(澄东)调",但均属吴地方言。20世纪80年代以后,随着乡镇企业的快速发展和村民婚姻观念的逐步转变,许多打工的、经商的外地人口及婚嫁居民迁居境内,又增加了老沙话、崇明话、四川话、安徽话等。各类方言的词义、词素和语音各不相同,都有其自身的特点。2016年,全村有外籍人口7000余人,方言种类更加繁多。

第二节　俗　语

巴(读"布")家——会当家　　　　巴望——盼望、指望、希望
小情情——小小地享受　　　　做人家——生活节俭
搞(读"告")作——浪费(可惜)　　几化——多少
啥个——何事、何物　　　　那哼——如何

打棚——乱搭腔

上火——点灯

腾空——无根据

穿棚——事情败露

触心——使人反胃、难过

饶头——买东西时卖方多给的赠品

做亲——结婚

识相——知趣

晦气——背运、倒霉

看人头——看人办事

心心不念———直挂在心上

青肚皮活狲——没有记性的人

人心隔肚皮——人心难于揣测

上轿穿耳朵——事到临头才做准备

三只鸭子六道游——人多不聚心

生定皮毛铸定骨——品性难改

夹屎硬——硬挣面子，硬充

别苗头——跟人比高低；看苗头

吃不住——承受不了

呒清头——不懂事；数量很多

拆家败——败家子

发汗热——身体发烧

轻骨头——轻浮、不稳重

弗来个——不行的

做手脚——作伪、作弊

掉弗落——心里丢不下

弗连牵——不像样

搭弗够——力不能及

沃儿经——有手腕、办法

弗识相——看不出苗头、做蠢事

弗作兴——不可以

吃牌头——受到批评或惩处

一歇歇——一会儿

险关——危险得很

卖嗲——撒娇

吵厮——吵架

朝南话——打腔，说空话

结毒——积怨

天下世界——全世界

呒啥——还好，没有

着港——事情得到落实

泼辣——办事干练

操地光——在地上打滚，撒赖皮

隔壁打水缸——指桑骂槐

搞鼻子——瞎胡闹

痴狗等羊头——空等，白费工夫

袋袋碰着布——口袋里没有钱

眼热——羡慕

寻吼厮——滋事、闹事

书渎头——书呆子

横戳枪——节外生枝

大脚胖——有权势的靠山

呒介事——不当一回事

呒趣相——自讨设趣，不客气

呒话头——好得无可挑剔

呒道成——没有出息

嚼大头蛆——比喻乱说乱话

牛吃蟹——勉强做不会做的事

眼眼调（交）——刚巧、正好

鸭屎臭——丢脸、出丑

讨惹厌——惹人讨厌、麻烦

冷板凳——被人冷淡、搁置

豁铃子——暗示

靠牌头——依仗靠山、后台

嚼舌头根——话多而不切实际

吃素饭——到死者家吊丧

沫沫头——泡沫

一路货——一样的人或物

一眼不眨——看得极为认真

一心归路——一心一意

一戳一跳——说不得、碰不得

三亲六眷——亲属、亲戚

三日两头——经常

七中八到——恰到好处

七勿搭八——瞎说，瞎搞

七勿老牵——不合常规

七死八活——吃尽苦头

木头木脑——头脑迟钝，傻里傻气

地头脚跟——地址，住址

虚头霍脑——说谎骗人

眼红气胀——极羡慕的样子

软子烂糟——柔软、不坚硬

血淋带渧——鲜血直流

汗出白部——出汗很多

神之乎之——糊涂

半二勿三——犹豫不决

哀求苦恼——苦苦哀求

婴（读如 wō）三隔四——企图蒙混

老里老早——很早

生病落痛——生病，不舒服

口轻飘飘——说话不知轻重

牛牵马绷——行动缓慢

火烫屁股——坐不定心

棉花耳朵——软耳朵，无立场

空心汤团——指不落实的许诺

犟头倔脑——倔强

异出怪样——古怪奇特

刁奸促狭——奸猾损人

倒急夜壶——说话快而不清

一塌刮子——总共（总计）

一薄衣衣——形容极薄

一天世界——到处都是

一个眼搭萨——时间极短

一拍抿缝——完全吻合

七老八十——年纪大

七歪八欠——不整齐，乱糟糟

七横八竖——杂乱无章

朝南闲话——冠冕堂皇的敷衍之词

七七八八——接近，差不多

千人百眼——大庭广众

熟门熟路——十分熟悉，有把握

勒煞吊死——不爽气，小气

毛面狰狞——蛮不讲理

万人嘲厌——遭众人嘲笑

拖人下水——带累别人

呒头答脑——不懂道理

呒天野地——形容多、大、广

私弊夹账——夹带私事，营私舞弊

眯花眼笑——非常开心

性命交关——比喻关系重大

瞎三话四——说无根据的话

放心托胆——极可放心

大约模张——大概

少出少有——难得看见

毛头后生——小青年

眼巴望望——极为企盼

刹生头里——突然之间

搋肉布衫——比喻与之贴近的人

贼皮塌脸——表情不严肃

影脚无踪——毫无踪影

活里活络——模棱两可

莳秧看上垗——照上面或旁人的样子做情

情弯理曲——事情的详细经过

趁汤下面——顺便做某事

掂斤掂两——计较小事

窝窝传传——没有标准,随便搞搞

野野豁豁——无边无际、不着边际

胎里毛病——原来就存在的毛病

面撅嘴翘——面色难看、不情愿

一脚落手——不停顿、一气呵成

捉猪捉狗——干活不利索,很勉强

七更八调——行为多变,难合心意

面熟陌生——似乎见过,但不认识

板板六十四——脸色呆板,办事死板

清汤寡水——稀饭或菜汤,水太多而无味

假面光鲜——弄虚作假,装装门面

敲钉转脚——事情做得十分妥当周详

吭啥说头——兼有称赞或否定之意

老皮老眼——脸皮厚,不怕难为情

石拍铁硬——比喻说话或事实真实无假

七搭八搭——说话没有层次或交友不当

拣落剩——被人挑选过后剩下的东西

出头椽子——做事或说话在先的人

拆空老寿星——哀叹事情失败,无法挽回

新箍马桶三日香——办事缺乏持久性

救了田鸡饿了蛇——帮了一个,害了一个

和尚道士夜来忙——白天不出力,晚上装着忙

只有廿九,吭不三十——事情只研究,却不见落实

狗脸亲家公——有时好得似亲家,有时却翻险不认人

夹忙头里膀牵筋——百忙当中突然发生意外的事情

热脖落落——热气腾腾

睏斯朦东——睡得迷迷糊糊

老 K 失匹——精明人失误

刁钻古怪——狡猾奸诈,不好对付

塌台戏——事情没办成或行为出轨

疙里疙瘩——比喻事情很复杂

吭讲头——没有共同语言;把话讲绝了

前吃后空——比喻经常缺一段

乌拉不出——说不出的苦恼、后悔

坍台、坍充——丢脸、出丑、羞愧

阴间秀才——在背后算计人的人

洋盘——衣着言谈洋里洋气,充内行

交关、海还、航尽——很多、好多

陌里陌生——对人、对当地情况不熟悉

脱头落襻——衣服等物破旧;说话无根据

吭手筛箩——事情多而复杂,无从下手

死样怪气——有气无力、不死不活的样子

带害乡邻吃麦粥——连累人家倒霉

勾肩搭背——手搭在对方肩背上,很亲热

半路出家——中途改行,不是从小就学的

刹嘴刹鼻——比输时间紧,正好够得上

摊得开掖得拢——说话办事光明正大

牙齿好当街沿石——有底气,说话算数

立勒河里等潮来——等待,观望,不主动想办法

死鳑鲏跟着鲤鱼游——弱者硬与强者攀比

横打横,拆牛棚——横下一条心,不管结果如何干下去

急急疯碰着慢郎中——事情很急,但碰到办事慢的人

趁脚翘——乘人家有难说风流话,让人难堪、为难

拣(读如"监")佛烧香——分别对待人，比喻人势利

逃走鳗鲡手臂粗，捉住鳗鲡秤梗粗——没抓到的总比抓到的好

巴搭不够——自己和人家差距大，也指符合心意、十分希望

第三节　日常词汇

一、称谓、代词类

公公——祖父、爷爷

老子——父亲

堂客、堂娘娘——妻子

伯伯——岳父、丈人

娘娘——岳母、丈母

娘舅——母之兄弟

好公——外祖父、外公

好婆——外祖母、外婆

侄子——侄儿

妮子——儿子

大大——哥哥

阿哥——兄长

我俚——我们

哪哼——怎么样

依搭——这里

亲眷——亲戚

老小——男孩

毛头佬——年纪轻，办事不老练

黄泥髈——被寡妇招赘入门的男子

大老官——长兄

老拖梢——最后一个子女，也称奶末郎

郎中——中医医生

亲娘——祖母、奶奶

姆妈——母亲

新娘子——媳妇

官人——丈夫

娘姨父——姨夫

娘姨——姨母

老婆舅——妻子的兄弟

细娘——女孩

佬小——男孩

囡——女儿

大小姐——姑娘家

脚色倌——你这个人

能得——你们

厚得——他们

小官——小孩

细娘——女孩

小后生——小青年

招女婿——赘婿

后生家——年轻人

伯姆道里——妯娌

大好佬——有身份地位的人

蛮娘、蛮老子——孩子对后妈、后爸的称呼

二、时间、时令类

今朝（zhāo）——今天

今呀——今天

明朝——明天　　　　　　　　后朝——后天

大后朝——大后天　　　　　　社头——昨天

旧年——去年　　　　　　　　开年——明年

聂里——白天　　　　　　　　夜快——傍晚

上昼——上午　　　　　　　　下昼——下午

日脚——日子、生活　　　　　昼里——中午

辰光——时候、时间　　　　　一歇歇——一会儿

早晨头——清早　　　　　　　月头郎——月初

前夜子——前天　　　　　　　先年子——前年

春三头——春天　　　　　　　旱忙头——秋收秋种时

隔年——去年　　　　　　　　水忙里——夏收夏种时

早嗨勒——早着哪　　　　　　聂脚——日子

秋里头——秋天　　　　　　　小辰光——小时候

一歇歇——刚刚、不长时间　　忙头俚——农忙

老辈头——从前、过去

三、气象、天文类

热头——太阳　　　　　　　　亮月——月亮

雷响——打雷　　　　　　　　赤险——线状的闪电

落霜——下霜　　　　　　　　落沙——刮风沙

曜闪——闪电　　　　　　　　冰排——冰雹

雪珠——冰粒　　　　　　　　迷露——雾

天打——雷击　　　　　　　　鲎（hòu）——彩虹

窝涩——闷　　　　　　　　　扫帚星——彗星

阵头雨——阵雨　　　　　　　凌蠢——屋檐流水结成的冰凌

天狗吃太阳——日食　　　　　天狗吃亮月——月食

秋忽勃——立秋后的高温天气,也称"秋
　老虎"

四、动物、植物类

偷瓜畜畜——刺猬　　　　　　田鸡——青蛙

雕——鸟　　　　　　　　　　老虫——老鼠

曲鳝——蚯蚓　　　　　　　　湖羊——绵羊

癞团——癞蛤蟆、蟾蜍　　　　　　站蜞——蟋蟀

黄狼——黄鼠狼、黄鼬　　　　　　木樨花——桂花

白乌龟——鹅　　　　　　　　　　百脚——蜈蚣

鱼泡泡——鱼鳔　　　　　　　　　秃灰蛇——蝮蛇

结蛛——蜘蛛　　　　　　　　　　蚱子——稻、麦、蚕豆中的黑色小昆虫

刺毛——浑身长毒刺、吃树叶的幼虫

五、人体类

天灵盖——头顶　　　　　　　　　额角头——前额

户咙——喉咙　　　　　　　　　　盘牙——臼牙

跷脚、拐脚——瘸腿的人　　　　　肚子——胃、腹部

耙牙——较突出的门牙　　　　　　眍眼——眼眶凹陷

眼仙人——瞳孔　　　　　　　　　肋棚骨——肋骨

夹肝——脾脏　　　　　　　　　　紫血——冻疮

膝馒头——膝盖　　　　　　　　　螺丝骨——脚踝

脚板头——脚背　　　　　　　　　脚节头——脚趾

髈肚子——大腿、小腿肚子

六、疾病、医疗类

刮痧——用推刮法治疗中暑、肠胃炎等　　跌背——敲背

病日——妊娠反应　　　　　　　　出痧子——麻疹

眯趋眼——近视眼　　　　　　　　红眼睛——结膜炎等眼疾

瘪箩痧——霍乱　　　　　　　　　流花杠——皮肤上搔出的红纹

小肠气——疝气　　　　　　　　　风疹块——荨麻疹

羊头疯、羊牵疯——癫痫

七、衣服及床上用品类

头绳——毛线　　　　　　　　　　头绳衫——绒线衣、毛衣

小布衫——衬衫　　　　　　　　　短出手——短袖上衣

长出手——长袖上衣　　　　　　　洋袜——袜子

纡巾——围巾　　　　　　　　　　背搭——背心、马夹

簟席——竹席　　　　　　　　　　罩衫——外衣、外套

纽襻——纽扣　　　　　　　　　　绢头——手帕

帐子——蚊帐

衣袖管——衣服袖口

鸭舌头——帽沿儿

白席——关丝草（席草）编成的凉席

纤身、纤裙——小围裙

卫生衫——针织内衣

八、饮食烹饪类

点点饥——吃点食物充饥

茶食——糕点小吃

煏（bì）——小火烘烤

净糖——饴糖

厨子——厨师

料钩、汁杓——汤匙、调羹

墩头——切菜用砧板

饭糍——锅巴

肚里老槽——动物内脏

焯（chāo）——食物在开水中略煮即取出

扎腻——用面粉等做成的糊状食物

细粉——粉丝

面老虫——面疙瘩

焐——煮熟后焖

腿花——腿心肉

薄刀——菜刀

铜杓——铜制水勺

铲刀——炒菜用具

广杓——形体较大的铜杓

槽圈肉——槽头肉

面拖蟹——将切成块的螃蟹放入面糊中烹煮

麦脚板——手工制作成的粗而厚的面条

九、娱乐游戏类

猜某某子——猜谜语

豁虎跳——侧身翻

捉踢子——抓子游戏

出把戏——变戏法、魔术表演

挑花线——用双手把一根线变化出各种形状

造房子——提足踢子游戏

竖雀子——人倒立起来

烂泥模模——泥人儿

拌夜猫猫——提迷藏、躲猫猫

十、房屋、器具类

石脚——基石

墙门——院墙上的门

阶沿——门外台阶

摇梗——门轴

饭盅——端菜用的长方形木盘

灶户——厨房

窗盘——窗户

院堂——连在正屋朝东（或朝西）的附房

门臼——固定门轴的凹半球状物

榫头——木器结合处凸出的部分

洋煤头——火柴

掸帚——除尘用具

水栈——河边洗物、取水的台阶

门杠——栓门的长木横档

夜壶——男用溺器

土结——土坯

筲箕——竹制的淘米用具

小排排——小矮凳

立桶——供婴幼儿站立的木制圆台形桶
　　状物

钉鞋——旧时用布制的,面上鬃油、底下
　　有铁钉的,防水、防滑的雨鞋

阴山背后——屋后晒不到阳光的地方

木屐——木底拖鞋

大前头——中堂

叉袋——布袋

饭篮——盛饭的用具

油盏——旧时照明用具

筷箸笼——置筷子的用具

窠箩——竹篾编制的摇篮,供婴幼儿睡觉
　　用

草窠——稻草编制、用于存放大米的圆柱形
　　用具,小型的用于饭锅等保暖

十一、事物性状类

不连牵——难以为继或不像样

油水——比喻利益

外快——额外的收入

么事——东西、事物

搭浆——差的意思

结棍——厉害、来势汹

一偏偏——很短

一屑屑——极少

迷魂汤——欺骗上当;糊涂

落底货——货物差;人没出息

阴司托灰——蝮蛇,比喻异常阴险毒辣的
　　人

天开眼——事情终于弄清或得到报应;得
　　到意外好处

险凛凛——极危险

泡汤——事情完蛋,没成功

作兴——可能

抛毛——比想象中的多或大一点

邋遢——肮脏,不整洁

黄脱——事情失败或不能按计划实现

蹩脚——质量不好;人品差;无能力

刹客客——刚好、恰好

肉里钱——本钱;辛苦劳动所得之钱

叫名头——名不副实,不能起到应有的作用

温吞水——温水;性情温和,无主张,含糊

十二、农事、农具类

沃田——农田上水(灌田)

莳秧——插秧

轧稻——脱粒

斫(zhuó)稻——收割稻子

垡田——用钉耙翻地

斫麦——收割麦子

掼稻——水稻人工脱粒

搁稻——稻田有计划地断水

铰刀——铡刀

蒴头——锄头

坨头——田地中的土垄

轧米——碾米

浇垩酿——浇粪

捉黄宕——给缺少肥力的庄稼补肥

柴箩——上呈圆锥形、下呈圆柱形的柴垛

出箕——竹篾编制、用来盛放或簸粮食的
　工具

牛鞦头——套在牛脖子上、供拉牵的"人"
　字形木器具

篰篮——装草的圆筒形竹篮

铁拉——钉耙

斫草——割草

洋龙——灌溉用的抽水机

罱河泥——用网具、铁夹捞取河泥

秧兔子——插秧时负责挑运秧苗的人

蚕条——竹篾编制、用于囤积粮食的长条
　状器具

勃圈——盛放或晒粮食的圆形竹篾编制器
　具

十三、作物、果蔬类

番瓜——南瓜

勃桃——葡萄

谢菜——荠菜

细菜——小青菜

千梨——梨

饭稻——粳稻

红花——紫云英

桑果果——桑葚

黄老(萝)卜——胡萝卜

稻柱头——稻穗

秧草——草头

洋芋头——马铃薯

蒲桃——核桃

耒麦——元麦

芦穄——甜秆高粱

长生果——花生

白部枣——枣子

白眼果——银杏果

黄芽菜——大白菜(也有称豆芽菜)

雨麦、番麦——玉米

麦柱头——麦穗

山芋——白薯、红薯

十四、行为、动作类

悟空捏鼻头——无中生有

摧近——靠近

挎(kù)——用双手卡住

牵——发抖

撮祭——吃

绷硬——很硬

布细——仔细

搛(jiān)——用筷子夹菜

艮(gěn)——形容人脾气犟

睏觉——睡觉

迓(yà)开——躲避

开面——旧时女子出嫁时修整面容

辑里——寻找

撇清——脱清干系

出小恭——大小便

刻毒——狠毒、毒辣

望野眼——做事不专心

豁铃子——暗示、透露消息

拖身子——怀孕

侧侧里——悄悄地

打疙愣——说话、读书不连贯

畏畏里——小心地、慢慢地

撑场面——维持一定的仪容仪礼、捧场

卷铺盖——自己辞职或被人辞退、开除

作梗——制造事端、阻滞事情发展

落作——办酒筵时提前做准备

拷——击、打

吵相骂——吵架

汗毛凛凛——胆寒的样子

轧闹猛——凑热闹

捉冷刺——突然袭击

时迷迷——懒洋洋,想睡觉

说洋话——不着边际的话

调枪花——耍弄花招

豁边——裂开;事情弄大不好收场

牵昏——打呼噜;瞎做事,瞎说不合情理的话。

十五、人事、品性类

老帮——老练

推头——借口

壳账——有准备

热络——分外热情、亲切

豪烧——赶快

来三——行,可以,有能耐

戳佽——因事造成矛盾

拿大——托大,不拘礼节

板皶丝——找茬子

伸后脚——留退路

笃悠悠——很有把握的样子

吃夹档——被人误解

烂屁股——坐着不想走

吃钝头——以反语刺人

吃排头——受训斥或挫折

戳壁脚——挑拨离间

烂死蛇——骂人,缠住不放

拆烂污——办事不负责任

识相——知趣

记认——记号

现世——出洋相

上路——通情达理,精明能干

落开——行为大方

隐秀——不显露或隐秘的意思

促狭——阴毒奸刁、恶作剧

笃定——神态安然、泰然的样子

吭心想——注意力不集中,停不下心来

定头货——难于打发的人

人来疯——孩子在来人时格外淘气

佯资格——装腔作势,摆架子

道伙里——同伴

不入调——做事离谱;品性低劣

出纰漏——事情办坏露出漏洞

揭便宜——占便宜

安端——做事稳妥、不张扬

吭念头——无办法,日子不好过

杀手锏——最厉害的一手

揾眼药——敷衍应付,只图表面光鲜

落场戏——为退出争端而准备的台阶

神经兮兮——神经有点不正常

吃香——得到上司宠信或多数人的看重

劈硬柴——同伴结伙用餐,各人平均承担费用

溏冲——白多办事、白多花钱,没得到应有的收益

吭青头——又称吭淘成、吭头脑,意为荒唐

掮水木梢——别人干了坏事,自己去承担责任

吭脚蟹——比喻人事不熟、寸步难行或无助

板面孔——对某事持否定或激愤态度时,脸色严厉、冷漠

吃得开——过硬,受人欢迎;有靠山、有权势,能在某一方面左右局势

勃圈风——一哄而起

在行——懂行,对某一工作比较熟悉

摸屁股——步人后尘而收获甚微

大红人——得到上司宠信和重视的人

软耳朵——无主见,容易听进人家说话

作孽——作恶;旧时因果报应中指前世作恶、后世报应

炫搭搭——举止浮夸,喜欢表现自己

吃豆腐——吃丧家饭;又称戏弄女性;与人调侃

娘姨腔——比喻男人说话、办事婆婆妈妈的

曲辫子——企图讨巧,结果反而吃亏的人

大木独——人身材高大,而行动思维迟钝的人

渣(zhā)水老棉絮——对任何事情都无动于衷、很难沟通的人

十六、工商、百业类

钩子——锯子

摇纱——纺纱

摇车——纺车

眼线——缝衣针

作头——旧时的工头

修作——修理、整理

脚担——旧时的搬运工人

圆作——制作圆桶形木器具的匠人,亦称箍桶匠

茶酒担——旧时称酒司,办酒筵时负责张罗茶酒碗碟的人

解板——用锯子锯板

积布——织布

混堂——浴室

赚头——经营活动中得到的利润

堂官——旧时饮服业中的服务员

篾作——制作竹篾器具的匠人,亦称篾匠

捉漏——修理房屋(顶)漏水

针窠——用来顶推缝衣针的金属指套,也叫"顶针"

第四节 谚 语

一、农耕谚语

一年之计在于春，一日之计在于晨。

早起三朝磨一工。

起早不忘，种田不荒。

一天早，十天赶勿到。

三百六十行，种田第一行。

生意钱，度眼前；衙门钱，一篷烟；种田钱，万万年。

收成要靠一双手，靠天靠雨没得收。

抬头求人，不如低头求地。

勿怕土勿好，就怕人勿勤。

庄稼百样好，地是无价宝。

两手双肩，胜过皇天。

人勿亏地皮，地勿亏肚皮。

只有懒人，呒不懒地。

人误地一时，地误人一年。

人勤地生宝，人懒地长草。

勤劳人种田，荒田变良田。

睏到日头红，勿想改变穷。

汗水洒地湿漉漉，年底谷堆山连山。

春雨惊春清谷天，夏满芒夏暑相连。

种田人勿离田头，生意人勿离店头。

秋暑露秋寒霜降，冬雪雪冬小大寒。

田里兜兜，多收白米三斗。

每月两节日期定，最多相差一两天。

上半年来六廿一，下半年来八廿三。

误了农时种，三亩勿及一亩多。

节气勿等人，时间胜黄金。

种田脱季节，懊恼来勿及。

季节勿让人，种田赶时辰。

过了年，忙种田。

正月立春雨水前，拉土送肥快整田。

立了春，赤脚奔，挑野菜，拔茅针。

雨水、雨水，种子下水。

立春雨水正月到，小麦田里除杂草。

正月一过二月忙，三月就要菜花黄。

惊蛰过后勿停车。

过仔惊蛰，耕地勿歇。

春分麦起身，一刻值千金。

清明前后，种瓜点豆。

清明踏遍田，谷雨一遍青。

谷雨前，好种棉。

清明谷雨三月过，整理秧田早插禾。

谷雨立夏，不要站着说话。

立夏见三鲜（蚕豆、苋菜、蒜苗）。

小满插秧难得见，芒种插秧遍天下。

五月立夏小满过，棉花出土麦穗高。

五月芒种夏至来，抓紧养蚕把桑采。

芒种到，无老少。

芒种芒种，样样要种，一样勿种，秋后落空。芒种不下种，祖宗也要哭。

芒种插秧天赶天，夏至插秧时赶时。

夏至来，"秧园"开。

头莳种田谷子重，铁扁担挑稻二头重。

六月小暑连大暑，中耕除草牢牢记。

小暑发棵，大暑发粗，长穗立秋。

小暑补棵一斗米，大暑补棵一斗稗。

大暑过三朝，种豆不长腰。

头伏萝卜二伏菜，三伏里头种白菜。

伏天浅锄划破天,赛过秋天耕一梨。

立秋种葱,白露种蒜。

处暑处暑,处处要求。

白露结好籽,林木采种正当时。

秋分种菜小雪腌。

秋分稻上场,寒露前落草(红花草下种)。

秋分过去寒露到,犁头牛鞭田里到。

寒露前播种棵棵好。

油菜要吃寒露水。

寒露吭青稻,霜降一齐倒。

霜降拔葱,勿拔就空。

立冬不拔菜,必定受霜寒。

小雪大雪,种麦歇歇。

腊月瑞雪兆丰年。

犁地冬至内,一犁比一金。

大寒冻得地发白,勿用垩壅收三石。

低田挑高一尺,白米多收一石。

深耕长谷,浅耕长壳。

干锄棉,湿锄麻,不干不湿锄芝麻。

深耕晒垡,来年必发。

春误一日,秋误十日。

冬耕深一寸,产量增一成。

冬天麦田敲一敲,麦苗好比穿棉袄。

奶好小囡胖,水好秧苗壮。

春夏水车响,秋冬粮满仓。

田边开条流水沟,旱年也有八成收。

积水如积谷,保水如保粮。

水满塘,谷满仓;塘里无水仓无粮。

庄稼面皮黄,地瘦不长粮。

田里多施肥,囤里多积米。

没有臭粪,哪有饭香。

粪是田里金,猪是农家宝。

河泥香香,稻像围墙。

立秋十八天,百草都结籽。

立秋不动稴,处暑不耙泥。

处暑萝卜白露菜。

白露过去是秋分,忙过秋收忙秋耕。

秋分割早稻,寒露割晚稻。

寒露种草,死多活少。

寒露秋耕,来年粮囤。

种麦敲堂锣,来年麦囤大。

寒露到,割秋稻;霜降到,割糯稻。

霜降霜降,剩点稻根。

立冬桑叶黄,修剪除草刮桑黄。

立冬先封底,冬至白菜肥。

小雪不见蚕豆叶,到老豆花勿结荚。

大雪冬至雪花飘,三麦地里施肥料。

腊月小寒接大寒,施肥停当心里安。

大寒三白(三白:霜、雪、雾),有益三麦。

一年深耕一层皮,三年深耕就一犁。

稻麦不认爷和娘,精耕细作多打粮。

翻过地皮吹一吹,赛过施上一次灰。

正月金,二月银,春耕赶快抓把劲。

秋天田里常弯腰,来年有吃又有烧。

冬天不耕地,春天哭皇天。

三分种地七分管。

秧芽三寸长,放水搁老芽。

六月晴,水如金。

一尺沟不通,万丈沟无用。

有田无塘,如比婴儿无娘。

种不好庄稼一年穷,搞勿好水利一世穷。

人勿吃饭身勿壮,禾苗无肥长勿旺。

肥料足,多打谷,一熟可以顶二熟。

种田三个宝:猪灰、河泥、红花草。

旱地种得好,捉只羊养养。

河泥足,稻麦熟。

一年红花草,三年田脚好。

千浇万浇,不如腊里一浇。

种子年年选,产量节节高。

只种勿管,打破饭碗。

立夏好日头,秧在田里浮。

秧田得病,大田送命。

黄秧搁一搁,到老勿发禄。

宁可田等秧,勿要秧等田。

头莳忙,二莳抢,三莳等于弄白相。

宁除草芽,莫除草爷。

禾怕枯心,草怕断根。

苗多欺草,草多欺苗。

种树勤锄草,树苗长得好。

麦熟一晌,龙口夺粮。

芒种到,无老少,黄金铺地,老少弯腰。

棉种拌河泥,出苗多又齐。

棉怕八月连阴天。

干花湿荚,黄豆丰收。

蚕豆勿用粪,只要寒露种。

若要豌豆肥,多施草木灰。

油菜三遍浇,产量一定高。

霜打油菜芽,到老勿翻身。

横排芋艿竖排葱。

番薯要浅栽,种管四六开。

过了三月三,黄瓜葫芦一起栽。

萝卜白菜葱,多用大粪攻。

荒山变成林,胜似聚宝盆。

种树忙一天,收益千百年。

冬至栽竹,立春植木。

桃三李四杏五年,枣树当年就见钱。

树勿修,果无收。

蚕到老熟,叶要吃足。

春蚕宜火,秋蚕宜风。

底肥施得足,多收二担谷。

种子好,收成好。

好树结好桃,好种出好苗。

秧田落谷稀,秧苗笑嘻嘻。

雨打秧田泥,秧苗出勿齐。

干黄秧,死爷娘。

黄秧荡一荡,到老勿发棵。

旱秧一宿高一拳。

草是百谷病,不除要送命。

除草勿除根,留个祸害根。

若要稻长好,黄秧落地先除草。

若要庄稼好,踏杀地边草。

跳蚤不捉满身痒,虫害不除稻遭殃。

黄梅天气勿让人,上昼麦垄下昼清。

麦熟不怕毒太阳,只怕七月八夜雨。

正月十八东南风,十棵棉花九棵空。

夏至种芝麻,梢头一朵花。

毛豆叶碰叶,蚕豆荚碰荚(指密植)。

立冬勿见叶,到老勿结荚。

豆田年年换,豆子岁岁好。

冬里兴,不算兴;春里兴,收百斤。

干浇菜花湿浇麦。

灰粪堆寸厚,番薯赛半斗。

二月二,瓜菜茄子播下地。

太阳晒不死棉花,大雨淋勿杀南瓜。

菜不移,种不发。

树绕村庄,不怕年荒。

深挖实踏,树种必发。

家有百树,勿愁吃住。

七月枣、八月梨,小满枇杷半坡黄。

清明养蚕,四十五天见茧。

立夏三朝蚕白头。

养猪勿赚钱,回头看田间。

猪吃百样草,五日长一膘。

要想发,养群鸭;要想富,养猪婆。

养猪养羊,有肥有粮。

冬牛不瘦,春耕勿愁。

养鸡要勤,养鸭要腥,养鹅要青。

春宵一刻值千金,一网鱼虾一网银。

鲤鱼鳊鱼混一起,青鱼草鱼可同居。

鱼有鱼路,虾有虾路,泥鳅黄鳝一条路。

菊花黄,蟹肥壮;西风起,蟹脚痒;黄蟹立冬,影着无踪。

春钓雾夏钓早,秋钓黄昏冬钓草。

云多海水深,天凉鱼成群。

小猪尾巴像只钉,三个月长两百斤。

小猪要奔,大猪要瞅。

窝暖食饱,牛勿落膘。

春牛要露,冬牛要窝。

要想富,多养兔。

水清无大鱼,急水好捕鱼。

冬季鲫鱼夏季鲢。

养鱼十倍利,鱼食一把栖。

海上行船,躲勿过风浪。

涨潮一尺,鱼满一舱。

雨季鱼靠边,撒食应撒边。

二、气象谚语

正月初一有白霜,一个稻把二人扛。

立春好日头,秧在田里浮。

七菱、八谷、九豆、十棉花。(正月初七、八、九、十都是晴天,谷物可望丰收。)

正月十二满天星,陈年宿债全还清。

正月廿五狂风吹,今年麦子好收成。

天穿地勿漏,麦田沟里张棚收。(天穿:正月廿五。地漏:二月廿五。意指正月廿五下点雨、二月廿五天晴好为好年景。)

正月雷,年成荒;二月雷,多蛇虫。

二月雪,毒虫百脚探白头。

二月寒,冻杀羊和马。

二月三个连夜雨,种田人要吃白米。

春风有雨家家忙。

清明杨柳朝北摆,今年又是好庄稼。

清明晒得杨柳青,又有春来又有米。

三月廿五晴,农事忙煞人。

谷雨西南多浸种,立夏西南少下秧。

三月雷,狗舔白米堆。

三月多雨坏的长,四月落雨年成荒。

四月初二天气阴,高田低田统统熟。

立夏打个荫,秧在田里余。

立夏西风是个宝,立夏东风收点草。

立夏勿起阵,起阵好收成。

四月初八南风刮,十条水沟九条挖。

四月十二落了雨,当年麦子水里捞。

四月十六大雨落,一年勿要捐车轴。

有谷无谷,但看四月十六。

四月雾,三麦仓库富。

四月南风大麦黄,养蚕插秧二头忙。

端午有雨是丰年,端午无雨好种田。

禾生芒种水,芋生夏至泥。

芒种刮北风,干断青苗根。

雨打黄梅头,小麦逐个推。

雨打梅头,耕断犁头。

雨打黄梅脚,车断水牛脚。

梅里无雨,瘪谷成堆。

黄梅雷,谷成堆。

黄梅寒,井底干。

梅风吹一吹,胜压一次灰。

夏至晴,大熟年。

六月三条鲞,三斗白米换斗豆。

六月初三起个阵,上昼耘稻下昼眠。

六月初六晴,稻好柴干净;六月初六阴,
　　稻柴贵如金。

六月晴,水如金。

一天落一暴,坐着收好稻。

六月勿热,五谷勿结。

六月风潮宝,七月风潮草。

立秋当天西北风,秋天干松松。

立秋当天东北风,棉花烂成脓。

处暑一声雷,瘪谷场前堆。

风潮年年过,只怕处暑夹白露;棉花结
　　铃稻要秀,五谷丰登勿到手。

立秋一场雨,遍地是黄金。

立秋下雨人人愁,结籽棉花也难留。

处暑不落雨,赶快去车水。

八月初一雨蒙蒙,割稻可着绣花鞋。

白露里的雨,到一宕坏一宕。

白露雾茫茫,白米堆上仓。

白露天晴谷如山。

来年稻田熟,需看八月十五六。

八月雨水落满地,大种蔬菜勤翻地。

九月初一雨洋洋,稻竿头上出青秧。

九月十三晴,勿及十四灵。

霜打油菜荚,到老都不发。

秋不凉,籽不黄。

冬(指立冬)前雪,米粮富。

冬前霜多来年旱,冬后霜多晚稻宜。

十月下大雾,黄牛水上浮。

十月里的夜雨,种田人的饭米。

十月廿九满天星,明年遍地是黄金。

小雪雪满天,来岁定丰年。

冬无雪,麦不结。

冬至晴,稻熟年。

冬至多风,寒冷年丰。

冬至隔夜一场霜,来年车轴当张床。

冬至三朝没有霜,农家囤里没有糠。

十二月初八晴,万物变成金。

大寒三白,有益菜麦。

大寒腊底并,必有好收成。

腊月雾,来年五谷富。

冬天落雪一寸,虫害下埋一尺;春天落
　　雪一寸,虫害上升一尺。

冬雪盖被头,春雪烂麦根。

水九旱三春,小麦粒粒饱;旱九水三春,
　　菜麦收半成。

冬雨救麦命,春雨麦送命。

九里像春天,老虫哭千年。

三九不穿靴,三伏踏破车。

四九有雪杀虫口,九九有雪养虫口。

尽九三场雾,大库小仓都装满。

西风送九麦场干,雨来送九烂麦场。

九九加一九,耕牛遍地走。

两春隔一冬,无被暖烘烘。

正月:岁朝墨黑四边天,大雪纷纷是旱年;但得立春晴一日,不用力气不耕田。

二月:惊蛰闻雷米似泥,春分有雨病人稀;月中若能逢三卯,种植棉花豆麦宜。

三月:风雨交加初一头,瘟疫猖狂令人忧;清明风若从南至,今年定能大丰收。

四月:立夏东南少虫窝,逢晴初八花果多;雷鸣甲子庚辰日,定有虫灾害稻禾。

五月：端阳有雨兆丰产,芒种响雷心头甜；夏至风从西北起,蔬菜瓜果受熬煎。

六月：三伏云中逢酷热,大田五谷不易结；此时倘若无灾害,立冬定受雷雨劫。

七月：立秋无雨农夫愁,万物只能一半收；处暑要是再下雨,万物结果终难留。

八月：秋分天空白云多,处处欢聚收晚禾；白露要是雾茫茫,白米就能堆进仓。

九月：初一见霜害煞人,重阳无雨一日晴；月中无色人多病,若遇雷鸣果价增。

十月：立秋之日怕逢壬,来年种田枉费心；此日更逢壬子日,预报宵殃损万民。

十一月：初一有风多疾病,更兼大雪有灾星；冬至天晴无雨色,明年丰收保太平。

十二月：初一东风六畜灾,倘逢大雪旱年来；若是此日天晴好,下年农民大发财。

三、生活谚语

一个篱笆三个桩,一个好汉三个帮。　红花虽好,还要绿叶相衬。

好将要有兵来助。　人不可貌相,海水不可斗量。

人要脸,树要皮。　生姜老的辣,甘蔗根上甜。

只有懒人,没有懒地。　物要防烂,人要防懒。

前不算,后要乱。　有钱常记没钱用,丰收不忘大荒年。

好花不常开,好景不常在。　粒米积成箩,滴水汇成河。

平常勿烧香,急来抱佛脚。　从小看看,到老一半。

到啥山,割啥柴。　贪得便宜货,烧了夹底锅。

一只碗不响,两只碗叮当。　乡邻好,赛金宝。

远亲不如近邻。　家有黄金,隔壁邻居有戥秤。

不怕人穷,就怕志短。　今年望只明年好,明年还是一件破棉袄。

见人挑担不吃力,自己挑担步步歇。　百步呒轻担。

牙痛不是病,痛起来真要命。　罗汉勿吃荤,带毛猪头囫囵吞。

远水解不了近渴。　吃不穷着不穷,勿会打算一世穷。

闲人只说闲话。　挂羊头,卖狗肉。

人无横财不富,马无夜草不肥。　各人自扫门前雪,不管他人屋上霜。

讨则三年饭,做官呒心相。　鼻头上的肉拉不到嘴里。

情人眼里出西施。　白脚花猫,吃得就跑。

外甥像只狗,吃得就要走。　江南人识天,江西人识宝。

捡勒篮里就是菜。　坐吃山塌海要干。

好马不吃回头草。　临上轿穿耳朵。

聪明面孔笨肚肠。　和尚道士夜来忙。

强盗碰着贼爷爷。　乡下锣鼓乡下敲,乡下狮子乡下调。

勿到黄河心不死。

实要真,问小人(小孩)。

新箍马桶三日香。

人要衣装,佛要金装。

丑戏多锣鼓。

癞蛤蟆想吃天鹅肉。

眼泪簌落落,两头掉勿落。

家中有粮心不慌。

船头上相骂,船艄上讲话。

吃得苦中苦,方为人上人。

秀才碰着兵,有理说不清。

一寸光阴一寸金,寸金难买寸光阴。

忠言逆耳利于行,良药苦口利于病。

得放手时且放手,实难留时莫强留。

白天不做亏心事,半夜敲门心不虚。

做贼偷葱起,赌铜钿叮叮起。

三日打鱼,两日晒网。

留得青山在,不愁没柴烧。

村看村,户看户,社员看干部。

眼睛一眨,老鸡婆变鸭。

一钱逼煞英雄汉。

公说公有理,婆说婆有理。

嘴说一百遍,不如亲自做一遍。

上梁不正下梁歪。

从小看看,到老一半。

做到老,学到老。

吃他一碗,凭他使唤。

死要面子活受罪。

好事不出门,坏事传千里。

有钱能使鬼推磨。

宜兴夜壶出张嘴。

篱笆扎得紧,野狗钻不进。

狗咬吕洞宾,不识好人心。

打蛇要打七寸里。

小人嘴里出真言。

卖嘴郎中无好药。

不见棺材不掉泪。

冷么冷点风,穷么穷点铜。

丈母娘看女婿,越看越有趣。

公有婆有,不如自有。

做一日和尚撞一日钟。

吃饭勿忘种田人。

真金不怕火来炼。

秀才勿出门,全知天下事。

眼睛生在额角头上。

无情岁月增中减,有味诗书苦尽甘。

有借有还,再借不难。

秧好稻好,娘好囡好。

千年不赖,万年不还。

打狗要看主人面。

独木不成火,独树不成林。

少吃多滋味,多吃勿稀奇。

嘴上没有毛,做事不牢靠。

吃亏人常在世。

良言三冬暖,恶语六月寒。

身正不怕影子歪。

不听老人言,吃亏在眼前。

有奶便是娘。

偷了狗还嫌瘦。

宰相肚里能撑船。

有理无理,全出在众人嘴里。

歪理十八条,真理只一条。

顾得面子,撕脱夹里。

石子里榨不出油来。

猪困长肉,人困拆屋。

勃圈大的水花,捉起来一只糠虾。

田稻别人家的好,癫痫头儿子自家的好。

第五节　歇后语

汤联人卖芹菜——搭搭清

铳头廊的狗——牺牲品

抱不上树的刘阿斗——白费心

飞机上钩蟹——路远八只脚

八十岁学打拳——寿长气短

八月十五的月亮——光明正大

大白天做梦——胡思乱想

猪八戒照镜子——里外不是人

外甥打灯笼——照旧(舅)

顶着石臼做戏——吃力不讨好

蜻蜓吃尾巴——自吃自

城头上出棺材——远兜远转

猫哭耗子——假慈悲

狗嘴里吐不出象牙——没啥好话

肉骨头敲鼓——昏咚咚

烂河泥里滚石臼——越陷越深

粪坑里的石头——又臭又硬

弄堂里拔木头——直来直去

水牛夹在象道里——小弟弟

做一天和尚撞一天钟——得过且过

歪嘴吃面——相差一线

脚踏西瓜皮——滑到哪里是哪里

老太婆吃豆腐——呒啥嚼

芦席上滚到地上——差勿多

蛳螺壳里做道汤——轧里轧煞

牯牛身上拔根毛——不在乎

咸菜烧豆腐——有言(盐)在先

新箍马桶——三日香

两块豆腐一棵葱——一清二白

棒柱夹在木排里——不配

老和尚敲木鱼——实笃笃

亮月头里点灯——空挂名(明)

嘴上抹石灰——白说白话

八仙过海——各显神通

白布掉进染缸里——洗不净

夹忙头里膀牵筋——急煞人

驼子跌跟头——两头勿着实

姜太公钓鱼——愿者上钩

田鸡跳在戥盘里——自称为王

乌龟碰石头——硬碰硬

棺材里伸手——死要钱

风箱里的老鼠——两头受气

门缝里看人——看扁

泥菩萨过河——自身难保

竹篮打水——一场空

额骨头上搁扁担——头挑

懒婆娘的裹脚布——又臭又长

大伏天穿棉鞋——好日(热)脚

敲锣卖糖——各做一行

黄牛角水牛角——各归各(角)

芝麻开花——节节高

关公卖豆腐——人硬货勿硬

三只指头捡田螺——十拿九稳

肚里吃萤火虫——自肚里明白

手臂上跑马——过得硬

老母鸡生疮——毛里有病

石头往山里搬——多余

丈母娘看女婿——越看越有趣

口咬黄连——有苦说不出

鸡啄西瓜皮——点子多

偷佬佬竖牌坊——假正经

程咬金三斧头——开头凶

月初的月亮——不明不白

臭猪头碰着烂菩萨——臭味相投

脱裤子放屁——多此一举

新娘子上轿——第一趟

断了线的风筝——没去向

圈里没食——猪相打

狗面亲家公——翻脸不认人

狗咬吕洞宾——不识好人心

鲜花插在牛屎上——可惜

王小二过年——一年不如一年

猴子屁股——坐勿热

敲啥木鱼念啥经——专行

井里的蛤蟆——坐井观天

老虎挂佛珠——假慈悲

和尚打架——抓勿着辫子

刘备丢阿斗——收买人心

小和尚念经——有口无心

杨树头——随风倒（无立场）

孙悟空翻筋斗——相差十万八千里

戏台上的胡须——假的

死人肚里得知——弄勿清

乘势（水）踏沉船——乘人之危

丫环做阿妈——熟门熟路

张飞穿针——粗中有细

周瑜打黄盖——愿打愿罚

心慌吃勿得热粥——慢慢来

青竹头掏屎坑——自掏自臭

生葱蚌壳气——生猛

牙齿好当界沿石——说话算数

药店里的揩台布——受足苦

芝麻里的黄豆——独大

青菜烧豆腐——清是清白是白

蛇吃黄鳝——硬拼

隔壁打水缸——指桑骂槐

打肿脸充胖子——死要面子

粪缸里学游泳——不怕死（屎）

端着金饭碗讨饭——装模作样

有饭作粥吃——活该

山头顶上倒马桶——臭名远扬

隔年皇历——老观念

大海捞针——无从下手

和尚撑洋伞——无法（发）无天

青肚皮猢狲——无记性

叫花子唱山歌——穷开心

癞蛤蟆想吃天鹅肉——瞎想

快刀斩乱麻——爽爽气气

肉包子打狗——有去无回

带泥萝卜——吃一段揩一段

牛吃稻柴鸭吃谷——各自人的福

千里送鹅毛——礼轻情义重

热锅里的蚂蚁——团团转

兔子尾巴——长不了

猪婆耳朵——听人哄

当面锣鼓当面敲——直截了当

盐缸里出蛆——稀奇

衣袖管里藏算盘——小九九

丈二和尚——摸勿着头

竹筒里倒豆子——爽快

偷鸡不着蚀把米——不合算

跌熟糯稻柴——韧劲

痴狗等羊头——空等

三拳头打勿出闷屁——慢性子

绣花枕头——一包草

石灰船上火着——没救

香火赶出和尚——喧宾夺主

铜钱眼里钻得过——一钱如命

乌不三，白不四——不干不净

寿星吃砒霜——活得不耐烦

歪嘴吹喇叭——一股邪（斜）气

屁股里塞人参——后（候）补

打破砂锅——问到底

抽刀断水——白费劲

鲤鱼跳龙门——高升

快刀切豆腐——两面光

肉馒头打狗——有去无回

空棺材出丧——木（目）中无人

脚底抹油——溜之大吉

哑巴告状——有口难言

过河拆桥——不留后路

秤砣落水——沉到底

矮子里选将军——高也有限

孔明借箭——满载而归

脚踏楼梯——步步高

杀鸡用牛刀——小题大做

摊得开合得拢——说话办事光明正大

井里放糖精——甜头大家尝

三只鸭六道游——人少去向多

生定皮囊长定骨——本性难改

癫痫头做和尚——巧头（或无发）

毛豆子烧豆腐——一块土上人

船头上跑马——走投无路

搬了石头砸自己脚——自作自受

嫁出去的女儿泼出去的水——管勿着

急急疯碰着慢郎中——急事情碰到办事慢的人

野鸡毛当令箭——像煞有介事

着水老棉絮——拖重

癞子跑进和尚庙——充数

野团子斋灶——差得远

两个哑巴睏一头——呒讲头

城外头开米行——外行

温吞水打浆——面熟陌生

戴着斗笠亲嘴——碰不拢头

江西人补碗——自顾自

三亩竹园一只笋——独枝（子）

和尚讨老婆——无日脚

和尚望轿子——无缘分

吊死鬼搽粉——死要面子

哑巴吃饺子——心中有数

狗捉老鼠——白吃辛苦

做梦吃糖——梦得甜

火烧眉毛——眼前急

鸡蛋碰石头——自不量力

叫花子吃死蟹——只只好

狗咬跳蚤——瞎嚼嚼

打开天窗——说亮话

贼骨头跌屎坑里——翁煞

麻雀搜糠——空欢喜

黄鼠狼给鸡拜年——没安好心

立勒河里等潮来——等待观望

带害相邻吃麦粥——连累人家

老虎头上拍苍蝇——不识时务

十五只吊桶打水——七上八下

六十岁养儿子——无望

横竖横，拆牛棚——横下一条心干下去

十二月里吃冷水——滴滴印（冷）在心

第六节　新词语

一、政治经济类

中国特色社会主义　中国梦　小康社会　改革开放　入世（加入世界贸易组织）　炒股　熊市　股民　套牢　解套　招商引资　筑巢引凤　摸着石头过河　跳槽　竞聘　上岗　下岗　待岗　人员分流　再就业　人才市场　抓手　举措　给力　打造　炒鱿鱼　退居二线　经济开发区　三资企业　民营经济　泡沫经济　车市　冲浪　弄潮　下海　双赢　精神文明　社会妈妈　扶贫帮困　旗舰店　连锁店　跳蚤市场　刷卡　自助银行　按揭（分期偿还购房抵押贷款）　三农问题　菜篮子工程　特种水产　家庭联产承包　股权固化　低碳　万元户　专业户　钉子户　弱势群体　低保边缘　物流公司　物联网　物业管理　社区　阳光工资　灰色收入　政绩工程　实事工程　民心工程　形象工程　豆腐渣工程　烂尾工程　产业链　资金链　绿色食品

二、教科文卫类

义务教育　远程教育　成人教育　终身教育　素质教育　择校　借读　希望工程　施教区　高考　电视大学　充电（再教育、再学习）　移民　海归　托福（英通能力考试）　雅思（国际英语语言测试系统）　法盲　科盲　克隆　博客　微博　多媒体　伊妹儿（电子邮箱）　非物质文化　迪斯科　网吧　泡吧　卡拉OK　走穴　山寨（刻意模仿、伪造）　扫黄打黑　电脑病毒　杀毒软件　软实力　禽流感　非典　健康杀手　枪手（特指替考者）　三高（高血压、高血脂、高血糖）人群　亚健康

三、生活百科类

支付宝　共享单车　高铁　80后　90后　富二代　农民工　打工妹（仔）　银发族　空巢老人　草根族　月光族　啃老族　帅哥　靓妹　美眉　剩女　泡妞　月嫂　马大嫂　第三者　白领　蓝领　丁克家庭（不要小孩的家庭）　夕阳红　临终关怀　家政服务　种点工　AA制　酷　爽　囧　黄牛　倒爷　减肥　美容　足浴　桑拿　派对　快餐　自助餐　外卖　埋单　买单　酒驾　打包　地沟油　色拉油　调和油　大哥大　手机　BP机　小灵通　笔记本（手提电脑）　无绳电话　彩铃　短信　彩信　微信　套餐（搭配销售）　互联网　下载　网吧　上网　网聊　网恋　网购　宽带　安置房　廉租房　经济适用房　房奴　炒房族　商品房　小高层　联体别墅　叠加别墅　商品混凝土　驴友　老年公寓　红色旅游　的士　打的　盲道　快递　试婚　闪婚　裸婚　黄昏恋　作秀　忽悠　休闲　宠物　健身　难产（事情难以解决）　流产（事情半途而废）　小

儿科(低档次) 小菜一碟(十分容易) 大跌眼镜(事情的结果出乎意料) 粉丝(热心的追随者) 发烧友 达人(某方面出类拔萃的人) 雷人(出人意料、令人震惊) 养眼(看起来舒服、视觉效果协调,给人以美的享受和感觉) 吸引眼球(引起人们关注)

第七节 风俗习惯

先民移居渔梁泾两岸以后,世代在这方土地上生息繁衍,在生产和生活中形成了许多寓意深刻的民间风俗。这些民俗习惯,有着较多的自然性与公众性,带有浓厚的地方特点。新中国成立前,由于科学文化落后,许多民俗带有封建迷信色彩。新中国成立后,随着生产力的不断发展和科学文化水平的逐步提高,历史沿袭下来的民俗,有的被革除、消失,也有许多民俗被保留下来,并得到更新和发展。80年代后期,许多原被革除和消失的传统民俗又再度兴起,甚至一度被认为有着迷信色彩的一些传统习俗也被继续传承,并有愈演愈烈的趋势。

一、农耕习俗

1.挂红

农历正月十二为"百花生日"。农民要在花果树上系一张红纸,俗称"挂红",祈求花盛叶茂。

2.正月半吃"稻团子"照田财、斋田神

农历正月半,农家都会做"稻团子"。据传团子越大,稻稞越发,来年会丰收。

旧时正月半晚上,农民用一碗"稻稞团"到田头斋田神,并把燃着火把的稻草在田头丢几下,称为"照田财",祈求丰收。

3.初一、月半忌浇粪

农民浇大粪,每月要避开农历初一与月半,据说浇了没肥力。其他还有翻地盆田时第一铁把和浇第一勺粪要呼"嘘",意在驱鬼神,怕得罪了鬼神要患病。劳动开始时先要说声"适来、适来",意图安全、顺利。

4.开秧园

旧时,农民在第一天插秧时称"开秧园",讲究邀邻居好友聚餐一顿,以示圆满顺利。丢秧把时,忌丢在人身上,传说如不小心把秧丢在身上后要遭祸秧;传递秧把时不能用手接,只能丢在地上(田里),用手接了不吉祥,意思是接"祸殃"。

5.斋蚕娘娘

农民在养蚕前要斋"蚕娘娘",并在蚕台上挂一根桃树枝,以示去邪,祈求丰收。

6.斋猪圈

每年除夕,家家都要斋猪圈,祈求畜牧兴旺顺利。

7. 烧发禄

养猪建圈,圈建好后,在圈内放一捆稻草,燃烧一下,以示猪胖膘肥,顺利发禄,俗称"烧发禄"。

二、岁时习俗

1. 送灶

农历十二月廿四,各家务必掸檐尘,焚香点烛、扎纸桥、摆上水果、糕点及"斋灶团子"等供品祭祀灶神,俗称"送灶"。制纸轿一顶,将灶君老爷神像纳置轿中焚化,意为送灶君上天过年,到元宵节接灶神回来。祈求其"上天宣好事,下界保平安"。是日,家家户户都要吃糯米团子。旧时,民间还有"跳灶王"习俗。

2. 除夕

农历十二月最后一天,腊尽岁底,俗称"大年夜",也有人戏称是春节的"开幕式"。每家都要过年。一般腊月二十四就开始筹办年货,杀鸡宰羊,购买鱼肉、蔬菜、果品。农户一般都要蒸糕,做馒头。除夕前,家家户户都洒扫门庭,有的张贴门联、年画,辞旧迎新。是日晚,合家欢聚吃"年夜饭",菜肴丰盛,其中有芹菜,取勤俭之意;黄豆芽,讨百事"如意"之吉;笋干为"节节高",面筋、肉圆为"团圆";鱼为年年有"余"。入夜,鸣放鞭炮礼花,欢娱嬉笑直至深夜,称为"守年夜"。20世纪80年代以后,一家人围坐在电视机旁收看中央电视台的"春晚"节目。

3. 春节

农历正月初一,全家吃糖汤团圆,第一碗敬祖先,第二碗敬灶神,然后合家同吃。人们衣冠整齐,依次拜天、灶神、祖祠与先人遗像,再按辈分依次拜长辈。除夕预先多烧米饭称"隔年饭",也称"年夜饭",装满饭箩,上盖锅巴,插上松枝,以示丰衣足食。屋檐上用红纸卷裹一束冬青、柏枝、芝麻秸秆,谓四季常青,延年益寿,子孙繁衍,节节高升。这天不扫地,不泼水,谓团结聚财,和气生财。年初一晚上,家家放关门爆竹,早早入睡。自年初一停工,停市三日,长辈给小辈"压岁钱"。

4. 元宵节

正月十五为元宵节,坊间也有人戏称为春节的"闭幕式"。明清时,青少年晚上喜欢敲"年锣鼓",少年预先扎好柴把在田野里"照田财"。乡村妇女忙接灶神,接田财娘娘,以卜五谷丰登。集镇上出灯会,闹元宵,盛况空前;乡间舞龙灯,观者如潮,可谓万人空巷。70年代以后,农村仍然在元宵节普遍食团子,少年外出烧茅柴或烧稻草(俗称"照田财")。90年代开始,烧茅柴、"照田财"成为历史,焰火成了必不可少的元素之一。吃汤圆的习惯依旧如故,馅儿种类有所"丰富",有肉类、菜类、豆沙、芝麻等等。

5. 二月二

农历二月初二,食撑腰糕,传说可免腰痛,使手脚轻捷。明清时,好事者扎龙灯、马灯娱乐。是日,乡村自发集资请剧团唱戏以酬谢神灵。食撑腰糕之俗,今已淡薄。

6. 清明节

前后数日各家祭扫祖墓。有的妇女联袂出游,称"踏青"。民国时期,上老坟仅烧化纸铂。上新坟以菜肴、香烛祭供。此俗延续至今。新中国成立后,各界人士祭扫革命烈士墓,已成新俗。2000年以后,随着农村城镇化建设的快速推进,原祖墓被集中安置到塘市片区安息堂,村民拿鲜花祭供先祖,焚烧纸铂、香烛祭供都在指定地点。

7. 立夏

以秤称体重,谓不痒夏(也称"疰夏")。旧时,民间有立夏尝"三鲜"的习惯。"三鲜"说法不一,有"水三鲜"(鲥鱼、刀鱼、黄鱼),"树三鲜"(樱桃、枇杷、杏子),"地三鲜"(蚕豆、苋菜、蒜苗)。汤联农户以食"地三鲜"较普遍。

8. 端午节

农历五月初五为中天节,俗称"端阳节"。旧时,这天要饮雄黄酒,在孩童额上抹雄黄,谓能驱蛇、虫,免灾疾。家悬钟馗像,并将蒲艾、大蒜系于门楣、床旁,洒雄黄水于室内四周驱除蛇虫,以芦苇叶裹尖头米粽,煮咸鸭蛋。家家户户在门庭悬挂蒲艾,在孩童额上用雄黄书一"王"字,延续至20世纪60年代。80年代后,裹粽子、吃咸鸭蛋等习惯仍保持,但粽子里嵌了鲜肉、咸肉、蛋、豇豆、红枣等,喝雄黄酒成了历史。

9. 夏至

一年二十四节气之一,也是全年白天最长的一天。家家吃馄饨,俗云"夏至勿吃馄饨,死后没有坟墩"。这天忌坐门槛,此俗今仍流行。

10. 六月廿四

农历六月廿四,农家以吃馄饨、团子为主。相传,该天是灶神爷生日,故家家都要斋灶(又称谢灶),焚香点烛,置放糖团圆、黄酒、糕饼和水果等供品。2000年后,每到这一天,不少农户邀亲朋好友小聚。

11. 七月七

农历七月初七,谓"七巧",旧时农村妇女傍晚带孩子看"巧云"。年轻妇女喜将凤仙花捣烂后以扁豆叶敷在指甲上以染红指甲。此习俗90年代已少见。

12. 七月半

农历七月十五,旧称中元节(也称"鬼节")。家家以菜肴糕点祭祀祖先,但大多在七月十五前几天完成,当年度有亲人亡故的必安排在当天。

13. 中秋节

农历八月十五。民国时期,农民上街看划龙船。是夜在家门口设摆一张小方桌或两张长凳,供上香烛,至更深,灯火通明。新中国成立后,乡间仍早晨吃糖汤芋艿,中午吃馄饨、团子。晚上合家边吃月饼、红菱,边赏月。90年代后,不少企业举行文娱晚会,与外地职工共度良宵。

14. 重阳节

农历九月初九,亦名登高节。家家以赤豆煮熟,和上米粉做成糕,名"重阳糕"。每到重阳,镇上饮食部门供应"重阳糕",有的农民总要买些回家,一家人同尝。20世纪后重阳节为老人节,村委会领导每到此日必组织慰问老人,给老人发红包、送慰问品。

15. 十月朝

农历十月初一称十月朝,也称烧衣节,是民间传统的祭祖节。是日凌晨,当年度亡故亲人的家属,要在家中正间设斋堂、置放斋饭、焚香点烛,女人哭喊几声,再到新坟上烧衣(纸做的衣服)哭亲人,备酒、菜、糖团圆、水果等祭孤魂。

16. 腊八

农历十二月初八,有吃腊八粥习惯。20世纪后,腊八粥呈"八宝粥"式多样化。

三、新节日

1. 元旦

辛亥革命后改用公历,定1月1日为元旦。但民间仍惯用农历纪年。中华人民共和国建立后,通用公历。元旦日,各机关、企事业单位按立法规定休假一天。

2. 三八国际劳动妇女节

中央人民政府政务院于1949年12月规定3月8日为妇女节。是日,城乡各界妇女代表集会纪念,开座谈会,反映和交流妇女在政治、经济、社会生活等各方面的情况,以维护妇女权益,发挥妇女在社会主义建设中的作用。

3. 国际劳动节

中央人民政府政务院于1949年12月规定5月1日为劳动节。是日,各机关、企事业单位职工休假一天,由工会组织活动,欢度节日。

4. 中国青年节

1949年12月,中央人民政府政务院正式宣布5月4日为中国青年节。是日,各级共青团组织都要组织广大青年开展多种形式的庆祝活动,有演讲、座谈会、展览和文娱体育等活动。

5. 六一国际儿童节

中央人民政府政务院于1949年12月规定6月1日为儿童节。是日,幼儿园、小学放假一天。各园举办儿童写作、书法、美术等优秀作品展览,组织唱歌、舞蹈等文娱表演,欢庆节日。有的家长向儿童馈赠礼品,安排可口食物,以示庆贺。影剧院、文化室专为儿童开放,书店、商店展销各类儿童图书、用具、玩具，广播台、电视台介绍世界各地儿童学习、生活情况，营造全社会关心儿童健康成长氛围。

6. 中国共产党诞生纪念日

7月1日为中国共产党诞生纪念日。是日，村党支部组织集会纪念，并对党员、干部进行革命传统教育。

7. 中国人民解放军建军节

1927年8月1日，中国共产党领导南昌起义。之后便定8月1日为中国人民解放军建军节。是日，政府机关和各界人士慰问部队，并组织联欢活动；村（大队）组织复员退伍军人座谈会。

8. 教师节

1985年1月21日，第六届全国人民代表大会常务委员会第九次会议决定9月10日为教师节。是日，村委领导和各单位代表到学校向教师表示节日问候，表彰教师功绩，帮助教师解决实际困难。亦有赠送教学用品，支持教师工作，鼓励教师终生从事教育事业。

9. 国庆节

10月1日，是庆祝中华人民共和国成立的节日。机关、团体、学校、企事业等单位按立法规定放假3天。村委及各单位升挂国旗，张灯结彩，悬挂庆祝标语。

四、婚嫁习俗

明清时，男女双方联姻，每对婚姻有媒人二人，一方为男家媒人，称"说媒"；另一方为女家媒人，一般请亲戚做媒。男子成婚之日须行冠礼，女子出嫁时用簪子插于盘发或弁冕，称"加笄"（俗称"上头"）。男方以礼币、茶枣装盘送至女家，称"文定"；女家以糕果答礼，称"允谢"（俗称"受茶"）。男家提议婚期，给女家送礼金，称"道日"（俗称"行盘"）；女家答赠礼物，称"回盘"。及至婚期，男方又向女方送彩裙，称"催妆"。女方随即运嫁妆至男方，称"运妆"。近黄昏时，新郎备花轿以仪仗亲迎新娘，称"发迎"。新婿入岳家中堂后，先向祠灶遥空参拜，后与相迎者对坐。主人备糕点并敬茶三次，称"坐茶"。新郎在彩舆前跪拜，称"奠雁"。彩轿将归时，轿门向北而待，新娘由父或兄弟扶持入轿，称"抱轿"。亲朋随轿送出院门，称"送亲"。男方见轿归，由童子手执红烛迎接，称"迎龙"。新娘出轿门，先遥拜祖祠、拜新郎，后新夫妇牵彩交拜，称"结亲"。中堂设馔，点燃大红烛，新夫妇并排向南而坐，称"结花烛"。既毕，进新房行合卺(jǐn)礼。两童子手执红烛前行，称"迎花烛"。继之，有坐床、撒帐、换宝、亲族，称"见礼"。舅姑带新娘拜谒祖祠称"上花幡"。至此，婚仪毕。翌日，女家备礼到婿家，称"望朝"，是日新娘回娘家，称"回门"。逾月，新娘归娘家省亲，称"大归家"。婚仪服饰，代有变异：明代，新郎着状元服，新娘戴凤冠霞帔,挂珠头面;清代,新郎穿一品服,新娘仍戴凤冠;民国初,新郎穿马褂、长袍,戴西式礼帽,新娘则改穿绣花缎子旗袍,戴新头面,婚仪渐趋简化。

中华人民共和国成立前,乡间不少贫苦农民兴养媳妇(童养媳),即把未成年姑娘领至公婆家养大成人,待到结婚年龄,办薄酒成婚,称"圆房"。

中华人民共和国成立后,旧俗渐废。抬花轿、请喜娘、穿礼服者甚少。请仪仗、扛旺盆更少。婚事普遍简办。未婚男女到当地政府办结婚登记手续,婚期办几桌酒邀亲朋挚友,合家庆贺。新夫妇着时装服饰,佩带红花,向亲友赠送喜糖、红蛋,繁琐礼节尽免。自由恋爱者无需介绍人,家具尚简,也有结婚、生小孩后一并办三朝酒以了之,也有旅行结婚者。

20世纪80年代后,订婚、送聘礼、接送嫁妆、讨利事、茶酒担、双回门、吃三朝等旧俗复兴,送人情、办嫁妆、办酒席及应酬礼物更趋讲究。

1990年以后,一般农户结婚酒席费用5000—8000元,有的万元以上,运嫁妆、接新娘大多用汽车。

2000年至2016年,随

图2-6 20世纪70年代接送嫁妆(徐惠荣提供)

着生活水平的提高,农家婚事的费用水涨船高,光酒席费用5万—10万元不等,聘礼一般在8万—20万元,也有的更多。

五、丧葬习俗

老人或病人弥留之际,家属必须守候在床前,包括配偶、子女和晚辈,都要在现场看着老人或病人咽气,本地人称为"送终"。旧时实行土葬,人死后,按本地传统习俗,丧葬礼仪主要分入殓、出殡、安葬、祭祀等环节。

入殓 即将死者放进棺材。旧时入殓前,还有五个过程。

烧出门裤 人刚死,家属用黄纸盖在死者脸上,放"高升"(俗称放炮仗),并把死者床上的蚊帐取下,扔到门前屋上。同时烧"出门裤",即将死者穿过的一条裤子摊放在大门内侧,裤管内塞上豆其或稻草,套上死者穿过的袜子和鞋子,点火焚烧,以示上路。

点头边火 在死者口中放入一块银子或其他银饰物,俗称"含口银子"。烧一碗饭、一个荷包蛋,插上一双筷子放于死者枕边,在死者床上点燃一支香,点一盏灯,称"枕边火"。

报土地 请道士念"上路经",并由死者子女,或者他人手提灯笼到附近的土地庙为死者烧"回头香",焚化纸马,叩头祈祷,算是为死者向阴间报到,俗称"报土地"。

买水 道士领着死者家属和子女,带上盛水用的吊子(有提手的水壶)或碗、"高升"、零钱,到河边祭拜河神,放"高升",烧纸钱,将零钱投入河中,用吊子或碗舀水带回家中,称"买水"。

穿衣 有子女用"买"来的水加温后为死者擦身。请理发师为死者剃头、刮胡子。如死者为女性,则由子女为其梳头。然后为死者更换老衣(又称寿衣),俗称"穿衣"。"穿衣"前,先要"筒衣"。因为按本地民间风俗,死者上身穿七件衣服,所以必须先筒好。筒衣服必须由死者亲子女完成,无亲生子女的只能由近房亲属替代。待为死者穿戴完毕后,再以吊纸盖于死者脸上,准备入殓。同时赶制孝服。入殓时间没有具体规定,有当天死当天傍晚入殓的,也有死后第二天傍晚入殓的。

入殓必须等子女全部到齐后进行。入殓前,根据棺材大小,在棺内装入砌墙用的数块或数十块干土坯。土坯是黄泥做成,寓意金砖。再放入数刀黄纸和数百斤干石灰,黄纸作为纸钱,石灰主要起吸水防腐作用。上铺垫被,称"材褥",垫被上分散放上七枚"垫背铜钱",然后由长子或长孙(无长子长孙的由次子或次孙,以此类推)捧着死者的头,次子或次孙捧着死者的脚,在旁人帮助下将遗体头朝南脚朝北向放入棺内,盖上被子,俗称"材被"。然后,亲属绕棺瞻仰死者仪容,准备盖棺,俗称"抿材"。抿材时,道士念"指令课",关闭正堂内所有的灯。

入殓毕,便要在中堂布置灵堂,俗称"孝堂",即搁置灵柩的厅堂;设灵台,俗称"座台",置牌位,点"长明灯"。请和尚、道士作法事,超度亡灵。晚间,子女穿孝服寝于棺柩旁草苫之上守灵。出殡前的每天凌晨,媳妇、女儿要哭灵,称"闹五更"。死者家属及时派人向亲朋好友报丧,也叫"发丧",塘市一带则称"拨讯"。在外地的子女,得讯后不管路途多远,一定要在死者入殓前,日夜兼程赶回。主家往往要等外地子女到家后,才能将死者入殓。

开礼、出殡、开表吊唁 按本地习俗,出殡之日,即是开丧吊唁(也称"吊孝")和安葬之日。出殡一般在死者亡故之日的第三天,或第五天、第七天,称"搁三朝""搁五朝""搁七朝",均为逢单数。但至少搁三朝。是日开丧,亲友和邻居到灵前吊唁,丧家号哭,孝子在灵台一侧,向前来吊唁的亲友跪谢。宾客前来吊唁时,除行礼致哀外,还要按俗例随带"奠仪"助丧,境内称之为"白份"。丧家有专人登记在册(俗称唁簿)。吊唁结束后,进行最后一次家祭,子女"改(拨的意思)千年饭",家属、亲友、邻居对亡者遗像进行最后一次跪拜,孝男孝女则跪于棺木旁。

落葬 灵柩放入墓坑内称"落葬"。出殡之前,先要请风水先生择定墓地,俗称坟地。主家预先安排专人于墓地挖好埋放棺木的长方形深坑,称"开金井"。灵柩到达墓地后,孝子下到坑内,把一扎稻草散放于坑底四周,并将其点燃,民间称为"暖坑"。送葬者绕墓坑一周,并向坑内撒些钱钞或硬币。棺枢按死者头南脚北放入墓穴,由孝子先倒进一畚箕土,随后其他送葬者纷纷向坑内撒土。等土填平后,再向上垒起一个大墩,称"坟墩",并在坟墩上按上"坟帽子",并于坟前立一墓碑,安葬即告结束。

回丧　安葬结束,全体人员返回,称"回丧",又称"回丧转"。按旧俗,"回丧"不能从原路返家,必需绕道而行。到家时,主家放"高升",并燃起一堆稻草火。送殡者进门前先跨火堆,并要从搁在门槛上俗称"步步高"的梯子上走进门去,并饮食专人递上的糖汤和米糕,寓"登高发禄"之意。回丧后还有"坐中堂"的习俗,意为与死者告别。现改为先坐中堂,然后放骨灰盒。出殡开丧这天,主家请厨师宴待全体宾客,包括中饭和夜饭,称"丧家饭"或"素饭"。遇高寿老人逝世后,丧家预先购买烧有"长寿"字样的长寿碗。丧家饭结束后,给在场亲友发饭碗带走。

祭祀"煞回"　旧时人们认为,人死后,其灵魂便落脱了,俗称"落魂"。据说落掉的灵魂被"雌煞"和"雄煞"两个神君收去,到一定时间再将死者灵魂释放,让其回到家中。灵魂回家之日,便要做"煞回",斋祭雌雄双煞,感谢其恩德,并慰藉死者之灵,保生者安宁。

做"五七"　做"五七"的日期,即从死者死亡之日起算,第五个"七"的第一天,也就是死者去世的第二十九天。做"五七"的前一天,已出嫁的女儿要准备饭、荤素小菜、水果糕点等各十数样送回娘家斋祭已故之人,称"排更饭"。是夜五更时分,子女们打开自家大门,扛一张长梯子靠在大门外面的墙边,由孝子手持扫帚,登上梯子至屋檐处,面向西北方向召唤死者回家吃糕汤,俗称"喊吃糕汤",也有称"喊五更"的。同时,主家要请工匠用芦苇秆和彩纸扎住宅、家具的冥器,俗称"扎库"。做"五七"当天,道士作法事。法事秩序繁多,依次为摆祭桌贡品、请"码子"(各路神仙佛爷)、诵经拜忏、发符、斋十殿阎王、破地狱血库、为死者亡灵沐浴、渡桥、"初灵"(撤去灵台)、"焚库"(烧毁冥器)、放水灯、跑五方、"解结"、镇宅、洒净水送佛等。

新中国成立后,丧葬程序从简。20世纪60年代后期起,实行殡葬改革,推行遗体火化。一般人死后都用拖拉机或汽车将死者遗体送到殡仪馆,家属、亲友随车送葬。火化后将骨灰装入骨灰盒内,由子女捧回埋葬,或存放于殡仪馆、安息堂。80年代开始,丧葬前请道士诵经拜忏、超度亡灵之风又起,流行请"乐队"主持丧仪、送葬,道士、吹打一并参与,并设冰柜(冰棺材)、花轿、灵车。除遗体火化、无木质棺材和落葬环节有所不同外,基本礼仪程序与旧俗大体相仿。"煞回""做五七"等悼念亡者的习俗依然流行。

六、"谢洪"(又称"安镇")

"谢洪"是境内方言,有"酬谢洪恩"之意。每当农家有婚嫁喜事、造房起屋、动迁后搬进安置房等,都要以"谢洪"形式来敬谢天地,求安保泰。

"谢洪"的习俗由来已久,至今仍被保留。

准备事项:斋主将事由诉与道士,包括具体事件、开工完工时日、家人年庚、列代祖宗。道士根据具体情况安排"谢洪"日子。定日之后,斋主需准备清香火纸、蜡烛炮仗、茶酒米面、水果豆禄、豆干百叶、荤素三牲(指鸡、鱼、肉,一般用一个猪头及全套猪内脏表示肉,也有的人家需整猪整羊)和毛巾扫帚等物。

斋事过程:按具体事由大小,"谢洪"规模也分大小,"小谢"则三五个道士即可,"大谢"则八九道士方行,斋事更崇者则需十几众。是日举家整装,诚心斋戒。早晨道士入门,在厅堂布置坛场,依"谢洪"大小则坛式也有繁简,总之瑶坛华丽,仿佛蕊阙。布置事毕,与斋主校对疏头,并将关牒封皮贴于坛周墙上,"大谢"则需坛外张榜,细事名目,无有差误。燃放"高升",斋主焚香点烛,稽首九拜。紧接道士启醮,所行大致如下:上午一般是道士念经,主要念的有土地经、玄天大帝经、黄经大帝经、黄经等,以敬谢天地洪恩为主;下午主要是驱疫为主。主要法器有:灵牌、笛、箫、胡琴、锣、大堂锣、鼓、唢呐、长号、木鱼、星子、笙等。念经时只使用灵牌、木鱼、星子、摇铃四种。念一段后,即有乐器吹奏,锣鼓齐鸣,长号呼啸,甚是热闹威壮。

穿方踏斗时,有一定程式。道士们身着金丝银线的道袍,头戴瓦楞帽,手持各异法器,吟唱着古老的曲调,在坛场里翩翩起舞,犹如演出一场折子戏。如剧中的步口,是按北斗星的方位走步。踏步与穿方,有六人到九人,规模大的有十多个道士,手里拿着旗帜等道具,按四方的位子,互相穿插。

"提狮",是用芦苇秆扎的青面獠牙狮子的模型(也有龙船模型),一个人提着或两人牵着,众人在后面追着,最后将"提狮"烧毁,意即妖魔鬼怪永不再来侵袭。"提狮"也叫"煞",或叫"七煞"。在仪式的途中,还要斩杀一只活鸡,以示警告一切危害人类的幽灵。道士还要画符,符上要盖印。将结束时,本家人端着木托盘(俗称"饭盅"),放上一碗水("法水"),在门窗框边喷洒,并用灵牌拍击门窗边框。然后贴上符,以镇鬼祟,以保永无侵犯家宅之忧。在整个过程中,始终有锣鼓、号角、笛箫的伴奏。

最后,在户外空地上铺上一层稻柴,然后把纸码、冥币、元宝一起烧化,并燃放爆仗、鞭炮,整个谢洪仪式结束。

七、交往习俗

1."送汤"

在女儿产期前月余,母亲携带益母草等物馈赠怀孕女儿,称"催生"。待女儿生产后,母家及亲戚或买补品食物,或送婴儿衣服用品,或送现金、小孩饰品,称"送汤"。

2. "三朝"

婴儿出生第三天,主家备筵席宴请亲友,并煮面条加上鸡、鱼、肉等熟食,俗称"吃三朝面"。亲友馈赠物品以示庆贺。80年代后,吃"三朝面"有了变化,一般婴儿出生几个月后才举行,"三朝面"演变成了"三朝酒"。

3. 满月

婴儿满月,家长设满月酒筵宴请亲朋好友,另外以红蛋相赠。舅父抱满月外甥或外甥女理发。外婆赠小衣裳、鞋袜、帽子等物。80年代后,在"三朝"或满月后,外婆家还要送童车、婴儿钢折床给外孙、外孙女。

4. 百日面

婴儿出生满一百天,家长请婴儿的外祖父母等亲友宴饮。今时兴食用大蛋糕,为婴儿拍摄百日照、做相册等。

5. 满期(jī)(周岁)

婴儿足一岁,家长举办酒宴,广请亲朋好友,赴宴者以礼相送。此习90年代以来仍颇为时兴。

6. 生日

必食面条,富裕人家备佳肴宴饮。20世纪80年代以来,幼儿过生日之风日盛,青年也纷纷效仿。朋辈相聚共餐,在大蛋糕上插燃红烛,共唱生日歌,吹灭后分食之。21世纪以来过生日之风盛行,有的花钱去当地电视台点歌庆贺。

7. 庆寿

俗称"做寿",点燃红烛,堂前挂中堂或大"寿"金字,办寿酒,请亲朋好友共食长寿面。一般在60岁时"做寿",也有少数的30岁庆寿,称"斋寿",现少见。小辈献赠寿面、寿香和寿烛,馈赠补品,向寿者行跪拜礼。寿者赐小辈拜寿压岁钱。解放后此俗渐废,80年代起又复兴,小辈常以送衣料、蛋糕、补品为贺寿礼。尔后逢十庆寿,对60岁、80岁双十寿辰尤为注重。21世纪后随着提倡尊老敬老和生活水平的提高,一般人家都为老人办寿酒。

8. 馈赠

遭了火灾,亲友都有馈赠粮食和生活用品的习俗。特别遭灾主妇娘家,立即买碗、筷、勺、箩、笆斗等日用品,并煮一锅饭用箩筐装着,中间插一杆秤和万年青,四周盘一条猪肚肠,还放芋头、百合等东西,表示吉祥如意,富足有余。解放后,政府倡导社会互助,帮助遭受水灾、重大工伤事故、疾病后困难者,人们自发地募捐,很受群众欢迎。

9. 建房及乔迁

建房时,岳父家及亲友向房主赠送活鲤鱼两条,糕点团圆馒头数担,扎好摇钱树,用整十或五十元票面的人民币扎在书上送给房主。上梁时在梁上掷馒头和糕点,祈求发达。

此日主人设上梁酒筵。80年代后范围更大,除送上述物品外,还有送糖果、厨房用品、水果之类等。21世纪以来,待新居完工落成,主人操办筵席宴请。乔迁新居时,亲友必须带礼品(礼金)祝贺,主人设宴答谢,同时向新居四邻分送糕点,乡间更为盛行,一般人家竖屋酒都要办几十桌。

10. 分家

新中国成立前,兄弟分居是件大事,媳妇的娘家要置办"分家盘"。"分家盘"中有两类实物,一是食物类:团圆、糕粽、鱼肉荤腥,其中有"万年箩",箩中放米,插一杆秤,秤上挂着"发禄袋",秤旁有万年青,秤的四周盘着一条猪肚肠,还有花生瓜果,表示吉祥如意,幸福生活万年长。二是生产生活用品,担筐犁锄、锅碗瓢盆之类。还有的送一张梯,称为"步步高"。新中国成立后曾一度终止,80年代后又有出现,但简化多了。

11. 学徒拜师

新中国成立前,年轻人学生意或学手艺须拜师。木工、泥瓦工、裁缝等在拜师时要送礼金,行跪拜礼,有的设酒筵请师傅、师兄赴宴。满师后,学徒再设谢师酒。新中国成立后,进工厂的学徒由车间指定师徒关系,无拜师礼仪。逢喜庆事,师徒间必须贺礼。个体行业拜师,学徒向师傅馈赠礼品。80年代后,学手艺者一次性付给师傅酬金,平时逢年过节馈赠物品。

12. 吃"会酒"

旧时,农民遇到买田、造房、讨媳妇、嫁女儿等大事,由于经济困难,请人出面牵头"搭会",每一"会"8—10人不等,总金额300—1000元左右。收缴会钱有的一年两次,有的一年一次,每次聚会缴钱有收头会者负责通知,收会者办一桌会酒。二会开始加低息,有的无息。收会次序除了头会外有的抽签排定,有的共同商定。"搭会"实质是一种民间互助形式。此俗一直延续到20世纪80年代初,随着生活水平提高,现已少见。

八、其他习俗

1. 上茶馆

旧时,塘市集镇茶馆颇多,境内老年人有上茶馆喝早茶的习俗。清晨,中老年农民到茶馆喝茶,三三两两坐成一桌,从天南地北到村坊里弄、奇事新闻、家常琐事,无所不谈。在国民党白色恐怖和日伪时期,茶馆中贴有"莫谈国事"的警语。一些老年农民,天未亮就上茶馆,风雨无阻。商人、工匠作头常常利用茶馆谈业务、接工程。喜养鸟雀者,携鸟笼去茶馆喝茶调鸟,为茶馆清晨增添了几分情趣。镇上几家规模较大的茶馆除供应早茶外,下午和晚上还聘请评弹艺人到茶馆说书,茶客们一边喝茶,一边听书。还有采用到茶馆"吃讲茶"的形式,调解民间纠纷。上茶馆喝茶的习惯一直流传至今,但人数较之以前大为减少。80年代起,老虎灶兼茶馆逐渐消失,原单一茶馆兼营棋牌(打麻将),而各种"茶庄""茶座"则遍布大街小巷及社区,但消费价格比较贵。

2.日常小忌讳

母猪生小猪,属虎的人不能去看,传说被看的小猪会给母猪吃掉。竹园内出笋时,不能用手指点,传说指点后笋要烂掉。播苋菜时不能拍手,传说拍了手苋菜要到打麦时才发芽。播菠菜时不能回头再播,再播后发芽迟。播韭菜后要拍拍手,传说它是聋子,拍手以示唤醒它早发芽。割第一次新韭菜不能食,要把它丢在苋棵垛里,以望韭菜叶粗壮。酿酒蒸饭、蒸糕时,第一蒸(笼)的饭和糕不能先吃,传说吃了再蒸第二蒸(笼)要夹生。另据传说:蒸笼上粘着的米饭粒不可吃,如吃了后平时在吃饭时头部会冒汗,俗称"蒸笼头"。80年代以后这种习俗渐渐淡薄。

第五章　人民生活

第一节　收　支

收入　中华人民共和国成立前,境内民众生活贫困。正常年景,水稻亩产接近300千克,中农生活尚可,贫雇农则靠糠菜充饥。遇到天灾人祸,更是难以度日。1934年旱灾,谷渎港河底裂缝,庄稼颗粒无收,为了生计,个别家庭被迫把未成年儿女送出去当看牛娃、做童养媳。贫雇农不得不向地主、富农租田,俗称"包三担"。农民受尽剥削,加上苛捐杂税,少数人家倾家荡产。

中华人民共和国成立后,人民生活逐步好转。1949年,境内农民年人均收入约30元,年人均口粮约160千克。1962年,年人均收入78.1元,1965年93.35元。

中共十一届三中全会后,党的改革开放政策调动了广大农民的生产积极性。随着农村生产关系的变革和第三产业的发展,社队办企业迅速崛起,农村剩余劳动力逐步进入工厂。1985年,进入乡村企业的劳动力占全村劳动力总数的42%,以后逐年增多,农民生活水平逐年提高。1986年人均收入930元,1990年农民人均收入1120.5元,1995年人均收入3845元,2000年人均收入6326元,2012年人均收入22375元。2013年,农村劳动力进工厂占总劳动力的90%以上,2016年人均收入达到22268元。

1962—2016 年汤联村（大队）农民人均收入选年一览表

表 2-7

年　份	人均收入（元）	年　份	人均收入（元）
1962	78.10	1993	2305.00
1965	93.35	1995	3843.50
1970	95.60	2000	6325.00
1978	113.00	2005	9245.60
1980	148.00	2008	12738.50
1985	781.50	2010	15992.80
1988	1173.80	2013	24168.00
1990	1120.50	2016	22268.00

开支　中华人民共和国成立前，境内农民生活贫困，平时缺吃少穿，因而消费水平低下。中华人民共和国成立初期至20世纪70年代中期，经济虽有所发展，生活水平稍有提高，但还是维持在温饱水平上。1978年中共十一届三中全会后，中央的工作重点转移到经济建设上，社队办工业迅速发展。80年代初期，农村开始实行家庭联产承包责任制，农业产业结构得到调整，农民开始进入村办企业工作，第三产业迅速发展，农民生活水平和消费水平同步提高。1987年，程虞家堂、后房等6个村民小组拥有缝纫机59台、自行车245辆、电冰箱12台、收录音机56台、洗衣机48台、电视机117台（其中黑白74台、彩色43台）、电扇342台，人均生活水平1080元。人均住房面积48平方米。90年代后，村民消费水平逐步趋向城镇化，高档耐用消费品开始进入寻常百姓家庭。2016年，村民消费水平大幅提高，大多数家庭购置了私家车，汤联村农民的生活水平和消费水平步入小康社会。

第二节　住　房

中华人民共和国成立初，农民绝大多数住低矮平房、草房，人均居住面积不足10平方米。20世纪60年代以后逐年好转。80年代初，农民消费中建房支出已居首位，对住房要求趋向楼房、配套宽敞。90年代，农民对住房的要求更高。据1993年抽样调查，全村每百户有91户翻建了新楼房，其中40户进行较高档次的装修。1994年，全村农民人均居住楼房面积38.5平方米。90年代中后期开始，有些农民已不满足原来的楼房式样，建房结构趋向多角形、别墅式。1999年全村农民人均居住楼房面积48.5平方米。2008年以后，随着农村城镇化建设的快速推进，原自然村先后被征地拆迁，村民分别安置到各小区居住。2016年，全村人均住房面积82.3平方米。

图2-7 20世纪50年代农民住房(徐惠荣提供) 图2-8 20世纪70—80年代农民住房(徐惠荣提供)

第三节 饮 食

一、主食

中华人民共和国成立以前,境内农民粮食以米、面、麦片、麦粞(麦磨成的粗粉)为主,辅以杂谷、南瓜、芋类。冬季和农闲季节,多数人家一日三餐稀粥,少数人家两粥一饭,也有的吃"二顿头"(一粥一饭)。农忙时节,一般一日三餐,富裕农户在午后加一顿团子或面饼、稀粥作点心。"荒春三,苦七月",到青黄不接时,贫苦农户以瓜菜代粮。麦收后多数只能以麦片、麦粞和面粉为主食。中华人民共和国成立后,境内农民一日三餐,中午改吃胡萝卜饭或麦片饭(麦片加米煮成),秋冬季节早饭吃南瓜,晚饭吃面条,质软可口。50年代末60年代初期,吃"跃进团子"(把红花或草头在沸水中焯一下,切碎后捏成团子状再拌上面粉蒸熟)。1963年起,国家增加人均粮食定量,减少统购,归还农民自留地,开放粮油等国家统购统销物资以外的集市贸易,人们饮食条件开始好转。1973年开始,多数农户粮食有余。1978年后,不再吃麦片、麦粞。1982年以后,农村实行家庭联产承包责任制,农民自种口粮田,粮食自给有余,一日三餐以大米为主,面条、糕饼、馒头、馄饨、团子之类作为花色调节口味。1986年,全村农民年人均消费粮食291.65千克。随着人民生活水平的提高,副食品消费量增加,主食消费量随之减少。21世纪开始,不少居民自觉注重膳食纤维摄入量从最低粗向最高粗改变,追捧碳水化合物供能比略高的饮食方式。2016年,村民年人均消费粮食145千克,比1986年人均减少147.5千克。

二、菜肴

中华人民共和国成立前,副食菜肴贫富悬殊极大。富者佐食必有鱼肉等荤菜,讲究烹调。普通人家都是以素为主,佐粥菜多半是自制的咸萝卜、腌菜、咸瓜,佐饭菜是青菜、萝卜、瓜类、豆类,平时养鸡生蛋、捕捞螺蛳蚌蚬改善生活。多数人家于春季煮晒草头干、红花干、油菜干,秋季煮晒白菜干、萝卜菜干,夏季用黄豆和面粉制酱,用作调味,或酱渍黄瓜、生瓜。口味不喜辛辣。中华人民共和国成立后,干菜、豆制品、荤菜增加,家常菜亦多炒作。1980年以后,大半人家每天都有荤菜,农村中自制的酱瓜、咸菜(青菜、雪里蕻)、干菜(苜蓿、菜苔晒干)和腌制的鱼、肉、鸡等仍为传统菜肴。亲友上门,一般炖一碗鸡蛋汤,添几个冷菜。至亲或贵宾登门则沽酒买肉、杀鸡款待。90年代以后,全村居民基本是无荤不下饭。凡是亲友来访,必上街购置现成熟菜菜肴,摆上满满一桌。2016年,全村农民年人均副食消费2308元,其中肉禽蛋奶等营养品消费1420元。

宴席菜肴,婚事时最为丰盛。中华人民共和国成立前后,一般人家通常每席有8只碗(盆),即8道菜肴,俗称"老八样头"。富裕人家有四汤四炒,有冷盆、热炒、点心、大菜(鱼肉、鸡鸭)等。进入80年代,兴冷盆、热炒、大件(整鸡、整鸭)、甜菜(圆子、果汤)、点心(馒头、烧麦等),每桌菜一般16道以上。桌数视各家经济实力而定,少则几桌,多则数十桌。寿宴略简,增加寿面、寿糕。丧事菜肴,新中国成立前以豆制品为主,全部素食,俗称"素饭"或"豆腐饭";新中国成立后,逐步荤素兼用。1980年以后,与一般宴席相仿。90年代以后,各类宴席均有18道菜以上。节日菜肴也与宴席无异。

三、点心

境内民间传统点心有西施糕、烧麦、春饼、春卷、面衣、青团、糍团、馄饨、馒头、粽子、徽子、香脆饼、糯米糕等。

四、酒、糖果

境内居民大多有酿酒传统,喜欢饮自酿米酒,少数饮白酒(也称烧酒)。女性多数不饮酒。冬春,农民用糯米自酿米酒(俗称老白酒),质量上乘。初夏天气,"菜花黄"(春天酿的)口感特别凉爽,"十月白"(冬天酿的)可一年饮到头而不变质。80年代开始,时兴饮啤酒。90年代后,又兴饮葡萄酒,有条件的还饮进口洋酒。平时食用糖果,通常为水果糖。春季等重大节日,多数农家自备南瓜子、西瓜子、葵花子、花生、用饴糖拌制的花生糖、炒米糖、芝麻糖、大豆糖等,或买水果糖等招待亲友。进入21世纪后,奶油巧克力等糖果已不作为奇。

随着生活水平的提高,普通家庭进入餐厅(饭店)的越来越多,消费档次也越来越高。宝宝生日、同学聚会、战友重逢、高考庆贺、家庭团聚、婚庆宴席等大都在餐馆举行,每年人均在外饮食占食品消费的比重不断提高。2016年,全村农民人均在外饮食消费690元,是1986年的近10倍。

第四节 服 饰

男性衣着 清代至 20 世纪 20 年代末,境内男性衣着以土布长衫为主,低领,大开襟,有胡桃结纽扣 6 粒,内襟有一长形口袋。随着夏季冷暖变化,长衫内分别罩皮袍、棉袍、夹袍,其样式均与长衫相仿。夏季则单穿一件长衫,富裕人家的长衫料子多为丝绸,也有香云纱作料子,其取质薄且凉爽。地主、士绅等穿长袍,外面还罩以马褂,俗称"长袍马褂"。

30 年代起,男性开始穿中山装,学生穿学生装,少数人穿西装,劳动人民为方便干活,以穿青布中式短衫短袄为主,叠腰裤。境内农民还习惯在衣服外面束一条具有保暖防污作用的深色作裙。至 40 年代末,民众的衣料以土布为主,条件好一点的人家配有斜纹布、卡其、线呢、花格布等。农民依旧是中式对襟衫,老年士绅也依然是长袍马褂。冬季,富裕男子穿呢料长袍或西装大衣,贫苦民众则大多仍穿粗布棉袄棉裤。

中华人民共和国成立后,长衫、马褂逐渐被淡出历史,叠腰裤也被西裤所代替。50 年代初,蓝、灰列宁装,乌克兰衫,翻领棉大衣等苏俄式服装相继流行,为干部、教师普遍穿着。至 60 年代,中山装、青年装、春秋两用衫成为人们常服,颜色为蓝色和藏青色。而农民中,仍有穿土布、着旧式衣裤的。"文化大革命"期间,草绿色军便服成为人们尤其是年轻人争相竞穿的服装,绸衣、缎服几乎绝迹。因其时买布要凭定量供应的布票,所以面料一般选用质地较牢的卡其布、的确良,款式、色调均较简单。80 年代开始,服装面料转向以化纤物为主,丝绸、毛呢需求大增,棉织品退居次位。冬天穿毛线编织衫、羊毛衫、滑雪衫、夹克衫、羽绒服、猎装、呢大衣、裘皮或者人造裘皮大衣等。夏天穿针织汗衫、汗背心、的确良衬衫、西装短裤,还有的男青年穿花布衬衫。中青年穿西装长裤。青年人一度穿喇叭裤,后改穿直筒裤、牛仔裤。许多人穿西服,系领带,穿传统的中山装者逐渐减少。进入 21 世纪后,休闲装流行,村民服饰呈千姿百态。

女性衣着 民国时期,女子的常服为宽袖滚边的大袄短袄,叠腰裤,外围百褶裙。有些青年女子穿旗袍,式样为:直领,右开大襟,紧腰身,衣长至小腿,两侧开衩,高低不一,开襟处一般有镶、嵌、滚等工艺服饰。不同季节有长、中、短之分,单、夹之别。冬天,一些富家女子在旗袍外罩绒线外套或呢大衣。时髦女子则穿西装裤、短棉袄。民国后期,开始穿海花绒旗袍、皮毛大衣等。

妇女春季穿白色或者月白色肚兜,也称兜肚,外面穿均匀大襟立领。青年妇女喜欢穿花布衫,中年妇女以深、浅士林布衫居多。裤子多为短脚裤,裤长仅及膝下,多用印花布缝制。夏季服饰面料以棉布、夏布为主,富家女子也有丝绸、生丝质地的。普通穿白色、浅士林布和淡色花布短衫,少数人穿夏布短衫和马甲。短裙的质料有丝、棉、麻三种。冬天穿棉袄,视家庭经济条件,分别选用较柔软的布料或者丝绸做面料,内絮棉花或丝绵、驼绒。

棉袄罩衫,用土布、线呢、卡其布等较厚实的深色布料缝制。中青年妇女冬天加穿夹裤,老年妇女穿棉裤。

中华人民共和国成立后,旗袍被淘汰,中式大袄短袄改成对襟短袄,叠腰裤改为西式紧腰有袋长裤。境内仍有不少人穿土布衣,着旧式衣裤。"文化大革命"中,女青年、女学生与男子一样,流行穿草绿色军便衣,花衣、裙子匿迹。

80年代以后,衣着质量普遍提高,款式多样化。90年代后期更甚。夏天,光是裙子就有连衫裙、喇叭裙、百褶裙、背带裙、套裙、一步裙、直筒裙、旗袍裙、围裙、裙裤等10余种。初冬,流行女士西装、羊毛衫、各式毛线编织衫、滑雪衫、羽绒服、呢大衣、裘皮或人造裘皮大衣等。裤子有西式长裤、喇叭裤、直筒裤、牛仔裤等。2000年以后,少数人的衣着打扮开始追捧与国际接轨。

鞋 旧时,境内民众一般均穿"千层"布底鞋,式样大致有并梁尖头、小圆口、方口、松紧口鞋。雨天则穿油钉鞋或油钉靴。仅有极少数男女穿皮鞋。有些妇女穿绣花鞋、搭襻鞋。农民平时穿布鞋和草鞋。冬季,除穿蚌壳式棉鞋外,不少人都喜欢穿蒲鞋和芦花靴。一些绅士平时着缎制船鞋,冬天穿高帮棉鞋。随着橡胶工业的发展,浅口、中高筒橡胶套鞋逐步取代油钉鞋和油钉靴。中华人民共和国成立后流行胶鞋,又称跑鞋、解放鞋,男女皆穿。塑料工业兴起后,塑料底布鞋逐步取代布底鞋。80年代后,鞋子种类日趋多样化,有各种塑料鞋、橡胶鞋、牛皮鞋、猪皮鞋、牛筋底鞋、登山鞋、旅游鞋、运动鞋等。妇女普遍穿平跟、中跟皮鞋,少数女青年穿高跟皮鞋。夏季大多穿各种质地的凉鞋、拖鞋,也有的穿沙滩鞋。冬季一般穿棉皮鞋或棉布鞋、保暖鞋,穿芦花靴的已少见。

帽 中华人民共和国成立前,境内劳动人民一般夏季戴草帽,冬季戴布帽、罗宋帽、汤罐帽、毡帽,雨天戴笠帽。老年妇女戴蚌壳帽,亦有戴盆型绒线帽。学生戴学士帽或绒线帽。绅士、富豪戴西瓜皮帽、礼帽、鸭舌帽、裘皮帽。中华人民共和国成立后,西瓜皮帽和礼帽被遗弃,流行解放帽,夏天戴河边草帽。"文化大革命"时期流行草绿色军帽。20世纪80年代起,帽型繁多。夏天有遮阳的草帽、太阳帽、钓鱼帽,冬天戴鸭舌帽、东北帽、皮帽、绒线帽、滑雪帽等,部分老年人仍喜欢戴罗宋帽。

袜 中华人民共和国成立前,境内农民多用布做袜套。20世纪30年代起开始穿棉纱袜或布袜。中华人民共和国成立后,大多穿中筒或短筒袜。60年代开始流行尼龙袜和锦纶丝袜。80年代起,女青年开始穿长筒丝袜。进入21世纪,衣着趋向多样化、中高档,而且讲究色彩、质地、款式,追求新潮,袜子也发展到连在裤脚管上。

第五节 出 行

中华人民共和国成立前,境内农村道路宽不足1米,弯曲不平,都为土路,下雨后道路泥汸,十分难行。人们出行均为步行,很不方便。村民如出远门,必须步行到塘市或汤家桥乘轮船。

20世纪60年代起,结合水利建设,大队建设灌溉渠道(土路),行路日渐方便。70年代后,自行车成为主要交通工具,家家具备,甚至一家多辆。是时,自行车一度成为紧俏商品,尤其是上海产"永久""凤凰"牌更难买到,无锡产"长征"牌和常州产"金狮"牌相对较多。80年代开始,大队(村)办企业发展壮大,村民生活水平逐渐提高。境内所有主干道路铺设成石砂路或石子路,交通开始便捷。90年代后,全村所有巷道都浇筑水泥路,交通工具逐年增多、更新,摩托车、三轮电瓶车、电动自行车等普及寻常百姓家庭,自行车被视作健身工具。购买私家汽车者也日益增多。2016年,全村拥有小轿车627辆,跨出村子就能驶上沙锡公路、金港大道、沿江高速,境内分别有3路、212路、226路公交车站点,村民不用15分钟就能到达张家港市域中心。

第六节 通 信

中华人民共和国成立前,境内信件投递由塘墅镇商人朱益泰经无锡邮政局转送,百姓写信用"无锡北门外西塘市×××"的地址。信件来往均有熟人带交。

中华人民共和国成立后,塘墅中街设立邮政代办所,老百姓投递信件到塘墅邮政代办所办理,有邮递员步行投递报刊、信件。80年代后,随着乡村道路条件的改善,邮递员骑自行车、摩托车投递报刊、信件。

1958年塘市人民公社成立后,塘市邮电所设电话总机,境内开通木杆架设的电话线路,大队部有手摇电话机1部。

1962年成立沙洲县后,木杆电话线杆逐步改换成水泥线杆。1966年,塘市通往大队的水泥线杆改为双线路(电话线和广播线),通到各生产队。1981年,塘市公社邮电所添置磁石电话交换机,1985年,固定电话开始进入寻常百姓家。1991年,移动电话开始进入寻常百姓家。

1995年夏,汤联村率先成为有线电视村。2005年,移动宽带网、联通网相继进入村民家庭,形成了中国电信、中国移动、中国联通三架网络齐头并进态势,境内宽带入户率达100%。2008年,有线电视普及,家家户户都能收看有线电视。

2010年后,智能手机普及,固定电话用户逐年减少,信息交流用视频聊天,邮件收发由手机、电脑替代,书信往来淡出市场。2013年,全村有线电视用户整体转换为数字电视,部分居民改装高清电视。2016年末,全村居民有移动电话1937部、固定电话22部。

附：

李满保——从电话兵到邮电管理师

李满保，1938年生。汤联村西洋巷人，中共党员。

1948年9月至1955年8月，分别在塘市小学、塘市初中读书。1959年11月应征入伍，到中国人民解放军陆军某团通信排当电话兵。1962年8月任班长。1963年4月加入中国共产党。1964年任排长。1967、1968年分别获某炮兵部队五十二基地嘉奖各1次。1969年8月任某炮兵部队五十二基地司令部通信处参谋（正营级）。1978年11月转业到沙洲县泗港公社任党委会员兼管委会副主任。1982年12月到沙洲县邮电局担任股长。1991年被江苏省邮电管理局聘为邮电管理师。

1998年9月，李满保从张家港市邮电局退休。

第三卷　农村建设

　　中华人民共和国成立前,农村建设长期处于自流状态。农民居住一般以氏族形成一个村庄。居住条件贫富分明,贫困人家多住草房或冷摊瓦平房。农村无卫生、供水、排水设施,垃圾、粪坑到处可见。

　　中华人民共和国成立初,农村建设以维修为主。直至20世纪60年代,大队办起了小砖窑,社员住宅翻建起步,但以"小修小补"为主。70年代,草房翻建瓦房的增多。进入80年代,农村建设开始发展,农村主干道也由狭窄弯曲的土路逐步改筑成宽阔的碎石路面或水泥路面。徐祥保、徐永来、李进保、徐祥兴等率先翻建楼房。1988年,全村355户新建或翻建楼房,占总户数的58.6%。

　　90年代初,村民楼房式样开始更新,部分村民将原有的楼房拆除重建。新建楼房式样新颖,卫生设施齐全。2001年,全村所有主干道全部改为水泥路面。2002年开始,在拆迁农户集中安置和零星小村庄归并取得成效的基础上,全村开始实施"工业向园区集中,农民向城镇集中,居住向社区集中"的新规划。农村城镇化建设进程加快,大片土地被征用,原自然村先后被拆迁。

　　2016年,全村村民分别被拆迁安置到棋杆花苑、北海花苑、南湖苑、东兴苑、塘市花苑、西溪花苑等水、电、气设施配套的现代化小区集中居住。

第一章　农民住宅

第一节　自建房

　　1949 年前后的农民住宅,一般为民国年间所建,大多是土木结构、冷摊瓦的草缏平房。贫困农户居住的则是毛竹梁、泥垛墙的茅草房。少数富户居住的是砖木结构的高厅大屋,前 5 间、中 5 间,其中 3 间厅堂;有的左右两厢房,对厅有墙门头,后进还有 5 间房。

　　20 世纪 60 年代,部分农户将土坯墙换成砖墙,稻草屋面改为小瓦屋面。70 年代初,少数农民因老房破旧,或因孩子长大成人,急需成家分居,翻建和新建的住宅都是统一格式的 7 架至 8 架 3 间一栋平房。70 年代中期,农户经济收入逐年增加,根据塘市公社村镇建设规划,后房、南园、西庄等自然村搞了几处新宅基(也称"出宅"),统一建造每户三间(或三间一园堂)的砖瓦平房,后面为两小间三到五架的辅房,用作厨房或饲养牲畜,也有的辅房建在场前。

　　1978 年中共十一届三中全会后,农村经济有了新的发展,农民住宅从平房向楼房过渡。1987—1989 年,出现了翻建楼房热潮。全村翻建楼房 1368 间,建筑面积 4.06 万平方米,翻建楼房占住房总面积的 38.5%。新建楼房一般为二层,檐高 7 米,层高 3.3—3.5 米,进深 8—9 米,砖木混凝土结构,也有部分空斗墙,泥灰砌筑,外墙贴马赛克,室内用油漆或贴墙纸。90 年代开始,新建的楼房为砖木混凝土结构,水泥实砌,也有用双顶空斗泥灰砌筑。造型新颖,卫生设施齐全,大开间改为套间,卧室宽敞,客厅明亮,有前后阳台,室内吊顶,安

图 3-1　20 世纪 70 年代农家住宅(徐惠荣提供)

装壁灯和顶灯,铺设油漆地板或地砖,家具齐全,纱窗纱门,装饰时尚,外墙贴墙砖或涂防水涂料。

1994—1996 年,汤联建二层至三层楼房的占总户数的 95%,样式从兵营式发展到全封闭、多角形、琉璃瓦、别墅式庭院。外墙粉饰从贴马赛克发展到贴条形墙面

图 3-2 20 世纪 90 年代农民住宅(1997 年摄,徐惠荣提供)

砖。全村农户人均住房面积达 42.5 平方米。

1997—2002 年,汤联开始装潢或改建新式公寓楼和别墅,住房设计更加合理,功能日趋完善,居住质量得到更大改善。房屋整体采用钢筋混凝土结构,紧光水泥砂浆楼面,磨石子或贴地砖,安装进户门和套内门,窗户大多采用铝合金或塑钢窗,厨房间和卫生间墙面贴面砖,其余墙面、天棚用内墙涂料。卫生间安装抽水马桶、浴缸、洗脸盆,厨房洗菜池、给排水管等设施齐全。部分条件较好的农户设有车库。

2003—2012 年,随着张家港市城乡一体化建设的发展,加上东南大道、新泾中路建设等,全村有 87 户村民在塘市镇区或张家港市区购置了商品房。汤联村户均拥有住房面积 300 余平方米。至 2016 年末,汤联村人均住房面积 82.3 平方米。

附:

阿二撺草屋

中华人民共和国成立前,境内农民多数住草房。三年两头要修补(俗称撺草屋)。西洋巷徐二保自幼跟栏杆桥(徐家坝)徐姓师傅学撺草屋。因人品好,手脚勤快,技艺精湛,师傅把女儿许配给他做了妻子。坊间称徐二保为撺屋阿二。

撺草屋,在那个年代算是"高空作业"。该项工艺的施工用具是木板拍和木齿耙,用材是麦秸或稻草。第一道工序是精选材料,剔除朽烂秸梗,再用木齿耙把选出的秸秆梳理,去除残叶,留下整齐光裸的茎秆,最后将整理好的茎秆扎成 20 厘米粗的小捆。一切准备就绪,从屋檐至屋顶自下而上层层叠加、铺盖,用木板拍坚实,直至屋脊。屋脊的施工相对复杂,先要把两端的秸梢用麻绳缠绕扎紧,再用泥巴、麦芒或稻草屑搅合成泥涂抹固定,铺上整齐的小捆秸秆,压上一定重量的砖(石)块才算完工。撺屋阿二用上述工艺撺出来的草屋风大不散,雨大不漏,十里八乡小有名气。撺屋阿二家中顾客盈门,邀约不断。因忙不过来,他把大儿子也带出去做搭档,直至 20 世纪 70 年代,农村草房逐渐减少,撺草屋这门手艺开始在坊间消失。

第二节　集中居住区

20世纪80年代，汤联大队农民集中居住区开始建设。1985年，后房第九生产队率先在渔梁浜南岸建设农民集中居住区，时称"出宅"。西庄第一生产队的葫芦簖因塘市公社建筑站水泥厂建设需要而整体搬迁到渔梁浜北岸、过水桥西侧居住。按照当时政策规定，每户安排三间平房宅基地0.24亩，有承嗣族中长辈并履行赡养义务的可多建一间。同时每户可建辅房一间。建房资金由农户自己承担。葫芦簖共有16户农民拆除原有老房，在集中居住点建房。至1989年，各生产队都根据自然条件并经大队（村）、公社（乡）批准规划"出宅"到集中居住点。

90年代后，为解决土地制约与经济、社会发展的矛盾，根据上级政府要求，农民在集中居住点翻建楼房。至1990年末，全村翻建二层至三层楼房的占总户数的96%，大多为别墅式庭院，设计造型多样，室内装潢美观大方，具有时代气息和小别墅风格。新建楼房为砖混结构，有前后封闭式阳台或转角阳台，"挑头"踏步，落地楼梯窗。农村住房朝着"标准高，质量好，功能全，造型美"的目标发展。2003—2016年，随着杨舍镇实施行政村撤并、经济开发区建设、城乡一体化建设用地等需要，在对被拆迁农户集中安置和零星小村庄归并取得一定成效的基础上，根据张家港市委、市政府提出"工业向园区集中，农民向城镇集中，居住向社区集中"的城乡统筹发展新思路，全村15个自然村除3户村民外全部被动迁，分别安置到南湖苑、北海花苑、东兴苑、棋杆花苑、塘市花苑、西溪花苑集中居住。各居住小区内绿化率都达到40%以上，有休闲广场、健身器材、娱乐活动场所。生活垃圾、生活污水集中处理，有物业管理队伍。

第三节　塘市花苑

图3-3　卫生服务站（2017年摄）

塘市花苑位于汤联村境域南部（原西庄宅基）。东靠东南大道，南临金塘路，西连塘市小学，北枕新丰路。因属张家港经济技术开发区（杨舍镇）在农村城镇化进程中建成的农民动迁安置区，又地处塘市集镇北侧，故名。

塘市花苑始建于2009年，竣工落成于2011年，占地面积26.67万平方米，建筑面积44万平方米，有住宅67幢2374

套,总投资 12 亿元。塘市花苑建有 800 平方米的会所、1000 平方米的停车场,有融休闲与娱乐、活动于一体的健身广场 2000 平方米。有宣传栏、草地牌、路灯旗等文化景观,有"和合金塘·文明家园"、党员服务站、和合书场、红领巾驿站、卫生服务站、警务室、24 小时自助图书馆等便民服务设施,有"金塘论坛""和合金塘"微信公众平台等互动宣传载体,有"好人帮"志愿服务队,有"情暖夕阳"居家养老用餐服务点、

图 3-4　动迁农户集中居住区——塘市花苑(2013 年摄)

"金帆"爱心发屋、"包您满意"家电免费维修点、"塘宝当家"等"好人帮"特色志愿服务队,可谓生态优美、设施配套、特色鲜明。2012—2014 年,塘市花苑被苏州市精神文明建设指导委员会评为文明社区,2015 年被江苏省民政厅评为优秀志愿者服务社区。

2016 年末,塘市花苑居住着汤联等七个村的部分被动迁村民 1987 户,近 8000 人,新市民 979 户 3487 人。

第二章　公用事业

第一节　供　电

民国时期,境内农户通常都用棉油灯、煤油灯、蜡烛照明。中华人民共和国成立后,20世纪 50 年代改用煤油灯(俗称洋油盏)、美孚灯照明,遇上婚丧喜事则用一种充气的亮度大的"气油灯"照明。

1969年,境内架设电线接通高压电力网,大队部及大队企业开始通电。大队在第六生产队东侧建电灌站,第一台变压器为160千伏安,主要用于队办工业和农田灌溉。1975年电站增容,更换变压器为260千伏安。首先确保农田灌溉,其次满足社员照明和各生产队脱粒用电。是年,用方形水泥杆从电站沿村主干道架设到各生产队。

图 3-5　棉油灯(徐惠荣提供)

图 3-6　美孚灯
(徐惠荣提供)

由于供电量有限,用电高峰时经常"跳闸",村民用电很不正常。1985年,各村民小组陆续添置了小型发电设备,用东风195-12型柴油机作原动力,自行解决电力能源,缓解当时用电紧张状况。

1989—2000年,汤联村先后三次实施电网改造。同时增加变压器容量,更换粗型号电线,以稳定电压满足用量,大大改善了村民的用电质量。至2010年,全村共有变压器4台,分别用于工业和生活,其中3台315千伏安,1台400千伏安,总容量为1345千伏安。村部有管理人员4人。

第二节　供　水

中华人民共和国成立初,境内农民用水仍以河水为主,少量饮用井水。饮水带来的疾病比较普遍,尤其在20世纪60年代中期消化道疾病频发,其原因是人们饮用了污染过的河水。当时从中央到地方各级政府十分重视,发动群众全面整治河道,清理污泥杂草,消除疾病源头。70年代开始,以自然村或生产队为单位挖掘1—2口土井,部分解决了居民的饮用水问题,但生活用水仍以河水为主。80年代,境内居民家家户户挖井,饮用、洗刷均以井水为主。从此,结束了几千年来人们以河水为生活用水的历史。

随着村办工业的发展,用水量大幅增加。为解决工业用水不足的问题,80年代中期,汤联大队在工业区内挖掘中型深井一口,出水量为每小时80吨,满足了区内工业用水和职工生活用水的需求。

1996年,塘市镇建造自来水厂,将深井水向周边各村输送。汤联村首期投入30万元,铺设管道 5000 余米,由自来水厂通达村内,家家户户接通管网,95% 以上村民接通饮用。

1999 年 6 月,张家港市第三水厂直接取用长江水,东区供水工程启动,塘市镇自来水公司立即启动接水工程。工程分为两个阶段:第一阶段投资 465 万元,从西张栏杆桥增压泵站至塘市新庄廊铺设引水主管道 1500 米,年末完成安装、调试。第二阶段从接口通向各行政村、企事业单位,引水管道总长度 1.4 万米,预算投资 300 余万元。2000 年春,汤联村在原铺设管道的基础上,追加投资 10 多万元完善设施,是年末,全村居民都用上了符合国家标准的长江自来水。

第三节　供　气

民国年代至中华人民共和国成立初期,境内农民习惯用稻麦秸秆作燃料。20 世纪 60 年代中期,农村推广"发展养猪产业",各生产队建办集体猪场,农户家家养猪,一部分稻麦秸秆用作猪饲料。70 年代,部分农户把稻麦秸秆卖给小窑厂置换砖瓦作为建房用材,造成了燃料能源的短缺,较多农户进城捡拾煤渣,到发电厂旁河道内罱煤灰泥,以弥补燃料不足。

70—80 年代,政府对城镇居民计划供应蜂窝煤球,农村社员无配给,但有少数农户使用煤油炉灶。

沼气利用　1973 年,境内推行"茶壶形土坑式沼气池",全大队有 2 户试建。虽然建池方便、成本低,但质量差,易漏水跑气、易塌方,使用寿命仅一两年。后改进为"圆形合土池",使用效果较好。1975 年起,境内各生产队陆续推广试用。大队补贴砖、水泥等建材,农户负责工匠及小工工资,每座总造价 170 元左右。

1980 年,塘市公社沼气办公室对各大队的沼气使用情况进行调查,发现"病态池""报废池"占多数,完好、正常使用的较少,以后境内沼气未再推广。

20 世纪 70 年代汤联大队沼气池建设一览表

表 3-1

队　别	户主姓名	个　数
三	李进保、陈元保、倪凤祥、倪涛保	4
四	徐高保、徐进保、徐仁生	3
五	朱叙金	1
六	徐如明	1
七	李永元、李小弟	2

（续表）

队　别	户主姓名	个　数
十	缪关元	1
十一	陈宝生、徐庆保	2
十二	徐祥保、徐洪年、徐金元	3
十六	李新成、李国良、李根宝	3

液化气　1989年，由塘市乡民政办公室负责，在西塘公路儿童食品厂东侧建造液化气站，乡机关工作人员及部分城镇居民首先用上液化气。1993年开始，塘市供销社生产资料部及少数个体商户先后建办液化气供应站。至1994年，全村70%以上居民使用液化气。1996年液化气普及率达100%。2016年，35%的村民用上了管道煤气。

第四节　供　油

20世纪70—80年代，农村燃油供应主要以耕地用柴油为主，由塘市供销社生产资料部按耕地面积定量供应，运输等用油则是少量议价油。1985年，塘市公社经济联合委员会投资建造塘市加油站。加油站位于塘市镇域南部虎泾口北，紧靠老沙锡公路。加油站建成后，既满足了境内车辆的用油，也方便了外地过境车辆。1998年，用油全面开放，进入市场化机制。

2003—2016年，随着农村城镇化建设的不断推进，汤联村农户先后被整体动迁，分别安置到塘市集镇周边的各集中居住小区内。现代化的居住小区，环境优美，水、电、管道煤气等各项设施配套齐全。

第四卷　交通·水利

第一章　交　通

中华人民共和国成立前,境内没有公路干线,乡间均为泥土小路。唯有菖蒲泾桥经渔梁浜桥到塘市的官路稍宽一点,但也是仅一米左右的土路,高低不平。交通运输主要依靠水路。1945 年,江阴县城东至杨舍建筑了一条路基 7.5 米、路面宽 3 米的碎石公路(澄杨公路),境内村民外出走陆路要步行到杨舍乘汽车,走水路要步行到塘市乘坐轮船。

中华人民共和国成立后,党和政府动用财力物力,发动群众疏通河道、筑路造桥,兴办水利。1958 年开始,各生产队逐步加宽道路。1983 年,大队开始修筑通往各自然村的主干道,1990 年始建砂石路面的汤联路。2000 年开始,境内交通建设进入快速发展时期。至 2010 年,村、组主干道全部是宽敞的水泥路,通到农户家门口。2015 年,随着新丰路、新泾路、南园路、东南大道的相继建成,公交 212 路、213 路、219 路、226 路车先后在境内设置上下客站,村民出行方便快捷。2016 年末,境内有镇级以上公路 5 条,村组道路 2 条,总长 9880 米。重建的渔梁浜桥与东南大道衔接,成为汤联村新的地标建筑。

第一节 道 路

一、镇级以上道路

新泾路 位于村域北部,东起塘桥镇北环路,西至港城大道,总长 10.2 千米。境内段东起程虞家堂,西至闵家巷,长 1.73 千米。新泾路 2003 年始建,东起南园路,西至港城大道,路面结构为 22 厘米水泥混凝土面层 +30 厘米二灰碎石 45—60 厘米灰土,主要交叉口均采用交通渠化设计。水泥路面长 5.5 千米。2013 年,建设南园路至塘桥镇北环路段,全长 4.7 千米。2016 年,新泾路东起东南大道、西至港城大道段改造,全长 3509 米。改造后路面采用沥青混凝土,路基宽度为 36.5 米。项目总投资 7400 万元,建设工期 180 天。

东南大道 位于村域中部,始建于 2003 年。南起西塘公路,北至南二环路,沥青混凝土路面,宽度为 38 米,总长度 3.8 千米。境内段南起金塘路,北至闵家巷,长 1.1 千米。

新丰路 位于村域中部,始建于 2010 年。东起汤桥路,西至港城大道,沥青混凝土路面,宽度为 22 米,总长度 3.2 千米,境内段 1.1 千米。

汤联路 位于村域中部,始建于 1990 年,东起程虞家堂,西至新沙河,砂石路面。1998 年重建,东起李港巷路,西至金港大道,沥青混凝土路面,宽度为 7.5米,总长度 3.7 千米,境内段 1 千米。

南园路 位于村域东部,始建于 2007 年。南起西塘公路,北至新泾路,沥青混凝土路面,总长度 3.4 千米,宽度为 22 米。境内段南起原南园自然村,北至新泾路,长 1.1 千米。

图 4-1 汤联路(2016 年摄,闵荣高提供)

汤桥路 位于村域东部,始建于 2009 年。南起西塘公路,北至新泾路,沥青混凝土路面,总长度 3.7 千米,宽度为 25 米。境内段南起原南园自然村,北至新泾路,长 1.1 千米。

二、村组道路

中华人民共和国成立前,境内村组道路均为土路,大多不足 1 米宽。1958 年开始,各生产队逐步加宽道路。20世纪70年代建造机耕路,路面宽1—2米,但仍为泥土路。80年代起,逐步改为沙石路面。1998年,开始改建加固,但路面仍狭窄。2000年后,经开区(杨舍镇)加大对汤联村村组道路建设的力度,村主干道通到各个自然村(宅基)。2001年开始,村内通往南园、程虞家堂、李港巷、西庄、葫芦簖、闵家巷、野鸡场的主干道先后改为混凝土路。至2003年,全村混凝土路面总长4.75千米,总投资近60万元。

民国时期至解放初期境内主要道路(官路)一览表

表4-1

路　名	境内路径
塘市至汤家桥官路	范家巷—西洋巷—后房东桥—北园—汤家桥
塘市至乘航官路	西庄—后房—闵家巷—菖蒲泾桥—河南桥
塘市至杨舍官路	西庄、葫芦簖—野鸡场—闵家巷—坎庄

1978—2003年境内主要道路一览表

表4-2

路　名	路经起讫走向	长度(米)	建造年份
南园(宅基)路	东起南园,西至后房	300	1984
程虞家堂路	南起南园,北至程虞家堂	300	1986
后房路(1)	东起后房,西至芦庄桥	600	1983
后房路(2)	后房(南),后房北机耕路	500	1991
葫芦簖路	东起后房,西至葫芦簖	600	1983
闵家巷路	南起新丰路,北至闵家巷	650	1984
西庄路	东起后房,西至西庄(11队)	400	1984
李港巷路	南起后房,北至李港巷	600	1985

注:1978—1982年间均为机耕路式沙石路面。

第二节　航道与河道

中华人民共和国成立前,境内航道均为内河航道。因年久失修,大多淤塞严重。新中国成立后,人民政府十分重视内河航道建设,结合农田水利建设,多次对航道进行疏浚。1972年前,境内有航道4条,总长5.15千米。2000年仅剩2条航道,总长4.15千米。2016年境内已没有航道。

谷渎港（现名新沙河）

位于村域西部，明清时期出江大港。南起江阴市北涠，北至杨舍镇区南横套，全长 11.7 千米，底宽 4—6 米，底高吴淞零上 1.2 米，通航能力 5—10 吨，其中境内段南起葫芦籪，北至野鸡场，长 1 千米。清同治年间，朝廷沿河立碑，颁布号令"八不准"保护谷渎港。1972 年疏浚东横河以南至黄旗桥段，截弯取直，

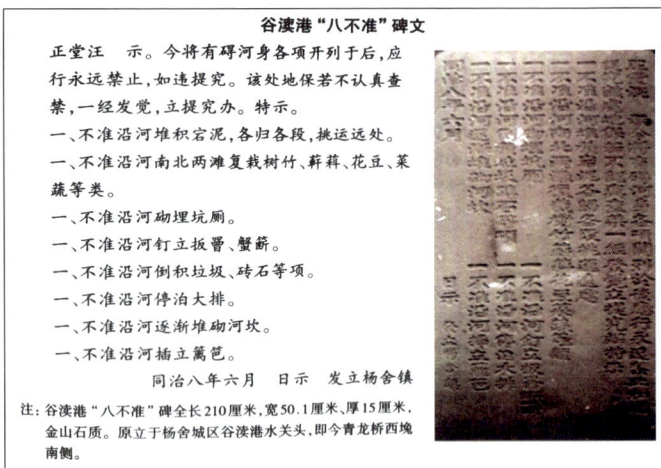

谷渎港"八不准"碑文

正堂汪　示。今将有碍河身各项开列于后，应行永远禁止，如违发究。该处地保若不认真查禁，一经发觉，立提究办。特示。
一、不准沿河堆积官泥，各归各段，挑运远处。
一、不准沿河南北两滩复栽树竹、薪荆、花豆、菜蔬等类。
一、不准沿河砌埋坑厕。
一、不准沿河钉立扳罾、蟹薪。
一、不准沿河倒积垃圾、砖石等项。
一、不准沿河停泊大排。
一、不准沿河逐渐堆砌河坎。
一、不准沿河插立簖芭。
　同治八年六月　日示　发立杨舍镇

注：谷渎港"八不准"碑全长 210 厘米、宽 50.1 厘米、厚 15 厘米，金山石质。原立于杨舍城区谷渎港水关头，即今青龙桥西侧南侧。

图 4-2　同治年间"八不准"碑文（2017 年摄，徐飞提供）

改名新沙河，境内段西移 300 米，原河床从此成了汤联村的内河。

二干河（原名十一圩港）

位于村域东部。原系关丝沙与焦沙间的流漕，清同治十一年（1872）开凿，为刘海沙第十一条人工河，故名十一圩港。1925 年，十一圩港、新庄港、黄泗浦等老河拓浚接通，时为常熟县西部的第二条南北向通江干河，改名二干河。

该河南起江阴市北涠，经境内南园、石家堂、程虞家堂，过杨舍（乘航、东莱）、锦丰等镇辖区，过十一圩闸入长江。境内段长 1.2 千米。

二干河于 1910 年、1925 年、1946 年，1951 年、1965 年分别疏浚过。1978 年全线拓宽，截弯取直，升级为区域性河道，境内南园、程虞家堂段东移 300 米，原河床从此成了汤联村的内河。

2002 年，北涠至东横河口段，底宽 15 米，底高 0 米，边坡系数 1：2.5，是张家港市沿江地区排灌及南北交通主干河道。

渔梁浜

横贯汤联中部，东起二干河，西至谷渎港。50 年代古谷渎港疏浚，野鸡场小石桥段因出泥需要被堵塞。1980 年渔梁泾疏浚，野鸡场（原小石桥）段与新沙河段挖通，形成东起二干河、西至新沙河的格局。全长 2.05 千米，河底宽 4 米，河口宽 22 米，年平均水深 1.5—2 米，境内段东起南园西至葫芦籪，长 2 千米，为 8 级航道，通航能力 5—8 吨。

菖蒲塘

明清时期为"官塘"，位于村域北部。东起二干河，西接新沙河，全长 2.1 千米。河底宽 4 米，河口宽 22 米，年平均水深 2—2.5 米，境内段东起程虞家堂，西至闵家巷，长 1.9 千米，通航能力 3—5 吨。

第三节 桥 梁

中华人民共和国成立前至20世纪50年代末，境内桥梁大多为木桥，且年久失修，通行不便。60年代中期开始，在建造机耕路的同时，改建和新建了一批农用桥。1969年至1986年，境内分别对原后房东桥、菖蒲泾桥、石河布机桥等重建或改建。至2013年，全村共新建和改建桥梁9座，其中乡建和县建3座，修建老桥2座，村建跨径最长的桥是汤联桥，桥身长35米，桥面宽20米。

图 4-3 渔梁浜桥（为明代渔梁浜桥原址，2016年摄）

进入21世纪以后，杨舍镇政府将社会事业列入政府工作的重要议事日程，除新建部分农桥外，组织有关部门对全村农桥进行逐桥检查，并视损坏程度，按轻重缓急分期进行维修改建。资金来源由市、镇、村三级分担。这些新建和改建的桥梁，均为钢筋混凝土肋拱桥和板梁桥。

解放初期—2016年境内主要桥梁一览表

表 4-3

桥 名	跨越河道	坐落方位	桥型结构	长度（米）	宽度（米）	负荷（吨）	建造年代	重建年代	备 注
汤联桥	新沙河	汤联路与沙锡路交会处	水泥平板桥	35	20	50	1999年	2012年	
渔梁泾桥（1）	渔梁浜	后房	平板桥	25	20	4.5	明代	1968年、2010年	原为石条桥，后为拱形桥，现为平板桥
渔梁泾桥（2）	渔梁浜	后房	平板桥	30	20	60	1984年	2010年	因新丰路建设而建
渔梁泾桥（3）	渔梁浜	后房	平板桥	30	20	60	2003年		因东南大道建设需要在原渔梁泾桥东20米新建

（续表）

桥　名	跨越河道	坐落方位	桥型结构	长度（米）	宽度（米）	负荷（吨）	建造年代	重建年代	备　注
虞家桥	老二干河	虞家堂	木结构	15	2		无考		1978年因二干河拓浚被拆除
邱家桥	菖蒲塘	程家堂	水泥拱桥	15	3.5	拖拉机	明代	2000年	2010年因土地平整被拆除
菖蒲泾桥	菖蒲塘	闵家巷	水泥拱桥	15	3.5	拖拉机	明代	1986年	2003年因筑新泾路被拆除
南园桥	渔梁浜	南园	水泥装配桥	15	3.5	拖拉机	无考		1978年因二干河开挖被拆除
后房东桥	渔梁浜	后房	水泥平板桥	15	4	拖拉机	清代	1969年1998年	2013年因土地平整被拆除
布机桥	石河	后房	水泥拱桥	12	4	拖拉机	1959年	1969年2000年	2013年因土地平整被拆除
过水桥	渔梁浜	葫芦簖	砖拱桥	15	4	拖拉机	1980年	2013年	原桥未拆，新建桥西移10米
小石桥	渔梁浜	野鸡场	石板桥	10	2		明代		1954年因谷渎港拓浚被拆除
张家小桥	张泾河	张家堂	木结构	10	2		民国时期		70年代因张泾河筑坝被拆除
陶家坝桥	陶家坝河	西洋巷	水泥装配桥	15	2		民国时期	1995年	80年代重建水泥桥，2013年因土地平整被拆除
张家桥	菖蒲塘	小张家堂	水泥拱桥	15	3	拖拉机	1986年		2010年因土地平整被拆除

附：

朱侠——从做"下手"到桥梁工程师

朱侠（1916—1982），字仲义，汤联村后房人，工程师。

1939年，20岁出头的朱侠随兄长朱虎到新疆做"下手"，学习路桥勘测、设计、施工技术。1947年返乡。1955年进入无锡市崇安区市政工程队，主持负责大洋桥的加固改造工程。1961年下放回老家生产队务农。1962年进入常熟县交通局农桥工作组（70年代后划归水利局）。1966年主持望虞河张桥60米单跨双曲拱桥的设计施工。1968年负责望虞河80米单跨双曲拱桥大生窑厂桥的设计、施工建设，1969年负责望虞河3孔谢桥的设计、施工建设，并在计划时间内按质量完成建设任务。

1976年，朱侠于常熟县水利局退休。1982年病故。

第四节 交通运输

交通运输工具主要分人力运输工具和机动运输工具两种。20世纪70年代以前,境内的运输工具以人力运输工具为主。80年代以后,人力运输工具逐渐被机动运输工具代替。

一、人力交通运输工具

手推独轮车 木制,客货两用。载重200千克左右,车厢两边可坐人或载货。1960年前,全境有手推独轮车4辆,70年代后开始淘汰。80年代绝迹。

板车(榻车) 大多数为木质车身,少数为铁质车身。车厢长2米左右,宽1米左右,载重近1千克,起始于20世纪70年代。1980年,全境有榻车39辆。1983年实行家庭联产承包责任制后,村民因生产、生活需要,大部分家庭均备有此车,全境有300余辆。

自行车 一种轻便的代步及运输工具。70年代,用自行车从事搭客载货,俗称"二等车",全境有5人利用业余时间从事此行业,1990年有15人从事此行业。80—90年代,自行车普遍成为村民出行和销售芹菜的主要交通工具,全境有自行车785辆,直至90年代末期,自行车数量减少,逐步被电动自行车(单车)替代。

河泥船(俗称"三担二人船") 主要用于罱河泥,60—70年代大积大造自然肥料时期盛行。各生产队都有2—3条,80年代开始逐渐淘汰。

木帆船 是来往于乡村和城镇的主要水上运输工具。解放前,境内有木船(包括"洋龙船")2艘。1955年,境内后房、野鸡场有木船4艘,均为载货运物。60年代以后演变成载货为主,载客为辅。70年代后逐渐淘汰。

水泥船 60年代中期开始使用钢丝网混凝土结构的水泥船,其优点是价格低、易保养、使用周期长,吨位3—5千克。70年代,境内15个生产队都有水泥船,有的生产队有2条,主要用于装运稻谷、小麦、化肥、农药、氨水,积肥(罱河泥)等。80年代开始,第十三生产队等5个生产队购置10—15吨水泥船12艘,用作商业运输。90年代后逐渐被淘汰。

二、机动交通运输工具

境内机动交通运输工具从70年代开始逐步发展,除挂桨机船外,机动车辆开始呈现,有拖拉机、摩托车、汽车(卡车)等。

机帆船 20世纪70年代后,开始在水泥船尾加装螺旋桨推进器,用柴油机带动行驶(俗称机帆船)。1980年起,全境各生产队将水泥船改装成机帆船。1988年,境内有机帆船

20余条。90年代后逐渐被淘汰。

轮船 除客运外兼零星货运。民国时期至解放后的70年代,分别有苏州班、无锡早班、无锡中班、无锡夜班、常熟班等五班客轮。无锡班一天往返,苏州班每天对开。境内居民座船一般步行到塘市或汤家桥轮船码头。

拖拉机 最初为手扶拖拉机,用于耕作。1969年大队率先购买2台手扶拖拉机,1970年发展到5台。至1983年,全境有手扶拖拉机16台,农忙时耕地,农闲时配挂车厢跑运输。90年代后逐步淘汰。

汽车 是当代陆路交通、运输的主要工具。有轿车、面包车、卡车、小货车等。1991年境内有轿车1辆、农用卡车3辆。2000年开始轿车进入寻常百姓家庭。2016年,全村有轿车393辆(私家车)、卡车8辆、面包车2辆、小货的4辆。

三轮卡车 用于短途载客,装运货物,俗称"噗噗车"。80年代较为兴盛,至1991年,全境有三轮卡车3辆。

摩托车 现代化代步工具,也有用于搭客。80年代末期,全境少数人有此车。90年代末,全境有摩托车92辆。2000年以后,境内摩托车逐渐减少。

三、货运

明清时期,西洋巷海鱼交易市场活跃,人气兴旺,曾有"风帆相望、舟楫塞港"之称。境内水路交通以谷渎港、渔梁泾为主。粮食、土布为水运的大宗货物。民国时期,镇上商界曾集资在塘市西石桥堍建立石级专用码头。码头旁建有两间平房,以供临时堆放物品的人们候船休息,物品起卸均在此处,方便了境内水运货物的集散。是时,水上运输工具主要为木帆船。

中华人民共和国成立后,木帆船在70年代末消失。沙洲县轮船公司运输业务日趋发展,开办水上联运业务,境内货物在塘市轮埠装船可托运至内河各港。1968年塘市交通运输管理站建立(简称交管站),主管水上航行。随着村(大队)办工业的发展,大队添置挂桨机运输船5艘。80年代后期,随着沙锡公路通车,陆路运输日益发展,水上航运逐渐衰弱。

1980年,政策允许个体户搞运输,乡村个体运输业迅速发展。1982年,境内有10吨以上挂桨机运输船9艘,大多为水泥船体。这些运输船均为自揽货源、自由经营、随处停靠、机动灵活,成为运输业的一支重要力量。1990年以后,村级公路全部贯通,拖拉机挂斗车迅速发展,水上运输逐渐衰减。至1999年,全境有拖拉机运输8户,机动船运输6户,三轮卡运输5户。

四、客运

1921年,塘市地区客轮通行。常熟、苏州及无锡等5艘客轮每天往返于常熟、苏州及无锡至杨舍间,途中停靠塘市、汤家桥,境内农民乘坐轮船必须步行到上述两个轮船码头。

中华人民共和国成立后,轮船仍为客运主要工具,其业务有所发展。70年代后,乡镇公路逐渐通车,水上客运萧条,至1988年,境内轮船客运全部停止。

五、交通运输管理

为方便陆路交通,1983年成立塘市交通管理所,有工作人员6人,乡派出所设交警两名,协同对全乡车辆、船只进行考核、验证、发照和交通事故处理。

2007年,张家港公安局经开区交通警察巡逻中队、塘市派出所搬迁至汤联境内新泾路与东南大道交会处(原闵家巷自然村),负责新泾路、东南大道等区域的交通、治安管理工作。

第二章　水　利

中华人民共和国成立前,境内河道弯曲、狭窄淤浅,水不成系,河不成网。小农经济时代,内部河道互相分割,宣泄不畅。民国时期的38年中,有8年旱涝成灾,尤以1934年的旱灾最为严重,境内池塘几乎全部干涸,河底龟裂。

中华人民共和国成立后,人民政府发动群众兴修水利。20世纪50年代初期,着重疏浚谷渎港等河道,提高排灌能力。1962年沙洲县成立后,按照"小型为主、配套为主、自办为主"的治水方针,拓浚以菖蒲塘为重点的区域性排灌河道。70年代开始,在"农业学大寨"运动中,大搞平整土地,加强沟渠建设,发展排灌事业。80年代后,水利建设的重点转为结合农田基本建设,绿化、美化,提高经济效益,形成了镇、村、组三级水网,排、灌、运综合利用的水利体系。

第一节　河道整治

民国时期,境内谷渎港、渔梁泾(又名渔梁浜)河道弯曲,狭窄淤浅,旱涝灾害频繁发生。中华人民共和国成立以后,特别是1970—1980年,有规划、有步骤地全面进行河道整治,先后开凿、疏浚大小河道5条,其中新开通区域性河道1条,疏浚村级生产灌溉河4条,形成了各级河道纵横成网,相互配套,排灌、运输综合利用的新的水利体系。1981—2005年,境内先后疏浚县级河道2次,区域性河道1次,疏浚乡村中心河及村级生产灌溉河8次。2006年开始,随着农村城镇化建设的快速推进,大片农田包括河塘被征用。至2016年,境内未有河道整治。

一、县(市)级河道疏浚

谷渎港(现名新沙河)

宋时名杨家港,明清时期是出江大港。谷渎港,南起江阴市北涸张家港河,向北穿越塘市、汤联境内(野鸡场)经杨舍城区,至福前入南横套,全长15千米。汤联境内段长1000米,是境内灌溉、水运的主要河流。旧时,因港中经常有谷粮运输,故称谷渎港。清光绪《杨舍堡城志稿》载:"杨舍枕江之上,界连姑熟。诸港滔

图4-4 20世纪70年代兴修水利(徐惠荣提供)

滔会江为险。左襟谷渎,仅五里许。"《杨舍堡城志》记载:"潮汐灌注,舟楫往来,农商利赖。"

旧时,历代官府曾对谷渎港作过多次疏浚。明洪武二十五年(1392)大浚。天顺二年(1458),知县周斌续浚。万历四十四年(1576),县丞余茂先又浚。同治七年(1868),知县汪坤厚召集杨舍、马嘶两镇重浚。1954年春,杨舍区委组织境内一镇四乡民工3000余人对杨舍段大规模疏浚,境内民工积极参与。

1962年又浚谷渎港,把东横河至城南桥段列为市河,在新风桥南侧建有沙洲县(杨舍)轮船码头。1972年沙洲县又组织疏浚,从东横河至黄旗桥段截弯取直,境内野鸡场段西移300米,原河床自此成了汤联村的内河。因属沙洲县成立以来第一次拓浚该河,故将该段更名为新沙河。

附:

截弯取直后的谷渎港

1978年开挖新市河后,又将新市河南口至东横河段复称谷渎港。1994年起,市政府对谷渎港城区段进行覆盖改造,原轮船码头至向阳弄口段建成街心公园和停车场。一干河至城北村范家谷段建造锦绣花园。2012年,拆除街心公园和停车场,对该河段实施启封改造,完成河道清淤整治,两岸加驳石驳岸,重建青龙桥、新风桥,复建青龙南桥。现该段为市区河道景观工程及地下滨水商业街。谷渎港北段锦绣花园至南横套段仍保持原河床面貌,但仅作排水之用。

二干河(原名十一圩港)

原系关丝沙与焦沙间的流漕,清同治十一年(1872)开凿,为刘海沙第十一条人工河,

故名十一圩港。1925 年,十一圩港、新庄港、黄泗浦等老河拓浚接通,时为常熟县西部的第二条南北向通江干河,改名二干河。

该河南起江阴市北㵲经境内南园、石家堂、程虞家堂,杨舍(乘航、东莱)、锦丰等镇辖区,过十一圩闸后入长江。境内段长 1200 米。

二干河曾于 1910 年、1925 年、1946 年、1951 年、1965 年疏浚过。1978 年全线拓宽,截弯取直,升级为区域性河道。境内南园、程虞家堂段东移 600 米,原河床从此成了内河。1978 年,拓浚后的二干河南起江阴市北㵲,北至十一圩港口,全长 27.2 千米。

1996 年疏浚乘航段 5.45 千米,完成土方 16.58 万立方米,疏浚标准为河道底宽 20 米,底高 0 米,边坡系数 1∶2.5。1997 年疏浚蒋桥至十一圩闸外段 6.15 千米,完成土方 21.61 万立方米,疏浚标准同上。

2002 年二干河全线疏浚,总长 26.53 千米,完成土方 47.27 万立方米。疏浚方法采用绞吸式挖泥船和抓斗式挖泥船施工。疏浚标准:北㵲至东横河口,底宽 15 米,底高 0 米,边坡系数 1∶2.5;东横河口至蒋桥北段,底宽 20 米,底高 0 米,边坡系数 1∶2.5;蒋桥北至郁家桥段,底宽 20 米,底高 –0.3 米,边坡系数 1∶2.5;郁家桥至北中心河段,底宽 20 米渐变至 30 米,底高 –0.3 米,边坡系数 1∶2.5。2008—2009 年实施二干河坡岸整治工程。2013 年,二干河张家港境内段全长 26.53 千米,底宽 15—30 米,底高 –1.5—0 米,边坡系数 1∶2.5。是张家港市沿江地区排灌及南北交通主干河道。常年可通航 300 吨级以下船舶。全线有十一圩港闸和跨河桥梁 22 座,涵洞 9 座。

二、乡镇级河道疏浚

菖蒲塘

60 年代,闵家巷至李港巷段局部拓浚,浚长 300 米。1996 年 3 月,菖蒲塘全线疏浚,浚长 2.1 千米,底宽 4 米,底高 0.5 米,边坡系数 1∶1.5,完成土方 13370 立方米,农田受益面积 1500 亩。2007、2008 年分别疏浚,浚长 3.2 千米,底宽 4 米,底高 1 米,边坡系数 1∶1.5,疏浚后的菖蒲塘排涝能力达到 2.00 立方米 / 秒。

渔梁浜

1954 年,谷渎港疏浚时因出泥需要把渔梁浜与谷渎港交汇处(野鸡场小石桥段)填没。1980 年,渔梁浜拓浚,向西延伸与新沙河接通。1996 年,渔梁浜东起二干河,西至新沙河全线疏浚。全长 2.05 千米,疏浚标准为底宽 4 米,底高 1.5 米,边坡系数 1∶1.5,完成土方 22897 立方米,农田受益面积 1900 亩。

三、村组河道疏浚

村组河道分中心河和生产河两类,解放初期共有 90 余条,大部分利用废河浜、宅基河整治而成。一般都结合干河积肥进行疏浚。实行联产承包责任制后,村组河道疏浚比较其他水利工程相应减少。

1980—1995 年间,结合吨粮田、丰产方建设,疏浚村组河道呈现高潮,境内 16 个村民小组共疏浚门前泾、葫芦簖、小泾河、藤湾泾、蚂蟥泾、下泾河、张泾河、石河、三坟塘、私房泾、倪坊渔池等河道数十条,浚长 5.6 千米。

2003—2016 年,境内因东南大道、新泾路、南园路等道路建设以及新美星、新普森众泰、五洲变压器等企业建设的需要,除渔梁浜西段与菖蒲泾东段(河梢)以外,其余村组河道均被征用填没。

附:

支援外地水利工程

境内村民先后参与 1956、1982 年拓浚锡澄运河,1958 年 11 月开凿张家港河,1959 年拓浚望虞河,1962 年拓浚盐铁塘以及之后的大运河(苏州段)、太浦河、浏河和县内东横河、杨舍新市河、二干河等水利工程。在二干河、望虞河等会战工程中,境内民工多次获得表扬和奖旗。

第二节　农田排灌

中华人民共和国成立前,境内灌溉主要靠人力车水,牛力戽水次之。如遇到高田,要架设 2—3 台水车逐级上水,俗称"盘水"。长期以来,农田灌溉极为困难,粮食因此歉收。如遇大旱年景,农民为抢水而带来各种纠纷。中华人民共和国成立后,采取机械灌溉,固定排灌站、渠道等灌溉工程陆续兴建。1969 年,大队从范家巷架设一万伏高压输电线路新建电灌站,70 年代中期全境实现机械化灌溉,并逐步向电力灌溉发展。1990 年以后灌溉全部实现电气化。

一、人畜力灌溉

中华人民共和国成立初期,境内灌溉工具都是人力或水车。水车有车轴、车厢、斗板、木牛、

图 4-5　人力车水(徐惠荣提供)

车桁、石盖(搁置车轴转动,共2只)组成,车轴有四人轴、六人轴两种,境内大多以六人车轴为主,车厢长度以斗板张数计算,一般有13、15、17、19、23张等几种。境内因属纯稻区,高岗地多,大多用17张以上的长水车,斗板由车榫相接,似"龙骨",用以提水。灌溉时以六人、八人、九人档运作,六人档在车水时可停车休息片刻,八人档俗称"八转六",按筹码转数,其中二人轮流休息,九人档俗称"九个转",按筹码转数,其中三人轮流休息,按劳动强度"八转六"最为辛苦。牛车则要加上墩芯、盘面。一部人力车日灌溉面积5—8亩,一部牛车日灌溉面积8—10亩。内塘水源不足的地方,要从外河翻水,塘翻塘、沟翻沟,几渡上水,最多时有三渡、五渡上水。私有制时,内塘上水田有规定(一条内塘规定几块田上水),因此,一旦发生旱情,几块田的农户就得请人帮助"抢水"。1962年,境内共有人力水车36部、牛力水车27部,人畜力灌溉面积400余亩。1970年以后,人畜力灌溉基本绝迹。

二、机械灌溉

民国后期,境内始有柴油机。后房有一机船户购置柴油机安装在木船上,在附近实行流动灌溉,每灌一亩地收取稻谷15—25千克作为报酬。一条机船一季可解决300—500亩耕地的上水量。1954年,由汤桥乡政府牵头成立联营小组,定期定浜,以水泵功率大小统一安排,联合承包灌溉。农业合作化以后,部分初级社开始自购洋龙船机器戽水。1958年人民公社成立后,各生产队先后建立小型机灌站,开始修建灌溉渠道,有大队"洋龙船"轮流灌溉。1962年,境内有农田灌溉机械1台,机械灌溉面积占水稻总面积的65%以上。1972年以后,各生产队自办机灌站,购买动力为16马力的柴油机,用于灌溉、脱粒。

三、电力灌溉

1968年秋后,公社先后将一批机灌站改建成电灌站。1969年3—5月,范家巷电灌站落成后,大队出资从范家巷电灌站架设1万伏高压线到汤联电灌站,境内电力灌溉面积占水稻总面积的85%左右。1972年以后,机器灌溉改电力灌溉的步子不断加快。1980年,全大队有电动机46台,有农用水泵45台(包括水葫芦),电灌站25座,基本普及电力灌溉。累计用于发展电灌事业的投资约30万元。80年代中期,又先后投资20余万元,用于农业电网改造,建合格用电站等。

四、田间沟渠

20世纪50年代初,境内无灌溉渠道。1958年以后,随着固定机灌站的发展,渠道工程逐渐兴起。

渠道工程 生产队的固定机灌站或电灌站一般有渠道300—500米,长的达1000米以上。大队总渠道工程由大队投资,按受益面积分摊到相关生产队,劳动力全部由受益生产队负担。境内千米以上的渠道有4条,即程虞家堂渠道、闵家巷渠道、野鸡场渠道、西庄过水桥渠道。

1970年,大队投资10余万元建电灌站,往北铺设地下渠道(也称暗渠)1000余米,暗渠下流段由各生产队自行修筑明渠。暗渠上面为机耕路,达到路渠结合,路下暗渠灌水,路上行人跑车,路旁植树绿化。1972年以后,各生产队先后重建、新建小电灌站,新筑渠道2500米。汤联大队灌溉队伍逐步建立起来,电灌站发展后,大队管理人员由公社负责技术培训,生产队的电工由大队培训,全大队灌溉队伍发展到18人。1981年以后,农村逐步实行家庭联产承包责任制,村级渠道工程未再有发展。1983年农村实行经济体制改革后,各村民小组机电灌溉均由村民小组组长兼管。

第三节　农田示范区

中华人民共和国成立前,小农经济时代,造房建屋和墓地开挖使境内产生较多高墩与洼地,老百姓戏称为"高的狼山低的海"。加之个体农民垦殖无规划,致使土地田块凌乱、形状各异、大小不一、七高八低,对农田排灌和机械耕作十分不利。20世纪50年代,境内搞互助组、合作社、人民公社,开始对局部土地进行平整。

70年代,政府号召建丰产方,将拖拉机开不进、沟渠不配套、旱涝灾害严重的低产田,建成格田成方、路渠配套、旱涝保收的丰产田。1974年,全大队15个生产队按照"排得快、灌得好、降得下、易管理"的田园化要求,从改造低产田入手,大搞平整土地和格田成方,重新调整河、路、田、沟、渠、站的布局,将原来大小不一、高低不平的田块,分隔成同一方向、两亩一块的格子化农田,连片的田园化格子田成为丰产示范区的雏形。1977年以后,平整土地的规模逐渐缩小。

1977年,汤联村开始建设吨粮田,总面积847亩。在建设吨粮田时,根据外地先进经验,实行"一改三结合",即把明沟改为暗沟,结合平整土地格田成方;结合田块整理大搞灌排分开,做到块块"自立门户",丘灌丘排;结合调整社员自留地(插花田),建设标准化的机耕、机灌道路,路旁植树绿化。建设吨粮田,水利是关键。在平整土地、改造低产田的

图4-6　20世纪70年代平整土地(徐惠荣提供)

同时,注重改善农田排灌条件,治理水土流失,全村因地制宜实施旱改水工程 178 亩。

1978 年,全村加快低产田改造和农田标准化建设步伐。境内 15 个生产队改造 12 处中低产田,配套建设电灌站 3 座,沟渠近 2000 米,受益面积 300 余亩。

1980 年,按照公社"以农养农、以工扶农"政策,境内各生产队将丰产方建成示范区,每个示范区面积 30—50 亩。全村投资 10 余万元建设永久性渠道,所有田块格田成方、路渠配套,确保旱涝保收。示范区都统一做成牌子,竖在田间,由大队主要领导任组长,大队农技员为专管员

至 1981 年,全大队建成各类丰产方 15 个,总面积 780 亩。筑砌渠道 500 米,铺砂石路 800 米、农田绿化 0.35 万株,累计投资 20 多万元。稻麦连年获得丰收,产量普遍比大面积增加 10%—20%。1992 年,张家港市政府下发《关于切实抓好丰产方和吨粮田建设高潮》的通知以后,汤联村各村民小组对丰产方和低产田按照"挡得住、排得快、灌得好、降得下"的新要求实施改造,进一步推进了境内吨粮田、丰产方建设进程。1997 年,在气候多变的情况下,夏熟取得了好收成。秋熟种上常农粳 5 号,亩产 580 千克。

第五卷　农　业

第一章　农村经济体制改革

在漫长的封建土地私有制社会里，农业生产方式落后，抵御自然灾害的能力很差，农业仅维持较低的生产水平。一般年景，水稻亩产 200 千克，三麦亩产 60 千克。

中华人民共和国成立后，经过土地改革和农业合作化，结束了几千年的土地私有制，解放了生产力。推广农业科技，调整种植布局，提高耕作质量，农业生产得到发展。1958 年，在"大跃进"和人民公社化运动中，依靠集体的力量，兴修水利，平整土地，农业基础设施得到很大改善。1962 年贯彻中央《农村人民公社工作条例草案》的精神，实行公社、大队、生产队"三级所有，队为基础"的核算方式，划分社员自留地，鼓励农民发展家庭副业，调动了社员的积极性，农业生产得到恢复和发展。1966 年"文化大革命"开始，片面推行"以粮为纲"，把副业生产当作资本主义进行批判或取缔，粮食和生猪生产有所增长，但农业经济效益仍处于徘徊不前状态。

1978 年中共十一届三中全会召开后，境内开始农村经济体制改革。1982 年，实行家庭联产承包责任制。1995 年，全村实行"两田分离"，村民只种口粮田，将责任田成块承包给有一定生产管理与经营能力的种田能手，实行土地规模经营。1998 年实行土地确权登记，2000 年开始，国家免征农业税，农民得实惠。2006 年，汤联村成立农业股份合作社。至 2016 年末，全村耕地面积仅剩 392 亩。

第一节　封建土地私有制

一、土地占有

中华人民共和国成立前,境内土地全部为私人所有,除了地主大量占有土地之外,还有其他少量的封建占田形式,如官田、义庄田、学田、宗教寺庙田、祠堂田、自田等,农村两极分化严重。据成文出版社、(美国)中文资料中心1997年12月合作出版的《江苏省常熟县、湖北省大冶县实习调查日记》记载:中华人民共和国成立前,境内土地的地权形态分为底、面两权。大抵业有其底,佃有其面。习惯上由田面权人按照契约向田底权人纳租,取得永久耕作畜牧之权。田底权人不得随意撤佃,而田面权人则可以将土地出租或典当于他人,所订契约主要有"租扎""贴绝永远田面文契""灰肥田面契""出顶田面文契"等。

据中华人民共和国成立初统计,解放前境内南园、后房、闵家巷3个村,共有耕地916.8亩。占总户数85%以上的贫苦农民所拥有的土地仅占土地总数的41.87%,大部分农民不得不租种地主、富农的土地来维持生活。加上战争、苛捐杂税、抽壮丁以及自然灾害、瘟疫和盗匪抢劫等等,农民生活困难,每年人均口粮只有75千克左右,过着"吃糠咽菜"的生活。有的被生活所迫,卖儿鬻女;有的让未成年的子女去给地主、富农家割草看牛、做佣人;有的外出做临时工或学手艺,借以糊口。

土改时期塘桥区各阶级(层)土地占有情况表

表5-1

序号	阶级成分	人口(人)	占总人口的(%)	占有耕地(亩)	占总耕地(%)
1	地主	2069	2.62	4007.67	47.08
2	富农	1614	2.16	394.13	4.63
3	中农	16396	29.74	1902.53	22.35
4	贫农	39564	53.93	1419.03	16.67
5	雇农	1819	2.38	45.12	0.53
6	其他	7564	9.21	743.99	8.74

二、地租剥削

中华人民共和国成立前,地主对农民的剥削主要依靠地租。地租大致分为以下几类:

老租头田地租　向地主或富农租种土地的佃户要长期缴租,称"老租头田"。租种一亩田,约需7—9斗租米,每年夏季缴麦两斗(1斗折合7.5千克),其余秋季缴米或稻谷,也有到秋季一次缴米或稻谷的。附近江阴县的租米比常熟县境内的略少一些。

活络头田地租 耕种者先交一定数额的押金向地主租种土地,并规定一定期限(1—3年)。在租赁期间,耕种者必须每年向地主缴一定数量的租米,每亩一石(折合 75 千克)米左右,期满后将田归还给地主,耕种者收回押金。有时地主还要向佃户加收押金,称"加上岸",加重农民负担。

搁租田地租 农民在经济上遇到困难,向地主求借,将自己的土地抵押给地主,每年向地主缴租米 9 斗,并在规定期限之内,赎回抵押的土地。

分种田地租 地主或小土地出租者的土地给农民耕种,戽水、劳作均由农民负担,肥料、种子由地主负担。秋收时,提租对半分,即将收到的粮食,提去租米以后,余粮由地主和农民各分一半。这样农民辛勤劳动一年,所得无几。这是一种比较严重的剥削。

"包三担"地租 农民向地主或富农每租种一亩田,秋季稻谷登场时必须向地主缴 3 担米(每担折合 50 千克),不管年景好坏,都要缴纳。

三、借贷剥削

"一粒半" 年初向地主、富农借 1 石米,年终归还时要加 5 斗利息。有的算"一粒四",即借 1 石要还 1 石 4 斗。麦尽稻不熟时,有的农民向地主、富农借了米,不管是 1 个月还是 2 个月,归还时要算"一粒半"的利息。

利滚利 如向地主借 1 石米,年终时归还 1 石 5 斗。如果当年未还,到第二年要以向地主借 1 石 5 斗计算,加 50% 的利息,依此类推。

豆饼换米 秋初,如果农民缺农本,向地主、富农借豆饼(每担折成 4 斗米)。秋熟时豆饼价升值,每担豆饼要按 6 斗米计算,再加 50% 的利息。

麦换米 初夏,农民缺粮时向地主、富农借米 1 石,折算成 2 石麦,秋季时麦价与米价相等,因此农民还时要还 2 石米,即"借一还二"。

印子钱 借期不超过 2 个月,有的甚至仅几天,实行利上加利,称为"早顶对,夜子分"。放印子钱的,大都是地痞流氓。

卖青棵 农民遇到突然灾祸,借贷无门,于是当稻麦还未成熟就低价出卖,其价约为当时稻麦价格的 60%—80%,待成熟后交货。

四、其他剥削

无地农民到地主、富农家当长工(雇工) 一般在春节到农历七月半,每年一个正常的劳动力只得 2 石至 3 石米左右的劳动报酬。看牛者(童工)一年只得 1 石 2 斗米,有的只有 1 石米左右。一个正常劳动力的劳动报酬如以全年计算的话,上半年得 2 石米,下半年得 1 石米(因为上半年的劳动强度高,下半年的劳动强度低一些)。

哈牛皮 1 个人工换地主的牛去耕 1 亩地,6 个人工换牛戽 1 亩地的水。这种不等价的交换,实际上也是一种剥削方式。

有的农民向地主借钱买牛,每年都要给地主戽 6 亩地的水,还要租种 3 亩地,每年每亩缴租米 9 斗。

第二节 土地改革

1950 年 1 月,常熟县人民政府派出工作队,分别到各乡、村进行农村调查,整顿基层组织,为土地改革作前期准备。是年 6 月 28 日,中央人民政府颁布《中华人民共和国土地改革法》,彻底废除了千百年来实行的地主阶级封建剥削的土地所有制,实行农民的土地所有制,借以解放农村生产力,发展农业生产,为新中国的工业化开辟道路奠定基础。

10 月,境内开始土地改革(以下简称"土改"),按照依靠贫雇农、团结中农、孤立富农、打击地主的土改政策,全面发动群众,挨家逐户(用步弓)丈量土地,摸清人口。1951 年 3 月土地分配完毕,转入春耕生产,10 月进行土改复查和土地整理,颁发土地证。

在土改中,对照政策标准划分成八类成分。生产资料一无所有,全靠做长工、出卖劳动力勉强维持生活的划分为雇农;有少量土地和宅基地,每年自给不到一半,另外租田和外出打短工或做长工的划分为贫农;全部自耕地,自耕地面积按全家人口计算,超过人均数左右的划分为中农;除全部是自耕地,且有大型生产农具(耕牛、水车等)外,在农忙季节还雇佣一些短工的划分为富农;靠剥削的总收入低于自身劳动投入一倍以下,且这部分剥削的收入因劳动力不足而出租部分土地后获得收益的划分为小土地出租者;靠剥削的收入超过自给劳动收入一倍以下的划分为富农;靠剥削的收入超过自给劳动收入一倍以上的划分为半地主;全靠剥削为生的划为地主(地主中有恶霸地主、一般地主和开明地主之分)。

境内的土地改革在常熟县土改工作队的指导下进行。

1950 年 10—12 月,各个小乡分别成立土地改革委员会。通过冬学民校,组织农民学习《中华人民共和国土地改革法》,广泛宣传发动,同时,统计常住户口人口和田亩数,摸清地主、富农"四大财产"(即土地、房屋、家具及大中型农具)的基本情况,全面进行土地登记,并对地主、富农的财产进行查封,查清黑田,评定阶级成分,经塘桥区委批准后出榜公布。1951 年 2—3 月,发动农民诉苦,斗争地主。确定分田标准(先得户每人留 1.3 亩,其余需分出,既得户基本不动,后得户每人分进 1.25 亩),没收地主土地、房屋、家具、大型农具等"四大财产",然后出榜公布,最后抽签分田。1951 年 4 月,主要复查"五大标准"(即人口、房屋、土地、生产资料、剥削程度),查有否漏划成分,有否包庇现象,有否打击报复行为,有否隐匿的逃亡地主,有否侵犯下中农的利益。同时,镇压不法地主,巩固土地改革的成果。最后召开大会颁发土地证。

第三节　农业合作化

一、互助组

1952年春,在共产党"组织起来、发展生产"的号召下,按照自愿互利原则,各自然村相继建立了互助组。

互助组有两种形式。一是临时互助组,农忙时成立农闲时散。计酬办法采取以工换工的方式处理。二是常年互助组,是农民在生产中开展互助合作的固定形式,参加互助组的户数,少则六七户,多则十多户,大型农具作价入组,三年内陆续还清。计酬办法采取出工计工,年终一次性结算。结算时,大体上是以总工数按田亩数的平均值,得出平均用工数,然后以各户的土地多少、得工多少,以现金找补。工价视当年各组的收成而定。组内设组长、记工员各一人。

至1954年,境内共有常年互助组9个,临时互助组12个。

二、初级农业生产合作社（简称初级社）

1954年春,在贯彻执行常熟县政府提出的过渡时期总战略的过程中,按照"积极引导,稳步前进"的方针,引导试办初级社。每个初级社有1—2名中共党员,设正、副社长、会计、社务委员若干人。办初级社的政策原则是自愿报名,自由结合;土地根据土质好坏,评级入股,大型农具(水车、河泥船、耕牛)折价入社,统一生产经营;以贫农为绝对优势,下中农次之,中农占少数;入社、退社自由。

初级社的分配实行"土劳分红"制。即农业纯收入扣除积累,25%—40%按入股土地分配,60%—75%按投工数分配。初级社的劳动管理实行定额计酬制,也有包工到组、定额到人的。生产管理,由社员选举产生管理委员会,由社长或副社长具体负责。劳动、土地、农具等由管委会调配。生产劳动由管委会组织,生产计划由管委会制定并交社员大会讨论通过。

1955年,境内的南园、后房、闵家巷相继建立起红星、大星、新星初级社。根据这一状况,汤桥乡党委帮助初级社总结经验,积极支持初级社发展农业生产,优先供应豆饼、化肥。翌年,农业生产获得了大丰收。副业生产有了较大的发展,各小社充分利用能人办糖坊,加工豆芽、加工豆腐、饲养生猪、种芹菜等,增加了经济收入。分配的比例也作了适当的调整,按土地60%、劳力40%进行分配。同年开始实行评工记分。

三、高级农业生产合作社（简称高级社）

1956年,农业合作化的浪潮席卷全国。塘桥区委在汤桥乡试点,将汤桥乡中部连成一片的大星、红星、新星三个初级社合并建立了汤桥乡第一高级社(后改为汤联高级社)。高级社的劳动管理是"三包一奖",即包工、包本、包产、奖赔。高级社沿用初级社管理委员会作为生产管理机构,并在社以下设生产队。境内设8个生产队(西庄、葫芦籥为第一生产队,闵家巷为第二生产队,程虞家堂、李家堂、石家堂为第三生产队,南园、北园为第四生产队,后房、西洋巷为第五、第六生产队,李港巷为第七生产队,野鸡场为第八生产队)。高级社内有主办会计负责全社的经济核算和分配工作,还配有记账的助理会计、工分核算会计、劳动成本核算会计、现金会计、仓库会计。生产队设队长、会计、现金保管员、物资(粮食)保管员等。财务制度十分严格,非正常性开支一概拒付,杜绝白条入账。社管委会定期查账、对账、清账、公布账目,向社员大会报告财务收支等情况,赢得社员的信任。成立高级社以后,土地归高级社集体所有,实行按劳分配。按人分配基本口粮,小部分以工分带粮及以肥料带粮。年人均吃粮在250千克左右。

第四节　人民公社化

1958年8月29日,中共中央政治局北戴河扩大会议通过《中共中央关于建立人民公社问题的决议》,9月4日,塘市人民公社正式成立。撤销原高级社的建制,成立8个工区。境内为一工区,沿用合作化时期下设的8个生产队。公社管委会统一管理全社生产。公社制定的生产计划、规定、办法和决定均交给下属工区具体执行。1959年,调整人民公社的体制和规模,确定实行公社、大队两级核算,境内(后房)组建青年突击队,不久就改为第九生产队。

1962年2月以后,实行三级所有制,将以生产大队为核算单位改为以生产队为核算单位,生产队在农机具、牲畜、劳动力等方面享有调配的自主权。是年,境内原9个生产队拆分为15个生产队。原第一生产队分为第一(葫芦籥)、第十一生产队(西庄),原第二生产队分为第二(西部)、第十生产队(东部),原第三生产队分为第三(李家堂、石家堂)、第十三生产队(程虞家堂、张家堂等),原第四生产队分为第四(北园)、第十二生产队(南园),原第五生产队分为第五、第十五生产队,原第九生产队分为第九、第十四生产队(西洋巷),原第六生产队仍为第六生产队,李港巷仍为第七生产队,野鸡场仍为第八生产队。

各生产队实行三项经营管理:

计划管理　年初,各生产队对当年生产作"一年早知道"的总体安排,确定农、副、工三业的生产指标。

劳动管理　按劳动力的多少,分成若干固定的临时劳动作业组,设组长、记工员。按季节农活需要,制定劳动定额,对劳动社员进行当日评功记分。

财务管理　各个生产队设会计管账,设现金出纳员管钱,设仓库保管员管物资、农具等。

农村的分配办法由县、公社定出基本方案,包括分配原则、积累提留的比例、吃粮标准、农村五匠交钱记工、社队工人及外出人员交钱记工等。生产队根据上述规定并结合本队实际情况造出分配方案(预算),公社批准后再交生产队执行。待收支、粮食、工分、物资全部入账后才能最后分配。

1966 年 6 月,"文化大革命"开始。三级管理机构一度瘫痪,生产队管理一度处于无政府状态。不久,公社设立生产指挥部,负责领导农、副业生产,推行"大寨式"评工记分,批判"工分挂帅"。1968 年,公社、大队均改称"革命委员会",生产队设革命生产领导小组,管理农、副业生产。1981 年后撤销公社、大队革命委员会和生产队革命生产领导小组,实行公社、大队和生产队三级管理,直到 1983 年 7 月实行体制改革。

第五节　家庭联产承包责任制

1978 年中共十一届三中全会以后,以农业生产责任制为核心的农业经济体制改革逐步展开。1980 年秋,第七生产队在内部管理方面社员意见不统一,大队协调无果,经全体社员大会表决,实行"分队",以整个自然村为基础,东部为七队,维持原有管理模式,西部新设第十六生产队,实施以小段(季节)分组作业,社员自愿组合的管理模式。1983 年,全境 500 余户农民实行家庭联产承包责任制,共承包农田 1766 亩。同时,大队、生产队对植保、灌溉、排水、机耕等项目实行专业服务。农民有了生产经营的自主权和劳动力的支配权,解决了原来分配中的平均主义和"大锅饭",生产积极性充分调动起来,农村经济全面振兴,农业稳产高产,农民生活水平逐年提高,加上家庭自营收入和务工收入,境内农民人均年收入超千元,彻底改变了过去"高产穷队"的状况。

农村经济体制的改革,使大量富余劳动力转向工业、副业和服务业。1983—1990 年,境内转移的劳动力占总劳动力的 65%。1988 年,境内有种植业、养殖业、水产业、家庭加工业、运输业、建筑业、商业、饮食服务业及其他行业的专业户 50 余户,从业人员 240 余人,平均每个劳动力年收入达 3500—4000 元。有从事种植、养殖加工等行业的新经济联合体 4 个,从业人数达 125 人。除了上缴国家税金和提留积累外,经济联合体成员的人均年收入达 3000 元左右。2009 年有各类专业户 42 户,从业人员 252 人,每个劳动力年均收入达 19000 元。

第六节 土地规模经营

90 年代初期,塘市乡号召各村实行"适度的土地规模经营"。1995 年,全村实行"两田分离"制,村民只种口粮田,将责任田承包给有一定资本的种田能手,实行规模经营。从此,大部分农户不再种责任田,单种口粮田,自种自吃。是年 11 月,境内村民徐明标率先在第九、十一、十四村民小组承包土地 45 亩,实行规模经营,所种的小麦、水稻品种均由乡农业公司提供。村民朱锦通不仅在第五、第七、十五、十六村民小组承包 40 余亩低洼地搞稻田养虾、养蟹,而且还承包 20 余亩内河水面搞淡水养殖水产品,一直持续到 2007 年,大片土地被征用,村庄大规模被动迁。自 1995 年至 2010 年,境内共有种田大户 8 户,共承包土地 900 余亩实行规模经营,其中外来承包户 7 户。为了支持种田大户,村委专门帮助种田大户提供原生产队仓库和水泥场地,修建机耕道路、灌溉渠道,提供农药和机耕服务,农忙时还提供劳动力。

第七节 土地确权登记

1998 年,汤联村参照农业部《农村土地承包经营权管理办法》的规定,对全村的集体耕地实行确权登记。

1998 年汤联村土地确权登记一览表

表 5-2

组 别	户 数	在册人口	土地确权登记(亩)
1	58	216	90.55
2	37	124	56.69
3	37	129	58.06
4	36	127	57.17
5	33	104	46.78
6	40	131	58.98
7	27	92	41.41
8	38	135	60.72
9	26	93	41.83
10	42	148	66.57

（续表）

组　别	户　数	在册人口	土地确权登记（亩）
11	43	142	63.83
12	35	117	52.66
13	39	148	66.55
14	35	116	52.13
15	38	123	56.32
16	21	67	30.62
合计	585	2012	900.87

2016 年, 政府下发文件, 进一步完善土地确权登记事项。汤联村属张家港市规划控制区, 大部分土地已被征用, 未再进行重新确权登记。

第八节　股份合作社

2006 年, 由村经济合作社出资, 组建张家港经济技术开发区（杨舍镇）汤联股份合作社（简称合作社）。

2015 年, 汤联股份合作社重组。按 2014 年 12 月 31 日统计口径算, 全村入股村民 554 户 2241 人。合作社总资产 5471.71 万元, 净资产 2714.5 万元。2015 年末, 合作社股金总额 209 万元, 村集体和入股村民各占 50%。

一、组织机构

汤联股份合作社是以村集体所有制为主体的社区性合作经济组织, 实行独立核算、民主管理、利益共享、风险共担, 确保集体资产保值增值。经济性质核定为农民专业合作社法人。合作社经营范围: 集体资产的投资、经营和管理。合作社的最高权力机构是社员代表大会, 下设董事会和监事会。

二、股权配置

配置股权的人员, 截止日为 2014 年 12 月 31 日。

配置股权的份额分为三种类型。

第一种类型为配置基本股的人员, 股权的标准为每人 1 股。

（一）基本村民: 截至 2014 年 12 月 31 日年满 16 周岁（1998 年 12 月 31 日前出生）的

本村村民；

（二）婚嫁（赘）出，户口应迁出但未迁出不满 2 年的人员；

（三）1998 年确权时在本村民小组分到责任田的，购房后户口迁出的年满 16 周岁的原本村村民；

（四）婚嫁（赘）出户口应迁出而因政策因素确实不能迁出者；

（五）1998 年确权时在校的大中专生，在普通单位就业的本村村民；

（六）落实政策的随迁家属未安排工作人员。

第二种类型为享受部分股的人员。

（一）未满 16 周岁，其父母一方或双方享受全股权人员，本人享受 0.5 股；

（二）购买户口的，在 2014 年 12 月 31 日前户口在本村的人员，照顾享受 0.5 股；

（三）1991 年至 1998 年确权前的大中专毕业生，在 2014 年 12 月 31 日前户口在本村的人员，照顾享受 0.5 股；

（四）1998 年确权前购房转小城镇户口的，在 2014 年 12 月 31 日前户口在本村的人员，照顾享受 0.5 股；

（五）享受部分股权人员的子女照顾享受 0.25 股。

第三种类型为不能配股的人员。

（一）公务员、参照公务员执行机关工作人员及离退休人员；

（二）事业单位在编人员及离退人员；

（三）银行、信用社等金融机构正式人员及离退人员；

（四）军队干部、志愿兵及离退人员；

（五）不享受股权人员的子女；

（六）婚嫁（赘）出人员，应迁出而未迁出在 2 年以上的人员。

三、股权固化

凡获汤联股份合作社股权并承认该社章程的人员均为该社社员。

合作社按照章程规定对配置给社员的股权实行固化，保持相对稳定，如遇政策性调整或确有需要调整的情形，换届时经社员代表大会讨论决定可进行适当调整。固化以后的股权不得抵押、担保、转让、转赠、买卖、继承，不得退股提现。

四、财务管理

合作社按《江苏省农村合作社会计核算管理办法（试行）》的有关规定进行核算，实行民主理财和监督。财务收支情况和资产运营情况，定期向社员公布，实行社务公开。

合作社的财务部门，负责对下属企业实施财务指导、检查和监督。

合作社所有的财产登记造册,建立台账。固定资产按规定提取折旧。

合作社贯彻勤俭办社、民主理财的方针,开支有预算,严格审批制度,正确处理国家、集体、社员三者关系,严格控制非生产性开支,杜绝铺张浪费。

五、收益与分配

合作社的收益主要来源于资产发包、出租、转让的增值部分和其他相关的经营性收入。可分配收益,是指当年的各项收入,减各项支出(包括社务支出),减应缴纳的税金。对土地等资源性资产的转让、征用等收入,暂以集体积累的形式扩充发展基金,经社员代表大会、董事会商定,也可提取一定份额参加分配。

股红分配顺序,当年度可分配收益中:(1)弥补上年度经营亏损;(2)提取 10%—20% 公积金(发展基金);(3)提取 10%—20% 公益金;(4)提取 20%—30% 的公益事业建设基金(用于住宅小区改造、绿化、卫生等设施建设);(5)剩余部分(不低于 30%)按股分红。

合作社的股红分配,严格遵循股权平等、同股同利的原则,每年一次。在每年年终结算后于春节前兑现,凭股权证书领取。股权证书仅作领取红利的凭证,不作其他使用。

假如遇到不可抗拒的自然灾害和不可预计的自然、市场变故而造成减收或亏损,经社员代表大会讨论通过,可减分或停分当年红利,且第二年不再补发。

2006—2014 年汤联村股份合作社情况表

表 5-3

基准日期	董事会成员	监事会成员	参股总人数	总股数
2006 年 2 月 28 日	张后兴　徐明保 王海燕　徐如明 闵培章	李金城 张正兴 徐国治	1969	1825.25
2011 年 3 月 31 日	徐立峰　徐　江 肖玉春　徐琴芬 李卫丰	李金城 张后兴 徐明保	2111	1984.5
2014 年 12 月 31 日	蒋　炜　徐　江 肖玉春　徐琴芬 李卫丰	李金城 张后兴 徐国治	2208	2042

注:2014 年 12 月 31 日起实施股权固化。

第二章　种植业

汤联地处长江中下游平原。气候温和,雨量充沛。土壤以黏沙心黄泥土、堆叠土为主,其次是螺蛳壳黄泥土、铁屑黄泥土、小粉白脚土,适宜种植水稻、小麦和油菜,是农民传统的种植品种。故农村有"一熟稻,一熟麦,种到头发白"的俗语。1956 年前,种植以"三麦、水稻"为主,两熟制,小麦亩产 95—100 千克,水稻亩产150—200 千克。1965 年,试种双季稻,变一年二熟为三熟。1968 年大面积推广,产量虽高一点,但因劳动强度大、成本高、米质差等因素,1980 年后双季稻种植面积逐年减少,适当增加经济作物种植面积。1984 年终止双季稻种植,全面恢复一年两熟耕作制。2005 年汤联村小麦亩产 301 千克,水稻亩产 522 千克。2008 年后,境内的水稻、小麦主要由种植大户种植。

第一节　粮食作物

20 世纪 60 年代前,境内农作物的耕作制度以春夏两熟为主,少量低洼田因常年积水只种水稻或芹菜,也有的生产队利用间隙夹种一熟西瓜,高岗田种大豆、山芋等。夏熟作物主要以三麦为主,间种绿肥(红花、草头)、油菜;秋熟作物主要种水稻。1965 年试种双季稻,1966 年开始逐步推广,一年由两熟改为三熟。1976 年双季稻种植面积占水稻种植面积的84.5%,平均亩产 593 千克。1977 年推广杂优稻,种植面积占 15%—20%,平均亩产 508 千克。1983 年开始,双季稻面积逐渐减少,1985 年开始恢复"两熟制"。

一、种植与布局

(一)品种

三麦　三麦即小麦、大麦和元麦,其中以小麦为主。20 世纪 60 年代初期及以前均为自繁自育的地方品种,1964 年开始引进外地的优良品种。2000 年以后,推广优质小麦良种扬麦 16 号。

1963—2009 年汤联村（大队）三麦品种一览表

表 5-4

时间 品种 类别	1963 年前	1964—1970 年	1971—1980 年	1981—2009 年
小麦	长其白壳、水钻子、菜籽黄、铜柱头	矮秆红、吉利、阿夫内乡 15、望麦 15-17、铜柱头、菜籽黄、华东 6 号	钟山、59332（安徽 11 号）阿夫、望麦 17、华东 6 号、扬麦 3 号、7317、宁麦	旗嘉、扬麦 5 号、苏麦 6 号、扬麦 16 号
大麦	三月黄、老来蜕、白大麦、红茎四柱头、红茎六柱头	尺八、矮白杨、赶程、红茎四柱头、红茎六柱头	早熟 3 号、2-14	—
元麦	立夏黄、慈姑青、四柱头、六柱头	矮脚早、立新、萧山三月黄、立夏黄、黑六柱	矮秆齐、757、立新 1 号、2 号、立夏黄、海麦 1 号、浙 114、早麦 43 号	—

水稻　1964 年前，境内种植水稻一向以单季中晚稻为主，适当种一些早稻和糯稻。1965—1984 年，汤联推广种植双季稻，其中 1976 年又种植杂优稻。1985 年开始，以单季晚稻为主。

1952—2009 年汤联村（大队）水稻品种一览表

表 5-5

时间 品种 类别	1952 年前	1953—1963 年	1964—1970 年	1971—1980 年	1981—2009 年
早稻	江西糯稻、处暑黄	处暑黄、江西饭稻	—	—	—
中稻	—	石稻、小青芒、三穗千（以中稻为主）	农垦 57、51、44、46 号，石稻，小青芒，沪选 19，东方红 1 号	沪选 19、东方红 1 号、南粳系、桂花黄、宇红、东亭 3 号	宇叶青、东亭 3 号、3017、复选 4-1、81633、88122、武育粳 2 号
晚稻	晚八个头、牛毛黄、落霜青、凤凰草	—	农垦 58 号（当家品种），八五三、老来青、苏稻 1 号、农粳 2 号、农垦 58 初霜	苏粳 1-2 号、昆稻	9-92、9915、9522、常优 1 号、华粳 3 号、常农粳 5 号

（续表）

时间 品种 类别	1952 年前	1953—1963 年	1964—1970 年	1971—1980 年	1981—2009 年
糯稻	晚糯稻、粳谷糯、早红芒糯、金坛糯、马金糯、香谷糯	白芒糯、红芒糯、粳谷糯、马金糯、呕血糯、早稻	红芒糯、京引15、江丰、红糯	—	—

1965—1970 年，前季稻品种有六才 1 号、矮脚南特号、三九青、青阳 1 号、二九南。1970—1984 年，有长紫 32、广六矮 4 号、原丰早、二九南、二九青、矮三九。

后季稻品种有农垦 58、57、红糯、江丰、京 15。1971—1984 年，有农垦 57、东方红 1 号、沪选 19、南丰 4 号、桂花黄、京 15（糯）、宇红 3 号、东亭 3 号。

1979 年，杂交稻品种有汕优 2 号，泗优 6 号、南优 2 号。

油菜 50 年代前，油菜品种单一，种植的全是本地油菜，俗称菜花菜，一般亩产不超过 50 千克。1959 年，引进新品种胜利油菜，60 年代大面积推广，70 年代中期引进"宇油 7 号"，1990 年又引进"扬油 1 号"和"苏油 1 号"，2000 年以后主要种植品种为"汇油"和"双低"。

（二）布局

农业合作化时期，境内种植的夏熟作物中，三麦面积约占耕地面积的 71%，油菜面积占耕地面积 5% 左右。秋熟作物水稻面积占耕地面积 93% 左右，其他约占 7%。

60 年代，夏熟作物以三麦为主，兼种绿肥。三麦面积约占耕地面积的 64%，其中小麦面积占三麦面积的 75% 左右，绿肥面积占耕地面积 5% 左右。秋熟作物主要是水稻，低洼地则种芹菜、荸荠等水生作物。

70 年代，三麦面积占耕地面积 58% 左右，绿肥面积约占耕地面积 31%，油菜面积占耕地面积 5% 左右。秋熟作物水稻面积占耕地面积 94%，其他约占 3%—5%。

80 年代，夏熟作物以小麦为主，小麦面积占耕地面积 62%，绿肥面积占耕地面积 18%，油菜面积占耕地面积 10%。秋熟作物水稻面积占耕地面积 92% 左右，其他约占 8%。90 年代小麦占耕地

图 5-1 20 世纪 70 年代人工收割小麦（徐惠荣提供）

面积 68.6% 左右,油菜面积占耕地面积 2.6% 左右。1983 年开始不再种植绿肥。1995 年,境内开始全面实行"两田分离制",农户只种口粮田,其余均为责任田,实行土地规模经营。1995—2000 年,全村紧紧围绕"农村增收,农民增效"的目标,大幅度进行种植结构的调整,粮食作物开始减少,经济作物尤其是芹菜的种植面积明显增多。2000 年开始,境内南园有村民成片种植西瓜、草莓等经济作物。

二、栽培与植保

中华人民共和国成立前,境内一直采用粗耕粗种的传统方法,水稻、三麦、油菜的产量很低,水稻亩产 150 千克左右,三麦亩产 50 千克左右,油菜籽亩产不超过 50 千克。中华人民共和国成立后,党和政府十分重视农业,推广农业科技,科学种田,提高耕作质量,加强农作物植保,农作物产量有了较大幅度的提高。

(一)栽培

1. 三麦栽培

中华人民共和国成立前,境内三麦播种栽培与管理技术比较落后。粗耕狭畦,很少施基肥,以穴播为主,散播较少。一般在春节前后施一次人畜粪肥,直到成熟收割,正常年景亩产 80—100 千克。中华人民共和国成立后,在农业合作化时期,开始改良品种,加强管理。人民公社化时期,大面积推广"矮秆红"等耐肥高产品种,三麦亩产 150 千克左右。

1972 年开始,学习塘桥公社六大队(杨园村)的三麦高产经验,境内多次组织生产队干部、社员到塘桥公社六大队参观、学习"五争"高产栽培技术。

早作准备争主动 境内是晚稻晚麦区,秋播季节较紧,必须及早做好各项秋播准备工作。每年秋播前,境内做到思想早发动、规划早落实、肥料早积足、种子早处理、物质早准备,争得秋播主动权。

打好基础争"五苗" 一是催芽播种,晚播争早苗。经过几年实践,凡 10 月下旬播种的,只浸种不催芽;11 月上旬播种的,催芽至"露白"播种;1 月中旬播种的,催芽长 1 厘米左右再播种。催芽播种能提早 7 天出苗,提早 2—3 天成熟。二是精耕细整,熟化土壤。具体做到深翻细斩,泥块不超鸡蛋大,麦垱公路形,宽垱狭沟,边整地、边播种、边盖籽。三是施足基肥。播种时每亩用 5—8 千克化肥作随籽肥,麦子播种后,每亩再施 100 担酥松优质的泥杂肥盖籽,确保麦苗"胎里富"。

冬壮苗发争穗多 一是科学施肥。麦子出苗后,施好提苗肥,进入越冬阶段重施腊肥,一般每亩追施猪灰、泥杂肥 100 多担,穴施化肥 25—35 千克。二是拍麦压麦。掌握三叶、四叶轻拍,五叶开始压,窜苗旺长反复压;不满三叶不敲,不施肥不敲。一般拍压三四次,促进发根分蘖,争得每亩有 60 万左右壮苗过冬。

穗长壮秆争穗大 春季巧施返青肥,适量普施孕穗肥,使麦子返青以后稳长壮秆,每亩达到 65 万支左右壮苗,35 万成穗。

战胜灾害争粒重 一是开沟降湿、防渍、防病。秋播时,开好沟渠、围沟、隔水沟等一套排水沟系,横沟深 60 厘米,围沟深于横沟,隔水沟又深于围沟,达到一方麦田、两头出水、四周托起,排除浅层水,降低地下水和表土湿度,使麦子生长正常,活熟到老。二是加强防治病虫害,看准时机及时喷药,把病虫害控制到最低限度。

学习塘桥三麦高产技术后,正常年景下,境内连续多年三麦亩产 250—300 千克。1990 年以后,全村都采取灭茬免耕种植三麦,做到重施随籽肥,一垡一条沟,春季后普施孕穗肥,防治病虫害。至 2010 年,三麦平均亩产仍保持 250—300 千克左右。

2. 水稻栽培

水稻是境内的主要粮食作物。

单季稻 分早、中、晚三种类型。60 年代前,中稻约占 60% 左右。1963 年开始,推广农垦 58 号高产良种以后,单季晚稻逐步增多,约占 60% 左右,早稻基本淘汰。70 年代推广双季稻,1976 年以后,双季稻面积逐年减少,至 1978 年,占水稻总面积的 54.72%。1983 年开始,双季稻普遍不种,以单季稻为主。1985 年单季稻种植面积占水稻总面积的 98%,都是晚粳稻。

单季稻的栽培方法,历史上采用育秧移栽,在秧苗活棵后进行耘耥加工,在稻苗拔节孕穗前追施肥料,捋草搁田。中、晚熟粳稻产量一般在 350—400 千克左右。50 年代中期开始,先后推广江苏省农业劳动模范唐保明、全国农业劳动模范陈永康等的水稻高产栽培技术,逐步发展成现在的水稻栽培技术。

培育壮秧。境内传统秧田,田面上水整平后,用脚踏几条界路,形成秧板,长短宽窄不一,无排灌沟,秧田与大田之比为 1:15 左右。1950 年开始,推广合式秧田。秧板宽 4 市尺,样板之间开好沟系,同时推广盐水、泥水选种。60 年代系统推广陈永康"秧好半熟稻"的培育壮秧经验,扩大秧田面积,落谷稀,秧田与大田之比为 1:6 左右;讲究秧苗施肥技术,在施足基肥的基础上,巧施断奶肥,看苗追施接力肥,拔秧前施用起身肥,培育成有分蘖苗的呈篦片状的壮秧苗。

适时播种、移栽。1949 年前后,早、中籼稻、粳稻均在 4 月 20 日左右播种,5 月下旬移栽。1962 年起,为避免螟虫害和抽

图 5-2 20 世纪 70 年代人工插秧(徐惠荣提供)

穗灌浆期的高温,中粳稻的播种、移栽期分别推迟到 5 月初、5 月末。1983 年以后,晚粳稻的播种、移栽推迟到 5 月中旬和 6 月中旬。

合理密植。传统的单季稻插秧株行之间呈正方形,栽插密度每亩 2 万穴左右。1952 年开始推广小株方形密植,株行距离为 5×5 寸,称"五寸方",每亩栽插密度在 2.4 万穴左右。70 年代,全面推广无锡东亭等地的水稻高产栽培技术,把栽插密度提高到每亩 3 万穴左右。90 年代以后,密度逐渐下降至 1.8 万—2 万穴左右。

精细耘稻,消除杂草。水稻移栽半个月后就要及时加工耘稻,把杂草消灭在萌芽阶段。70 年代一般田块耘稻 2—3 次,杂草多的 4 次,最后一次拔草搁田,称"掳草"。1980 年以后,耘稻次数逐年减少,特别是应用除草剂后,就不再需要耘稻,仅到 7 月底拔一次大草(俗称"秋草")。

合理施肥。历史上在水稻全生长期一般施肥二次,一次为基肥,常用河泥或草塘泥,另一次是在搁田前施饼肥或其他有机肥料。有的农户对长势欠佳的田块用人畜粪补施一次,称"捉黄宕"。60 年代,推广陈永康单季稻"三黑三黄"的施肥经验,即在秧苗移栽后到收割前,根据每个生长阶段的叶色,掌握叶色褪淡时施肥,使叶色转黑,施肥三四次。80 年代初,推广叶龄模式,简化施肥技术和减少氨肥的用量。

耕作革新。1958—1959 年,境内大搞农田深翻,秋季全境农民挑灯夜战,靠人力翻耕,最深垒地达 30—40 厘米。由于打乱了土层结构,影响作物根系发育与肥料吸收,自 1960 年以后,不再提倡深翻。

双季稻 1965 年,境内开始试种双季稻。至 70 年代中期,停止种植。

双季稻的栽培技术:

适时播种移栽。前季稻在 4 月 20 日左右开始,抓住冷尾暖头播种,出苗率和成秧率较好,容易避过低温阴雨,防治烂秧。5 月中下旬分批移栽。70 年代,小麦、油菜茬的前季稻,推迟到 6 月上旬移栽,尽管采取铲秧、蹲秧和两段育秧等补救秧龄过长的措施,但仍发生超龄秧,移栽时穗分化已开始,穗形变小,影响产量。后季稻的播种期,则根据品种的培育类型、育秧方式和前季稻的预计成熟期分批播种,秧龄掌握不超过 45 天。

合理施肥。前、后季稻都以施足基肥为主,以有机肥料搭配化肥。大田生长期间,看苗补施一次氮素化肥,施肥量占全生长期总施肥量的 20% 左右。

合理密植。前、后季稻都靠基本成穗获得高产。前季稻栽插密度株距 2.5—3 寸,行距 5 寸,每亩 4 万—4.5 万穴,基本苗 20 万—25 万支。后季稻栽插密度株距 3 寸,行距 5 寸,每亩 4 万次,基本苗 20 万支左右。

"三系"杂交稻 即不育系、保持系、恢复系。主要栽培技术是:

稀插育秧,每亩大田用种 0.75 克—1 千克,每亩秧田播种 10 千克左右。

合理密植,每亩栽插 1.6 万—1.8 万株,基本苗 1.8 万—2 万枝。

合理施肥,主要掌握看苗施肥,一般施分蘖肥和穗肥,发挥大田分蘖优势,争取穗大粒重。

1976年从湖南引进,经过制种,然后将种子育秧后进行移栽。1977—1980年,4年的年平均亩产441千克,其中1978年达到472.5千克。杂交稻具有产量高、省种子、省秧田、早熟等优点,但米质差,容易发生白叶枯病,以后种植面积逐渐减少。1983年实行家庭联产承包责任制后停止种植。

1958—2009年汤联村(大队)农作物产量选年一览表

表5-6

年　份	粮食总产	三麦面积(亩)	三麦单产(千克/亩)	三麦总产(吨)	水稻面积(亩)	水稻单产(千克/亩)	水稻总产(吨)	油菜面积(亩)	油菜籽单产(千克/亩)	油菜籽总产(吨)
1958	667.66	1058	96.75	102.36	1837.5	310.7	570.91	—	—	—
1960	590.28	1060	95.2	100.91	1826.0	268.0	489.37	—	—	—
1965	959.45	952	165.0	157.08	1839.5	420.2	772.96	114.0	258.0	29.41
1970	956.81	929	185.2	172.05	1812.2	418.0	757.50	116.0	235.0	27.26
1978	956.94	866	395.5	342.5	1697.5	545.5	926.15	109.0	282.5	30.79
1983	756.61	812	366.5	297.59	1586.4	465.6	738.63	89.0	202.0	17.98
1990	953.24	766	240.0	183.84	1494.5	505.0	754.72	96.6	152.0	14.68
1998	755.57	674	212.2	143.02	1312.0	458.8	601.95	86.5	122.6	10.60
2002	866.25	671	303.6	203.72	1298.0	502.6	652.37	81.6	124.5	10.16
2005	687.13	516	301.8	155.73	1002.0	522.0	523.04	62.5	133.7	8.36
2009	522.73	407	303.0	123.32	768.0	511.0	392.45	51.0	136.3	6.96

(二)植保

1. 三麦病虫害及防治

三麦病害主要有叶锈病、秆锈病、赤霉病、纹枯病和黑穗病。叶锈病、秆锈病主要发生在50—60年代,病期从麦子拔节直到抽穗。60年代起用敌锈钠喷洒,效果较好。70年代已基本控制。赤霉病是麦子的主要病害,从1951—1985年的35年中有18年发生,其中1952年、1954年、1958年、1973年、1983年为大发生年,造成减产一至三成。赤霉病菌主要是稻根带病越冬,3月底开始滋生,4月中、下旬在元麦、大麦和小麦抽穗扬花期入侵穗部,4月上旬至5月中旬为发病高峰期。诱发原因是连续阴雨和气温较高,稻茬所带病菌迅速形成孢子,侵入正在抽穗、扬花、灌浆的麦穗,造成减产。根据境内小麦防病经验,掌握在麦子基本齐穗、开始扬花时及时喷洒多菌灵,5—6天后再喷一次,就可基本控制。2000年以来,用麦病宁防治。

三麦虫害有麦蚜虫、黏虫等,亦以药剂防治为主,对提高千粒重效果明显。

黏虫。俗称"行军虫",成虫呈褐色,软体,长约二三厘米,体圆对径 4—5 毫米,每年 2 月底 3 月初从南方迁飞入境。附于三麦叶片上蚕食。解放后危害严重的年份有 1967、1971 年、1972 年、1973 年、1977 年、1979 年,造成严重减产。可用二五敌百虫、晶体敌百虫、毒杀粉等喷洒。2010 年以来,黏虫病害基本消灭。

2. 水稻主要病虫害及防治

水稻主要病虫害有白叶枯病和纹枯病。白叶枯病在 50 年代和 60 年代曾连续数年普遍发生,危害严重。1964 年大面积种植抗病品种农垦 58 号后,病害得到了控制。1977 年大面积种植三系杂交稻后,白叶枯病又有发生,危害重者亩产不过 150—200 千克。1984 年大面积改种单季稻盐粳二号后,此病不再发生。纹枯病于 70 年代大面积推广双季稻后,在前季稻上零星发生,1976 年起发病面积逐年增加。80 年代蔓延到单季稻,发病面积较广。主要用井冈霉素、矮脚青等农药防治,效果较好。50 年代至 60 年代初,水稻苗期胡麻斑病发生比较普遍,以后随着施肥量增加而逐年减少。

稻瘟病,俗称"老梗瘟",易发生在低洼和过密的、疯长的田块。病稻棵下部霉烂,影响发育,并造成稻苗死亡。80 年代起用井冈霉素药水,每亩 0.2—0.25 千克,用喷雾器喷洒。效果更好的是用甲铵磷泼浇或用乐果泼浇,此法还可兼治三化螟等病虫。

水稻虫害危害较大的有大螟、二化螟、三化螟、稻飞虱、纵卷叶虫等。境内主要是二化螟、三化螟危害。1953—1955 年水稻受三化螟危害后,白穗率达 7%,产量减 5%—10%。

螟虫防治。50 年代初,采用点灯诱蛾,还采用秧田采卵块、冬季挖稻根、水稻分蘖期剪枯心苗等方法消灭螟虫。50 年代中期开始用药物防治,螟害得到有效控制。90 年代始,在防治稻飞虱时进行兼治,螟虫已不呈危害了。2000—2003 年,以吡虫啉、吡蚜酮防治为主。

纵卷叶虫 每年 6 月随南方湿气流从福建、广东等地迁飞来此,危害期主要在 7—8 月间。1976 年以后,每年都有发生,尤以 1977 年、1979 年、1983 年、1984 年为严重。防治方法:及时抓住幼虫阶段,全面喷洒农药,即可扑灭。纵卷叶虫全生育期分孵化、成虫、蛹、蛾四个阶段。成虫呈乳白色,咬食水稻叶片。成蛹前卷叶为巢,致使叶片

图 5-3 20 世纪 90 年代水稻防治病虫害

萎缩而影响水稻生长。2010年以后,主要使用毒死蜱、吡蚜酮等农药。

稻飞虱 稻飞虱对水稻的危害均在晚期,水稻一旦受到稻飞虱的侵害,整棵稻从根至梢部全部腐烂。解放后最严重的是在1962年,全公社有70%的水稻受到危害。1984年后,在水稻后期的管理上,由农业公司组织专门植保队伍在水稻田里观察,做到一经发现,立即汇报,马上用药,尽量不让其蔓延,如已蔓延的,即大面积用药。除用"一六〇五""一〇五九"农药外,也可使用混天威药粉,每亩5—7.5千克,拌上细泥,天晴时在上午10时后撒在田里。1996年以后,采用扑螽灵、甲铵磷、杀虫霜等,效果更好。

3. 其他草害及防除

危害农作物的杂草甚多。危害水稻的有牛毛草、三棱根草、稗草、节节草、瓜皮草、莎草等;危害三麦、油菜的有看麦娘、猪殃殃、梢草、繁缕、婆婆纳等。60年代初,草害极为普遍,尤其是水稻田里的三棱根草,危害很大,导致水稻减产。1961—1964年,在麦子收割后,发动群众突击深挖草根,多的田块每亩达100—200千克,经连续四年深挖除草,加上合理轮作冬绿肥后,草荒田块基本绝迹。80年代草害又逐渐加剧,大面积使用绿麦隆、稻草净、除草醚、绿黄隆、杀草丹等化学除草剂后,草害得到一定控制。对单子叶杂草,可及时用化学除草剂进行喷洒,或用稳杀得0.1千克,加55千克水稀释,进行小机喷洒,能防护草害。2010年后,使用卞丁及苯磺异丙隆除草害。

4. 豆类及蔬菜的"地老虎"防治

"地老虎"又称"乌土蚕"。成虫呈褐色,嘴极锐利。白天潜伏于土中,半夜后才出土,专咬食农作物的幼茎。对豆类、瓜类、藤蔓类、蔬菜类威胁最大。开始用呋喃丹拌在种子上,后改在翻地时将混灭灵药粉撒入土中将其杀灭,也有用敌百虫、乐果等喷于农作物上。

三、肥料

有机肥料 中华人民共和国成立前,境内农作物使用的肥料都是人畜粪、河泥、草塘泥及各种饼肥等有机肥料,使用量较少。中华人民共和国成立后,发动农民发展养猪养羊,增加有机肥,境内养猪养羊掀起高潮。1958年大积大造自然肥料,垦千脚泥,换老墙头泥,熏土,捉蛤蟆,割青草、瓜藤,全年每亩施用量有一二百担。1963年后,各生产队连续10多年实施以肥带粮,每1元钱灰肥,生产队补给0.25—0.5千克稻谷,以后改成每出售一头生猪补给25—50千克稻谷,农户每年出售3—4头生猪。70年代后期,境内猪羊总数每年达2000余头(只)。60—70年代,大力推广放养绿萍、水葫芦、水花生、水浮莲,还组织到上海、苏州、无锡等城市装运人粪、氨水,最多时年装运量近千吨。70年代,发动各行各业,干部带头,割青草、铲草皮、大搞堆肥和肥料仓,同时继续发展养猪养羊。进入80年代,大力推广稻、麦秸秆直接还田作肥料举措。

自然肥料全年每亩的使用量,50 年代为河泥、草塘泥 60—80 担,泥杂肥 50 担,人畜粪 10—20 担,饼肥 18 千克;60 年代为河泥、草塘泥 70—80 担,泥杂肥 70 担,人畜粪 30 担,饼肥 20 千克;70 年代为河泥、草塘泥 100—120 担,泥杂肥 100 担,人畜粪 40—50 担,饼肥 20 千克。进入 80 年代,有机肥料使用量逐渐减少。90 年代后期,境内不再使用河泥、草塘泥,部分农民仅用畜粪,大部分农民则使用饼肥或稻、麦秸秆直接还田。

化学肥料 1950 年,境内开始试用化学肥料,主要是氯铵、硫酸铵等氮肥,用量极少。1952 年起推广过磷酸钙,到 1958 年平均每亩使用量为 5 千克左右。60 年代开始使用钾肥,主要是氯化钾,平均每亩不到 2 千克,并大量使用氨水,化肥使用量每亩 20 余千克。70 年代大量使用碳酸氢铵,化肥使用量每亩 40 多千克。1979 年开始使用复合肥,80 年代化肥使用量每亩达 100 千克。90 年代开始,复合肥和尿素、碳酸氢铵等同时使用,平均每亩 80 多千克。

微生物肥料和植物激素 1970 年,境内开始试用土法生产的"九二〇"植物生长激素,面积约 600 多亩次。此后,结合"七〇二"使用,稻、麦增产效果明显。1978 年,全境应用面积约 1200 余亩次。

1972 年开始应用"五四〇六"抗生菌肥,先应用于油菜,增产效果较好。以后扩大应用于三麦,都有一定的增产效果。1978 年,境内应用"五四〇六"抗生菌肥达 1000 余亩次。90 年代初就不再使用。

四、种子

中华人民共和国成立前,农民有调换种子的传统,但数量不多。中华人民共和国成立后,选种、育种越来越被重视,村民遵循"种子年年选,产量节节高"的种地规矩,每年自选或从外地引进三麦、水稻、油菜优良品种。

例如:水稻,农户一般采用四种选种方式。

春天粒选。开春后,家家户户将隔年储存的稻种放在筛子里筛去草籽,拣除杂色稻谷,根据面积留足种子。

定田穗选。稻谷成熟待割时,农户带着布袋来到田里,将秆粗、穗大、颗粒饱满的稻穗单个剪下作种子。

图 5-4 20 世纪 70 年代田间选种

除杂块选。大户人家挑选一块长势好的田块,认真地拔除杂稻、带病稻、稗草,收割时单收单打。

从外地引种。一般通过亲朋好友关系,采取购买、调换的办法,引进优良品种。

1995 年以后,杨舍镇农业公司加大推广小麦、水稻优良品种,实行统一供种,为小麦、水稻保持高产提供了基础条件。

第二节　经济作物

一、油菜栽培

油菜是境内主要的油料作物。50 年代,年平均亩产徘徊在 100—150 千克左右,70 年代以后亩产量可达 200 多千克,1985 年亩产 253 千克。

培育油菜苗　境内油菜的播种时间在 9 月 10 日至 20 日之间,每亩种子在 0.75 千克左右。

留足苗床。一般以旱田为主,施足基肥,约占总施肥量的 40%,并以有机肥为主,每亩施灰肥 30—50 担、磷肥 40—50 千克,并浇好盖籽粪。

苗期管理。一播就管,播种时浇足水,力争全苗成活。及时间苗,培育壮苗。在施肥方面,三叶前以促为主,勤施稀肥。三叶以后,以控为主,移栽前施好起身肥,秧苗要老健青秀。做好苗期的防病治虫工作。发现病虫害,每亩用乐果或甲胺磷 150 克加多菌灵 150 克,用 50—75 千克水稀释,小机喷洒。移栽前两天,再用药一次,做到带肥带药下田。苗龄为一个月,一般 6 张叶、6 寸高、绿叶紫边、根茎粗壮就可移栽。

移栽技术　移栽时间一般在 10 月底至 11 月初。密度每亩 8000 穴至 1 万穴为宜。

移栽方式解放前为狭垅打宕式,合作化和人民公社化时期为阔垅式,80 年代为板田劈沟式。

移栽后浇淋根水,及时开沟,做到一垅一条沟,面积较大的田块开一条横沟。

施足基肥,用鸡粪和猪、羊灰转宕。分田到户后,多数农民只种口粮田,猪、羊饲养的少,一般以磷肥、复合肥为主。冬前施好腊肥。春节前施抽薹肥,碳铵穴施每亩 40 千克。花期每亩施尿素 5 千克左右,提高结籽率。

九成熟十成收。有 60% 的荚果变黄就可及时收割,保证丰产丰收。

油菜主要病虫害及防治

60 年代油菜品种为胜利油菜,移栽期一般在 10 月底。冬前生长过旺,抗寒、耐病力差,造成蚜虫群集危害。霜霉期在冬前发生,春季的菌核病和花期的潜叶蝇危害比较普遍。油菜籽亩产徘徊在 100—150 千克左右。1967—1972 年间,苗期小菜蛾发生频繁,危害严重。70 年代中期,大面积引进了比较耐病的宁油 7 号,病虫减少,常发生的有蚜虫、菌核病和"龙头病"。菌核病在 70 年代后期和 80 年代初期发生的面积较大,危害较重,其他病虫的危害程度较轻。

防治方法,霜霉病、菌核病、龙头病等,在初花期、盛花期可用多菌灵 0.25 千克,加 75 千克水稀释后进行喷洒,效果可达 80% 以上。对蚜虫、潜叶蝇可用菊酯类农药的方法防治蚜虫、小菜蛾等害虫。

1985 年以后,乡农业公司加强植保服务体系,坚持以防为主,灾害性病虫害未有大的发生。

二、其他蔬菜

20 世纪 50—60 年代,境内农户习惯在宅前屋后、自留地种植蔬菜,所种的蔬菜主要供自家食用,少量上市销售换点油盐钱。

常见的蔬菜品种有青菜、萝卜、白菜、韭菜、芹菜、菠菜、黄瓜、长豆、茄子、苋菜、葫芦、冬瓜、丝瓜、扁豆、四季豆等。

70 年代,蔬菜品种增加牛心菜、卷心菜、药芹、番茄、莴苣、菜椒等。

80 年代至 21 世纪初,蔬菜品种又增添茭白、空心菜、西葫芦、尖椒、洋葱、花菜、荠菜、苦瓜、西兰花等。

栽培方法 1974 年以前采用传统方法,是年后采用小环塑料薄膜棚育苗,使茄果类蔬菜提早上市。1980 年推广地膜覆盖。用塑料膜护根育苗,提高地面温度,促进种子发芽早、出苗齐、生长快、产量高,并提早上市。90 年代后进一步改进种植技术,搭建塑料保温大棚,覆盖地膜,采用喷灌设备,保肥保水,控制杂草生长,增强抗病能力。

90 年代,第三村民小组徐德兴、第四村民小组徐仁丰专业种植蔬菜 10 亩左右,采用塑料保温大棚和喷灌设备,主要种植草莓、叶菜类、茄果类蔬菜。种植方法采用育苗盘培育菜秧,将种子分别置入育苗盘内,一般 7 天左右出苗后再移入保温大棚内。茄果类 60 天左右上市销售,叶菜类 30 天左右就可以上市销售。防病治虫及灌溉全部采用机械设备。施肥做到因时、因菜、因土而异,将有机肥和化肥结合使用。1999 年,蔬菜亩产 3000 千克并逐年提高。至 2010 年,亩产提高到 4000 千克左右。主要销往集贸市场及饭店,年销售收入平均每亩 1 万元左右,净利润 6000 元左右。

90 年代至 2010 年,种植蔬菜的还有西庄、野鸡场、后房、程虞家堂等十多户村民,平均每户种植蔬菜 1 亩左右,产品常年在附近菜场销售。

三、瓜果蔬菜秧苗

境内每个自然村村民都有育各种蔬菜秧苗的传统,这些蔬菜秧苗分别是瓜秧、茄秧及其他蔬菜秧苗,除少量自种外,多余部分上集市销售。1965 年以后,后房、西庄、闵家巷等自然村有 20 余户村民育山芋苗，冬天储藏山芋，春天育苗，平均每户育山芋秧苗收入 500—1000 元。"文化大革命"时期，育山芋苗被当作资本主义尾巴禁止。"文化大革命"后又兴起育山芋苗高潮，1990 年以后，很少有人育山芋苗。

四、瓜果

解放初期，境内农户一般利用旱田适当种些香瓜、西瓜。人民公社化后，生产队将旱田及高低不平的田块改造成水田，香瓜、西瓜种植面积逐渐减少。"文化大革命"期间，各生产队利用黄泥质地种植西瓜、香瓜，面积 3—5 亩左右，主要目的是为本队社员消暑，立秋前后，拔掉瓜藤栽上后季稻。80 年代起，集体种植香瓜、西瓜基本停止。1993—2000 年，全村散户种植香瓜、西瓜面积 7—8 亩左右，平均亩产 500—600 千克。

1958 年前，农户家前屋后种少量葡萄、梨树、桃树、柿子树等。1960 年，农家果树基本被砍光。1965 年后开始逐步恢复。1966—1968 年，后房李育连在自留地上种番茄，带青采摘后装在柳条框里用旧棉袄、面被焐熟，略见绯红，乘坐轮船到苏州、湖洲等地销售，亩均收入 1200—1800 元。80 年代后，大多农户家前屋后都种植桃、葡萄等果品，并涌现了 3 户果品种植专业户。

草　莓　90 年代初期，野鸡场陈林保等 2 户村民开始种植草莓，面积 2 亩左右。1996 年，南园徐正龙、徐顺丰等采用新技术，在草莓地里架起大棚，压上地膜，增加草莓地的温度、湿度，缩短生长周期，提高单位面积产量。1997 年，全村草莓种植户 11 户，种植面积 15.4 亩。2011 年后，汤联村无草莓种植户。

五、菌菇

蘑　菇　分春秋两季，以秋菇为主。秋菇产量较高，一般在 7—8 月堆料，中间翻料 5 次；9 月上旬进房翻格播种；9 月下旬覆土；10 月初覆细土；10 月 20 日左右出菇。每栽培 110 平方米蘑菇需猪粪、牛粪共 200 担左右，麦稻草 30—40 担作培养料。为了不使蘑菇房闲置，来春再培养春菇。

1978 年，境内开始大面积发展蘑菇生产，栽培方式有室内栽培、地棚栽培、简易棚栽培 3 种。大队在大松坟建办副业队，由副书记缪仁元主抓，原第七生产队队长李根宝具体负责，徐金生负责财务，从事梨园经营管理、豆制品加工、食用菌生产、榨油作坊运营等，并根据本大队发展养羊需要，搞种羊交配等业务，安排原生产队老队长、老党员、复退军人及"农业学大寨"积极分子等 11 人就业。当年投产，当年产出。食用菌销售收入 3987 元，豆制品销售收入 27206 元，种羊交配 1094 次。

1979—1980 年，蘑菇生产达到高峰。1981 年，第十五生产队试种"地下蘑菇"200 余平方米。随后第一、第三、第四、第七、第九、第十、第十一生产队都规模栽种。是年，全大队有秋菇 0.36 万平方米,产菇 3.44 吨。1983 年以后,蘑菇生产逐年下降。1985 年,全村栽种秋菇 1340 平方米,产菇 0.25 吨。1986 年开始,全村蘑菇栽种逐年减少。

平　菇　1978 年,闵家巷闵培章开始种植平菇,面积 89 平方米,菇菌由无锡微生物研究所提供。刚开始一年种两季,总产量 1600 千克左右,年收入 2000 元左右。1984 年,全大队有 48 户农户,种植平菇 4880 平方米,年产平菇 6000 千克。1987 年,扩大种植面积,新增面积 30 余平方米的大棚 1 个。1990 年,种植面积扩大到 345 平方米,采用大棚种植,品种有平菇、袖珍菇等,产量达 5000 千克以上。产品除在张家港市集贸市场零售外,还到市青草巷批发市场批发销售。

香　菇　70 年代中期,闵家巷有农户开始种植香菇。菇菌由塘市三菌厂供应,其培养料为 70% 硬树木屑和 28% 麸皮青糠,一般每户 40—80 平方米。年产量约 800 千克,当年获得成功。后由于木屑等培养料缺乏,到 1978 年停止种植。

六、甘蔗、荸荠

20 世纪 60—70 年代,境内各生产队利用河泥宕、不适宜种芹菜的低洼地种植荸荠,在春节前挖出来分发社员,约有 5% 的社员在自留地上种植甘蔗、荸荠,全大队总面积 40 余亩。

种植甘蔗讲究"深耕、浅种、宽行、密植":

一、深耕:植地机耕要求二犁二耙,深度达 50 厘米,土壤要疏松,种蔗沟深度要达 30 厘米。

二、浅种:蔗种回土盖种深度一般在 5 厘米左右。

三、宽行:甘蔗种植行距要求在 90—100 厘米,有利于通风透气、植后田间管理。

四、密植:植蔗沟每 100 厘米播蔗种 5—6 个,亩播双芽苗蔗种 3000—3500 个。其次是施足基肥,每亩用农家肥 1000—2000 千克,混 100 千克过磷酸钙、25 千克尿素、15 千克氯化钾,堆沤 7—15 天后施入植蔗沟。

甘蔗生长周期长,一般以二、三月份为种植适期。

1983 年开始,实行家庭联产承包责任制,境内无农户种植甘蔗、荸荠。

第三章 林牧副渔业

中华人民共和国成立前,境内农户都有家前屋后种树的习惯。传统副业项目甚多,农家都有手摇纺车和土式织布机纺织纱布,其次是种菜养猪、泥水木作等小手工业。

中华人民共和国成立后,农户种蔬菜、嘿小鸡、种桑养蚕等开始发展。农业合作化后,不少家庭副业转为生产队集体经营。20 世纪 60—70 年代,生猪以集体与农户饲养相结合。1978 年后,集体和家庭副业都逐步恢复发展起来。1983 年农村实行家庭联产承包责任制后,生猪及畜禽、鱼类由农户养殖。1988 年,全村多种经营品种有 22 类、120 多个项目。1994 年,全村有种芹菜、嘿小鸡、养虾养蟹、培植食用菌等 5 个专业项目,经营农户占全村农户总数的 21%。有 37 个副业生产专业户,从事果树种植、淡水养殖、养鸡(鸭)、养猪、育小蚌、种蔬菜、做豆腐、烫粉皮、加工豆芽等。1998 年,汤联村多种经营获塘市镇"致富杯"金杯;1999 年,在塘市镇"六杯"竞赛活动中获"致富杯"金杯。

第一节 林果种植

中华人民共和国成立前,境内农户家前屋后栽种树木,品种以榉树、楝树为主。榉树生长缓慢,但质地坚硬,是制作家具的理想木材,经济价值高。楝树生长速度快,便于成材。也有一些农户种几棵桃树、葡萄等,既作点缀,又可食用,但并不注重栽培技术或追求经济效益。庙宇、祠堂内外,都植有银杏等珍贵树木,后房观音堂场前就有 1 棵银杏树。

中华人民共和国成立后,野鸡场陈阿土在宅基南侧约 100 米的谷淀港东岸 1000 多平方米的高岗上栽种松树、杉木。20 世纪 60—70 年代,各生产队利用河边滩涂大搞绿化,品种以楝树、泡桐、槐树为主。70—80 年代搞丰产方建设,大队在通往各自然村的主干道、机耕路、农田排灌沟渠两边植树造林。1983 年以后,随着农村产业结构的调整,林果业作为多种经营一个组成部分,受到重视。村民家前屋后普遍种上果树,主要品种有桃树、梨树、葡萄、柿子树、石榴树等。1985 年,全村"四旁"绿化 1.32 万株,品种以水杉、池杉为主,少数泡桐。

桃树、梨树 1958 年前,农户家前屋后种少量葡萄、梨树、桃树、柿子树等。1960 年,农家果树基本被砍光。1965 年后开始逐步恢复。

1972 年,大队在大松坟砍掉树木,铲掉坟墩,平整土地,种植桃树、梨树 4000 余株,面积 20 余亩。桃树以无锡水蜜桃为主,梨树以砀山梨、雪花梨、白梨为主,其中雪花梨个头大,肉质细脆,汁多味甜。1975 年开始结果(产梨),1978 年以后进入丰产期,平均亩产 1500—2000 千克。

葡萄 品种有水晶、巨峰等,一般农户在家前屋后种植。80 年代中期,后房、南园有村民在责任地里种植 2—3 亩。1990 年开始改种其他经济作物。

栽培要领一般在 11—12 月上旬定植。选根须发育良好,侧根粗壮,有 4 个以上芽眼,根部无白眉或腐烂的苗木。密度根据地块的通风透光、葡萄的品种、土壤等综合因素考虑,一般行距 2 米,株距 0.5—1 米;无主蔓扇形每穴两株;棚架独龙干型行距 4 米,株距 0.5 米。

整修:主要采取主干形整形,在定植当年发芽后只留一个新梢,培养直立生长的主干。修剪有夏季和冬季修剪;夏季在生长旺盛的 5—8 月进行,采取定枝、抹芽、摘心、去副梢的措施控制树体;冬季修剪在落叶后一个月左右到翌年萌芽前 20 天左右进行。选择生长好、无病虫害的枝蔓,在芽上 1—1.5 厘米处剪裁,也有留 5—7 节的中梢修剪,留 8 节以上的长梢混合修剪。

病虫害防治:一般在葡萄休眠期喷 2—3 次石硫合剂,发芽后,每隔 10—15 天喷 1 次波尔多液,或 500 倍复方菌灵溶液,普通病害即可防治。假如发现叶片、枝条或果穗上有褐斑、白粉等异常景象,立刻剪除,避免蔓延,并用波尔多液喷施防治。

第二节　畜禽养殖

(一)生猪

境内农家素有养猪习惯。1949 年,全境年末圈存生猪近 300 头,以后年份略有上升。1958 年开始,各生产队陆续建办养猪场,生猪由农户单一饲养发展为私人饲养与集体饲养相结合的格局。大队在北园建办副业队,占地 22 亩,有猪舍 4 跨,圈存生猪 120 多头。1959 年末,全大队生猪圈存 450 头。国民经济三年困难时期,不少集体养猪场停办。1962 年,全大队生猪年末圈存量比 1958 年下降 27.4%。

1965 年,政府贯彻私人饲养和集体饲养相结合的"两条腿走路"方针,生产队划给农户猪饲料地(每头猪 1 分地),鼓励社员私人养猪。猪灰按质量作价给生产队使用,每头猪的猪灰肥年收入 20—30 元。在方针政策的刺激下,生猪饲养回升较快。1966 年,生猪年末圈存达到 1100 头。1974 年,沙洲县成立畜禽委员会,负责指导以养猪为重点的畜禽生产,并规定农户出售生猪给予粮食、布票奖励,根据售价,直接由收购部门发给奖券。生产队再次提高灰肥价格,每头猪灰肥年收入40元左右,年终实行以肥奖粮,每1元肥料奖稻谷0.25—0.5千克。农户私人养猪发展加快,每户全年一般出售生猪2—3头。1977年开始,集体养猪推行"四定一奖"(定任务、定产值、定饲料、定报酬,超产奖励、减产赔

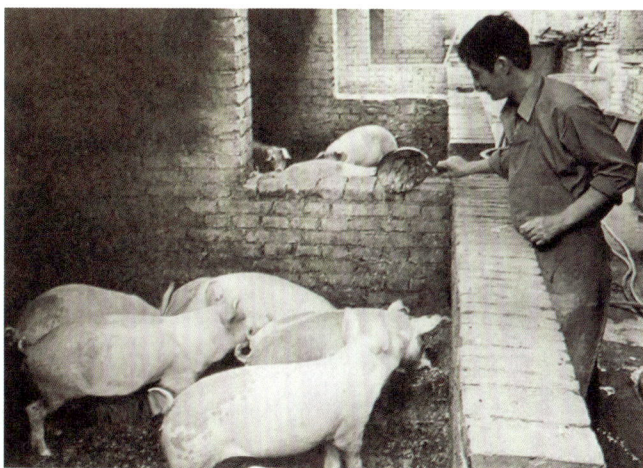

图5-5　20世纪60—70年代集体养猪(徐惠荣提供)

偿)责任制后,生猪发展迅速。1980年前,境内每个生产队都办猪场,一般集体猪场每年出售生猪50—100头,并饲养母猪繁育苗猪,自繁自养。1980年,境内生猪年末圈存量达1940头。1982年秋,农村普遍实行联产承包责任制,生产队不再集体养猪,奖励猪饲料粮等政策取消,猪灰由农户自用,生猪饲养量开始下降。80年代中期,公社(乡)出台扶持政策,达到一定规模的专业户可享受包括评优在内的精神和物质方面的奖励。1983年,全村年末圈存生猪仅800余头。1984年,养猪专业户开始发展,1985年,全村有养猪专业户4户,平均每户当年出售生猪33.5头。1999年,全村有养猪大户6户,平均每户年出售生猪46.3头。

苗　猪　苗猪由农户饲养的母猪繁殖。人民公社化以后,各生产队集体猪场也饲养母猪繁殖苗猪。1965年,境内各生产队共圈存母猪54头,加上农户私人饲养的母猪,母猪与生猪年末圈存量之比为1:12.5。2013年起,因大片村庄被动迁,境内已无母猪、肉猪圈存。

品种:解放前夕至50年代末,境内农户饲养的猪种都是太湖二花脸黑种猪,性成熟早、产仔多、肉质鲜美、营养价值高,但个体生长发育慢,出肉率低且肥肉占比多,一般饲养8—10个月才上市,体重50—70千克。1962年开始,沙洲县食品公司塘市食品站从外地引进约克夏、巴克夏公猪,与二花脸母猪杂交配种,杂交猪生长发育快,饲养五六个月上市,体重65—75千克。90年代后,"三元"猪种面世,瘦肉型猪进入市场,太湖二花脸黑种猪开始消失。

饲养方法:境内过去一般用暖圈(灰圈),目的是用猪灰作肥料下田。1980年以后,农民私人养猪(特别是种芹菜农户)大都仍用暖圈,养猪重点户、专业户用冷圈(圈底用混凝土,方便用水冲洗)。直到50年代末,农户养猪一般用煮熟的麦粉、稻谷糠加水喂养,饲料种类单一,成本高。60年代开始,提倡广找饲料来源,"以青代精,以青代粗",配能量饲料喂猪。1970年,试用"中曲"发酵饲料和"新曲"发酵饲料。1980年后,提倡按科学配方生

产的混合饲料喂猪,加上购进苗猪体重都达 20—30 千克,生猪饲养周期缩短为 3 个月左右,出栏时体重在 75—90 千克。

(二)羊

境内农家养羊历史较久,品种以山羊为多,湖羊(又称绵羊)少量。山羊以长江三角洲白山羊为主,繁殖率高,生长期短,养两个年头可以宰杀食用。湖羊积肥产毛。1949 年末,境内圈存羊 200 多头,其中湖羊占 76%。50 年代,羊的饲养量逐年增加,尤其是湖羊饲养量增长较快。1958 年开始,年末圈存量稳定在 400—500 头,其中湖羊占 70%。1978 年以后,随着芹菜种植面积的不断扩大,养羊数量迅速增加。1980 年年末圈存量比 1978 年的增加 55%。随着农村城镇化建设的不断推进,大批农户被搬迁安置,至 2010 年,境内仅有 2 户农户养羊。

在品种改良方面,70 年代初,境内引进新疆细毛羊,与本地湖羊杂交,改良的湖羊可增加产毛量,羊毛质量也有所提高。为顺应芹菜种植户养羊需要,1978 年,大队在大松坟建办种羊场,选派朱金保为配种技术员。种羊场从浙江引进毛肉多用的萨能奶母羊和改良公羊 100 多头。新增种羊性成熟早,一般在 6 月龄即可配种,部分母羊当年产羔,每胎至少两头羊羔。公羊 5 月龄即可配种,种羊培育成本较低,世代间隔短,利于扩繁种群。1980 年,大队把种羊场作为扶持项目转让给第五生产队。1983 年,农村实行经济体制改革(分田到户),第五生产队种羊场转制,由朱金保家经营。2002 年,种羊场停办。

(三)牛

长期以来由私人饲养,以水牛为多,黄牛较少,是主要的农用畜力。1949 年,境内耕牛不足 10 头,平均每头牛承担耕地 200 亩左右。1962 年,全大队各生产队饲养耕牛共计 16 头,用于耕地、戽水、打百操(平整水田)。1970 年开始,随着农业机械化的发展,耕牛逐渐减少。1980 年以后,境内已没有耕牛。2000 年,南园徐建刚等 2 户村民养

图 5-6　20 世纪 50 年代耕牛耙田(徐惠荣提供)

殖奶牛,规模不大,饲料就地取材。2002 年开始,农村城镇化建设快速推进,村庄大规模被拆迁,奶牛养殖停止。

(四)兔

历史上,境内养兔以本地菜兔为主。1946 年,开始从无锡引进安哥拉兔。中华人民共和国成立后,养兔产业随着国际兔毛市场的需求量增减而变化,50 年代,养兔业发展较快。

1962年,开始连年下降。1965年,养兔业复兴,全境年末共圈存家兔1000余只。当时一只拉毛兔每月能产0.1千克兔毛,农家一般每户养10多只拉毛兔,经济收入较为可观。"文化大革命"期间,养兔业稍受影响。1974年,政府出台扶持措施,对出售兔毛实行奖励,养兔业出现回暖,养兔在50只以上的有12户。是年末,全境养兔5100余只,其中拉毛兔占62.5%。随后,国际市场肉兔需求量增加,农户转向饲养日本大耳兔和青紫蓝兔等肉用兔。1975年下半年,兔毛价格上涨(特级毛集市价每千克220元),养兔业再次复苏,有人戏言:"养儿子不如养兔子。"1986年以后,因乡镇企业发展迅猛,农村劳动力纷纷转移到乡镇企业,养兔数量逐年下降。到1998年,农户中已很少有人养兔。

(五)家禽

境内农家饲养家禽以鸡、鸭为多,鹅少量。1949年末,境内共有家禽780羽,户均2.5羽,以后逐年发展。1957年末,存栏1225羽,户均3.5羽。1962年开始,家禽饲养量减少,年末存栏900多羽。1970年起,开始回升。1972年后的几年内,境内不少生产队因私人散养鸡、鸭糟蹋农作物而要求家禽圈养,60%的自然村不见鸡、鸭。1980年后,农民圈养鸡、鸭的数量有所增长。西庄、李港巷等村出现养鸡、养鸭、养鹅专业户。较大的专业户有陈耀新、虞尧德、汤金宝等3户,每户每年出售肉鸡5000—7000羽,出售鸭3000—4500羽。80年代中期,后房有3户农户养鹌鹑1000余羽,90年代中期逐渐停养。

1996年,全村共饲养鸡、鸭、鹅2.22万羽,有专业户3家。2016年,境内无畜禽养殖户。

第三节 淡水养殖

养鱼 境内可放养水面190余亩。1949年实际养鱼水面120余亩,都是利用自然水面养鱼,亩产在30—40千克,花鲢、白鲢占总产量的75%左右,青鱼、草鱼、鳊鱼、鲤鱼等鱼种占25%左右。

1950年开始,淡水养鱼有所发展。1955年,全境养鱼面积150亩。1958年春,大队成立副业队,把各生产队的大小池塘划归到副业队统一经营,由多年在无锡从事渔业养殖的戴洪生具体负责。全大队有8亩以上水面的池塘7个,其中,李港巷的下泾河,西庄的门前泾、北渔池、荷花池,闵家巷腾湾泾等适合养殖成鱼。南园宅基河,后房东石河、西石河,西庄南龙糠潭、北龙糠潭、水沟泾、东西泾等水面3亩以下的池塘繁殖鱼苗,共计水面100多亩。是年秋,副业队组建捕鱼组,有员工10—18人。淡季协助养鱼,旺季专业捕捞。每到农历12月成鱼收获季节,方圆二十里的农民都上门邀请他们拉网捕捞(俗称"塘鱼"),冰天雪地从不休息。

1960年,副业队养鱼171亩。1966年以后平整土地,不少内河被填成水稻田用来改种芹菜。1971年,全大队放养水面积147亩,鱼总产量3680千克,平均亩产40千克。

1980年起，贯彻"养殖为主，精养为主，养捕并举"的渔业生产方针，允许鱼产品直接上市，鱼价随行就市，淡水养殖业迅速发展。1984年，沙洲县政府把发展水产业作为调整农业产业结构的重心，出台多项扶持政策。全村精养鱼产量占鱼总产量的三分之二。农村实行联产承包责任制后，各村民小组把零星内河承包给社员养鱼，亩产成鱼50—80千克。养鱼专业户一般承包20—40亩水面，实行精养，亩产200—300千克，品种主要有两大类（花鲢、白鲢和青鱼、草鱼、鲫鱼），每类产量各占50%。2010年，全村放养面积184亩，平均亩产300千克。

养虾、养蟹 1998年，境内养虾、养蟹的村民有闵培章、黄建华、朱锦通、闵苟保等4户，其中后房5组的朱锦通养青虾、河蟹水面达到30余亩，年收入近10万元，方圆十里颇有名气。1998年，朱锦通养殖面积扩大到60余亩，他的养殖基地成为张家港市多种经营管理局的养虾试验基地之一。2007年因动迁停养，2009年开始跨村承包水面搞淡水养殖。2016年，朱锦通跨村承包水面200余亩、低洼地40余亩，实行虾、蟹、鱼立体养殖。

河蚌育珠 1967年，第六、第十、第十一生产队开始河蚌育珠。聘请港下等地的技术员进行人工植片（俗称嵌蚌珠），尔后，全大队60%的生产队先后发展珍珠蚌养殖。至1968年末，全大队珍珠蚌养殖的生产队相继引进幼蚌1.8万只、人工植片蚌0.9万只。是年，沙洲县养殖公司成立珍珠管理委员会，统一组织种蚌采购，统一技术培训，统一病虫害防治，汤联大队选派闵培章为河蚌育珠技术员，参加培训学习。

孕育珍珠的蚌有三角帆蚌和皱纹冠蚌两种，种蚌全部从浙江、湖北等地引进。1972年，第二生产队成立人工植片小组，除满足本队成年蚌植片业务外，还到其他生产队甚至跨大队进行人工植片。1973年，不少生产队相继开始人工繁育幼蚌。产珠量最高的年份为1974年，全大队产珠60千克。1975年，国际珍珠市场

图5-7 20世纪70年代河蚌育珠（人工植片，徐惠荣提供）

需求下降，珍珠收购标准提高、价格回落，社员养殖珍珠蚌的积极性一落千丈。1978年，国际珍珠市场开始好转。1979年，珍珠收购价大幅上涨，一级珠每千克2500元，二级珠1500元，三级珠1000元，四级珠325元，五级珠150元，等外一级珠40元。社员河蚌养殖积极性高涨，第三、第四、第七、第九、第十、第十一、第十二、第十四、第十六等生产队相继培育小蚌。1980年，全大队共育幼蚌20余万只，1981年达到60万只，全大队自给有余。

1981年,国际市场又有变化,珍珠出口减少,地产珍珠大部分用于医药、化工、装饰品,蚌农生产积极性严重受损。1983年农村实行联产承包责任制后,不少生产队减少河蚌育珠规模。至1985年,幼蚌繁育、珍珠蚌养殖全面停止。

附:

戴洪生养鱼

戴洪生,1934年受雇于无锡荣巷荣府,在太湖内饲养成鱼,并在太湖附近的河浜内养殖"鱼婆"繁殖鱼苗。1950年,回到西庄。1958年,大队副业队聘其负责养鱼组技术指导。经过1年的生产实践,大队(副业队)逐步添置了7吨、12吨、15吨木船,并把15吨木船改装成既可航行又能更换船舱内容水的"活水"船,可整日整夜在长江内航行,不用担心船舱内鱼苗因"死水"而缺氧死亡。每年清明过后,戴洪生组织人员起航,经内港长途手摇到上游的安徽省境内,用簖网张捕1厘米以下的幼鱼苗(俗称花籽)。正常情况下,幼鱼苗捕回来后经层层筛选,剔除杂鱼,把白鲢、黄鲢、花鲢、鳊鱼、鲤鱼、草鱼、青鱼等分门别类放养。精心喂养到12月份,长成7—12厘米的鱼苗,捕捞起来就近销售。一般花、白鲢鱼苗0.08—0.10元/尾,草鱼苗、鳊鱼苗0.10—0.12元/尾。当时的鱼苗培育是副业队的一个主要产业。

1962年,副业队统一管理的池塘全部归还到有关生产队,鱼苗培育停止。汤联第十一生产队利用原有设备,聘戴洪生养殖鱼苗和成鱼近40亩水面。每年5月上旬,戴洪生用巴豆(靖江子)、生石灰消杀养鱼池塘,清塘后干晒20—30天,然后到乘航鱼种场购买幼苗(花籽)。开始用"活水"船装运,后改用塑料袋注入氧气"袋装"。运回后,把熟鸡蛋黄搅碎,按一定比例稀释在容器中,把幼鱼苗放在"蛋黄水"中"过渡"1—2小时,再投放到池塘中。饲养25—30天后张网捕捞起来,再按不同规格不同品种"翻塘"。

鱼苗投放 一般1亩水面2万尾左右,以白鲢为基数,黄鲢占白鲢的10%,鳊鱼占白鲢的60%,草鱼占白鲢的40%,鲤鱼占白鲢的30%,青鱼占白鲢的10%。

饲料 幼鱼苗1—2厘米时喂黄豆浆,长到150—200克以上喂麦粉、米糠等,食草类鱼苗开始喂小青萍,稍大一点用鳗鲡头草,这样可节省精饲料。

病虫害防治 鱼苗在生长过程中,特别是食草类鱼苗容易得鱼鳃寄生虫病、肠炎病、烂皮病,一般用有机磷农药晶体敌百虫防治,禁用"223"。方法:捞部分小青萍,日晒1—2小时,待水分减少后把晶体敌百虫稀释,搅拌在草中,渗透片刻,把小青萍漂浮于鱼塘内让幼鱼啄食。也可用生大黄粉按比例搅拌于饲料中投喂,该法治鱼类肠炎病疗效显著。高温季节,天气闷热,鱼池容易缺氧,成鱼池塘用增氧机增氧,幼鱼苗池塘用流动水换水方法增氧。

1977年,汤联大队在渔梁浜养殖成鱼,聘戴洪生、徐永芹2人具体负责,直至1980年。

1983 年,农村实行家庭联产承包责任制,戴洪生家承包本生产队 17.6 亩水面,另到塘市大队第一生产队,汤联大队第六生产队,河北大队第四、第五生产队租赁水面 30 多亩,培育鱼苗,并实行鱼蚌混养。当年引进鱼苗 40 多万尾,人工培育幼蚌 12.26 万只。每到鱼苗捕捞、河蚌植片季节,全家老少出动,还请乡邻帮忙。是年春,戴洪生出席塘市公社"万元户"表彰大会。1984 年,戴洪生家立体养殖的水面发展到 56.8 亩,培育的鱼苗除供应本地外,还调拨到塘桥,鹿苑,江阴顾山、北润、新桥、苏墅桥等地。是年,销售产值达到 11.2 万元。1994 年,戴洪生因年迈停止水产养殖。

(本文由汤联村部分老年村民集体回忆,徐栋良整理)

1984—2015 年汤联村种养大户生产选年一览表

表 5-7

年 份	种粮(亩)	蔬菜(亩)	养鱼(亩)	养虾(亩)	养蟹(亩)	养猪(头)	养禽(万羽)
1984	115	146	94	—	—	750	1.34
1988	180	151	97			816	1.66
1989	180	150	98	15	10	1020	1.79
1992	202	212	97	15	10	1413	2.29
1995	235	255	97	20	18	1506	2.21
1999	250	312	105	25	18	1502	1.94
2002	286	349	120	20	20	1463	1.48
2007	310	358	168	22	35	1242	0.83
2008	346	362	185	22	35	1017	0.67
2010	252	230	220	35	27	—	0.56
2015	—	—	200	45	33		0.22

第四节　其他副业

(一)种桑养蚕

栽桑养蚕是汤联境内的一项传统副业。光绪三十四年(1908),后房徐姓族人就在大松坟坟堂屋旁栽桑养蚕。民国时期,村域附近乘航乡乃宜浜置办蚕种场,极大地方便了境内栽桑养蚕的农户。

1948 年末,境内共有桑田约 29 亩,大多为零星小块土地。1949 年 4 月解放后,人民政府采取积极恢复生产的方针,扶持农民栽桑养蚕。1954 年,全境有桑田 42 亩,品种以湖桑为主,桑地主要分布在后房、程虞家堂、闵家巷等自然村,年产茧820千克。1961年,因粮食减产,出现砍桑种粮的现象。1962年,桑田剩33亩,年产茧924千克。70年代,各级政府贯彻"以粮为纲、全面发展"的总方针,重视副业生产,调整奖售政策。塘市公社设立蚕桑指导站,与塘市交界处的新桥开设蚕茧收购站,方便蚕农就近售茧。境内南园、后房、西洋巷、闵家巷等12个生产队在注重粮食生产的同时,利用旱田、滩地扩种桑树。

品种 民国时期,只养春蚕。解放初期,开始养秋蚕。1954年起养两期秋蚕,一年三批。蚕的品种:解放前有华五、华六、华七、诸桂、洽桂、翰桂等。解放后逐步推广杂交改良蚕种,由省蚕种公司统一监制。品种分春用、秋用两种。50年代,春用为沄文×华九、沄汗×华八正反交;秋用为沄文×华+正反交。60年代,春用为新九×新汗正反交,苏16×苏17正反交;秋用为306×华+正反交。70年代,春用为东肥×华合正反交,东肥、华合×671正反交;秋用为东34×603正反交,东34×苏12正反交。80年代,春用为苏5×苏6正反交,A4元;秋用为苏3秋3×苏4正反交,苏3×苏4正反交。

养蚕技术 解放后推广小蚕防干纸育、小蚕坑房的简易养蚕法。蚕作茧时用蜈蚣簇,1982年改用方格簇。

1970—1975年,公社设蚕桑指导站,配专职蚕桑指导员1人,负责桑种、蚕病防治,幼蚕的培育及养蚕户的技术指导,并帮助蚕农外出培训学习。1975年,境内大面积扩种桑树。桑树种植规格为行距4尺、株距1.5尺,每亩1000株左右,桑苗由大队从外地统一采购。大队采取奖农补副措施,对养蚕业实行奖励,具体奖励补贴办法是:根据实种

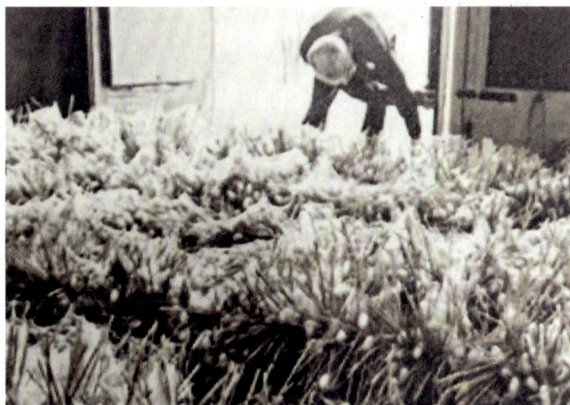

图5-8 结在蜈蚣簇(俗称"山龙")上的蚕茧(徐惠荣提供)

桑田面积,每亩桑田补贴100元;养蚕按每张种纸的产茧数量,达到大队规定产量标准的,每张种纸补贴100元。

1978年,全大队桑田面积69亩,春秋两季发放蚕种200余张,年产蚕茧达3992千克,加上桑地套种,总收入23.32万元。1983年以后,农村土地实行大包干,公社撤销蚕桑指导站,秋蚕收获后,桑田改种其他经济作物,农民不再养蚕。

(二)柳条、芦帘、麦秸秆编织

主要分布在后房、李港巷、程虞家堂、闵家巷等自然村。1967—1977年,全大队有70多户从事柳条、芦苇和麦秸秆编织。生产的各种柳条框由工厂定购,芦苇编织品由塘市供销社定购,麦秸秆编织成草帽由外贸公司定期收购。1980年后,多数从事编织的农民进入乡镇企业务工,境内柳条、芦帘、麦秸秆编织逐渐停止。

（三）花边加工

境内刺绣花边始于清末民初。1960年前，由常熟县花边经理部发放经营。

1961—1965年，塘市公社设花边发放站，组织生产手绣花布。1965年，沙洲县花边经理部成立，经营花边业务。境内有200余人参加刺绣，加工费年收入1万余元。1973年，新增针结花边业务（也称勾花），境内全年加工手绣布花及针结花边近3000套。1983年后，因国际花边市场需求量变化，发放量逐年下降。1985年后，出现机械绣花，手工刺绣向十字绣转行，花边刺绣消失。

（四）草帘、草包编织

草包主要用于江堤防护及水泥预制。1960年以后，境内有2只小土窑，加上公社砖窑厂，防雨草帘用量很大。1970—1980年间，境内有10%以上社员起早摸黑编织草帘、草包。不少社员以煤渣生火做饭，节省下稻草用来编织草帘、草包。兴盛时期境内有草包织机87台，从事草帘、草包编织的农户200多户，每年编织草帘、草包收入户均1000—2000余元。1980年后，草帘、草包编织减少并逐渐停止。

图5-9 20世纪60年代柳条编织（徐惠荣提供）

（五）木器加工

50—60年代，境内从事木器家具制作的木工较少。1968年后，逐渐增多，遍布各自然村，约有70余人。木工除为集体、个人建房做家具外，还自购木材制作木器家具，如饭桶、提桶、担桶、马桶、大小脚盆、桌子、床、凳、橱等，

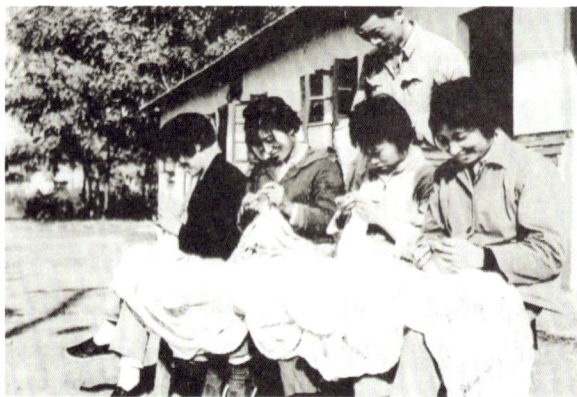

图5-10 人工绣花边（徐惠荣提供）

运往集市交易。有的为用户来料加工，有的为用户上门制作。第十三生产队程才元凭借圆作手艺小有名气，附近乡邻都委托其加工马桶、脚盆等闺女出嫁用具。西庄徐永福有红木家具制作专长，方圆十里有不少客户上门定制。

1980年以后，随着生活水平的提高，人们需求向高档化、成套化发展，传统的日用家具被现代化家具所替代，木器家具行业生意清淡。部分木工进建筑公司，部分在家具厂工作。2000年开始，随着农村城镇化建设的不断推进，大批村民被动迁安置，少数木工转行，专业从事室内装潢。

（六）针织服装

50年代末，境内有土纺机、土织布机125台。60年代，境内从事针织服装的家庭有七八户，有手套机、针织横机20多台，从事缝纫的有17户、28人。1980年开始，从事缝纫的裁缝大多在镇区和村部附近开设服装加工场（店）。90年代，从事服装加工业的裁缝共开设加工场（门店）5家，其中张家港市区有3家，外地城市2家。2010年后，从事裁缝加工的大多改行。

（七）豆芽生产

50年代初期，境内有不少农户从事黄豆芽生产。70年代中期，第一、第二、第七、第十、第十一、第十三生产队生产黄豆芽，集体加工培育，分发农户到塘市、杨舍、塘桥、北涢、锦丰、三兴、鹿苑等集镇销售，每天有250—500千克，生产队年收入2000—3000元。南园徐仁丰、徐洪年等家庭从事豆芽生产，丈夫利用业余时间在家里加工，妻子到集市销售。产出量多的时候，甚至来不及去附近集镇销售，徐仁丰、徐洪年把豆芽挑到塘市，家属随货同行乘早班轮船到无锡推销。轮船到无锡码头后，人生地不熟，每人80—100千克豆芽，一担挑不动，两妇女把豆芽分成两批，一批寄放在码头，另一批分两担挑出去。第一担跑了100—200米，临时寄放后再回过去挑第二担，用"摆渡"的方式到无锡郊区销售。一批卖完后再卖第二批，直至天黑搭末班轮船返家。80年代开始，西庄徐三弟、陈文勤夫妇加工豆芽，不仅改善了家庭经济状况，还到张家港市区购买了高档住宅。

黄豆芽加工方法：

1. 首先精选优质大豆，反复淘洗10—12次，让其"吃"足水后自然发"胖"。

2. 把略带发胖的黄豆浸泡8—10小时。

3. 装入可出水的木桶，每天用温水早晚喷淋，合理掌握水温，一般3天左右黄豆开始发芽并长出根须，然后盖上稻草编制的桶盖。

4. 第六天开始把带根须的黄豆装入豆芽缸，早晚各一次用温水喷淋翻缸过滤，科学掌控温度，然后盖上稻草编制的缸盖，冬天盖2层，春天盖1层。每只缸外面用草帘（俗称缸扇）围护保暖。每天下午3点之后开始翻（盘）缸。第八天豆芽长得粗壮白嫩，即可上市销售。

绿豆芽生产一般在夏季。每到初夏，气温升高，人们喜食绿豆芽，育黄豆芽农户就改育绿豆芽。一般6—7千克绿豆可加工生产绿豆芽50千克左右，0.20—0.25元/500克，50千克绿豆加工生产绿豆芽后可卖80—100元，收入颇丰。秋后天凉，再改育黄豆芽。

（八）豆制品加工

中华人民共和国成立前，南园有一徐姓农户祖传三代做豆腐，因质量上乘、价格合理，生意颇兴，方圆八里都呼其大名"豆腐惠惠"。60年代，境内有15户农户从事豆制品生产。70年代，大队在原大松坟办副业队，养猪、养羊、做豆制品，从业职工11人，日产豆制品

500—600千克,年经济效益在2万—3万元。80年代后,副业队解散,西庄、后房、南园、闵家巷等7家农户从事豆制品生产。

1990年以后,一些租住到境内的外地人员,也从事豆制品生产。2000年,全村从事豆制品生产的有2户,都是外地人员,日产豆制品200—300千克。2003年以后,随着农村城镇化建设的不断推进,大片村庄被动迁,境内豆制品生产停止。

第四章　农机具

中华人民共和国成立前,境内农民从事农业生产,从种到收皆为人力,使用的农具都是传统农具。农田灌溉靠人力车水或用耕牛庠水(俗称牛赶水),垦田用铁钯,稻麦收割用镰刀,田间除草用锄头,稻田除草用耘耥。中华人民共和国成立后,政府大力倡导改良农具,多数老式农具逐渐被半机械农机具替代。1966年前,全大队有人力车轴31套、畜力水车17套、耕犁28张、脚踏脱粒机(俗称轧稻机)46台。1969年底,大队购买第一台手扶拖拉机。1971年,手扶拖拉机增加到3台。至1980年,全大队农业机械总动力1071.2千瓦,其中有柴油内燃机6台、电动机9台92千瓦、手扶拖拉机17台、1吨及以上拖车13辆、大中型拖拉机4台、配套双铧犁8车1辆、机动脱粒机34台、扬谷机20台。基本实现了土地翻耕、灌溉和粮油加工等机电化。至1989年末,全村种植、开沟、收割等基本实现机械化。

1989年,汤联村成立农业服务站。2000年,水稻收割开始使用机械。机耕、机开沟、机植保率100%,三麦机收、机种率80%以上,汤联村成为杨舍镇农业机械化实力较强的城郊村之一。

至2010年,水稻收割脱粒全部机械化。2011年开始,随着农村经济体制改革的不断深入,全村集体的农业机械全部转由机手私人经营保管。

第一节　传统农具

中华人民共和国成立前,境内耕作种植机具主要有步犁、铁钯、锄头、锹等。有少数农户用牛拉步犁进行翻土耙田,多数农户靠钉钯、锄头翻土碎土。1953年起,耕牛数量逐年增加,至1963年,全大队有耕牛16头、木犁22架、木耙17架,耕地、耙田需要的畜力基本依靠耕牛。

中华人民共和国成立前,稻、麦收割用镰刀人工作业,脱粒使用稻床、连枷等工具,主要依靠人力拍打脱粒。中华人民共和国成立后至20世纪60年代初,稻、麦收割仍用镰刀人工作业,脱粒一般采用脚踏脱粒机(俗称轧稻机)。1963年,全大队有脚踏脱粒机43台。

1965年,开始使用小型柴油机带动机械脱粒。植保机械都是小型人力压缩喷雾器,药粉采用手撒,灭螟虫采用点灯诱蛾等方法。1996年,汤联全村有人力压缩喷雾器29架。

图5-11　20世纪80年代人工割稻(徐惠荣提供)　　图5-12　20世纪70年代半机械化脱粒(徐惠荣提供)

第二节　农业机械

1969年,汤联大队购买第一台手扶拖拉机,每天可耕地30—40亩,比耕牛快10倍。1970年以后,农业机械逐年增加。1979年夏收夏种季节,中央新闻纪录电影制片厂到汤联大队拍摄小麦收割场景。1980年,境内购置第一台50匹中型拖拉机。是时,境内有手扶拖拉机17台,有双铧犁型8台、旋(免)耕机12台、条播机1台、压麦机10台,三麦种植开始机械化。

1980年,境内有机动脱粒机32台,总功率145千瓦,扬谷机20台,总功率15.6千瓦。1983年,实行家庭联产承包责任制后,脱粒机械趋向小型化,全村大多农户拥有小型稻麦两用脱粒机。1985年,境内购置联合收割机1台。1990年开始,全村三麦机种和机开沟率达100%。至1995年,全村拥有大中型拖拉机4台,以及一批旋耕、开沟、种麦等配套机具。手扶拖拉机耕作、种植开始淘汰。

植保方面,20世纪60—70年代初,境内有人力杠杆喷雾器18台、人力喷雾器23台、人力喷粉机18台。70年代中期开始,汽油喷雾器(药水机)面世,各生产队相继添置,手动植保机械开始淘汰。1983年,实施家庭联产承包责任制后,各农户又恢复使用手动背包式喷雾器,基本每户一台,人力喷粉机由于六六六粉停用而逐步淘汰。为解决大面积防治与突击防治的难题,大队组建联防植保队,徐如明任队长,置 3 马力远程喷雾药水机 5 台,负责全大队三麦、水稻的病虫害防治。至 90 年代末,人力喷粉、喷雾器完全消失,全部采用机动植保。1995 年,联防植保队解散。

图 5-13　1979 年夏,中央新闻纪录电影制片厂在汤联大队拍摄小麦收割(徐惠荣提供)

1985 年,村购进第一台联合收割机,人工收割占 61% 左右。1995 年,境内有联合收割机 5 台,夏收基本实现机械收割一条龙。水稻机械收割难度较大,发展比较迟缓。90 年代开始,有农户私人购进"洋马"收割水稻,大多数农户请"洋马"收割水稻。

2005 年,境内拥有 50 型中拖 4 台、东风 12 型平拖 8 台、桂林收割机 3 台、工农 -36 型机动植保机 7 台、电动机 22 台 110 千瓦、水泵 19 台(总口径约 345 厘米),以及一批旋耕、开沟种麦等配套农机具,亩均农机动力 0.22 匹(0.1617 千瓦),亩均农机价值 264 元,机耕、机开沟、机植保率 100%,三麦机收、机种率 80% 以上。至此,全村水稻收割全部实现机械化,汤联村成为杨舍镇农业机械实力较强的城郊村之一。

第三节　农机管理与维修

1984 年,汤联村利用老加工厂 8 间厂房及场地成立农机服务站,有固定资产 44 万元、服务人员 12 人,分植保、机耕、机电、机械维修、化肥农药、排灌、农技、财务 8 个组。农机组的任务是加强对全村农机手的管理和监督,负责农机维修、保养和成本核算等,基本做到小修不出村。每年春耕生产、夏收夏种和秋收秋种前对所有的农业机械进行全面检查保养,集中进行维修,农忙时组织技术人员到村民小组巡回修理,保证农业机械充分发挥作用。

随着农村城镇化建设的逐步推进,耕地逐渐减少,机械动力也相应减少。1996年,农机组解散,大多数机械动力转制给私人。2010年以后,农村经济体制改革加快实施,全村中型拖拉机、手扶拖拉机、植保机械等全部由机手私人经营。

第六卷 工 业

在长期的封建制度束缚下，境内经济是单一的农业经济。村民历来遵循着"男耕女织"的传统习俗，仅有少数个体小手工业者（俗称"五匠"）凭一技之长，兼容作业。直到20世纪30年代，境内出现"机船"（俗称"洋龙船"），用于灌溉、碾米。

中华人民共和国成立后，私营工业和手工业在人民政府扶持下得到恢复和发展。1956年，人民政府对资本主义工商业实行"利用、限制、改造"的方针，鼓励和扶持合作工业，境内90%以上的个体工业者参加塘市乡生产合作组织，私营工业企业全部实行公私合营。1957年，汤联高级社在渔梁浜畔建办小窑。1959年，汤联高级社改称汤联大队后重建砖瓦厂。1961年，建办粮饲加工厂，从此，汤联境内有了真正的实体工业。20世纪60年代，汤联工业发展缓慢。1970年，接通高压电后，汤联大队陆续建办了塑料厂、石棉厂、农机厂、预制场，重建了粮饲加工厂。

1978年以后，随着农村经济体制改革的逐步展开，产业结构不断调整，到1980年，全大队500多名农村富裕劳动力转向工业。1985年，全村共有村办企业8家，个体及村民小组办工业企业10多家，工业门类众多，行业多样。1991年，汤联村建办了汤联幕墙玻璃厂。1994年，企业开始实行产权制度改革。至1997年，全村转制企业3家，转制总资产304.68万元，收回净资产2.71万元。

1998年后，有18家民营企业先后落户境内。2006年，汤联村工业产值10235.54万元，利税总额508.17万元。2016年，汤联境内有工业企业28家，销售收入323625.99万元，利税总额22517.98万元，年末固定资产原值163080.58万元。

第一章 所有制结构

汤联工业所有制经历 5 个不同阶段：1955 年前，均为私营或合股经营的小型工业企业；1956 年，境内先后实行公私合营，个体手工业者组织起来，成立手工业合作社；1957 年，高级社兴办小型工业企业，社队工业开始萌芽，1978 年以后，逐步发展"三分天下有其二"的乡村工业；1994 年，实行企业产权制度改革，推行劳动与资本相结合的股份合作形式，凡符合条件的企业转为有限责任公司或股份有限公司（习惯上称"民营企业"）；1997 年后，境内村组办工业企业除转制外全部关闭，而民营企业迅速发展。2016 年，全村有工业企业 28 家，其中非公有制经济作出了重大贡献。

第一节 私营个体工业

中华人民共和国成立前，境内手工业者众多，尤其是民间的土纺土织遍及家家户户，素有"黄昏始织，三鼓方睡"的说法。另外有不少木工、泥瓦工等（俗称"五匠"）个体手工劳动者。他们均为代客加工，工具简便，无需大笔资金投入，他们走村串户上门干活，或在家中放张作台即可开工，且操作方便。

20 世纪 30 年代，后房徐永元独资购置机船 1 条，沈家堂沈林兄弟四人和程虞家堂徐昌合资购置机船 1 条，农忙时为附近农户灌溉，农闲时为周边农家碾米。中华人民共和国成立后，人民政府扶持个体工商业发展。1956 年，境内 80% 以上的个体手工业者参加生产合作组织——塘市手工业联社。私营工业企业全部实行公私合营，上述 2 条机船并入塘市机灌站。

1956 年以后，境内只存有零星个体手工业劳动者，主要是农村"五匠"。

1978 年以后，汤联大队出现个体联户工业。1990 年后，个体小工业迅速发展，行业有五金、电器、羊毛衫、电脑绣花等。一般是家庭作坊式经营，也有部分雇佣几个长期工或十几个季节工，雇佣自定，来去自由。

1994—1997 年，随着工业企业产权制度的改革，汤联村办企业塘市镇北铸件厂、塘市包装用品厂、张家港市塘市泡沫塑料包装厂 3 家企业转为股份制合作企业，汤联煤场转为私营企业。

2000年,汤联村域划归杨舍镇(张家港经济技术开发区)后,规模型民营企业开始落户境内。1998—2006年,塘市浸胶厂等18家企业落户汤联村。是年,汤联村工业产值10235.54万元,利税总额508.17万元,年末固定资产2460.86万元。

2008年以后,又有10余家规模型企业落户汤联境内。至2016年,汤联境内共有工业企业28家,其中私营企业18家、股份制企业5家、外商独资企业4家、中韩合资企业1家。共有职工4257人。工业产值347025.95万元,销售收入323625.99万元,利税总额22517.98万元,利润总额7808.29万元,工业增加值80850.81万元,资产总额366265.92万元,年末固定资产原值163080万元。

1998—2016 年汤联村属地管理企业主要经济指标一览表

表 6-1

年份	工业产值 (万元)	销售收入 (万元)	利税 总额 (万元)	利润 总额 (万元)	工业增 加值 (万元)	资产总额 (万元)	年末固定 资产原值 (万元)	企业 数 (家)	职工数 (人)
1998	470.33	470.33	1.96	−8.35	103.47	392.45	168.55	4	79
1999	681.14	552.88	40.40	16.00	135.00	611.41	118.54	4	88
2000	880.15	795.00	52.69	9.39	223.41	788.29	168.67	6	117
2001	802.45	785.18	36.31	−7.10	162.00	189.36	168.64	6	121
2002	930.58	1042.25	77.45	15.19	254.43	965.62	278.13	5	101
2003	1146.57	1513.74	46.46	23.89	259.60	1095.98	346.88	6	100
2004	2413.45	2761.19	103.61	28.63	267.26	2447.76	722.13	10	200
2005	5170.64	5294.91	415.56	114.81	1137.54	3993.51	1238.61	15	352
2006	10235.54	10218.11	508.17	303.97	2251.82	6601.43	2460.86	19	460
2007	12168.37	12168.37	690.87	280.30	2677.04	5970.78	2080.15	17	418
2008	13910.13	13496.32	714.85	334.24	2969.19	7615.19	2327.38	17	439
2009	15616.61	15243.20	426.92	794.58	3353.50	11653.06	3505.88	19	444
2010	19099.47	19048.17	895.00	554.39	4201.00	16604.70	5307.58	17	588
2011	25612.37	25509.79	1538.62	1046.53	5612.15	25087.63	8298.83	20	705
2012	29103.06	28995.85	1855.75	921.84	6379.09	27203.96	11096.92	18	675
2013	29627.13	29625.91	1898.95	616.84	6517.70	27745.02	11741.61	18	1066
2014	30815.00	30354.37	1783.80	769.78	6677.96	30938.31	13549.13	18	1132
2015	34116.89	34112.87	1704.97	652.66	7504.83	35948.29	16164.95	18	1198
2016	36803.95	36386.99	2252.98	941.29	8647.81	38230.92	17158.58	18	1275

注:"属地管理企业"指汤联村招商引资并服务管理的企业,以下简称"村管企业"。

2011—2016 年驻境企业主要指标选年一览表

表 6-2

年份	工业产值（万元）	销售收入（万元）	利税总额（万元）	利润总额（万元）	工业增加值（万元）	资产总额（万元）	年末固定资产原值（万元）	企业数（家）	职工数（人）
2011	192604..00	179605.00	14517.70	13095.50	4578700	15989000	45928	6	2020
2013	153160.00	144785.00	2659.400	788.09	3581300	27585500	87095	7	2526
2014	259284.00	189940.00	7526.00	5700.00	4499700	32751300	87001	7	2320
2015	247979.00	231800.00	5793.00	2925.00	5615600	42109400	15516800	10	2929
2016	310222.00	310111.00	23265.00	6867.00	7220300	32803500	14592200	10	2982

注："驻境企业"指驻汤联村境内,但属于张家港经济技术开发区管理和服务的企业。以下简称"驻境企业"。

2016 年汤联村属地管理企业主要经济效益一览表

表 6-3

企业名称	销售收入（万元）	利税总额（万元）	工业增加值（万元）	资产总额（万元）	年末固定资产原值（万元）	职工人数（人）
金达毛纺有限公司	1466.45	−9.64	322.62	1281.08	405.76	50
新特利制罐有限公司	1115.55	58.56	245.42	4126.18	2545.83	57
汇琨电子制造有限公司	6414.90	738.68	1851.28	3512.55	1006.64	61
澳新毛条毛线有限公司	1946.62	204.19	428.26	407.31	223.05	54
茂盛针织有限公司	491.07	−21.63	108.04	1043.74	386.49	67
百思特超声电气有限公司	1357.57	126.72	298.67	999.36	257.22	53
港城印铁制罐有限公司	607.11	32.12	133.56	1859.28	160.81	58
毕升印刷有限公司	1757.08	58.74	386.57	2043.83	1875.80	68
南江塑料制品有限公司	1325.21	48.34	291.55	2530.45	1061.61	60
飞马橡胶用布有限公司	1646.24	98.78	362.17	1368.73	496.06	51
广博毛业有限公司	119.86	16.49	26.37	1703.31	31.13	59
虹雨针织有限公司	2800.38	154.56	818.76	7509.77	5070.72	259
汇琨板金有限公司	411.48	16.82	90.53	271.98	63.63	63
港星方能超声洗净科技有限公司	1414.36	72.69	311.16	4204.97	1711.26	64
佑达建设工程有限公司	10135.35	510.86	2229.78	2132.23	721.33	66

（续表）

企业名称	销售收入（万元）	利税总额（万元）	工业增加值(万元)	资产总额（万元）	年末固定资产原值（万元）	职工人数（人）
塘市浸胶厂	156.51	16.16	34.43	1145.60	368.97	52
瑞之源针织有限公司	406.00	19.02	89.32	371.05	155.92	65
金博淳纺织有限公司	2815.25	111.30	619.36	1719.50	616.35	68

2016 年驻境企业主要经济效益一览表

表 6-4

企业名称	销售收入（万元）	利税总额（万元）	工业增加值(万元)	资产总额（万元）	年末固定资产原值（万元）	职工人数（人）
五洲变压器有限公司	11899.00	−1826.00	2619.00	63925.00	5888.00	330
江苏新美星包装机械股份公司	41812.00	5649.00	10453.00	10851.00	16725.00	679
江苏神舟铝业有限公司	8172.00	−642.00	2052.00	33261.00	18066.00	120
韩申金属(张家港)有限公司	11373.00	325.00	2843.00	6939.00	3322.00	203
恒进机电有限公司	18332.00	1881.00	4038.00	18166.00	13246.00	295
辛普森众泰建材(张家港)有限公司	19292.00	1529.00	4823.00	13189.00	8377.00	69
江苏彩虹永能新能源有限公司	135200.00	11154.00	29746.00	83391.00	22386.00	680
那智不二越(江苏)精密机械有限公司	41159.00	6051.00	10290.00	47615.00	27211.00	95
互惠光电有限公司	12663.00	825.00	2789.00	24729.00	11174.00	315
欧璧医药包装	1646.24	98.78	362.17	1368.73	496.06	51
科技(中国)有限公司	10209.00	−1681.00	2552.00	25969.00	19527.00	196
虹雨针织有限公司	2800.38	154.56	818.76	7509.77	5070.72	259
汇琨板金有限公司	411.48	16.82	90.53	271.98	63.63	63
港星方能超声洗净科技有限公司	1414.36	72.69	311.16	4204.97	1711.26	64
佑达建设工程有限公司	10135.35	510.86	2229.78	2132.23	721.33	66
塘市浸胶厂	156.51	16.16	34.43	1145.60	368.97	52

（续表）

企业名称	销售收入（万元）	利税总额（万元）	工业增加值(万元)	资产总额（万元）	年末固定资产原值（万元）	职工人数（人）
瑞之源针织有限公司	406.00	19.02	89.32	371.05	155.92	65
金博淳纺织有限公司	2815.25	111.30	619.36	1719.50	616.35	68

第二节 村（大队）办工业

汤联村（大队）办工业始于 1957 年（当时称汤联高级社），陈林书负责在渔梁浜畔建办汤联小窑，烧制黄砖。后因黄砖易起芒硝，于 1958 年关闭。在"大跃进""人民公社化"运动中，汤联大队建造数只小型炼钢炉，参与大炼钢铁运动。1959 年，大队重建砖瓦厂，烧制青砖。1961 年，大队在新开河东岸利用第一生产队仓库房建办粮饲加工厂。

1964 年开始，大队工业逐步发展。1964—1965 年，汤联砖瓦厂扩建并增添设备，具备年产 120 万块青砖、80 万片小瓦、20 万块芒板（又称芒砖）的生产能力，粮饲加工厂易地重建（在砖瓦厂旁），并能满足全大队农户的粮饲加工和农田灌溉的需要。2 家企业每年为集体创经济效益 3000 元左右。

1966 年"文化大革命"开始，工业企业步履艰难，在夹缝中生存。70 年代初，在"农业学大寨"运动中，按照"围绕农业办工业，办好工业促农业"的方针，尝试发展工业。

1970 年，汤联境内接通 1 万伏高压输电线路，在后房东侧建办第一座电灌站。是年，汤联粮饲加工厂易地重建于电站旁，利用大队大会堂建办石棉厂。1973 年，利用粮饲加工厂辅房建办汤联农机修配厂。1974 年，汤联农机修配厂因业务扩展，易地重建。1975—1976年，先后建办汤联塑料厂和汤联预制件厂。1977 年末，全大队企业有职工 68 人（不包括石棉厂松散型职工），职工转队工资 23600 元，创利润 3 万余元。

1978 年中共十一届三中全会以后，农业劳动力进一步向社队工业转移，汤联大队队办工业进入新的发展时期。1979—1980 年，建办张家港市泡沫塑料包装厂。1981—1985 年，建办塘市第二毛纺厂，配有 12 台织机及 2 条粗纺生产流水线。1986 年，汤联村工业总产值476 万元，利税 71.4 万元，拥有固定资产 129 万元。

1988—1993 年，汤联村建有塘市镇北铸件厂、塘市包装用品厂、汤联幕墙玻璃厂、汤联铝铂厂等 6 家企业。1994 年，汤联村工业产值 4048 万元，利税总额 396.7 万元。

1994 年开始，汤联村村办企业实行产权制度改革。至 1997 年末，村办集体企业全部转为股份合作企业或私营个体企业。

1957—1997 年汤联村（高级社、大队）办企业一览表

表 6-5

厂　名	建办时间	负责人	主　营	备　注
汤联砖瓦厂	1957	陈林书	黄砖	1958 年关闭
	1959 重建	徐月琴	青砖、小瓦	1987 年关闭
	1965 扩建 1982 年易地重建	程叔法		
汤联粮饲加工厂	1961	徐振琴	碾米	1984 年关闭
	1965 重建	徐月琴	碾米、轧糠	
	1970 再建	徐仲瑞	碾米、轧糠 磨面粉	
	1974	李根保		
汤联石棉厂	1970	徐永林 张富林	石棉线	1980 年停办
	1975	蒋文达		
汤联农机厂	1973	徐仲高	农机修理、金加工	1984 年徐建石承包 1985 年并入泡沫厂 1994 年关闭
	1975	徐永林		
	1980	张虎保		
	1983	徐汝林		
	1984	徐建石		
汤联预制件厂	1975	徐进保	水泥管桁条、楼板	1987 年停产
汤联抛光厂	1976	徐永林	抛光加工	1978 年转十五生产队
汤联塑料厂	1976	陈梅根	药械配件	1984 年关闭
	1979	徐福生		
张家港市泡沫塑料包装厂	1979—1983.03	虞叔良	泡沫包装	1995 年 12 月转制
	1983.03—1986	陈正明		
	1986.06—1987	张后兴		
	1987—1988	闵建新		
	1988—1994	闵徐大		
	1994—1995	徐福生		
塘市第二毛纺厂	1981	蒋文达	呢绒、毛纱	1989 年 转产毛巾被
	1984	张后兴		
	1986.06	徐士福		
汤联罗布麻厂	1987	陈梅根	罗布麻开发	1988 年关闭
塘市镇北铸件厂	1988	陈建明	铝铸件	收购原 13 队企业 1994 年转制 2002 年关闭
	1989	张耀中		

（续表）

厂　名	建办时间	负责人	主　营	备　注
汤联毛巾被厂	1989	陈建明	毛巾被	1993 年关闭
	1991	李仁元		
塘市包装用品厂	1991.08	闵徐大	可发性聚苯乙烯、塑料造粒	1995 年 12 月转制
汤联幕墙玻璃厂	1992.4	闵徐大	幕墙玻璃	1994 年 6 月关闭
汤联铝铂厂	1993.11	徐建刚	铝铂	1995 年关闭
汤联煤场	1996	徐六保	建材、煤炭	1997 年转制

第三节　村民小组（生产队）办工业

20 世纪 60 年代，汤联大队不少生产队就有织草包、编芦帘等手工作坊，产品由供销社生产资料部负责销售，生产队与供销社生产资料部签订定销合同后组织农户集中或分散进行加工，统一验收交货。销售收入归生产队集体所有，社员结算工分。

70 年代中期，农村开始翻建平房，80 年代中期，逐步翻建楼房，青砖、小瓦市场需求日益增加，各生产队发展砖坯、瓦坯生产。

1978 年中共十一届三中全会以后，有条件的生产队建办小型企业。第八生产队建办小砖窑，第一、第六生产队置办制砖机生产砖坯，部分供应窑厂，部分供应水泥厂。1980 年，第十三生产队建成铸件厂，是当时生产队跨行业办厂之典范，塘市公社在该生产队召开现场会，在全公社推广他们的做法。此后，境内各生产队想方设法邀请能人办厂。生产队工业（当时也称副业）有编织，粮饲加工，电热圈、冲压件、镜框、服装生产（加工），石棉加工，铸件加工，抛光加工等行业。

1983 年，随着家庭联产承包责任制的落实，村民小组组办工业逐步被联户工业、个体工业所替代。1988 年，第十三村民小组的铸件厂被汤联村收购为村办企业。

1967—1983 年汤联村民小组（生产队）办工业一览表

表 6-6

组（队）别	主　营	组（队）别	主　营
一	水泥袋加工、粮饲加工、机制砖坯	七	砖、瓦坯加工
二	水泥袋加工、瓦坯加工、电热圈	八	窑厂、砖坯加工
三	珍珠（蚌壳）纽扣加工	九	砖坯、瓦坯加工
五	冲压件	十	镜框加工
六	瓦坯加工、机制砖坯	十一	砖坯瓦坯加工、粮饲加工、服装

（续表）

组(队)别	主　营	组(队)别	主　营
十二	砖坯、瓦坯加工	十五	瓦坯加工、石棉、抛光
十三	铝铸件、瓦坯加工	十六	砖坯瓦坯加工
十四	砖坯加工、抛光		

注：村民小组（生产队）办工业其负责人及财务均为队长和队会计兼任。

第四节　校办工业

20世纪70年代，教育部门鼓励学校兴建校办厂，创造利润弥补学校不足的经费。校办企业大多为纯加工性质的小厂，一般由教师家属或社会上有一定专长的人员受聘当职工。

1978年，汤联小学建办校办厂。设在学校办公室隔壁2间辅房内，有职工7—8人，加工生产（灌制）蚊烟条，组装电风扇。夏秋是蚊虫活动季节，蚊烟条来不及生产，职工带回家开夜工。年利润3000—5000元。管理和财务由学校管理班子兼职。校办厂因规模小，资金、技术人才短缺，加上经营不善，效益甚微，1982年停办。

第五节　产权制度改革

1994年，汤联村开始对村办企业进行调查摸底和资产评估工作，先后实行产权制度改革。是年7月，汤联村办企业塘市镇北铸件厂率先转制为股份制企业。1995年12月，塘市包装用品厂、张家港市泡沫塑料包装厂同时转制为股份制企业。3家转制企业总资产304.68万元，总负债301.97万元，集体收回净资产2.71万元。1997年，汤联村办企业除汤联煤场转为私营企业外，其余企业均关闭。是年末，汤联村产权制度改革结束。

汤联村办工业企业转制情况表

表6-7

企业名称	法人代表	注册资金（万元）	总资产（万元）	总负债（万元）	收回净资产（万元）	转制日期	批文号	转制形式	参股人数（人）	法人代表入股数（股）	原主办单位
塘市镇北铸件厂	张耀中	18.000	46.850	44.290	2.560	1994年7月	16	股份制	3	700	汤联村
塘市包装用品厂	朱进发	8.500	97.060	96.985	0.075	1995年12月	136	股份制	9	200	汤联村

（续表）

企业名称	法人代表	注册资金（万元）	总资产（万元）	总负债（万元）	收回净资产（万元）	转制日期	批文号	转制形式	参股人数（人）	法人代表入股数（股）	原主办单位
张家港市泡沫塑料包装厂	徐福生	13.800	160.770	160.695	0.075	1995年12月	142	股份制	13	200	汤联村
合　计	—	40.300	304.680	301.970	2.710	—	—	—	25	1100	—

第二章　工业门类

境内工业起始之时，主要是以农副产品为原料的小加工生产和小手工业，无明确的行业门类可分。民国时期到中华人民共和国成立初期，境内工业仅有土纺土织等小手工业。20世纪50年代末人民公社成立后，粮饲加工、建筑材料等行业逐渐形成。80年代起，随着农村经济体制的逐步改革和社会主义市场经济体系的日益完善，产业结构不断调整。2016年，境内工业形成纺织、轻工、机电、冶金、建材等五大门类。

第一节　纺织工业

境内的纺织工业由传统的土纺土织发展而来。元末明初，土纺土织开始兴起。乡间农妇用十分简陋的手摇纺纱车和木制投梭织布机，自纺自织或代布庄加工生产土坯布，产量极低。民国年间，自纺自织的农家大多与塘市、顾山的布庄做贸易，谷渎港塘市轮船码头被誉为"土布码头"。

中华人民共和国成立后，全境纺织业发展较快。1958年，塘市公社建办塘市棉织社。以后相继出现针织、染色等新门类，逐步形成棉、毛、化纤等纺、织、染工业新格局。汤联紧靠塘市集镇，从事纺织业的人员数以百计，为境内发展纺织工业奠定了基础。

20世纪70年代初，汤联大队利用大队大会堂建办石棉加工厂，就业职工最多时300余人（包括松散型就业人员）。年产石棉线80—100吨，职工转队工资4—6万元，年创利

8000—10000 元。

80 年代初,汤联村建办塘市第二毛纺厂,配有 H212 织机 12 台及 BC272B 粗梳毛纺生产流水线 2 条,具备年产粗纺呢绒 10 万米、扬子绒毛纱 120 吨的生产能力。1986 年,塘市第二毛纺厂企业职工 46 人,产值 272 万元,利税 38 万元,分别占全村工业总产值的 57.14% 和利税总额的 53.22%。

1998 年,第一家私营纺织企业金达毛纺有限公司在汤联境内建办。以后,澳新毛条毛线有限公司、虹雨针织有限公司等 7 家纺织企业相继落户村内,纺织工业成为汤联村的支柱产业之一。

2016 年,全村有村管纺织工业企业 8 家,销售总收入 11691.87 万元,利税总额 573.3 万元,工业增加值 2774.9 万元,资产总额 15404.49 万元,年末固定资产原值 7385.48 万元,分别占汤联村管企业各项总值的 52..78%、32.13%、32.08%、40.29% 和 43.04%。

企业选介:

张家港市虹雨针织有限公司 位于张家港经济开发区汤联路 2 号。该公司前身为创建于 1997 年的万红针织厂。2006 年 5 月,更名为张家港市虹雨针织有限公司。初始注册资金 50 万元,2009 年 9 月增资至 1038 万元。2009 年初,公司以近 100 台手动编织横机为主,4 台德国进口斯托尔电脑编织机为辅,生产各类高档羊绒系列产品。是年末,斯托尔电脑机增至 10 台,拥有烘干机 2 台、洗衣机 1 台、缝盘机 8 台、烫台 12 部。固定资产增至 439 万,完成销售金额 1320 万元,创造利税 60 万元。2010 年开始,公司逐步淘汰手动编织机,先后增添了 4 台岛精机(日本)公司生产的全成型电脑编织横机,德国斯托尔电脑编织机达

图 6-1 张家港市虹雨针织有限公司(2015 年摄)

到 83 台(其中,3.5.2 针 15 台、7 针 15 台、12 针 10 台、16 针 5 台、7.2 针 37 台、3 针 1 台),拥有嵌花机 6 台、套口机 40 台、烘干机洗衣机共计 16 台、进口倒纱机 1 台、缝纫机 17 台。

公司占地面积 14000 平方米,建筑面积 17000 平方米。有员工 230 人,其中,大专以上文化 11 人,技术人员约 80 人。公司通过了 ISO9001 质量认证体系(注册号:CQM-32-2012-0013-0001)以及 WRAP 认证。有注册商标"汉蒙兰齐""卡斯佩尔"。"汉蒙兰齐""卡斯佩尔"牌羊绒衫及羊绒纱线以宁夏地区的优质山羊绒为原料,含绒量达到 95%。产品畅

销江苏、上海、浙江、安徽、山东等省市,还出口到美国。2016 年,完成销售金额 2800 万,其中,自营出口贸易额为 700 万元,内销 2100 万元,创造利税 154 万元。

第二节　轻工工业

20 世纪 60 年代前,境内轻工工业主要有服装加工、花边刺绣、家具制造等行业。大部分以家庭为主,人员少、工具简单、规模较小。人民公社成立以后,家庭作坊式生产大多被生产队的队办工业所替代。1978 年中共十一届三中全会以后,各生产队相继建办了小型轻工业企业,增添机械设备,扩大规模,提高效能。但因技术落后、经费投入不足、产品老旧等因素的制约,缺乏市场竞争能力。70 年代,汤联建办塑料制品厂,为苏州农业药械厂加工塑料制品配件,但由于规模小、产出低,盈利甚微。

80 年代初,汤联村建办张家港市泡沫塑料包装厂,且初具规模。以后相继建办毛巾被厂、塘市包装用品厂、幕墙玻璃厂、铝铂厂等。1983 年,随着推行农村联产承包责任制,村民小组办的小微企业陆续关闭。1994 年,汤联村办企业总产值 4048 万元,销售总收入 3967.04 万元,利税总额 369.7 万元,利润总额 161.92 万元。其中轻工工业分别占全村工业经济上述各项指标的 90.2%、88.6%、85.3% 和 80.28%。

随着农村经济改革的逐步推进,工业体制的改革不断加快,原有村办集体轻工工业优势逐渐消失,至 1996 年底,汤联村办轻工企业全部关闭。

1999 年开始,新特利制罐有限公司、南江塑料制品有限公司等 6 家轻工企业先后落户汤联。其中,5 家为汤联村管企业,1 家为驻境企业。2016 年,汤联村属地管理轻工企业职工总人数 295 人,工业销售总额 4961.46 万元,利税总额 213.92 万元,工业增加值 1091.52 万元,资产总额 11705.34 万元,年末固定资产 6013.02 万元,分别占汤联村管企业上述工业指标的 23.14%、13.64%、9.49%、12.62%、30.62% 和 35.04%。1 家驻境轻工企业——欧璧医药包装科技(中国)有限公司,2016 年年末有职工 196 人,销售收入 10209 万元,利税总额 –1681 万元,工业增加值 2552 万元,资产总额 25969 万元,年末固定资产 19527 万元,分别占驻境企业上述工业指标的 6.57%、3.29%、–7.23%、3.53%、7.91% 和 13.39%。

企业选介:

张家港市南江塑料有限公司(简称"南江塑料")　公司位于张家港经济开发区(杨舍镇)汤联路 5 号,前身为成立于 2000 年的张家港市南华塑胶有限公司。2004 年末公司资产重组,南江塑料脱颖而出,单独注册,2005 年 2 月落户汤联村。

南江塑料初始注册资金 50 万元,厂房面积不足 1000 平方米。经过 10 余年的艰苦努力,公司发展到占地面积 16670 平方米,建筑面积 3 万余平方米的规模。拥有两条 PVC 片材生产流水线,年生产能力 2500 吨。2012 年开始,先后引进 9 家企业并与之合作,项目涉及纺织针织、服装鞋帽、医疗器材、五金皮革等类。注册资金500万元。2016年末,公司拥有固定资产5000万元,销售总额6150万元,其中外贸销售3050万元,利税总额310万元。有职工206人,其中中级以上技术职称的52人。

公司一贯秉持合作开发的理念,把寻找经济增长点的触角伸向多个领域,秉持"诚信为本"的理念拓展市场,以质量赢得市场,以合作双盈巩固市场。

第三节　机电工业

1973年,汤联大队建办农机厂。当时只有民进车床1台、职工2名,主要从事农机修理和承接少量零配件车加工。1975年,增添车床2台、刨床1台及小红炉、电焊、气割等设备,农机修理服务及对外车、刨加工业务逐步扩大。共有职工12人,年产值25—30万元,利润2—3万元。1985年,农机厂并入泡沫包装厂,成为该厂模具车间,从此,除为汤联村村办企业服务及修理农机外,对外不再承接加工业务。

2000年后,汇琨电子制造有限公司、百思特超声电气有限公司等10家机电企业落户汤联村,成为汤联村最大的支柱产业。10家企业中,村管企业4家、驻境企业6家。2016年,4家村管机电企业有职工241人,销售总收入9598.31万元,利税总额954.91万元,工业增加值2551.64万元,资产总额8988.86万元,年末固定原值3038.75万元,分别占村管企业上述经济指标的18.9%、26.38%、42.38%、29.51%、23.51%和17.71%。6家驻境机电企业有职工2394人,销售总收入261065万元,利税总额23734万元,工业增加值59933万元,资产总额248713万元,年末固定资产原值96630万元,分别占驻境企业上述经济指标的80.28%、84.18%、102.02%、83.01%、75.82%和66.22%。

企业选介:

张家港百思特超声电气有限公司　位于张家港经济开发区(杨舍镇)汤联东路南侧。2002年公司建办时,向塘市交管站租赁320平方米厂房,有12名员工,生产超声波清洗设备,年产值200余万元。2005年,搬迁到汤联村,新建标准型厂房1500平方米,招聘高技术人才5名,生产业务开始扩大。2007年,与富士康(深圳)集团合作,成为其IPHONO3G到IPONO8生产线专用超声波清洗机的合格供应商。公司秉持人才培养与技术创新有机结合的管理理念,与日本电产高科电机株式会社等知名企业建立长期合作、共同开发的战略关系,成功吸纳了国内外同行业的先进技术和管理模式。2009年,研发生产眼镜片全自动模具超声波清洗机、全自动镜片加硬机,先后被视悦光学、冠伯东海光学(天津)科技集团使用,其性能质量在同行业中领先。2012年,开发生产全自动汽车散热器的亲水表面处理器。2015年,投入157.8万元添置HELASER3015交换式光纤激光切割机等新型设备,产品主要销往富士康集团、空调国际(上海)有限公司、日本电产(浙江)有限公司、BYD集团、莱

图 6-2 张家港百思特超声电气有限公司（2015 年摄）

克电气股份有限公司、美诺精密压铸（上海）有限公司、三电汽车空调（重庆）有限公司等，遍及全国近 20 个省市。

2016 年末，公司占地 3945 平方米，建筑面积 7000 平方米，有员工 53 人，其中大专以上文化 5 人。完成销售收入 1357.57 万元，创造利税 126.72 万元，资产总值 999.36 万元。

张家港市汇琨电子制造有限公司 坐落于张家港经济开发区（杨舍镇）汤联路 1 号，距张家港港口 20 千米。公司始建于 2000 年，在 100 多平方米家庭住宅房中生产汽车控制器线束，年销售金额接近 20 万元。2001 年，成为一汽大众合作商。2002 年，租用塘市水利站 500 平方米作为厂房，生产奇瑞汽车冷却风扇总成线束，年销售金额 50 万元左右。2003 年，开始配套生产上海大众音响线束，年销售金额出现成倍增长趋势。2005 年，公司到张家港经济开发区（杨舍镇）汤联东路 1 号购置土地，新建标准型厂房 1800 平方米，增添先进设备。2009 年，公司取得汽车行业标准体系"TS16949"认证，销售金额接近 3000 万元。2010 年，研发生产欧瑞康高端纺织机械线束成品。2011 年，增购当时行业最先进的全自动线束加工设备 2 台（德国索尼格），新建办公楼 1200 平方米，实现销售金额 5000 万元。2012 年，公司获得了连接器世界排名第一的 TE（泰科）公司的认可，新建厂房 5000 平方米，生产 EPB、ABS 关键零部件线束总成。2013 年 8 月，公司与清华大学合作成立

图 6-3 张家港市汇琨电子制造有限公司（2015 年摄）

苏州汇琨菁华科技电子有限公司,注册资金 1000 万元,研发生产的汽车制动防滑控制系统线束、EC800 型汽车安全气囊线束获江苏省"高新技术产品认定证书"。2014 年,生产的汽车动力电池系统电压采样线束、电子通讯屏蔽汽车车身总线系统线束获江苏省"高新技术产品认定证书"。2015 年,扩建厂房 8000 平方米,进行技术改造,增加生产,成为耐世特的供应商。成功开发了用于雪铁龙汽车的 EPS 助力转向系统线束总成,长安发动机上的穿缸线,蔚来汽车、沃尔沃、上汽大通、吉利、长城等汽车的 PDU 新能源线束总成,音响娱乐系统线束总成,并成为伟速达门锁系统的线束指定供应商(用于上汽通用五菱、新能源威马汽车)。完成销售金额 1.1 亿元,上交税金 500 万元。

2016 年末,公司完成销售收入 6414.90 万元,创造利税 738.68 万元。资产总额 3512.55 万元,固定资产原值 1006.64 万元。公司占地面积 0.45 公顷,建筑面积 16000 平方米,有员工 142 人,其中大专及以上文化 49 人。公司为国内集研发、生产和销售于一体的专业线束生产基地之一,先后获"张家港领军人才奖""姑苏人才奖""江苏省优创人才奖""江苏省民营科技企业"等荣誉称号。

图 6-4　汇琨电子制造有限公司部分荣誉(2018 年摄)

第四节　建材工业

境内建材工业历史较长。其中 20 世纪 70—90 年代十分兴旺,后因土地资源、环境污染等因素相继停办。

1957 年,汤联高级社建造土窑烧制黄砖。一年后因质量(易起芒硝)原因而关闭。1959 年,汤联大队重建窑厂,烧制青砖、小瓦、芒板。1965 年扩建联体两孔窑,形成年产 120 万青砖、80 万小瓦、20 万芒板的生产能力。1965—1985 年,汤联大队第八生产队建小窑 2 座,前后经营达 20 年之久。1987 年,烧制青砖的村办小窑全部关闭。后有村民朱进法租赁村内第十一村民小组的土地在陶家坝建办立窑,烧制黄砖。但终因成本过高,经营 3 年后自行关闭。

1975 年,汤联建办预制件厂,主要生产水泥预制品,为农村建房服务。后因钢材、水泥紧缺,于 1987 年停办。1987 年,西庄徐永来会同亲戚合伙建办预制件场,主要生产民用 5 孔楼板。

2006 年,佑达建设工程有限公司落户境内,为汤联村管企业之一。主营业务为铺筑沥青路面,并生产环保建筑材料。2016 年末,该企业有职工 66 人(不包括工程队人员),销售总收入 10135.35 万元,利税总额 510.86 万元,工业增加值 2229.78 万元,资产总额 2132.23 万元,年末固定资产原值 721.33 万元。分别占汤联村管企业上述各项经济指标的 5.18%、27.85%、22.67%、25.78%、5.58% 和 4.20%。

2008 年,辛普森众泰建材(张家港)有限公司落户汤联村,为驻境企业之一。主要生产五金、合金建材,科技含量较高。2016 年末,企业职工 69 人,销售总收入 19292 万元,利税总额 1529 万元,工业增加值 4823 万元,资产总额 13189 万元,年末固定资产原值 8377 万元,分别占汤联驻境企业上述各项经济指标的 2.31%、6.22%、6.57%、6.68%、4.02% 和 5.74%。

企业选介:

辛普森众泰建材(张家港)有限公司　位于张家港经济开发区南园路 10 号。2008 年 1 月 3 日成立,2009 年 4 月完成厂房基建、生产设备安装和调试,正式投入运行。公司主要从事建筑五金件的研发、生产和销售,主要产品有自切底锚栓、防开裂膨胀锚栓,高强度锚栓等。产品主要销往美国、加拿大、欧洲和澳大利亚等国家。2011 年,公司完成销售收入 6500 万元。2012 年开始,不断加大技改投入,企业生产总值、销售额保持了 25% 以上的年增加率。2013 年开始,公司每年的纳税金额均超过 1000 万元。公司始终给员工提供有竞争力的薪资、福利和良好的工作环境,连续 8 年实现员工零离职。2016 年末,完成销售收入 19292 万元,利税 1529 万元,实现工业增加值 4823 万元,资产总值 13189 万元,年末固定资产 8377 万元。有员工 69 人。

公司的最终控股公司是 Simpson Manufacturing Inc,总部设在美国。Simpson Manufacturing

Inc 成立于 1956 年。1994 年在纽约证券交易所上市,是美国一家领先的木质结构产品制造商,在世界多地建有制造中心和销售服务中心。主要产品有化学锚栓、机械锚栓、建筑装修用紧固件、桥梁工程用紧固件等。

第五节　冶金工业

1958 年,全民大炼钢铁。汤联大队成立由 60 人组成的"钢铁连",在境内大松坟支起小高炉 2 座,共炼出结铁 10 余吨。由于无技术、设备等原因,最终关闭。

80 年代初,社队工业崛起。1980 年,汤联第十三生产队建办铸件厂,在仓库场旁支起冲天炉,承接铸件加工,填补了境内冶金行业的空白。1988 年,该企业被汤联村收购,成为村办企业,主营铁、铝、铜铸件加工。1994 年末转制为股份制企业,2002 年停办。

2009 年,江苏神州铝业有限公司、韩申金属(张家港)有限公司落户汤联,前者主营铝合金型材,后者主营金属废料合成和碎屑加工,均为规模型企业。2016 年末,共有职工 323 人,销售总收入 19545 万元,利税总额 -317 万元,工业增加值 4895 万元,资产总额 40200 万元,年末固定资产 21388 万元,分别占汤联驻境企业上述各项经济指标的 10.83%、6.3%、-1.36%、6.78%、12.25% 和 14.66%。

企业选介:

江苏神舟铝业有限公司　位于张家港经济开发区(杨舍镇)南园路西侧,始建于 2003 年,是张家港五环针织有限公司跨行业技改创建的一个新企业。公司成立初期,从有关大型企业聘请 6 位专家搞技术开发和人才培养。经过几年努力,公司培养了一大批技术骨干。这些技术骨干不但在多个领域能独当一面,而且有丰富的管理经验和市场驾驭能力。在他们的共同努力下,企业不断做大做强,从成长型逐步发展成规模型。2008 年 7 月,国际金融风暴不利因素影响较大,公司审时度势,第二期技改项目一次性穿带成功,生产出合格产品。销售从 2005 年的 1.15 亿元逐步攀升至 1.8 亿元。公司生产的"神舟"牌铝箔,主导产品为厚度 0.06—0.0065 毫米、宽度为 20—1080 毫米,其薄规格铝箔生产能力和产品质量居国内同行业领先地位。产品广泛用于软包装、香烟包装、金卡、食品包装、医药包装和航空领域等,畅销海内外。

2012 年开始,公司先后被评定为"AAA 资信企业""中国铝行业十佳厂商""技改投入先进单位""AA 级重合同守信用企业"。公司拥有 1350 铝箔轧机生产线二条,1650 高速万能铝箔轧机生产线一条,有国际先进的进口测厚仪,进口板型仪,自动化厚控系统和板型控制系统,自动化控制的分卷机、合卷机等配套设备。2016 年末,完成销售收入 8172.00 万元,工业增加值 2052.00 万元,资产总额 33261.00 万元,年末固定资产原值 18066.00 万元。有员工 120 人。

1998—2016 年汤联村部分属地管理企业一览表

表 6-8

企业名称	建办年份	注册资本（万元）	主要产品	所属行业
金达毛纺有限公司	1998.06	80	粗纺毛纱	纺织
澳新毛条毛线有限公司	2000.08	100	花捻纱线	纺织
茂盛针织有限公司	2001.07	50	花捻纱线	纺织
飞马橡胶用布有限公司	2005.01	100	橡胶用布	纺织
广博毛业有限公司	2005.04	50	粗纺毛纱、呢绒	纺织
虹雨针织有限公司	2006.01	1038	羊绒衫	纺织
瑞之源针织有限公司	2009.3	50	针织布	纺织
金博淳纺织有限公司	2009.09	100	半精纺纱线	纺织
新特利制罐有限公司	1999.04	150	易拉罐	轻工
港城印铁制罐有限公司	2003.01	70	易拉罐	轻工
毕升印刷有限公司	2003.04	200	印刷	轻工
南江塑料制品有限公司	2004.02	50	塑料颗粒	轻工
塘市浸胶厂	2007.12	50	橡胶布	轻工
汇琨电子制造有限公司	2000.05	50	线束	机电
百思特超声电气有限公司	2002.08	500	超声设备	机电
汇琨板金有限公司	2006.02	50	电气控制柜	机电
港星方能超声科技有限公司	2006.04	1000	超声设备	机电
佑达建设工程有限公司	2006.04	2288	公路工程	建材

2000—2016 年部分驻境企业一览表

表 6-9

企业名称	建办年份	注册资本	主要产品	所属行业
欧璧医药包装科技（中国）有限公司	2012.08	7000 万美元	医药包装	轻工
五洲变压器有限公司	2000.09	1 亿元人民币	变压器、电力整流装置	机电
江苏新美星包装机械股份公司	2003.10	8000 万人民币	包装机械	机电
恒进机电有限公司	2006.01	2000 万美元	发动机控制系统	机电
江苏彩虹永能新能源有限公司	2009.09	10083 万人民币	太阳能光伏	机电

（续表）

企业名称	建办年份	注册资本	主要产品	所属行业
那智不二越（江苏）精密机械有限公司	2012.03	6900万美元	汽车零部件及配件	机电
互惠光电有限公司	2012.05	1亿人民币	太阳能光伏	机电
江苏神州铝业有限公司	2004.02	9000万人民币	冶金（铝制品）	冶金
韩申金属（张家港）有限公司	2005.02	600万美元	金属废料和碎屑加工	冶金
辛普森众泰建材（张家港）有限公司	2008.01	4200万美元	五金及金属材料	建材

第三章　企业管理

境内的工业企业自20世纪50年代末创办后，由大队分管工业的副书记或副大队长主管，各厂实行厂长责任制。1983年，农村经济体制改革，行政村设经济合作社，汤联村由经济合作社社长负责管理村办企业。1994年至1997年，全村企业实行产权制度改革，所有企业成为私营企业。从此，村不再对辖区内企业进行管理，只对企业提供各种服务。

第一节　基础管理

1958年成立人民公社后，大队办工厂都是按照农业生产的管理模式，制订有简单的现金管理制度、财务制度、职工出勤记工评分制度和安全保卫制度，但不够完善，缺少检查考核制度，执行效果不一。"大跃进"时期，受"左"的思想倾向影响，有些规章制度形同虚设。1961年，大队办企业贯彻中共中央《国营工业企业工作条例（草案）》（简称"工业七十条"），恢复和完善必要的规章制度，大队办工厂生产秩序恢复正常。所有队办企业实行产值、利润指标考核制度，逐步推行"超定额奖励"。1974年，公社成立工业办公室，有专人抓企业管理。大队配副书记或大队长分管企业管理，对企业实行经济承包责任制。1979年开始，实行"五定"（定人员、定产值、定利润、定资金与定奖励）责任制。1984年，实行以八项指标为内容的百分考核经济承包责任制。1985—1986年，实行"集体承包、厂长负责"的经营承包责任制。经济合作社统一制定年度经济目标，厂长的工资奖金与完成经济指标直接挂钩结算。在此期间，企业管理以抓标准、计量、定额、信息、规章制度、职工教育和班组建设为主要内容，亦称"七基"管理。1993 年，在继续抓好"七基"管理的同时，突出抓以现场管理为重点的专项管理。是年，村经济合作社设立企管科、质检科，各配正副科长、科员 2—3 人，重点开展创建综合管理合格企业和管理示范企业活动，促进企业管理步入制度化、规范化和科学化轨道。1998 年，推行 ISO9000 国际质量管理体系标准，重点加强财务管理、目标成本管理、物流管理、能源管理，消灭无标生产企业。随后，虹雨针织有限公司、澳新毛条毛线有限公司、汇琨电子有限公司等十几家企业分别通过 ISO9000 国际质量管理体系标准的认证。

第二节　职工队伍

招工　人民公社化初期，大队办企业招工对象，一是有一技之长的手工业者，二是军属，三是贫困家庭劳动力。方法是先由生产队推荐，再经大队党支部研究决定。60 年代到 70 年代中期，社办企业招收职工，先由公社分配名额到大队，再由生产队推荐，一般在贫下中农中招工。被招工者凭生产队、大队、公社三级证明进厂。大队企业招工，根据企业所需人才，在生产队队长会议上确定分配名额，由生产队队委、贫协代表讨论确定招工对象。一般情况下军属、困难户优先考虑。

70 年代后期，社队办企业招工改评议推荐为公开招工。纯农户和没有继续升学的初、高中生被优先安排为招工对象，逐步达到户户有人务工。社、队工厂的工人实行亦工亦农制度，离土不离乡，进厂不进城。招收对象一般在 18—30 岁之间，由公社工业办公室组织出题统一考试和体格检查，择优录取。

80 年代初期，招工形式有了变化。除有乡工业公司统一招工外，部分企业可根据实际需要自行招收职工，有的企业招收职工时还要收缴一定数额的集资款。1987—1989 年，由企业自行招工。招收新职工不但注重文化程度，还有年龄标准、身体状况要求。也有些企业，因当地劳动力不足，开始向外乡镇、外市、外省招工。

进入 90 年代，镇、村办企业的用工制度越来越完善。外来劳动力首先到镇公安派出所凭居民身份证或户籍地派出所开的证明，申请领取暂住证，然后到镇农工商总公司企管科，申请领取市劳动局颁发的"外来劳动力务工许可证"，"三证"齐全，然后经介绍进厂。90 年代中期开始，招工纯为企业行为。企业凭务工者身份证录用，然后向当地派出所外来人口管理中心报告备案，领取暂住证即可。

培训　随着市场经济的逐步发展，镇村企业的科技水平不断提高，对企业干部职工提出了新的要求。为顺应时代潮流，镇政府开办培训学校，对村办企业干部、职工进行脱产轮训。企业干部培训内容主要是党的方针政策、政治思想和企业管理方法,职工培训内容主要是职业道德和操作技术、技能。

第三节　安全生产

1975年,全公社的生产和安全保卫工作由公安特派员兼管,各大队由治保主任负责。1982年,公社工业办公室、人保组共同派员组成经济保卫组,配有负责安全生产的专职干部,大队派1名党支部委员兼管。1991年,镇农工商总公司成立,设经济保卫科(以下简称"经保科"),并由1名副总经理分管经济保卫工作,重点抓安全生产,村办企业由经济合作社社长负责。1992年,经保科并入企管科,安全生产由企管科确定专人负责,镇、村办企业都设抓安全生产的专职干部。汤联村由工业社长兼职,配备专职

图6-5　安全生产培训(2014年摄)

安全干事,各企业配有安全员。从企业到单位,从厂部到车间、班组,做到同计划、同布置、同考核、同评比。同时健全防火制度、安全操作规程、值班制度、物资保管制度、现场管理制度、危险物品管理制度等12项安全生产制度。

实行安全技术培训　各厂均要派1名厂领导参加市劳动局举办的安全业务培训班并取得培训合格证。司炉工、电工、电焊工等特殊工种职工必须参加专业业务培训,并获得操作证,否则不得上岗。

定期举行安全分析会　安全生产管理部门定期组织对口检查或突击抽查,排查安全生产隐患。然后召开安全分析会,对检查情况进行交流分析,并汇总整理。对存在问题,发出通报,限期整改。会后,由安全生产管理部门对存在不安全因素的单位跟踪督查整改,以彻底消除隐患。

开展特种活动　不定期开展"安全月""三合格""百日安全无事故"活动,开展争创安全合格企业、安全合格班组活动。同时根据季节特点,开展夏季、冬季消防安全训练等活动,有效地杜绝事故隐患。

1961—2016年,汤联村(大队)企业未有重大安全事故发生。

第四节　工资福利

一、工资

汤联大队队办工业创办初期,企业职工的工资待遇执行沙洲县革命委员会生产指挥组颁发的暂行规定,执行工分制。"收入归队(生产队),评工记分、缴钱记工或靠工记分,农、副、工统一分配"。一般1名企业职工把1年工资缴到生产队后,能评记250—350个人工(1个人工10个工分),年终参加生产队分配。1975年,沙洲县革命委员会对社队企业职工收入分配政策作出调整规定:社队企业职工按全年收入的80%—85%缴给生产队,由生产队评工记分,年终参加统一分配,其余归职工所有。1976年,全大队外出人员146人,其中,社队企业职工34人,上缴生产队7759元,"五匠"112人,上缴生产队23654元,合计31413元。

80年代初期,社队企业干部、职工都定基本工资。职工月收入为基本工资加超产工资和加班工资;干部报酬为基本报酬加职工的超产和加班工资收入,年终由大队审议后报公社工业办公室视企业绩效作出批复,一般比职工平均工资提高20%—30%。学徒工在3个月内一般月工资为18—22元。满3个月后,由各厂领导根据实际操作技能决定其月工资。

1980年以后,亦工亦农人员缴钱记工分的制度逐渐取消,企业普遍实行工资制。

二、福利

请假　职工婚假、丧假(含直系亲属)为3天,休假期间得基本工资。

女职工产假为2个月,产假期内得基本工资。超过2个月需办续假手续,但没有报酬。连续续假最多不超过4个月,违者作自动离厂处理。违反计划生育政策者不享受以上待遇。

事假每月限6天,超过规定天数扣除当月基本奖金。建楼房准假1个月,建平房准假半个月。事假均不得基本工资。

职工因病请假,一律凭医生证明,并经领导批准后有效。村医务室以外医生的证明,要凭汤联村医务室的转院手续才有效。病假期间无基本工资。

医疗保险　1980年前,社、队企业职工每月基本工资的80%转队记工的,可参加大队合作医疗,医药费报销70%。

1993年开始,村办企业职工患病,到村医务室就医,经本人签字,医药费实行全额报销,年终由医务室与所在企业统一结算。1994年,为进一步规范医疗制度,全村各企业对职工医疗费实行包干限额报销办法。规定无论当地职工还是外地职工,每人每年医疗保险标准为72元(月人均6元),由职工所在单位(企业)负担。外地职工6元医疗费与生活费由企业在年终一起发放,当地职工由企业按月发放,实行包年使用,超支自理,结余归己。职工去医务室看病一律现金支付。

工伤待遇 按当时工伤发生的实际情况,由车间证实,凭医生证明,经厂部及安保科审批,得基本工资及营养补贴。

劳保用品 大部分企业视不同工种给职工发放工作服、工作鞋、手套、洗衣粉、毛巾等劳动保护用品。女挡车工每年发围裙(俗称"饭单")2个、衣袖套2副,每季度发肥皂粉2包、毛巾1条。机械工另加手套2副,工作服1年发1套。铸件厂、五金厂职工每2年发1双工作鞋,每年发1套工作服。野外作业的职工加发草帽、胶鞋、毛巾等防护用品。

1994年开始,境内各企业分别实行体制改革,职工工资福利均由各企业自行按政府劳动社保政策执行。2000年后,大多企业十分重视职工工资福利,对固定职工办理社保,企业负担60%,职工负担40%。外地职工可享受春节探亲路费报销,并可领取一份春节礼品。所有女职工享受妇女病免费普查,每年定期享受妇女用品报销。

第七卷　商贸服务业

　　中华人民共和国成立前，汤家桥西塝有店铺3—5家，从业人员7人，经营粮油、百货、日用品、小五金、香烛、面店、茶馆等，均属私人经营。

　　中华人民共和国成立后，政府对农业、手工业和资本主义工商业实行社会主义改造，并相继建立国营商业和供销合作社等商业体系，私营商业所占比例逐渐减小。这些小商小贩在土地改革中分到了土地，便弃商务农。1953年，国家对粮食、油料实行统购统销，原有的私营粮油商行一律停业或转行。

　　20世纪50—60年代，后房有小店1爿。80年代初，随着村办工业经济的发展，后房、南园、西庄、野鸡场、闵家巷、程虞家堂、李港巷等自然村有三三两两的小卖部。到了90年代，汤联村在渔梁浜桥北塝东侧沿巷路兴建商贸街，朝北街面有农贸地摊、日用百货店、小吃店、理发店、缝纫店、小电器店及各类修理服务摊位。2000年以后，全村有各类服务业门店31家。2016年，从事交通运输的有17人，从事批发零售的有18人，从事餐饮服务的有32人，从事居民服务业的86人。全村商贸服务业年总收入854万元。

　　90年代起，汤联村工业经济迅速发展，许多外地人员纷纷到村办企业打工。境内商业氛围逐步浓厚，吸引了许多外地人员前来开店经商。程虞家堂、南园分别与乘航新民、新联接壤，并且处在新泾路与东南大道交会处，有着得天独厚的地理优势，为发展房东经济提供了良好的条件，较多农户将私房出租，增加经济收入。2005年开始，村委会与时俱进调整经济增长方式，以投资固定资产、出租房屋为主增加村级集体财政收入。2016年，汤联村集体出租房屋30338平方米，租赁收入408.11万元。

第一章 商 业

第一节 商业街区

汤联村地处张家港市区南郊。旧时,境内盛产粮食、蔬菜等,农民常去周边街市售粮卖菜。

20世纪80年代起,随着交通和经济的发展,渔梁浜桥北堍村工业区段,开始有了小摊点,以后逐渐形成小集市。90年代,村委会因势利导筹资在沿路建了一批平房,亦商亦居,不少有经商能力的人前来租房开店。

1995—2003年,渔梁浜桥北堍东侧形成小街区,全长60余米,除农产品地摊外,有经营粮油、日用品、肉类、禽蛋、水产品、豆制品、南北货的店铺10余家,有饭店、酒店、小吃店、理发店、修理店、缝纫店、农资供应点、棋牌室等服务业商户8家,衣食住行无所不含。2016年,汤联村从事商贸服务业的人数有96人,服务收入854万元。

第二节 商业网点

20世纪50年代,后房朱家墙门设有供销社的下伸店。60年代,供销社在渔梁浜桥南堍设代销店,供应油、盐、酱、醋、食糖、火柴、潮烟、香烟、肥皂、火油(俗称"洋油")、酒、文具以及竹柄、扁担等生活、生产用品。70年代,又增设了"三就点"(即生猪就地收购、就地宰杀、就地销售)卖猪肉。生猪来自汤联大队农户,只要符合国家标准(1头猪出肉达到31千克),即以每50千克45.2元的价格结算。正常情况下,鲜肉销售价每500克为0.74元。

图 7-1 便民超市(2014年摄)

在夏天持续高温阶段,生猪大量出栏,为解决农户卖猪难的问题,政府下达促销任务,鲜肉销售价每500克为0.36—0.48元。食品站(包括"三就点")为完成促销任务,送肉下乡到田头、场头,采用剥皮、熬油等措施转化销售指标。在计划经济时期,有的日用品、食品凭(票)证供应,如菜油、火油、食糖、火柴、肥皂、草纸、香烟、猪肉、竹柄、扁担等。代销店有职工3人,每人年薪酬260—300个工分,全天候营业,农忙时挑着货郎担走村入巷,送货下乡。直至80年代初,市场开放,凭票(证)供应的物资放开,代销店由塘市供销社收回,"三就点"由塘市食品站收回。汤联大队自行兴办小商店,农村商业网店有了较大变化。1988年,全村有商业店铺12家。

进入21世纪后,境内商贸不断繁荣发展,尤其是当地时令瓜果、蔬菜、新鲜鱼虾即时面市,极大地满足了村民的饮食需求。2016年,原商业店铺都搬移到动迁小区。

附:

阿富换糖

20世纪60—70年代,汤联境内经常看到一个小青年,利用农闲时间,肩挑换糖担走村串巷,边走边喊"换糖换眼线(注:眼线,即缝衣针)"。他,就是程虞家堂的虞叔良,坊间都称他阿富。

在那个年代,商品凭票证(计划)供应,集镇上的商店除供销社的门店外,其他店铺没有几个,乡下农民靠挣工分"吃饭",很少有时间赶集。"换糖换眼线"像桥梁一样把农村和集镇的商业贸易联系起来,方便了农民,尤其是行走不便的年迈老人,还可挣些零钱贴补家用,减轻家庭的经济负担。但干这一行的,大多是年纪较大的人,故坊间有"换糖佬佬、引大引小"的俗语。

阿富的换糖担是两个竹筐。其中一个竹筐上坐着一个竹篮,里面置放针线、发夹、纽扣、火柴(俗称洋煤头)、草纸(卫生纸)之类日用小商品,上面张着网皮。最吸引孩童的,算是一个大口径玻璃瓶,里面装着喜籽糖。阿富挑着换糖担,走进村庄,"换糖换眼线、破布头老棉絮,洋煤头(即火柴)草纸"的叫喊声,清脆悦耳。东家大娘、西家婶婶、孩子们都围上去,乡邻们把家里的废旧物品清理出来,有的手提,也有篮装,前往交换。废旧物多一点的,阿富捆扎后用手提木杆秤称一下,数量少的捏一把,掂一掂,估算值多少钱,明确可交换哪几件小商品。余多的零钱,算是孩童的"份"了,几粒喜籽糖。孩子们拿着换来的喜籽糖,连蹦带跳的走了。因阿富年纪轻,嘴勤脚勤,交易公平,一个自然村转一圈,两个竹筐装得满满的,尽是破布头老棉絮、废铜烂铁等废旧物品。有好多次,生意做到塘桥一带,收到的废旧物品很多,年轻的阿富挑不动,只能临时寄放在附近农户家中待第二天去取回。

进入80年代,农村的商贸业迅速发展,"换糖换眼线"逐渐成为历史中的"风景"。

第三节　生活服务业

一、餐饮

20世纪90年代末,村工业区渔梁浜桥北块商贸街开办了第一家小饭店,仅一间门面,由2个村民经营,主要供应大众化饭菜,熟食有花生米、豆腐干之类,年收入微薄。

1999年,村工业区渔梁浜桥北块商贸街陆续办起了2家小饭店,全天候供应酒、面、饭、小吃等,从业人员有5人,年收入不足2万元。随着商贸街经营规模的逐渐扩大,餐饮业不断发展,日益旺盛。店铺以夫妻店、家族成员店居多,经营的品种有米饭、面条、馄饨、包子、油条、馒头、大饼、酒菜,路边摊点供应烧烤、油炸食品。菜肴有荤有素,有30多个品种。食客以外地打工者为主。2001年开始,陈德祥等人先后跨村租房开设大饭店。

2013年,全村共有大小饭店9家,其中有面店、熟食店、小吃店、酒店、饭店以及各类路边烧烤、大饼摊点等。2016年,陈德祥、虞红文(又名建斌)开设的德祥大酒店、南湖苑大酒店,营业面积3970平方米,餐饮服务人员40余人,年营业额1000余万元。坐落在新丰路与东南大道交会处的菜根香饭店,生意红火。

二、其他服务

人民公社化后,市镇商业重点为基层服务,提倡"送货下乡"。塘市供销社与商业部门合作,实行送货下乡,品种有油、盐、酱、醋、火柴、火油等日用品。规定每月农历逢三、六、九将生活必需品送到农村、场头、田头,很受群众欢迎。与此同时,境内各生产队分别组织泥瓦匠、木匠、缝纫、理发等"五匠"在大队部所在地办起修理、加工等服务项目,"五匠"报酬由大队结算,方便群众生产、生活。

70年代初,塘市信用社实行金融下乡服务,在各大队开设信用服务站,汤联信用服务站设在渔梁浜西桥块,闵荣高兼任会计。生产队账务往来统一到信用服务站,就近办理。农忙时,信用服务站服务到田头、场头。

80年代后,政府支持个体经济发展,村办企业日渐兴旺。大队集资建设一批平房、楼房,鼓励村民及外来人员租房经商。

2000—2012年,全村有各类服务门店30余家,其中有家用电器修理,自行车、三轮电瓶车修理,粮油、煤气送货上门等店铺。许多村民不出村就能在家门口买到各类荤蔬菜、水果、南北货等,尤其是为70周岁以上老年人免费理发,深受社会好评。2012年以后,各类服务门店都搬到新建的动迁户安置小区。

第二章　房东经济

第一节　村民房屋出租

20世纪80年代，汤联村村办企业迅速发展。四川、陕西、河南、安徽等地农民纷纷到企业打工。随着外来人员的不断增多，不少有商业头脑的外地人陆续到境内租房经商。至2012年，大多数村民每户拿到拆迁安置房2—3套，少数村民（户）4—5套。较多村民把车库或小户房屋出租。2013年，全村共有房屋出租户236户，占农户总户数的38.5%，吸纳入住外来人员736人。

2016年，汤联村民出租房屋年收入1万元以下的有100多户，1万—2万元的有80多户，2万—3万元的有50多户，3万元以上的有16户。包括部分民营企业多余房屋出租，汤联村民年房东经济总收入1000多万元。

第二节　集体房屋出租

1997年开始，汤联村加大对工业小区的改造投入，一方面充分利用村级道路两侧的空闲零杂地块、渔梁浜沿河边角地块建设辅助用房出租；另一方面将原工业区内闲置厂房出租。1997年末，村级经济收入达到6.18万元。

1998—2006年，对原泡沫厂、铸件厂等几家老厂房进行改造、扩建，新建标准型厂房4500平方米。2007—2009年，在渔梁浜桥南塊建综合楼3000平方米、三产用房800平方米，总投入600余万元。2009年，村级经济收入达到162.68万元。

2010—2015年，先后投入3467万元，在村工业区新建标准型厂房和三产用房2.4万平方米。

2011—2013年，先后投资1327万元，建造拆迁过渡房465间用于出租。

2016年，汤联村集体出租房屋30338平方米，包括门店在内租赁收入589.52万元，村级经济收入达到736.07万元。

2008—2016 年汤联村集体房东经济收入一览表

表 7–1

年　份	集体房东经济收入（万元）	人均占有量（元）
2008	32.20	178.39
2009	48.20	260.54
2010	63.06	333.65
2011	89.79	472.83
2012	146.18	662.95
2013	167.94	760.94
2014	388.30	1762.60
2015	528.64	2397.46
2016	589.52	2678.42

第八卷　党政社团

中华人民共和国成立前夕,境内丁卓溪、丁振邦、陈妙亭等人跟随中共地下党从事革命活动,但未有中共党组织成立。

1952年至1955年,境内王仁宝、闵煜生等土地改革、互助合作积极分子11人先后入党。1956年成立汤联农业生产高级合作社(以下简称高级社)后,境内成立中共常熟县汤桥乡汤联高级社支部。

1957年行政区划调整,境内改称江阴县塘市乡塘丰五社。1958年9月,境内为塘市公社第一工区,工区成立党支部。1959年9月境内为塘市公社九大队,大队成立党支部。1962年1月,九大队变更为汤联大队,成立汤联大队党支部。1983年10月,大队改为村,成立汤联村党支部。

2014年12月建立金塘社区党总支,下设汤联支部与金塘社区支部。2016年金塘社区党总支改为汤联村党总支,下设汤联村支部与金塘社区支部。全村共建立塘市花苑、北海花苑、南湖苑、东兴苑、工业区等7个党小组,党员总数94人。同时,成立村经济合作社。1983年至2016年末,汤联村选举1—11届村民委员会。

中华人民共和国成立后,团支部、妇代会、农会相继建立。人民公社化以后,贫下中农协会、老年协会和工会组织等先后成立,2004年建立芹菜协会,2012年建立汤联篮球俱乐部。这些群团组织积极配合村委(大队)、党总支(党支部)的各项中心工作,投身社会主义革命和四个现代化建设事业,成为基层党组织和基层行政组织的得力助手。

第一章 中国共产党

第一节 党 员

1952年7月,后房村王仁宝参加常熟县塘桥区举办的"党训班"学习,9月13日被批准入党,成为境内第一个党员。

1954年农业生产合作化以后,境内加快了党员发展步伐,闵煜生、陈金才、程才生、王定珍等先后入党。20世纪50年代入党的共有21人,他们都是新中国成立初期的积极分子,曾经历过土地改革、镇压反革命、抗美援朝、农业合作化运动的考验。60年代入党的有9人,是经过国民经济三年困难时期考验和部队大熔炉锻炼及社会主义教育("四清")运动中涌现出来的积极分子。70年代入党的有6人,大多是农业战线上的积极分子和大队各条战线骨干。80年代入党的有16人,90年代入党的有19人,均是在改革开放、经济建设中涌现出来的积极分子,不少人是村工农业生产中的骨干和领导力量。2016年,境内有党员94名,他们或是经济建设中的积极分子,或是在部队经过锻炼以及从学校毕业不久的优秀青年。

1960—2016年汤联村(大队)党员结构选年一览表

表8-1 单位:人

年份	党员总数	其中妇女	年龄结构			文化结构			分布情况				
			30岁以下	30-60岁	60岁以上	大专以上	高中(中专)	初中及以下	农业	工业	第三产业	村委会	其他
1960	23	2	–	23	–	–	–	23	18	–	1	3	1
1992	59	6	–	33	26	1	2	56	48	2	3	4	2
1996	66	6	4	35	27	3	5	59	43	2	4	4	13
1998	67	6	3	36	28	4	5	58	34	4	6	4	19
2008	79	12	3	39	37	9	11	59	31	11	8	7	22
2016	94	24	9	42	43	23	12	59	27	19	11	9	28

第二节　党的组织

1956年,境内建立常熟县塘桥区汤桥乡第一高级农业生产合作社(不久改为汤联高级社),原大星、红星、新星三个初级社的党小组合并建立汤桥乡第一高级农业生产合作社(后为汤联高级社)党支部,闵煜生任书记,陈金才为副书记。

1957年,境内改属江阴县长泾区塘市乡塘丰五社,党的组织名称也随着改称为塘市乡塘丰五社党支部。1958年9月建立人民公社(以下简称"公社"),实行政社合一体制。塘市公社成立,撤销原高级社建制,设8个工区,境内建立塘市公社第一工区党支部。

1959年10月,调整管理体制,实行公社、大队两级核算,塘市公社8个工区划分为10个生产大队(以下简称"大队")。一工区改成一、九两个大队,境内为塘市公社九大队,大队成立党支部。1962年1月,塘市公社九大队改为汤联大队,成立汤联大队党支部。

"文化大革命"初期,各级党组织一度停止活动。1969年下半年,经苏州地区革命委员会批准,塘市公社成立中共塘市公社革命委员会核心领导小组,大队改称革命委员会。

1970年6月,恢复党委,成立中共塘市公社委员会。境内恢复党支部,称塘市公社汤联大队党支部。

1983年6月,中共塘市人民公社委员会改为中共塘市乡委员会,汤联大队党支部改为汤联村党支部。1993年3月18日,撤乡建镇,境内党支部隶属中共塘市镇委员会。

2000年8月,塘市镇并入杨舍镇,汤联村党支部改为中共杨舍镇汤联村党支部。2006年8月,汤联村成立党总支部,隶于杨舍镇党委。2008年9月,张家港经济开发区(简称经开区)与杨舍镇实行"区镇合一"管理新体制,汤联村党总支部改为经开区(杨舍镇)汤联村党总支部。

2015年1月,汤联村党总支部与经开区(杨舍镇)金塘社区党支部合并,建立经开区(杨舍镇)金塘社区党总支,下设金塘社区、汤联村两个支部,塘市办事处副主任蒋炜兼任第一届金塘社区(汤联村)党总支书记,高丽萍、李金城分别为金塘社区支部、汤联村支部书记。

2016年3月,经开区(杨舍镇)金塘社区党总支更名为经开区(杨舍镇)汤联村党总支部,下设汤联、金塘社区两个支部,塘市办事处副主任季健兼任村党总支书记,李金城、高丽萍分别为汤联支部、金塘社区支部书记。

1956—2016 年汤联村党总支（支部）书记、委员一览表

表 8-2

时　间	组织名称	书　记	委　员
1956—1957.05	汤联高级社党支部	闵煜生	陈金才　闵锦标 王定珍　徐祥保
1957.06—1958.08	塘丰五社党支部	闵煜生	徐进保　程才生　闵锦标 徐高保　王定珍　徐祥保
1958.09—1959.09	一工区党支部		
1959.10—1961.12	九大队党支部		
1962.01—1968.11	汤联大队党支部	闵煜生	程才生　闵锦标 王定珍　徐进保
1968.12—1976.11	汤联大队党支部	李进保	朱叙金　徐金元 徐高保　徐进保
1976.12—1983.09	汤联大队党支部	徐祖元	朱叙金　徐金元　缪仁元 闵荣高　沈学如　徐进保 徐士福　程叙法
1983.10—1987.02	汤联村党支部	徐祖元	陈梅根　徐明保 徐士福　张后兴
1987.02—1989.11	汤联村党支部	徐士福	陈梅根　徐明保 张后兴　程春华
1989.12—1995.02	汤联村党支部	徐祖元	陈梅根　张后兴　闵徐大 徐明保　程春华
1995.09—1998.02	汤联村党支部	徐六保	张后兴　徐明保 程春华　闵徐大
1998.03—2004	汤联村党支部	张后兴	李金城　徐明保　张耀中 吴柏平　陈正新
2005—2006.07	汤联村党支部	张后兴	李金城　徐明保
2006.08—2009	汤联村党总支部	张后兴	李金城　徐明保
2010—2013.06	汤联村党总支部	徐立峰	李金城　徐　江　徐明保 肖玉春　李卫丰
2013.06—2014.12	汤联村党总支部	蒋　炜	李金城　肖玉春 李卫丰　徐琴芬
2015.01—2016.03	金塘社区（汤联村） 党总支部	蒋　炜	李金城　高丽萍　肖玉春 孟锦贤　李卫丰　徐琴芬

（续表）

时 间	组织名称	书 记	委 员
2016.03—2018.07	汤联村（金塘社区）党总支部	季 健	李金城　高丽萍　徐　江 肖玉春　李卫丰　徐琴芬

注：1995年3月—1995年8月党支部工作由副书记闵徐大主持。

第三节　党务工作

一、宣传工作

中华人民共和国成立初期，党的宣传工作主要围绕男女平等，婚姻自由，"土地改革、抗美援朝、镇压反革命"三大革命运动，以及"统销统购"、农业合作化等进行宣传，宣传从工人、农民中涌现出来的先进工作者、劳动模范等积极分子。

1956年境内成立党支部后，宣传工作一直由宣传委员具体负责，宣传各个时期党的路线、方针、政策，总结先进经验，开展评比，表彰先进。

20世纪60年代，宣传中共中央《农村人民公社工作条例（修正草案）》，落实党的各项方针政策，大张旗鼓地开展社会主义教育、"农业学大寨"、学习毛泽东思想和"文化大革命"等宣传教育活动。

70年代，主要宣传"农业学大寨"中涌现出来的先进集体和优秀个人，以及"批林整风"和中共十一届三中全会精神。

80年代，主要围绕家庭联产承包责任制，对干部群众进行形势和基本路线教育，以及开展"五讲、四美、三热爱"等精神文明建设方面的宣传教育活动。

90年代起，以贯彻邓小平南方谈话精神为契机，宣传抢抓机遇，实行外向带动战略中涌现出来的新人、新事，开展勤政廉政和党的宗旨教育，宣传为民办好事、办实事的优秀基层干部。学习邓小平建设有中国特色社会主义理论，宣传张家港精神，结合香港回归祖国开展爱国主义教育，开展"三讲"（讲学习、讲政治、讲正气）活动，进行"致富思源""富而思进""三个有利于"教育。宣传江泽民的"三个代表"重要思想，宣传创建省级卫生村，全面推进两个文明建设。

2001—2016年，围绕两个文明建设，宣传改革开放给农村带来的新变化，工农业生产出现的新成果，以及社会主义核心价值观、革命传统、民主法治、社会公德、职业道德、家庭美德和张家港精神，提高村民素质，净化社会风气，构建和谐社会。宣传科学发展观，加快城乡一体化建设。

二、党员教育

20世纪50—60年代,党支部分工1名委员负责党员教育工作,进行合作化、人民公社化、社会主义建设总路线、"农业学大寨"等教育活动。70年代,党支部每月召开支部委员、党小组长会,对党员进行形势教育,开展学习毛泽东思想等活动;80年代,支部陆续建立党员活动室,开展学习十一届三中全会精神和党的基本路线教育等活动;90年代,主要开展学习邓小平理论、张家港精神等教育活动;20世纪末至2013年,主要进行"三个代表""科学发展观""群众路线教育实践活动"等学习教育活动。

1986至2001年,全村党员活动室共计开展党员教育33场次。2013年,全村以"三会一课"为主要阵地的党员活动室有5个。

选送培训,是党员教育活动的一个重要途径。1953年,境内派骨干王仁保参加常熟县汤桥乡党训班培训。1963—1964年,有7名党员干部参加县组织的整社整风学习。1978—1980年,有6名党员干部到县党校或有关单位培训学习。1982—1988年,选送4名党员干部外出学习。1990—2013年,到市委党校、沙洲工学院、市人才中心参加培训的党员干部达7人次,学习内容主要有邓小平理论、"三个代表"重要思想、科学发展观、经济管理、法律法规等。至2016年,全境参加冬训党员干部共3500余人次。

三、创建活动

创新党建 1989年,村成立创建活动领导小组,加强"文明新风"系列创建活动的领导。1996—2016年,全村开展创建"党员中心户"活动。"党员中心户"按照年龄相仿、文化相近、兴趣相同、住址相近等原则,实行分类建户、分岗定责、分层管理。设中心户长1名,每个党员中心户带动区域内10—18名党员户。党员中心户有标记,有学习制度,有管理手册,有党报党刊等学习资料,有活动记录。活动形式根据党员中心户特点灵活开展,老党员白天参加学习活动,外出经商务工的党员周末开展学习活动,农民及在职党员晚上开展学习活动,流动党员采取网上学习活动。全村共建有5户"党员中心户",94名党员纳入"党员中心户"管理。

创建文明单位 1986年,全村开展创建文明单位活动,要求各企业、各小区做到物质文明建设和精神文明建设同步发展。村主要考核"五好"(经济发展好、村容村貌好、村风民风好、村民素质好、党员干部带头好)。1988年,城乡考核标准统一为领导班子、干部素质、生产业务等六个方面,后增加计划生育"一票否决"的内容。1990年,创建双文明单位都制定创建规划,与"新风杯"考核相结合,年中、年终各考核1次。创建活动由村精神文明建设领导小组具体负责,总支(支部)书记任组长。年初制定创建规划,提出全年两个文明建设的具体目标和措施,排出重大活动时间表和责任人,以利检查、督促、落实。年终,各创建单位按标准对照检查,自我评分,书面总结。

齐抓共管 1990 年,村党支部一把手坚持党建和经济工作一起抓,并以卫生为基础、创建为载体、文化为内涵、育人为根本,做到组织、目标、责任、措施、资金"五落实",全村党建工作上了新台阶。1993 年,村成立以党支部书记为组长的精神文明建设领导小组,同时抓党建,形成"一把手负总责,分管领导负主责,上下联动、部门协调、群众参与"的局面。1995 年以后,村党支部把政治生态建设与物质文明建设一样规划,一样布置,一样检查,一样落实。年初签订的责任书,列有党的思想建设、作风建设各项考核内容,有计划、有步骤开展文明新风系列评选,"新风杯"竞赛,创建文明小区、文明单位和省级卫生村活动。2015 年,村建立"党风监督站",发动和依靠全体村民、党员对村总支班子成员廉政建设情况实行监督。2016 年,塘市办事处在汤联村(金塘社区)举办"党群服务联盟"揭牌仪式暨"两学一做"成果展示活动。

四、纪检监察

1956 年至 1966 年 5 月,大队(高级社)党支部由 1 名支委分管党的纪检监察工作。10 年间对 2 名犯错误的党员查处,其中 1 名给予纪律处分,1 名开除党籍。"文化大革命"期间,党的纪检监察工作一度瘫痪。

1969 年,开始恢复党的纪检监察工作。1983 年,党的纪律监察工作重点放在争取党风好转上。当时党内存在的不正之风主要是一些党员干部以权谋私,其次是赌博、搞封建迷信活动等,经济领域中的不正之风有所抬头。2000 年,村党支部专门聘请老干部、老党员 3 人组建党纪党风监督小组,定期请他们提意见和建议。每年分 2 次开展"面对面"活动,至 2016 年未中断。1983—2016 年,对 4 名犯错误的党员进行查处,其中,2 名给予纪律处分,2 名开除党籍。

第二章 村(居)民自治

第一节 村民代表大会

中华人民共和国成立前,境内实行保甲制,设保长、甲长管理村民,直至 1949 年 9 月。

中华人民共和国成立后,境内废除保甲制。1950 年 10 月,境内设南园、后房、闵巷、市北(部分)4个小村,配村长、农会组长。村里有事都召开社员大会,一般每户一人参加会议。后改为所有农业生产评工记分的劳动力参加会议,由合作社社长(大队长)向社员报告农业生产、水利建设、粮食征购、经济分配、征兵等方面的事项,或报告有关政治活动、农村工作方针政策等内容,直至1982年。其中"文化大革命"时期一度中断。

1983年实行乡、村建制,设村民委员会。是年,汤联村召开第一届村民代表大会,年满18周岁的村民都有选举权和被选举权,主要任务是选举村民委员会主任、副主任及组成人员。

按照《中华人民共和国村民委员会组织法》规定,村民代表大会每3年召开1次,至2016年末,汤联村已召开11届村民代表大会。村委选举的规范化、民主化有了一定程度的提高。

每届村民代表大会上,由上届村民委员会主任代表村民委员会报告任期内的村民工作情况并接受评议,以及执行上届村民会议或者村民代表会议的决议、议定的情况。然后按法律规定民主选举新一届村民委员会的主任、副主任及委员。

2016年11月20日,境内召开第十一届村民代表大会,选举产生了新一届村民委员会的主任、副主任及委员。

第二节　村民委员会

村民委员会由所辖行政村的村民选举产生,是村民自我管理、自我教育、自我服务的基层群众性自治组织。村民委员会由主任、副主任和委员5—7人组成。村民委员会领导班子由村民民主选举产生,每3年选举1次,没有终身制,任何组织或者个人不得指定、委派或者撤换村民委员会成员,村民委员会成员不属于国家干部,其产生依据为《中华人民共和国村民委员会组织法》。村民委员会实行民主选举、民主决策、民主管理、民主监督。村民委员会办理本村的公共事务和公益事业,调解民事纠纷,协助维持社会治安,向上一级人民政府反应村民的意见、要求和建议。

2016年11月20日,汤联村第十一届村民代表大会选举产生了以李金城为主任,肖玉春、李卫丰、邹丽娟、隆志川为委员的村民委员会。

为从制度上确保民主管理、民主监督等村民自治举措落实到位,汤联村民委员会设立以下机构:

民主理财小组　50年代,各生产队建立民主理财小组,一般由贫协组长和队委班子成员及社员代表3人组成,每月1次对本生产队财务收支状况进行审查(俗称查账),然后召开社员大会,通报公布审查结果(也称报账)。80年代体制改革后,生产队的财务集中到大队(村),大队成立民主理财小组,由张正兴、徐如明、徐国治等组成,每季度对村级财政收支状况进行审核,并把审核结果公布到村财务公示栏,至2016年从未中断。

村务监督委员会　2013年开始,村成立村务监督委员会,对村务工作进行监督检查。2016年,监督委员会由党总支书记季健,村民代表徐惠荣、张正兴3人组成。村务监督委员会按制度定期对村务工作进展情况进行督查。

民主议事会　2016年,村成立民主议事会,由徐江、张后兴、徐如明、徐国治、闵培章、仲景等5人组成。凡涉及村民直接利益的事项,如村固定资产添置和重大投资决策、传统节日老年村民福利发放、年终困难人群救助、村志编写等,村民委员会只提出初步方案,最终要经民主议事会反复论证后方能实施。是年,汤联村60周岁以上的村民开始享受端午、中秋福利和春节慰问金。

1950—1957年境内干部一览表

表8-3

土改时期 1950—1953年		合作化时期			
		1953—1955年		1956—1957年	
行政村	干部情况	初级社	干部情况	高级社	干部情况
南园村	程良(村长) 程才生(副村长) 徐彩庭(中队长) 倪宝林(农会主任)	红星	程才生(社长) 程良(副社长) 徐彩庭(农会主任) 李进保(会计)	汤联	闵煜生(书记) 陈金才(社长) 闵金标(会计) 王定珍(妇女主任) 徐进保(副社长) 徐祥(副社长) 程才生(副社长) 王仁保(治保主任) 邹忠林(出纳会计)
后房村	徐志涛(村长1) 姚鸿昇(村长2) 王永生(农会主任1) 王仁保(农会主任2)	大星	徐岐保(社长) 朱玲娣(副社长) 王仁保(农会主任) 朱金保(会计)		
闵巷村	陈金才(村长) 黄永章(副村长) 闵纪生(农会主任1) 闵煜生(农会主任2)	新星	闵岐保(社长) 陈金才(副社长) 闵煜生(农会主任) 闵金标(会计)		

1957—2016年汤联村(大队)村民委员会主任(大队长)一览表

表8-4

姓　名	任职年份
陈金才	1957—1959
徐进保	1960—1963
程才生	1964—1968
朱叙金	1969—1977
缪仁元	1979—1981
沈学如	1981—1982
徐士福	1982—1983

（续表）

姓　名	任职年份
陈梅根	1983—1990
张后兴	1990—1998
李金城	1998—2016

第三节　村民小组（队）

1956年，汤联境内3个初级社合并建立高级社，下设8个生产队。1957年，生产队调整为9个。1962年，全大队划分为15个生产队。1981年，第七生产队分队，设立第十六生产队。1983年体制改革后，生产队改为村民小组，序号未变。原队长、妇女队长改为村民小组组长、妇代小组组长，职能未变。1984年，撤销原村民小组组长、会计，全村分3个片，徐洪年（东片）、朱仁林（中片）、陈根才（西片）为联队队长，徐如明为植保队长，虞保仙、王金龙、徐益飞、姚妙娣、许漱芬为联队会计。1990年，片队长、植保队长撤销，恢复村民小组组长，联队会计改为2人。

1957—2016年汤联村各村民小组（队）干部一览表

表8-5

组（队）别	组（队）长	会　计	妇女队长	备　注
1	陈狗保　陈进元 陈方保　陈惠良	徐方保　陈汉清 徐元生　陈锦苍	陈招娣　俞妹娣　蒋玉英 陈淑英　陶秀琴	—
2	闵华秋　闵坤保　闵培金 闵德保　闵法良　闵进生 闵培章	闵汝生　闵仁才　闵金祥 闵新保　许漱芬	闵玉芬　闵全妹　闵巧英 张球娣　陆翠英	—
3	程才生　虞涛保 程　良　张金生 徐国平　陈永芳	李进保　陈元龙　虞永才 虞仁祥　朱建琴	陈彩妹　徐杏娣 陈金凤　张三妹　范林芬	—
4	徐彩庭　徐高保　徐进保 徐振琴　徐德云　徐文化	丁春林　张仁东 徐德恩　徐兴保	支四妹　严五妹　吴连珍 徐惠芬　李凤珠	—
5	朱康保　朱仲达　隆竹梅 朱惠庭　朱惠东　朱荣达 朱仁林　朱一村　朱正祥	王义臣　朱金宝　朱金城 朱世忠　张敏珠	赵桂英　丁金娣 陶掌娣　曹建娅	—
6	徐永芹　徐士达 徐仁明　徐如明	徐锡廷　徐仲高　徐裕谷 徐如明　徐孝华　徐惠义 徐祥芬	沈祥妹　徐招娣 蒋桂英　陈惠珍	—
7	李关保　李挽生　李根宝 李惠生　李永元　李金兰 李惠国　李小弟	李金兰　李卫国	陶秀娣　李莲芬　张惠英 盛梅娣　倪琴芬	—

（续表）

组(队)别	组(队)长	会 计	妇女队长	备 注
8	陈洪生 陈明保 陈根才 陈瑞高	陈留根 陈梅根 陈明保 朱惠琴 徐明保 姚静珍	闵小妹 占大妹 缪月妹 姚静珍 谢小红	—
9	徐林保 王才元 徐国云 王金虎	李惠元 王义成 王金龙	沈二妹 缪菊妹 闵月娣 徐凤娣 丁锦华	1958 年 建队
10	闵华秋 闵友生 闵桂芳 闵金龙 缪关元	闵汝生 缪永良 陈连芳	朱岐妹 董云娣 邹和月	1962 年 建队
11	徐庆保 徐祥保 陈宝生 徐毛保 徐桂法 许巧珍 陈维贤	张虎保 徐顺度 徐明保 徐益飞 徐仲高	闵彩妹 周雪妹 许巧珍	1962 年 建队
12	徐永林 丁春林 徐洪年 丁国荣	徐治民 徐金元 徐国和 徐渭清	沈珍妹 高 明 徐宝娣	1962 年 建队
13	程 良 程才元 沈学如 张正兴	张富林 程叙法 李惠珍 沈国元 张正兴 虞保仙	陈彩妹 钱秀育	1962 年 建队
14	徐岐保 朱涛林 徐根法 徐国治	王义臣 李元生 王忠才	朱小妹 朱惠珍 徐梅花	1962 年 建队
15	徐永才 徐汝金 徐阿标	徐祥兴 李惠元 丁静依 姚妙娣	赵玲娣 王梅芳 顾球娣	1962 年 建队
16	李福弟 李根保 徐金标 李正祥	李金城	陈三妹	1981 年 建队

第四节 社区居民委员会

一、基本情况

随着城乡一体化建设的不断推进,原自然村被整体拆迁。建在境域南部的塘市花苑于2011 年竣工,因属张家港经济技术开发区(杨舍镇)在农村城镇化进程中建成的农民动迁安置区,又地处金塘路北,故名金塘社区。

金塘社区居住着原汤联、河北、南庄、河南、李巷、棋杆和新民等七个村的部分被拆迁村民1987 户,近 8000 人,其中有党员 72 名,新市民 979 户 3487 人。2011 年 8 月,成立金塘社区居民委员会(以下简称居委会)。

社区居委会围绕"和合金塘·文明家园"主题,设立党员服务站、情暖夕阳服务站、志愿服务站、红领巾驿站、24 小时自助图书馆等便民服务设施,建立"金塘论坛""和合金塘"微信公众平台等互动宣传载体,打造"好人帮"志愿服务品牌、"塘宝当家"特色服务项目,探索党员、志愿者双积分管理办法,实现党员、志愿者"管理—服务—激励"的微循环。广泛开展移风易俗系列宣传、"我们在一起"社区邻里节等活动,破除陋习,树立文明新风,并通过文明家庭评比、文明楼道创评,注重典型引领,让家庭小气候温润社会大气候。组织开展征集好家风、好家训、好家规活动以及新 24 孝宣传进楼道、微"孝"百分百等孝文化学习实践活动,促进和孝美德代代相传。这些活动得到政府部门及同行业的好评。

图 8-1　居民代表会(2015 年摄)

二、居民自治

2015 年,金塘社区建立居民议事会(以下简称议事会),吸纳老党员、老干部、志愿者和居民代表,就居民关心的、居委会要解决的问题"参政议政",让党员带动群众,居民服务居民,为动迁村民打造"和美、和孝、和善、和乐、和融"的文明氛围。是年 8 月 24 日,金塘社区根据经开区(杨舍镇)统一步骤,作为居民自治的试点社区,在三楼会议室召开居民代表大会。 社区居民代表及成员单位代表共 49 人参加,张家港市有关领导,如市委组织部、宣传部、政法委分管领导,市民政局、市法制办主要领导,区镇领导及有关局室负责人,各办事处(街道办)分管领导,各试点社区负责人,塘市办事处主任、副主任,村社区负责人 50 多人观摩会议。

该社区是塘市地区规模最大的纯动迁安置社区,入住居民分别来自原 7 个行政村,好多村民还有自留田可耕种。收获季节,黄豆萁、芝麻秸、麦秸秆晒在小区主干道及广场上,影响环境和交通。议事会出面做宣传动员,把上述作物放在田间晾晒,待果实剥离后,直接把果实带回家。

住户中个别居民有用小煤炉烧开水习惯,造成环境污染,临近住户反应强烈。居民议事会决定,当年 10 月 1 日起,由网格长牵头,居民代表、物业人员、居委会工作人员等上门沟通,督促小煤炉使用家庭自行整改,对于个别困难家庭给予临时救助。1 个月时间,小煤炉问题全部解决。

为巩固自治成果,培育居民的社会责任感和公民主体意识,

图 8-2　居民代表讨论自治章程(2015 年摄)

2016年4月,经议事会商定,开展"文明楼道"创评活动,让居民群众都参与其中,实现自我管理、自我教育、自我服务、自我监督。

评比标准

①楼道、楼梯整洁完整,楼道及涉及的相关车库无乱贴乱画、乱堆乱放、乱搭乱建、乱拉乱扯线现象;

②垃圾袋装率为100%,不养无证犬和其他家禽,除"四害"工作符合标准;

③疏散通道、安全出口、楼道内无占用、堵塞现象;

④无机动车、非机动车乱停;

⑤租赁房屋管理规范,流动人口登记率达95%以上,办证率达90%以上;

⑥居民不聚众喧哗,无噪音扰邻;

⑦邻里和睦,尊老爱幼,无虐待、不赡养老人、家庭暴力、不抚养未成年人现象。

评选办法

采取分组检查,由社区议事会成员代表、居民代表、社区工作人员代表、物业代表组成六个检查小组进行检查,每月两次,两次结果都符合标准的授予文明楼道称号,数量不设上限。

评选程序

由议事会成员代表、居民代表、社区工作人员代表、物业代表组成六个检查小组同时检查,每月两次,两次结果都达标的授予文明楼道,出榜公布。公布7天后无异议,进行表彰奖励。

是月,评出五幢2单元、八幢2单元、十四幢2单元、十八幢1单元、二十幢2单元、二十一幢3单元、二十三幢2单元、三十八幢3单元、四十六幢2单元等9个文明楼道。

三、2016年金塘社区居民委员会领导班子分工状况

主任:高丽萍　主持社区全面工作。

副主任:陈瑞虎　主管综治、司法、信访、民政、消防、卫生保洁、卫生服务站、财务报账等工作。

副主任:徐琴芬　协助主任抓好全面工作、分管计生、妇联、老龄、关工、精神文明工作。

委员:缪宇凤　主管社区精神文明工作、负责金塘论坛、网上新社区更新、信息编辑上报等工作。

委员:张　丽　负责社区党建、图书馆管理、档案、劳动社保工作。

妇女主任:唐燕萍　负责计划生育、妇联、老龄、关工工作。

团支部书记:缪小淇　分管社区教育、微信公众平台维护、共青团、对外接待工作。

第三章 社会团体

第一节 工 会

1992 年汤联村开始成立工会,首任工会主席张厚兴。随着经济建设和社会事业的发展,1998 年汤联村成立联合工会。联合工会的主要任务是围绕党的中心工作,宣传两个文明建设一起抓、社会主义新农村建设、城乡一体化建设新形势,组织工会成员开展"爱岗敬业、争作贡献"等劳动竞赛活动。2002 年,评出先进会员 9 人。2011 年开始,村工会领导定期到企业了解劳动用工、社会保障、员工收入、劳动争议等情况,并联合有关部门帮助解决实际问题。2016 年末,村工会有工会主席 1 人、委员 3 人,工会经费开支审查由村理财小组兼带。

开展文体活动 工会每年都组织工会成员开展节日读好书征文比赛、演讲比赛、歌咏会、拔河比赛、乒乓球比赛、象棋比赛、篮球比赛等文体活动。2005 年开始,每年中秋、春节等传统节日,村工会委员都到企业与外地员工一起参加联欢座谈会。2016 年,村工会与金塘社区联合举办"猴年送祝福"送春联活动、"邻里阅好书推荐"读书活动、"邻里和生活乐缤纷"趣味游戏等活动。

保护职工利益 工会领导每年至少 2 次深入企业,认真听取企业运作情况汇报,及时提出各种合理建议,同时为外来职工解决工作和生活中的困难。至 2016 年,配合有关企业调处劳动纠纷共 11 件,其中,劳动保护纠纷 8 件,社会保险纠纷 1 件,因公致伤纠纷 2 件。

扶贫济困 2002—2016 年,工会组织开展扶贫济困活动,先后捐衣 340 余件,捐款 12.13 万元。其中,2008 年向四川汶川地震灾区捐衣 230 余件,捐款 10.32 万元;为村内困难职工、失学儿童、孤寡老人捐款 1.81 万元。

1992—2016 年汤联村工会主席一览表

表 8-6

工会主席	任职年份
张后兴	1992—1995

（续表）

工会主席	任职年份
程春华	1995—1998
徐明保	1998—2000
李金城	2000—2016

第二节　共青团

中华人民共和国成立前,境内无青年组织。中华人民共和国成立后,1956年境内建立共青团支部,称汤联高级社团支部,陈留根为首任团支部书记。主要活动是带领团员青年积极投身农业合作化运动和做好民兵工作,宣传、鼓励适龄青年积极报名参军。

1963年,团员青年响应毛泽东"向雷锋同志学习"号召,自觉为集体、为社会做好人好事,在生产队开展科学种田小实验。

"文化大革命"初期,团支部活动暂停。1971年,塘市公社共青团第三届代表大会召开后,境内共青团恢复活动。主要围绕党的中心工作,发动和组织团员青年开展读书学习、科技实践和劳动竞赛。1976年起,团支部每年3月组织开展"学雷锋见行动"专题月活动。1986年开始,开展"五小"(小发明、小革新、小改造、小设计、小建设)、争三优(优秀管理论文、优秀革新小组、优秀青年厂长或经理)和创红旗团组织等活动。

80年代,汤联团支部发动青年广泛开展志愿者活动,在后房通往塘市的中心路两侧栽种池杉,在沿河滩涂植树造林。利用"六一"儿童节到学校赠送图书、体育用品,夏秋两个农忙季节到缺少劳动力的困难家庭帮助干农活,到孤寡老人家庭做家务。老干部陈妙亭家建造新房,全村团员青年在团支部书记李金城带领下主动帮助挑运泥土填筑屋基。

1990年开始,开展共青团先锋杯竞赛和以科技兴农为主线的"一方"(青年丰产方)、"三户"(青年多种经营专业户、青年科技示范户、青年种田大户)竞赛活动。在团员青年中开展"祖国在我心中,党在我心中"和"三热爱"(热爱党、热爱社会主义、热爱集体)教育活动,以及"学雷锋、树新风"活动。是年,村内发生特大水灾,全村共青团员有124人次参加抗灾自救。1994—1999年,村内团员青年捐衣1230件,捐款11500余元救济灾区。

2000年起,境内团员青年连续10多年开展青年志愿者活动,开展结对帮困和洁美家园等公益活动,团员青年2070余人次参与。2003年开始,团支部每年组织团员青年志愿者参加无偿献血。2016年,全村团员青年志愿者参加无偿献血的有15人。

2016年,全村建有团支部2个,共有共青团员163人。

1956—2016 年汤联村（大队）团支部书记一览表

表 8-7

姓　名	任职时间
陈留根	1956—1962.02
徐仲高	1962.03—1962.12
张文育	1963—1969
李炳元	1969—1971
张后兴	1972—1974
徐明保	1974—1975
李佩芬	1975—1976
徐　萍	1976—1977
徐士福	1977—1980
徐建明	1980—1981
李翠芬	1981—1983
李金城	1983—2000
王海燕	2001—2009
钱萦萦	2009—2010
隆志川	2010—2011.07
潘　丹	2011.08—2016

第三节　妇代会

农业合作化时期，境内红星、大星、新星初级社都配有妇女干部。1956 年建立汤联高级社后，王定珍为境内第一任妇女主任。1961 年塘市公社建立妇女联合会，大队设妇女主任，生产队设妇女队长。妇女组织的主要职能是组织、带领妇女开展政治学习，开展"双学"（学文化、学技术）、"双比"（比贡献、比实绩）活动，树立自立、自强的新观念，抓好幼托工作，协助党组织搞好农、副、工生产和计划生育工作，处理好家庭纠纷和婚姻等问题，保护妇女、儿童的合法权益。

境内妇女干部在"文化大革命"前参加过 2 次公社妇女代表大会。

妇代会按照职能重点开展以下 5 项工作：

组织劳动竞赛　60—70 年代，组织妇女开展"学文化、学技术"竞赛；80 年代至 90 年代,随着乡镇企业的发展,许多妇女进入工厂务工,妇代会组织妇女开展挡车工操作比赛,在农村则开展勤劳致富比赛。2000年开始,妇代会组织妇女开展"双学双比""巾帼建功"等活动。2016年,全村有7人在"双学双比"活动中获得佳绩。

创建"五好家庭" 1981年以后,全境妇女开展以"认真学习、遵纪守法好;爱国家、爱集体、积极生产劳动好;尊老爱幼、勤俭持家好;文明礼貌、邻里团结好;移风易俗、实行计划生育好"为内容的"五好家庭"活动,每年组织评比。1999年,共评出"五好家庭"25户,另外评出妇女先进个人12人。2016年,村妇代会与金塘社区联合举办"邻里赞最美家庭"评比活动,全社区1322户居民参加,11户家庭榜上有名。

开展"争三好""送三暖"活动 1996年,村内各组妇代小组开展"争三好"(争当好媳妇、好婆婆、好妈妈)、"送三暖"(说暖心话、办暖心事、做暖心人)活动。选出好媳妇、好婆婆、好妈妈各10人,此项活动每年都组织评比,一直坚持至1999年。

保护妇女合法权益 1993—2013年,村内妇代会接待并处理来访83人次,处理纠纷共78件,其中,虐待老人4件,婚姻纠纷21件,弃婴1件,其他家庭事务、财产纠纷27件。在有关部门配合下,解决和基本得到解决的75件。妇代会还配合卫生部门开展对妇女病的普查和治疗工作,落实"四期"(月经期、怀孕期、待产期、哺乳期)保护措施。

做好幼托工作 1958年10月开始,大队建办幼儿园,各生产队建办农忙托儿所。1964年,大队建办耕读小学,幼儿园停办。1983年,全面实行家庭联产承包责任制后,生产队农忙托儿所停办。

1956—2016年汤联村(大队)妇代会主任一览表

表8-8

姓　名	任职时间
王定珍	1956—1967
徐元妹	1968—1980
程春华	1980—1995
李　敏	1996—1998
程春华	1991—1999
王海燕	2000—2009
徐琴芬	2009—2016

第四节　农民协会和贫下中农协会

1951 年,南园、后房、闵巷村都建有农民协会(简称农会),农会设农会主任 1 人、委员 5—7 人。农业生产合作化以后,农会的主要任务是组织农民开展大生产,贯彻执行党在过渡时期的总路线,宣传和发动群众,做好征收公粮、支援抗美援朝、拥军优属、维护社会治安、处理民事纠纷等工作。农会在群众中享有较高的威信,在土地改革运动中,曾提出"一切权力归农会"的口号。

1964 年 3 月,开展社会主义教育活动(简称"社教"),大队成立贫下中农协会,简称"贫协"。贫协组织的职能是代表贫下中农的利益,协助并监督各级领导班子,为发展生产,提高农民的物质、文化生活当好参谋。

1965 年 4 月 1 日,塘市公社召开第一届贫下中农代表大会,大队设贫协分会,设分会主任 1 人,各生产队设贫协组长 1 人。

1966 年开始"文化大革命",贫协组织一度瘫痪。

1969 年 4 月 2 日,塘市公社召开第二届贫下中农代表大会后,大队设贫下中农协会分会主任 1 人。

1978 年 4 月,塘市公社召开第三届贫下中农代表大会,"贫协"组织活动逐渐减少。1979 年以后,"贫协"组织自行消失。

1956—1977 年境内贫下中农协会(农会)主任一览表

表 8-9

组织名称	姓　名	任职时间
汤联高级社农会	王仁保	1956.03—1958.08
一工区农会	王仁保	1958.09—1959.09
九大队农会	王仁保	1959.10—1965.03
九大队贫下中农协会	王仁保	1965.04—1967.12
九大队贫下中农协会	朱叙金	1968.01—1970.05
汤联大队贫下中农协会	朱叙金	1970.06—1977

第五节　老年协会

自 1989 年 11 月塘市乡老年协会(又称老龄协会)成立后,境内建有老年协会分会,并设有老年活动室。村老年工作一般由 2—3 人负责,李国良、陈妙亭、丁同春、徐祖元、闵培

图 8-3 老年活动中心（2014 年摄）

章先后任老年协会（分会）主任。老年协会（分会）每年有几次大的活动,日常办公费用、旅游参观花销、节日慰问经费由村财政解决。2000 年以来,村（社区）结合"十个一"文化工程建设,建有 200 多平方米的老年活动场所。2015 年开始,对全村老年农（居）民实施居家养老服务。2016 年开始,境内老人逝世,老年协会（分会）与妇代会带着慰问金上门安抚。2016 年,村老年协会（分会）有主任 1 人、副主任 1 人,主要负责过渡房区域老年活动室各项事务。是年,汤联村老年协会（分会）被评为苏州市 3A 级社团组织。

第六节　其他组织

益民基金会　1995 年,经张家港市民政局批准,"张家港市汤联益民基金会"成立,会长徐祖元,首批募集慈善基金 20 余万元。至 2016 年,换了 4 任会长,但活动从未间断。

芹菜协会　随着汤联芹菜种植面积的逐年增加,社会影响力不断扩大。为便于村民交流信息,探索种芹菜增效增收途径,2004 年村成立芹菜协会,首任会长张后兴。每到芹菜栽种季节,芹菜协会都要召开 1—2 次芹菜种植大户座谈会,宣传品种更新、病虫害防治、栽培技术等方面的知识,交流市场行情。参加座谈的少则 7—8 人,多时近 20 人,大家各抒己见,发言热烈,有时甚至出现"争论"。2009 年以后,会长由李金城兼任。2016 年,芹菜协会直接管理汤联芹菜种植基地。

篮球俱乐部　90 年代,汤联业余篮球队成立。经过十多年的磨炼、征战,在张家港市村级和苏州市村级篮球赛中多次获得好成绩。为确保业余篮球队有活动基地,2010 年,汤联村在有限的财力中挤出 60 万元,在东南大道与新丰路交会处建设文体广场。7 月 1 日,文体广场落成,举办"澳洋杯"篮球赛。参加比赛和球艺交流的有汤联村、澳洋集团、塘市派出所、旺西村、城管中队、河头村球队,比赛结果是汤联村获得第一名。2012 年,村成立篮球俱乐部,隶于张家港市篮球协会塘市分会。徐江任俱乐部负责人,主要队员有朱晓春、张磊、李宇浩、徐海(大)、李科、闵云、陈博、朱宇超、徐海(小)、陈宏、徐凯等。至 2016 年,篮球俱乐部共举办 12 场(次)篮球比赛和多次俱乐部发展研讨活动。

第九卷 治安·军事

中华人民共和国成立前,因当局腐败,外敌入侵,社会动荡,境内治安混乱,百姓生活不得安宁,尤其是抓"壮丁"的时候,男性夜间不敢留宿家中。闵家巷闵敖保不愿当"壮丁",被迫交"壮丁费",后房徐岐保缴不出"壮丁费",被迫抓去服役(后伺机逃回)。中华人民共和国成立后,政府开明,社会稳定,百姓安居乐业,年轻人自愿投身军营,保家卫国。

1956年,汤联高级社建立治保组织。1962年,汤联大队建立治保组织。1964年,大队成立调解委员会。"文化大革命"期间,治保与调解组织一度瘫痪。1971年10月,大队治保组织恢复,重点做好监督"四类分子"(地主、富农、反革命分子、坏分子)和协助做好"四防"(防火、防盗、防毒、防特务)工作。1981年,大队

图9-1 民国时期壮丁费收据(江阴市档案馆提供)

建立治保委员会。1994年,汤联村成立社会治安综合治理领导小组,加强社会治安和外来人员管理工作。2003年,村成立调解委员会,坚持"调防结合、以防为主"方针。2006年下半年,村综治办、调解委员会与村联防队、驻村警务室、杨舍镇流动人口服务中心(汤联服务站)构成"五位一体"综治体系。

中华人民共和国成立前,境内有不少热血青年参加地下斗争,积极参加新四军,投身于革命。中华人民共和国成立后,在国家实行志愿兵和义务兵役制等历年征兵工作中,境内适龄青年积极报名参军,投身国防建设,有的还参加抗美援朝和援

越抗美斗争。

1950年至农业生产合作化时期,境内建立民兵中队。1958年,大队成立民兵营。1964年,大队实行民兵工作"三落实"(组织落实、政治落实、军事落实),加强民兵整组和军事训练。1981年开始,把民兵制度和预备役制度结合起来,在加强民兵工作的同时,十分重视兵役工作。2016年末,汤联村有接受经开区(杨舍镇)应急调配的基干民兵4人。

第一章 治 安

第一节 组织机构

一、治保委员会

中华人民共和国成立初期,社会治安由农会或民兵组织负责,境内无治保组织。1956年,境内成立高级社,设治保主任,王仁保任此职。1958年,工区建立治保小组。1962年后,大队设治保主任,由团支部书记兼任,生产队设治保小组。1964年社会主义教育("四清")运动后,大队治保组织对"四类分子"开展批判斗争。"文化大革命"期间,治保组织一度取消,实行群众专政。1971年10月,大队恢复治保组织。1981年,大队建立治保委员会。1983年,村民委员会设治安保卫委员1人,村治保人员5人。2016年,汤联村有治保人员5人。

二、群众治安组织

1989—1990年,村委设"联防值勤队",每个自然村配一名义务值勤人员,负责做好巡逻防范工作。

1992年3月,村成立治安联防队。1996年,村民委员会副主任为分管负责人。1996年,村有联防队员5人,分三班日夜巡逻值勤、护厂、护村。1998年,村副职干部4人兼治安联防工作。1999年3月,治安联防工作由村民委员会负责。

2014年开始,汤联村根据村社(区)合一、地域扩大的特点,划分三个片区,每个片区有4—6名联防队员,加强对动迁过渡居住区等重点区域及节假日期间的联防值勤。

第二节 治安管理

一、安全防范

中华人民共和国成立初,境内由农会、民兵负责治安保卫工作。1950年土地改革至"文化大革命"期间,对"四类分子"实行就地监督、教育和劳动改造,并将其作为治安保卫的一项重要工作。1979年2月,根据中共中央(1979)5号文件精神,开展对"四类分子"摘帽纠错工作。经群众评审,上级批准,境内原"四类分子"都被摘除帽子,给予公民权。同时,将地主、富农子女全部定为社员。

二、暂住人口管理

20世纪80年代中期,境内工业企业日益发展,外地民工到汤联务工的人数迅速增多。为加强对外来人口管理,1992年,根据上级对外来人员规范化管理的要求,由村联防队配备专职管理员。管理上做到对外来人员的住所、工作单位、岗位职业三明确,发放务工证、就业登记证、暂住证,发证率分别为97%、95%和98%。1994年,对外来人员管理上做到身份证、暂住证、务工证三证齐全。是年,村办企业招工,上岗前一律进行培训,定期考评。对工资报酬、工种安排及奖惩和晋级等,外来人员同当地职工一视同仁。1995年,全村有外来务工人员550人,2001年外来务工人员940人。

2004年,塘市派出所协同村计生办、治保组织,以出租房屋为重点,加强对流动人口落脚点管理,并由镇综治办、私房出租户和外来暂住人员三方签订"治安、卫生、计划生育"责任书,以此约束外来人员的责任行为。2009年,村联防队与塘市派出所驻"外管中心"合署办公,形成以派出所民警为主、专职协管员为辅、村联防队为依托的外来流动人口管理网络。2014年,村(社区)有外来人员1450人,登记率、发证率分别为96%和98%。

三、综合治理

1992年2月,塘市乡建立社会治安综合治理领导小组,汤联村设综合治理办公室,加强健全综合治理责任制。

1994年,塘市派出所在张家港市与江阴市交界处新建黄旗桥治安卡口,村建立社会治安领导小组,并设专门办公室,挂牌办公。按照"条块结合、以块为主"和"谁主管、谁负责"的原则,由塘市乡与村签订综合治理

图9-2 金塘社区警务室(2018年摄,闵荣高提供)

目标责任书,再由村与各企业、商业服务门店及私房出租户签订责任书,签订率98%。

2000年开始,汤联村根据上级要求,将一年一签的社会治安综合治理目标责任书改为三年一签订。

2006年下半年,村联防队设专门办公室,与警务室、杨舍镇流动人口服务中心(汤联服务站)合署办公,并与村综治办、调解委员会构成"五位一体"的综治体系,全面负责境内社会治安综合治理工作。

2013年10月,村投资10.38万元,在动迁安置过渡房区安装智能防盗报警系统。

第三节 户政管理

1932年,国民政府推行保甲制。日伪统治时期,境内实行编保,颁发"良民证"。抗日战争胜利后,国民政府重编保甲。1948年,常熟县国民政府对境内村民颁发"中华民国国民身份证"。

1949年10月,境内废除保甲制。1953年,通过全国第一次人口普查,摸清境内人口情况,为户籍管理提供了依据。1960年,上级有关部门对从事非农业生产的农业户陆续发放户口簿。1962年,境内户籍由公社民政部门负责管理,同年10月开始,境内建立人口出生、死亡、迁入、迁出登记制度,以大队为单位建立户口册。1982年,上级颁发新户口簿,健全户口管理制度。1984年,全村户籍管理工作由塘市派出所接管。以后通过国家对户籍实行改革,城乡户口的界线逐渐淡化。2013年开始,派出所对村民户口迁移手续开始简化。

第四节 民事调解

一、调解机构

1952年开始,境内南园、后房、闵巷3个村均设调解小组,由村长负责。农业合作化期间,农业合作社设民事调解委员会,由合作社社长兼任民事调解委员会主任。

1958年9月成立塘市人民公社后,境内成立调解小组。1959年,大队调解小组与治保小组合并。1962年10月起,调解与治保组织分开。1964年,大队调解小组改为大队调解委员会,调解工作由大队党支部书记或大队长负责。"文化大革命"初期,调解组织瘫痪。民事纠纷由公社民政委员和大队、生产队三级出面,并依靠群众调解处理。1973年,大队恢复调解组织。

1980年,大队调整、健全调解组织。1985年,境内调解委员会主任由村主任兼任。1987年,村调解委员会更名为民事调解委员会,由村主任、共青团书记,治保主任和民兵营长、妇女主任等组成,村主任兼民事调解委员会主任。1990年下半年,村成立老龄协会后,曾协助调解民事纠纷1—2年。2003年开始,村委调整充实调解力量,民事调解委员会更名为人民调解委员会。

二、民事调解

中华人民共和国成立前,境内民事纠纷一般由民间调解。民间或家庭纠纷一般由族长或当地较有声望的人进行调解,或邀请亲属长辈、娘舅公亲出面说合,劝解调停。群众中较大的纠纷,则由乡长、保长、地方贤达及当事人在茶馆公议解决。

中华人民共和国成立后,民事纠纷由农会干部和村干部负责调解处理,调解有困难的,会同乡民政助理员约期调解处理,如还不能解决,则到法院申诉,依法裁决。

境内调解小组或调解委员会是一个群众组织,是在上级司法行政部门领导下展开工作。调解工作坚持"调防结合、以防为主"方针,负责调解村民(群众)之间发生的有关人身、财产权益、遗产继承和日常生活中诸如婚姻、家庭赡养、房屋建造、宅基地、邻里之间及其他方面的矛盾纠纷。

2000—2016年,全村调解民事纠纷39起(邻里纠纷3起、婚姻家庭纠纷4起、财产分割纠纷2起、赡养老人纠纷1起、其他纠纷29起),杨舍镇司法所直接调处2起。

第二章 军 事

第一节 民 兵

一、民兵组织

中华人民共和国成立初,南园、后房、闵巷3个小村建立民兵分队。农业合作化以后,境内建立民兵中队,民兵中队的具体任务是维持群众会议秩序、值班、防夜和维护村庄治安,定期为军属代耕。

1958年8月,中共中央发出"全民皆兵"和大办"民兵师"的号召后,塘市公社建立民兵团,大队建立民兵营,生产队建民兵连、排、班等组织。民兵组织分基干民兵、普通民兵和武装民兵3种。其中基干民兵年龄要求为男性17—25周岁、女性16—25周岁,退伍军人延长到 30 周岁;普通民兵年龄要求为男性 26 周岁至 45 周岁、女性 26 周岁至 36 周岁。

1966 年"文化大革命"开始,民兵组织一度陷于瘫痪。1972 年,塘市公社建立武装民兵独立营,大队建独立连。1978 年 10 月 5 日,塘市公社建民兵团,大队基干民兵属武装民兵营编制。

1981 年,调整民兵组织,把民兵制度和预备役制度结合起来,把平时民兵工作和战时民兵工作结合起来,又分为基干民兵和普通民兵两种,武装民兵撤销。塘市公社武装部设基干民兵营,大队建立普通民兵营、基干民兵排。1995 年,压缩基干民兵规模,塘市镇成立民兵应急分队和专业分队,村配备应急分队和专业分队人员各 2—3 人。2014 年末,汤联村民兵营有基干民兵 4 人、普通民兵 134 人、预备役人员 2 人、退伍军人 8 人,民兵中参加过军事训练的 134 人。2016 年,汤联村有基干民兵 4 人,其中参加镇应急分队 1 人、支援队伍 2 人、储备队伍 1 人,有普通民兵 128 人。

1956—2016 年汤联村(大队)民兵营长一览表

表 9-1

姓　名	任职时间
陈留根	1956—1962
徐仲高	1962—1962
朱叙金	1963—1973
徐祖元	1973—1974
陈荣法	1974—1975
徐明保	1975—1979
徐云达	1979—1980
张后兴	1980—1982
李金城	1983—2001
陈正新	2002—2003
李惠丰	2004—2010
隆志川	2011—2016

二、军事训练

20 世纪 50 年代初,民兵训练主要利用冬季农闲季节,由乡组织村民兵分(中)队长集训 3—4 天。1955 年《中华人民共和国兵役法》颁发后,民兵每年军事训练时间增至 7—9 天。1958 年起,采用小型、就地、因地制宜、劳武结合的方式开展民兵训练。1962 年以后,大队武装民兵朱叙金等每年 1—2 次参加县人武部组织的民兵军事训练。训练内容由射击、投弹、单兵战术发展到刺杀、爆破、反空降和学习防原子弹、防化学细菌武器等基本常识。

1964 年，中共中央提出民兵工作"三落实"，即组织落实、政治落实、军事落实，广泛开展民兵整组和民兵训练活动。在民兵训练中特别强调贯彻实战要求，基干民兵积极参与县人武部组织的多次规模不等的近似实战的训练，使基干民兵平时成为生产骨

图 9-3　20 世纪 70 年代民兵训练（隆志川提供）

干，战时成为拉得出、用得上、战备措施有力、组织纪律严明的一支队伍。

1973 年起，民兵营（连）长和武装基干民兵排长，每年参加县人武部组织训练 10—15 天；武装民兵每年参加由公社人武部组织训练 15 天左右。1980 年，突出以基干民兵为重点的军事训练。1981 年，重点进行基干民兵干部组织指挥和基干民兵军事技术训练。1984 年以后，每年基干民兵训练不少于 26 天，由市人武部统一组织，分片设点训练。1995 年以后，民兵训练以《民兵军事训练大纲》为依据，以提高民兵军事训练质量为核心，坚持走基地化、规范化、科学化训练之路，着重训练民兵干部、应急分队、专业技术分队和保障人员。

三、比武、值勤

1964 年，汤联民兵营的基干民兵参加公社人武部在塘市中学操场开展的投掷、跑步、队列等项目比赛。1965 年起，每年的民兵训练，都开展轻机枪射击、轻机枪精度射、轻机枪速射、单兵战术和投弹、女子特技射击比赛。1990 年以后，汤联村每年有 2—3 名民兵到凤凰山训练靶场训练、比武。村内民兵担负着保障战备后勤，协助公安机关保卫生产，维护社会治安等任务。1991 年夏，苏南地区发生了历史上罕见的特大洪涝灾害，部分村办企业、村民住房、农田均淹没在洪水之中，村毛纺厂、泡沫厂等企业的部分车间也受到洪水的严重威胁。全体民兵不顾个人安危，冒着倾盆大雨，积极参与抗洪排涝、抢险救灾活动，连续奋战一周，大大降低了洪涝灾害造成的损失。

第二节　兵　役

中华人民共和国成立至 1954 年，国家实行志愿兵役制，境内有丁昌林、丁昌岐、李清保、徐高保、徐妙生、徐妙全等青年应征入伍。1955 年起，国家实行义务兵役制。一般每年征兵 1

次,18 至 22 周岁的男性公民都有服兵役的义务。1962—1964 年进行夏、冬两季征兵,境内有 6 名适龄青年应征入伍。1966—1967 年,因开展"文化大革命"未征。1969 年、1976 年为春季征兵,1978 年春、冬两季征兵,其余年份为冬季征兵。1978 年前,征兵工作十分重视家庭出身和社会关系。中共十一届三中全会后,对非劳动人民家庭出身和有在海外从事正当职业的直系、旁系亲属的青年,也进行选征。1944 年—1988 年,全境共征集志愿兵、义务兵 77 人。

附:

当代木兰——倪荷珍

倪荷珍,塘市倪家巷人。1928 年生。中共党员。倪荷珍十二三岁时,由父母做主与丁振邦(汤联北园人)定了"娃娃亲"。1946 年开始,先后在无锡三星纺织厂、天元毛纺厂做工。1949 年解放军渡江战役胜利后,与未婚夫丁振邦第一次见面,是年 8 月结婚。结婚后第八天随夫到南京入伍从军,与小说《红岩》中"小萝卜头"的姐姐共事,担负文件收发、纪要打字、俱乐部图书管理、连队放电影等工作。至 1955 年 6 月,倪荷珍随部队先后辗转汤山、锦州、重庆等地,是年 7 月转业到地方。1960 年,倪荷珍复回驻四川重庆部队,再次穿上绿军装,加入了中国共产党,并出席重庆市妇女积极分子代表大会。1965 年 9 月又转业到地方。1986 年 6 月,倪荷珍离休(享受副处级待遇)。

图 9-4 倪荷珍(丁振邦提供)

生活中的倪荷珍严于律己、乐于助人。50 年代,胞弟丁永康在山东大学就读期间患结核病休学,倪荷珍夫妇全力资助,把丁永康转到重庆七医大附属医院治疗,直到其康复。60 年代"上山下乡"运动期间,倪荷珍夫妇 6 个孩子中有 5 个分别插队落户到陕北农村,接受贫下中农再教育。老乡徐永源膝下无后,1966 年抱养一女取名徐洁,不久徐妻患病,无力照管,倪荷珍夫妇把徐洁接到家中,与自己的孩子一样照料扶养 17 年,直到初中毕业。

第十卷 社会保障

中华人民共和国成立前,境内人民群众缺乏社会保障。一些为私营业主打工(包括种地)的农民,到年老体弱、丧失劳动能力时,业主往往给予为数不多的解雇费后将其打发回家,不管其后生活,对农民实行保险,更是遥不可及。

中华人民共和国成立后,党和政府关心人民群众的生活,逐步出台各项社会保险的方针、政策,重视农民的养老问题。1969年,全县农村开始建立福利型农村合作医疗制度。1986年10月,张家港市开始建立企业职工养老保险制度,失业保险同时试行。1992年以后,政府修订了相关职工(农民)养老保险和医疗保险条例,从根本上解决了老年人的基本生活和医治病患的后顾之忧。1999年7月,全村实现养老、医疗、失业、生育、工伤保险"五保合一"的社会保障制度。2002年12月,市政府出台《关于将张家港市所有企业及其职工纳入城镇社会保险管理的意见》和《张家港市农民养老保险办法》,明确从2003年1月开始,企业统一参加城镇社会保险,取消农民工和城镇职工的差别,同时将年满18周岁的农村纯务农人员纳入农民养老保险范畴。

2003年起,凡杨舍镇户籍年满18周岁的农村劳动力,除各类企事业单位务工人员和已退休人员外,实行农民养老制度。

2004年开始,杨舍镇全面实行新型合作医疗制度,将未参加城镇职工医疗保险的农(居)民,全部纳为合作医疗参保对象。是年,汤联村对老年农(居)民实施社会养老补贴。2016年,全村城镇养老保险参保人数、农村养老保险参保人数、新型合作医疗参保人数占可参保人数的100%,老年农(居)民享受养老补贴的人数占应享受人数的100%。

第一章　社会保险

第一节　养老保险

一、城镇职工养老保险

1992年,《张家港市城镇职工养老保险暂行办法》出台。1995年3月,汤联村所有市属大集体企业职工纳入城镇社会养老保险范围,并按照社会统筹和个人账户结合的原则,建立个人养老保险账户。

2002年12月,杨舍镇贯彻执行《关于将张家港市所有企业及其职工纳入城镇社会保险管理的意见》,从2003年1月开始,全村推行城镇职工社会保障办法,所有企业根据自身生产经营和人员结构状况,在三年过渡期内统一参加城镇社会保障,使农民工享受与城镇职工同等待遇。同时,把农村村级基层自治组织视作企业单位,统一纳入城镇社会保障范围。2007年后,张家港市政府出台社保扩面新政策,对男未满60周岁、女未满50周岁未参加城镇职工养老保险的人员,一次性补缴城镇职工养老保险费3.6万元,到法定退休年龄享受城镇职工社会保障待遇。2010年10月,张家港市政府又出台社保扩面政策,对已超过法定退休年龄的农(居)民,一次性补缴满城镇职工养老保险费3.6万元,次月即可享受城镇职工养老保险待遇。2009—2010年,汤联村为98%以上符合条件的村民办理了相关手续。

2016年末,汤联村有1200多人参加城镇职工养老保险。

二、农民基本养老保险

1992年10月,汤联村贯彻执行《张家港市农民社会养老保险暂行办法》,开始推行农村社会养老保险。农村社会养老保险费采取个人缴费、集体补贴和国家政策扶持的办法筹集。1994年底,农村养老保险统一由社会保障部门管理。是

图10-1　老年农民领到退休养老金(2016年摄)

年,汤联村为企业职工及务农村民 411 人办理了农民基本养老保险。

2003 年起,凡杨舍镇户籍年满 18 周岁的农村劳动力,除各类企事业单位务工人员和已经退休人员外,实行农民养老制度。参保人员以上年农村人均收入的 16% 缴纳保险费,集体和个人缴纳的养老保险费按缴纳总额的 90% 记入个人养老保险账户,10% 划入农民养老保险统筹基金。2004 年,汤联村部分村民办理了"农保"转"城保"的手续。2009 年,张家港市政府出台社保扩面政策,男未满 60 周岁,女未满 50 周岁的参加农村基本养老保险的村民,大多数转为参加城镇职工养老保险。

2016 年末,汤联村"农民基本养老保险"的人口不足参加"城镇职工养老保险"人口的 2%。

三、老年农(居)民养老补贴

1998 年开始,汤联村开始实施老年农(居)民社会养老补贴制度。凡 1997 年 12 月 31 日之前,男年满 60 周岁,女年满 55 周岁的农(居)民,每月享受 80 元养老补贴,但前提是本人既无城保,又无农保,且子女均参加城镇或农村养老保险。以后,补贴逐年增加。2009 年开始,子女参加城镇或农村养老保险的"捆绑条件"取消。2016 年,年满 80 周岁以下的农村老年农(居)民,每月享受基础养老金 230 元,80 周岁以上(含 80 周岁)的农村老年农(居)民,每月享受基础养老金 260 元。是年,汤联村 123 人领到老年农(居)民养老补贴,覆盖面 100%。

第二节 医疗保险

一、城镇职工医疗保险

1997 年 11 月,市政府颁布实施《张家港市职工医疗保险暂行办法》。其中规定,医疗保险的缴费比例为职工上年度工资总额的 12%,其中个人缴费比例为 1%。在职职工建立个人医疗账户,职工个人医疗账户基金用完后,由医疗保险统筹基金支付,医疗保险费用实行由单位和社保基金结算中心共同管理的两级管理体制。

1999 年 4 月,市政府颁布实施《张家港市城镇职工医疗保险暂行办法与国务院医改制度逐步接轨的意见》。2000 年 4 月,出台《张家港市城镇职工医疗保险办法(暂行)》。其中规定,参保人员符合规定的门诊费用,以个人账户(IC 卡)核定金额为限额。参保人员因患特定病种发生的符合规定的门诊费用,全年个人基金账户用完后,2000 元(含)以内部分在职职工可由统筹基金报销 70%,退休人员报销 85%,2001 元及以上的不予报销。参保人员住院,费用在支付起付线以上,由统筹基金和参保人员实行分段按比例负担。个人分段负担比例:超过起付线至 10000 元,在职职工自负 20%,退休人员自负 10%;10001—20000

元,在职职工自负 16%,退休人员自负 8%;20001 元以上部分在职职工自负 10%,退休人员自负 5%。参保人员年累计统筹基金支付额以张家港市上年度城镇职工社会平均工资收入的 4 倍为封顶线,超过封顶线的医疗费用,统筹基金不予支付。2001 年 7 月 1 日起,单位缴费比例提高 1 个百分点,个人账户记入比例提高 1 个百分点,住院自付比例降低 4 个百分点,总体保障水平提高。2002 年后,市政府不断调整医疗保险待遇支付标准,以减轻参保人员的医疗费用负担,真正体现医保政策向大病、重病倾斜的原则。至 2016 年末,汤联村参加城镇职工医疗保险的有 1189 人,占全村总人数的 54%

二、农村合作医疗

20 世纪 60 年代末,为贯彻中央"把医疗卫生工作重点放到农村去"的批示精神,改变农村长期缺医少药状况,在上级的统一部署下,大队开始建立农村合作医疗制度。其形式为"队办队管",即由大队自筹资金、自己管理。是年,大队建办卫生室,每人筹集资金 1.5 元(由生产队公益金支付),原则上社员有病到大队卫生室诊治,较重的病转公社医院,疑难杂症到县人民医院就诊。

70 年代,社员进队办企业工作只是为了解决劳动力过剩,增加生产队收入,提高社会分配水平。职工在厂劳动时发生工伤,除基本工资照旧获得外,医疗费可向厂部报销。因病发生经济困难则由集体补助。1977 年,塘市公社成立合作医疗办公室。合作医疗改为"社队联办,四级负担(公社、大队、生产队及社员个人)",每人每年基金 3.5 元(公社、大队、生产队各 1 元,社员个人 0.5 元)。大队合作医疗实行"队办社管",后来改为"村办乡管"。凡本大队农村户口的人,以户为单位参加合作医疗,资金由集体和个人分别承担。凡在大队卫生室就诊和到公社门诊治疗的医药费,在大队基金中报销;凡在公社医院住院和转上一级医院治疗的医药费用,在公社基金中报销;自行投医者,概不报销。如遇特大病情,报销最高限额为 5000 元。

2004 年 1 月 1 日,市政府颁布《张家港市新型合作医疗实施意见》。在全市范围内统一实行新型合作医疗制度,扩大参保范围,将除参加城镇职工医疗保险和市直机关、事业单位儿童统筹医疗外的所有本市在籍人员,以及持 1 年以上暂住证并在当地从事农副业生产的非本市籍居民均纳入参保范畴。参加者以户为单位设立个人账户,实施市、镇、户三级核算,统一新型合作医疗基金标准。基金标准为每人每年 110 元(个人 40 元,市、镇财政各 35 元),比2003 年提高 42 元。医疗费用补偿限报点由 30000 元提高到 50000 元,最高补偿额由 15200元提高到 30150 元。对符合补偿范围的 5 万元以上医疗费用,按 50% 的比例补偿,每人每年最高求助限额为 1 万元。2013 年,基金标准 420 元(个人 100 元,其余由市镇两级承担)。是年,境内凡符合条件参加新型合作医疗的村民 100% 参加。2016 年,新型合作医疗基金标准为1000 元,其中,市镇两级承担 750 元,个人承担 250 元(实际个人承担 100 元、村承担 115 元,村民小组承担 35 元）。汤联村参加新型合作医疗保险 1441 人,参保率 100%。

三、困难人群(大病)医疗救助

1995 年,推行大病风险合作医疗制度。2000 年 9 月 13 日,市社保局和总工会联合制定《张家港市城镇职工大病医疗社会互助实施办法(试行)》,在全市范围内建立大额医疗费用社会互助基金。杨舍镇各企事业单位每个参保人员按每月 3 元标准缴纳,用于参保人员住院或大病门诊发生的超过基本医疗保险累计统筹支付封顶线以上部分费用的自付,最高限额 4 万元。2001 年 7 月 1 日起,大额医疗费用社会互助基金封顶线由 4 万元增加到 5 万元,报销比例由 80% 上升为 90%。

2009—2016 年,汤联有 14 人次得到大病医疗救助。

第二章　优抚·救助

第一节　优抚安置

一、拥军优属

20 世纪 50 年代,每逢春节,境内干部到军属家中拜年,送慰问品的很少。农忙季节,合作社领导根据不同情况,委派专人帮助缺少劳动力的军属干些重体力活。60 年代,大队慰问军属时一般送一幅毛主席像和一副对联,表示关怀。70—80 年代,慰问时送水果等实物,农忙季节大队派团员青年给予一定的劳动服务,年终召开军属代表座谈会。90 年代,对每户军属的慰问品改为现金,金额 100—150 元左右,慰问金 100% 发放。2000 年以后,军属慰问金增加到每户 200—300 元。2012 年开始,徐高保、李清保等老复员军人,徐锦高、隆根才、徐兴保等农村籍退伍军人,每年年末享受政府优抚慰问金。

60 年代,全境有伤残军人 1 人,补助直接由民政部门发放。大队优工补助每年年终实行工分补助。

1965 年,沙洲县民政局颁发《关于进一步做好农村优抚户、五保户、困难户的优待供给补助的工作报告》,全大队现役军人家庭享受优抚待遇,主要以所在生产队社员全年平均生活水平给予工分补贴。1983 年以后,村委直接对现役军人家庭给予现金补贴。

1980—2016年汤联村现役军人优抚金发放选年一览表

表 10-1　　　　　　　　　　　　　　　　　　　　　　　　　　　　　　　单位：元

年　份	金　额	年　份	金　额
1980	928	2004	13600
1981	1075	2006	7200
1985	1560	2007	7200
1988	1565	2009	7460
1990	1582	2010	20660
1991	1528	2011	23125
1995	3560	2012	39520
1998	6240	2013	53590
2000	6250	2014	29313
2001	7980	2015	21083
2003	14735	2016	22778

二、复员退伍军人安置

抗美援朝期间，境内青年报名参军的有4人，退役后政府给予安排工作。1955年，志愿兵役制改为义务兵役制，境内有3人服义务兵役，退伍后均被安排工作。1965年开始，退伍军人由公社统一安排工作。70—80年代，服役军人退伍后一般都被安排在社办厂工作。凡是社办厂招工，优先录用复员退伍军人。1985年，为适应农村经济体制改革的新情况，实行"征兵、优抚、安置"三位一体的优抚安置方针，在发"入伍通知书"时，把优抚和工作安排一起落实，服役期满回乡后，再征询本人意见，根据接受单位的要求和本人专业特长进行安置。2001年开始，应征青年入伍，由"先安置后入伍"的办法改为发给"入伍新兵安置证"，退伍后直接由市、镇人民政府安置。2004年开始，退伍士兵按照"以货币为主，就业为辅，强化配套服务，取消城乡差别，实行一体化安置"的办法安置。2016年，汤联村有退伍军人1人，到韩资企业就业。

三、残疾人员安置

1985年前，境内残疾人员一般都由家庭抚养，有的参加一些力所能及的劳动；生活困难的，由政府和集体给予照顾补助。1985年6月，经上级有关部门批准，黄旗（村）钛白粉厂为福利厂，全厂有职工187人，其中招收（挂名）50余名社会上的"四残"（视力、听力、智力、肢体残疾)人员,职工月基本工资35元,工龄工资每年2元,岗位工资与工种工资视具体情况而定。全年全厂职工人均收入为1440元,最高为1900元,最低为1300元。职工福利按不同的工种发放不同的劳保用品,按月发放。患病的职工在村医务室治疗,药费由厂全部报销。80—90年代初,汤联村李天保、李德义、陈健、徐植等分别安置到塘市毛纺厂、塘市副业公司福利厂等福利企业工作。1997年,对全境有劳动能力的残疾人员安置率达95%以上。1999年,上级政府对生活困难的残疾人员实施最低生活保障,每人每月发生活费180元。2007年,村委为病残人员送去慰问品及慰问金,为2名残疾人员办理了生活补助手续。2008年至2016年,村委每年都对病残人员进行慰问。

第二节　社会救助

一、五保户保养

中华人民共和国成立后,境内无劳动能力、无生活来源、无赡养对象的孤寡人员(俗称"五保户"),由生产队养起来,实行"五保",即保吃、保住、保穿、保医、保葬。日常生活中,柴草、口粮等在生产队年终分配时,提取公益金支出解决。"五保户"去世后,留下的财产归集体所有。20世纪50年代,闵家巷孤寡老人章小妹,外地流落到后房观音堂庙定居的李谭氏,均列为"五保户"对象,其口粮、柴草由所在生产队供给,生产队还每月支付2—3元现金作零用钱。如果平时碰到实际困难,另行处理。80年代开始,北园徐元、南园徐仁芳、徐满保(夫妇)等无赡养对象的孤寡人员,分别住进塘市镇(乡)敬老院、杨舍镇敬老院。2016年末,五保户徐满保在杨舍镇敬老院愉快地度过了98岁生日。

二、临时求助、困难补助

50年代,乡(公社)民政部门对不能维持生活的困难户均给予一定的照顾与救济。除平时对困难户发放救济费以外,还在青黄不接和寒冬腊月时对困难户及时发放补助款和寒衣、被褥等。

60年代,塘市公社规定三类人员为救济对象:遭天灾人祸的社员;1957年前参加工作,1961年、1962年下放的国营企事业单位老职工,本人由于疾病,全家达不到当地生活水平的,经县民政局批准,按月发给原工资的40%;临时发生困难的社员。1962—1965年,汤联大队有37户困难家庭得到临时补助照顾。

70年代,北园一兄妹父亲病故,母亲另嫁他门,虽然平时也得到祖母及旁系亲属的照顾,但远远不能解决平时的费用开支。大队对其直接照顾,在上学和生活上给予一定的照顾补助,直至成年。

80年代开始,村委在年终对困难户直接用现金补助。其间,南园、后房、闵家巷等4户贫困户无经济能力改造危房,大队、生产队(包括本队社员)伸出援助之手,帮助他们翻建平房(含楼房)12间。

90年代后,汤联村每年对临时发生经济困难的人员进行照顾,特别是对患有重病、大病、家庭经济确实困难的人员实行一定金额的照顾,以解决他们的特殊困难,体现集体的关爱和温暖。2003年,对全村因病造成经济困难的4户农户进行困难补助。2007年,救助因患大病、重病造成严重困难的家庭3户。

2011—2016年,全村为困难户572户/次补助现金48.729万元。

2016年,汤联村对因患大病、重病造成经济困难进行临时救助的有11人(户),贫困家庭困难补助的97户。

三、募捐

1990年,塘市乡发起"奉献社会献爱心"活动,汤联村干部群众积极响应。1991年3月25日至4月2日,举行面向贫困地区献爱心捐衣捐款活动。是年8月28日,汤联村村民组长以上党员干部及企业职工213人为抗洪救灾自愿捐款3750元。

2008年5月5日起,杨舍镇每两年开展一次"爱满港城"慈善一日捐活动,汤联村捐款2.9万元。是年5月12日,四川汶川发生大地震后,全村于5月18日至20日为抗震救灾捐款7.89万元,其中12家民营企业捐款4.56万元,村民捐款1.81万元,党员交抗震救灾特殊党费1.52万元。2010年、2012年、2014年、2016年,汤联村分别捐款5.45万元、7.5万元、10.53万元、10.375万元。

2010年,汤联村属地管理民营企业、各门店、村委工作人员共捐款11.45万元。2014年"六一"儿童节,村党支部与结对共建单位(张家港市安全监督局、中国联通张家港分公司)共同举行"关爱未来,共建和谐"活动,为5名贫困儿童捐赠现金及文化用品。

四、最低生活保障

1997年,根据张家港市政府批转下发《全市城乡最低生活保障暂行办法》规定,汤联村为符合最低生活保障条件的村民发放最低生活保障费每人每月100元。2001年,根据经济社会发展的实际,农村居民低保标准提高到每人每月130元。2003年,市政府颁发《张家港市城乡居民最低生活保障制度实施办法》,将无家可归、无依无靠、无生活来源的孤寡老人(俗称"三无"对象)、残疾人家庭、重症病人家庭、失地农民和符合低保条件的居民都纳入低保,规定低保对象享受医疗、教育、水电、住房、法律援助等10个方面的优惠,全村实现了应保尽保和低保工作制度化、规范化。2005年,张家港市政府颁发《关于进一步完善全市城乡社会救助体系的实施意见》,将家庭月人均收入在城乡居民最低生活保障标准两倍以下的患癌症、白血病、尿毒症的困难对象本人和经市劳动部门鉴定完全丧失劳动能力的残疾人（含重症精神病人）纳为城乡居民低保边缘对象。城镇居民低保标准提高到每人每月 300 元，农村居民低保标准提高到每人每月 200 元。2016 年，汤联村为 4 户特殊困难家庭办理了"低保"，为 6 户困难家庭办理了"低保边缘户"，为 4 户困难家庭办理了"重残"家庭手续，使他们得到了基本生活保障。

五、结对帮扶

汤联村关注全村老弱病残、孤寡老人及高龄老人的生活疾苦，想方设法为他们排忧解难，村领导及党员干部与他们常年结对帮扶，定期上门走访，把党和集体的温暖送到他们心中。2002 年，全村帮扶困难户 31 户，发放困难补助金 0.75 万元，对 2 名贫困党员进行了结对帮扶、资助。2004 年，结对帮扶 2 户贫困户，帮助他们解决生活与就业问题。2007 年，支付扶贫帮困及慰问金 0.82 万元，并与 2 名中小学生结对挂钩。2013 年起，村部工作人员徐惠荣结对帮扶本村贫困家庭学生 1 人，连续 4 年为其资助学习费用。2013—2016 年，蒋炜、季健等村干部先后与 4 户贫困家庭分别进行结对帮扶。

六、老年农（居）民福利补贴

进入 21 世纪，政府相继出台汇老政策，村委逐年实施尊老措施，使境内老人受益。

具有张家港户籍的居民，男满 70 周岁以上，女满 60 周岁以上，乘坐公交车免费。

2003 年开始，汤联村给本村籍务农的老年农（居）民（男满 60 周岁，女满 55 周岁）376 人发放老年农（居）民福利补助费，每人每月 20 元不等。2005 年以后，老年农（居）民的补贴标准根据村财政可支配收入状况逐年增加。2012 年，村补贴老年农（居）民 344 人 20.7612 万元。2015 年起，老年农（居）民福利补贴的标准调整为 60—69（周岁）400 元/年，70—89（周岁）600 元/年，90—99（周岁）800 元/年，100（周岁）以上 1500 元/年。2016 年，全村发放 60 周岁以上老年农（居）民福利补贴 122.4911 万元。

第十一卷 教育·文化·体育·卫生

第一章 教 育

中华人民共和国成立前,境内后房、南园自然村分别办过私塾,但时间不长。中华人民共和国成立后,境内南园、后房、闵家巷等自然村建办冬学,开展识字教育。1952年开始,冬学改为夜校,帮助扫除青壮年文盲,教育事业逐步发展。1958年"大跃进"时期,大队在后房建办幼儿园。1964年,大队建办耕读(初级)小学。1969年教育体制改革,大队在大礼堂内建办汤联小学。1976年,汤联小学增设"戴帽子"初中班。1984—1996年,境内企业技术人员、村民小组骨干参加乡成人教育中心开办的机械技术及农业技术培训班学习,党员干部参加镇业余党校学习。1996年,汤联小学并入塘市中心小学。

第一节 旧 学

民国时期,农村教育主要依靠私塾,每家私塾有一二十个学生,无学制,单个教学,内容以启蒙教育为主,学习《百家姓》《千字文》《三字经》《中庸》《论语》《孟子》等。1935年,后房朱汉章在自己家里创办私塾,设一个班,学生20多人,由乘航乌墩徐姓人士执教。学习内容有《三字经》《中庸》《论语》、"三民主义"、国语、算术、常识等。1937年,日军入侵,乡间私塾遭到破坏,学校被迫关停。

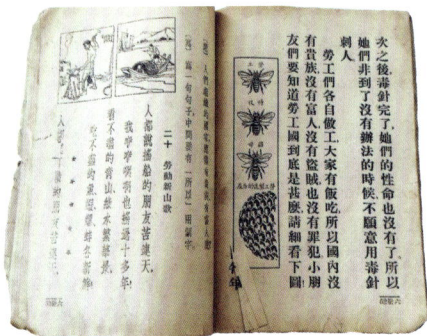

图 11-1 民国时期教科书
(2017年摄,李喜生提供)

第二节　学前教育

中华人民共和国成立前,境内没有幼儿教育。1958年人民公社化期间,男女老少上工地兴修水利,幼儿无人照料,大队在后房(布机桥西侧)开办学前教育班(又称幼儿教育班),有教室、校舍7间,设幼稚班、幼儿班2个班级。学生是来自境内各自然村的农民子弟。第一学期41人,以后逐步发展。大队妇女主任王定珍兼任负责人,徐云芬、姚静珍任教师,陶和娣、张凤英、郭菊妹、顾大妹等当保育员(又称阿姨)。授课内容有生活小常识、唱歌、讲故事、做游戏、识别1—10的阿拉伯数字等。幼儿24小时吃住在学校。1961年,学前教育班停办。

1958—1960年汤联大队学前教育班一览表

表11-1

年　份	幼儿人数	教职员工数
1958	41	4
1959	58	5
1960	62	6

第三节　小学教育

1949年至1951年,南园宅基徐正球家办过小学,由徐秀丽、徐云芬任教。1952年搬到丁瑞秋家,1953年停办。

1953年,境内学生分别就近入学,到乘航汤家桥蒲塘小学、棋杆坎庄小学和塘市集镇上的塘市小学。1964年,境内办起了耕读小学,地址设在后房朱家墙门,后搬至观音堂。有教师1人,学生近40人。"文化大革命"时期,学校处于无人管理状态。1969年春,贫下中农管理学校,大队在大礼堂内建办汤联小学,设5个班级,有学生230余人、教师7人。当时学校负责人为朱瑞章。因生

图11-2　20世纪70年代上课(闵荣高提供)

源扩充,1971年,大队筹资易地新建平房校舍22间。1983年春,乡文教组拨款2万元,在渔梁浜桥南重建教室18间,是年9月搬入新校舍。1989年,大队投资22万元,在后房宅基西北侧建造11间两层教学楼,建筑面积762平方米,1990年9月新校舍正式投入使用。1996年,汤联小学并入塘市中心小学。

第四节　中学教育

1958年12月,塘市第一农业中学从塘市东街徐云从家迁到汤联大队后房自然村。1959年9月,第一农业中学与苏墅桥的第三农业中学合并,校址在苏墅桥耶稣堂内。1962年2月,并入塘市中学。

1976—1978年,境内汤联小学附设一个初中一年级班(俗称"戴帽子初中"),学生人数40余人,由汤联小学教师兼任各科教学,受汤联大队和汤联小学双重领导。

图11-3　师生合影(闵荣高提供)

第五节　成人教育

扫盲教育　中华人民共和国成立初期,境内冬学骨干参加常熟县举办的冬学教师学习班。1950年1月,掀起冬学高潮,学习的主要内容为时事、政策。这种冬学常有季节性,春耕生产开始就暂停学习。1951年冬,再次掀起冬学高潮,几乎村村有冬学。1952年春,冬学转变为民众夜校(民校),开始向常年化发展,提出"农闲多学,农忙少学"的口号。境内各自然村都办起了民办夜校,由农村知识青年任辅导员。学习内容有农谚(如"一年之计在于春,一日之计在于晨")、"二十四节气"、"元、角、分、担、斤、两、石、斗、升"等常用字。4月份举办全县大会考,凡识字达1500字,即发"结业证书",境内一大批青壮年获得结业证书。1956年末,县委要求实现"半年扫盲、一年扫尾"的目标,境内大力开展扫盲运动。1958年5月,经过全面考试验收,宣布境内已扫除青壮年文盲。

业余教育和专业培训 1964年在人口普查中发现,文盲、半文盲在青壮年中比例仍然很高,于是设专职业余教育辅导员,继续开展扫盲运动。"文化大革命"中,业余教育名存实亡。1981年开始,扫盲教育改为工农教育,设塘市工农教育委员会,举办社会青年业余初中班,全乡(镇)共10班,每班20—30人,汤联境内有2个班。1983年春,对境内12—40岁的农村人口进行文化普查,结果表明青壮年农民文化水平有了显著提高。高中毕业以上人口占13.4%,初中毕业人口占28.73%,小学毕业人口占44.42%,半文盲仅占1.7%,非文盲率占88.25%。

随着社会的发展,农民原有的文化结构与时代变化的要求出现"差距"。1983年起,乡工农教育委员会开展农副业技术培训,学校设在老公社大楼内,学员大都是大队农技员和农业社长。同时,组织有一定文化水平的农村青年参加中央农业广播学校的学习,对乡镇(村)企业中"文化大革命"期间的初高中毕业生进行初中文化补课。1984年,工农教育更名为成人教育,除传授正常的农技外,主要抓乡镇(村)企业中层以上干部的文化学习和技术培训。当年,工业公司和乡成人教育中心开办了机械技术及纺织专业技术培训班,同时,开办成人高中文化班,开设语文、数学等学科,参加学习的大多是乡镇(村)企业的青年骨干。1984—1989年,境内先后有200余人次企业职工,村、组干部参加学习培训。

1990年,镇业余党校成立,附设在成人教育中心楼内,设正副校长、教员,实行电化教育,大多临时聘请老师授课。每年定期培训党员干部及中青年骨干70余人次。1996年7月,举办苏州大学经贸管理专业证书班,为期一年半,镇、村、企事业单位的干部与工人参加学习。1990—1996年,全村先后有党员干部及中青年骨干20余人次参加各类函授和专业培训学习。

第六节　教师队伍

中华人民共和国成立前,境内后房自然村办过私塾,规模小,学生人数少,教师仅有1到2人。新中国成立至1958年,境内仍只有一所小学2个复式班,有教师2人。1969年,教育体制改革,学校下放,境内办起完全小学(简称完小),教师人数增加到7人,其中公办教师4人,民办教师3人。1986年,开设幼儿学前教育班,教师人数增加到12人,其中包括幼儿教师 2 人。

表 11-2

姓　名	任职时间
朱瑞章	1969—1971
黄品高	1971—1974
闵荣高	1974—1976
李忠高	1976—1984
徐兴保	1984—1990
黄永平	1990—1996

第二章　文　化

境内文化源远流长。明清时期道教盛行，民间婚丧喜事都得请坊间道士吹拉弹唱。因此，道教在境内文化传承方面起到了重要的作用。至民国时期，出过一些涉及道教、文化、音律诸领域的名人大家。中华人民共和国成立后，文化事业不断发展，文化设施逐步增添、改善，那些带有封建迷信和腐朽没落色彩的文化逐渐消失。"文化大革命"时期，大队成立毛泽东思想文艺宣传队，各生产队田头竖起方形电杆，装上高音广播喇叭，仓库场上开始放露天电影。90 年代，村部建有老年活动室。2000 年以后，村建有文体综合活动室，文化设施不断增加，每年举办节日文化活动。2011 年开始，汤联村（金塘社区）建有书场、棋牌室、舞蹈室、图书阅览室等，丰富居民业余文化生活。

第一节　群众文化

中华人民共和国成立前，境内道教音乐流传甚广，其乐器有笛子、唢呐、号角、鼓板、堂鼓、大小钹、笙、九音锣、京胡、二胡、月琴、小三弦等，乐师行当分吹、拉、弹、打。道教音乐曲调丰富，流派甚多，按乐器使用可分细乐、粗乐、夹吹夹打、粗锣粗鼓等。曲目主要有《天下同》《步虚》《香水偈》《三清香》《清三宝》《瑶坛偈》《西腔瑶坛偈》《太极宫》《赛林中》等。坊间从事道教音乐的有周云癸,他与塘市街北的潘忠兴、潘忠仁及西张地区道教音乐班子结友,还与杨家道士往来。道教音乐以口授为主。文化活动集中在春节及农历六月十九庙会。大年初一后,调狮子、打莲湘、唱春、说好话、贴财神等接踵而至。年初五以后,舞龙灯、猴子耍把戏、"小热昏"、"卖拳头"等开始热闹起来。农历六月十九,人们到东、西城隍庙逛庙会,庙会上有灯会、走高跷、荡划船、摘肉香、卖梨膏糖等,热闹非凡。每当农业丰收之年,秋收之后,由地方邀请戏班子在城隍庙演出,四乡观众云集市上,长达数月。平时,农民们也常到街上茶馆店喝茶、听书、看滩簧、听锡剧等。

中华人民共和国成立初期,民间不少活跃的年轻人自发组织秧歌队,到各自然村演出《解放区的天》等小节目。1967年,大队成立毛泽东思想文艺宣传队,队员20余人,张林生为宣传队核心策划人。白天劳动,晚上排练演出。演出节目的内容主要围绕形势、任务和党的方针政策及颂扬好人好事,如"夸夸我们队的徐毛保"和唱毛主席语录歌或《东方红》《大海航行靠舵手》《北京有个金太阳》《北京的金山上》《不忘阶级苦》等当时广为流行的歌曲。节目形式以歌舞、相声、三句半及快板为主,主要宣传毛泽东思想、"三忠于"、"四无限",同时穿插阶级教育,并以忆苦思甜内容编写材料进行说唱。宣传队还排练演出《红灯记》《沙家浜》《智取威虎山》等样板戏,并自编自演锡剧《黄海前哨》等。"文化大革命"期间,各生产队成立宣传小分队。1968年秋季,大队革命委员会在第三生产队倪家竹园组织汇演,每个小分队出演二至三个节目,主要宣传毛泽东思想和"农业学大寨"事项。70年代,在"开门办学""教育必须为无产阶级政治服务,必须同生产劳动相结合"的教育方针指导下,汤联小学的师生利用课余时间自编自演,排练不少具有时代特色的文艺节目。1972年,塘市公社文教系统在汤联小学召开"批林批孔"现场会,形式以图片、文艺说唱为主。1973年,汤联小学业余文艺宣传队李群英、徐海珠等同学代表沙洲县到苏州市参加汇演并获得嘉奖。进入80年代后,上述宣传形式逐渐淡出。有村民自发组织的戏曲兴趣小组在民间吹拉弹唱。90年代开始,卡拉OK进入餐厅,成了人们即兴演唱的理想场所,也有不少居民置办家庭影院,与亲朋好友同娱同乐。

90年代后期,国务院颁布《国务院关于职工工作时间的规定》,在劳动法的基础上对八小时工作制作了进一步的规定,即职工每周工作四十小时。国家机关、事业单位实行统一的工作时间,星期六和星期日为周休息日。之后,旅游文化悄然兴起,除了节假日之外,村民一年四季参加组团游、自驾游、国内游、境外游等。旅游成了人们业余文化生活的主要内容之一。1999年,全村有126人(次)外出旅游休闲。

2000年以后,不少村民开始栽花、养鸟。摄影、书法、美术、古筝、钢琴等高雅艺术进入寻常百姓家庭。2005年开始,境内不少企业先后设有文体活动室,丰富职工业余文化生活。汇琨电子的书法室20平方米以上,佑达工程公司企业主与10余名乐器爱好者组建乐队,

不仅为职工（村民）表演各种
器乐节目，还常年开设培训班
为社会服务。

平常，汤联村以社区为载
体组织文娱爱好者利用业余时
间排练一些小节目，在传统节
日间与居民一起联欢。

2011年，金塘社区组建舞
蹈队，常年排练节目，经常在
村为居民表演并多次参加杨

图11-4　社区书场（2014年摄）

舍镇、张家港市组织的演出比赛。闵家巷闵建明、吴雅萍夫妇，与十多个戏曲爱好者成立
锡剧社，除演出《珍珠塔》《玉蜻蜓》《孟丽君》《五女拜寿》等传统剧目外，还自编自演一
些结合文明创建、新二十四孝等内容的节目。2016年，闵建明、吴雅萍夫妇分别在本地和
江阴市新桥、北漍、顾山等乡镇演出20余场次。

随着智能手机的逐步普及，一般人都用手机拍照、录像，通过微信发到朋友给圈分享。
还有不少摄影爱好者，单反相机随身带，见"美"就拍，把大好风光、孩子成长、同学聚会、战
友重逢、婚礼庆典、老人祝寿、党政活动等有史料价值或纪念意义的图片、录像"串"起来，
配上背景音乐、文字、旁白，做成微电影（视频），通过QQ、微信在亲朋好友之间传播，在电视
机上播放，或刻成光盘永久珍藏，也有的传到优酷、土豆、爱奇艺等视频网站。2015年，闵荣
高制作的动感PPT参加苏州市老年人计算机技能比赛，获得佳绩。2016年，全村有使用单
反相机的摄影爱好者11人，其中，3人的摄影器材投入均在5万元以上。

第二节　文化设施

一、过渡房综合活动室

2013年，汤联在动迁过渡房建480平方米的综合活动室。其中，有棋牌室、图书阅览室、
影像放映室、乒乓球室和健身房。每天有专人值班，负责提供茶水、打扫卫生和播放录像。
参加活动的都为居住在过渡房区的中老年村民。

二、和合书场

2012年，汤联村（金塘社区）南门卫前靠西一楼新辟3间房屋设立和合书场，内置八仙
桌15张、长椅60张、单靠椅20张，内设舞台、音响、立式空调。定期聘请评弹演员进场演出，
每场有观（听）众近百人。2016年，由张家港、苏州、太仓等评弹艺人演出3场，计22天。

三、棋牌室

2012 年,在汤联村(金塘社区)西一楼另辟 3 间房屋设立棋牌室,内置自动麻将桌 8 张、棋牌桌 4 张。环境卫生、整洁,有空调、茶水。中午 11 点开始,居民们三五成群来到棋牌室,只要牌桌座满(4 人),马上开局。天天如此,座无虚席。有的棋牌爱好者中午有事,稍为迟到,就没有座位。

图 11-5 社区棋牌室(2014 年摄)

四、舞蹈室

2011 年,汤联村(金塘社区)西二楼利用 3 间房屋设立舞蹈室,供舞蹈爱好者排练。铺设地板,安装有立式空调。2012 年,社区成立专业舞蹈队,有队员 20 余人。每逢传统节日,舞蹈队都要向社区居民汇报表演。

图 11-6 社区图书室(2014 年摄)

五、图书阅览室

在社区东一楼设立图书阅览室。设有桌子 5 张、凳子 30 余张,藏有科普类、文学类、保健类、政治类、生活常识类、儿童读物等书籍 2.12 万册。并有志愿者专门服务,24 小时供社区居民及学生看书读报。

第三节 电 影

20 世纪 60—70 年代,江阴县和沙洲县组织农村放映队进乡村放电影,一般每年放 2—3 次,由汤兰保用小船送到各生产队。80 年代,塘市建影剧院,公社建电影队,除影剧院放映外,还轮流下乡(到各大队)放映,一般每月一次,分别由大队或小队组织邀请。放映费用,谁组织谁负责。是时,个别社员捕捞集体池塘的鱼,群众意见很大,经警示教育无果而遭罚款,用罚得款资请放映队放 1 场电影。每次放电影前社员们早早吃罢晚饭,自带凳子前往观看。正片放映前,电影队结合当前中心工作和当地好人好事先播放幻灯宣传片。放映影片主要有《南征北战》《上甘岭》《地道战》《铁道游击队》《小兵张嘎》,舞台片有《梁山伯与祝英台》《红楼梦》《智取威虎山》《红色娘子军》《天仙配》等。80 年代后,电视机进入村民家庭,露天电影逐渐减少。2000 年以后,市政府提倡文化下乡,张家港巨星影院每月一次到社区播放广场电影,费用由村全年一次性支付 1200 元。

图 11-7 20 世纪 60 年代露天放电影(徐惠荣提供)

第四节 广播电视

1964 年,塘市公社开通有线广播,通往大队的广播线接在电话线杆上,广播喇叭装到各生产队仓库场(办公室)。1965 年,社员家中开始通广播。1966 年,塘市公社建立广播放大站,全大队普遍接通广播。汤桂保为专职维护员,负责线路及喇叭维修。广播节目以转播沙洲县广播站的节目为主,间有公社插播的自办节目,主要是塘市公社新闻、农事指导、科技知识和各阶段中心工作及播放通知和天气预报等,每天早、中、晚各 1 次。

1975 年,汤联大队购 9 寸黑白电视机一台(有内置天线),收看中央电视台节目,由陈云法负责到各生产队巡回播放,扩大社员眼界,深受老百姓欢迎。是年,大队在田间装高音喇叭,用作农村田头广播。

1978 年,全大队各家各户更换舌璜喇叭。1980 年,改造整顿广播网,5.5 米方杆改换为 6.3 米以上水泥圆杆。1983 年,将舌璜喇叭改换为动圈喇叭。1984 年,大队设广播放大室,投入五万余元购置放大器设备及改造线路,并由广播专管员徐明保负责。从此汤联村原有广播全面更新,提高全村有线广播的收听质量。

80 年代中期,多数村民家中购置了电视机(其中以黑白电视机为主)。1994 年 2 月,张家港市有线电视台成立。1999 年,全村 70% 以上农户开通了有线电视,汤联村进入有线电视村行列。随着有线电视的普及,有线广播逐步衰退乃至成为历史。2010 年,全村有线电视用户整体转换为数字电视,并有较多用户装上网络电视。

第五节　民间娱乐

一、打莲湘

打莲湘(也称打莲花),是一种民间曲艺。用一根竹竿逐节挖空,用线串起铜钿,一拍即响。表演者以胸、腹、腿、腕、肩、背等部位轻拍,边拍边响,边唱边舞,一人或多人表演,每段常用"莲花落,落莲花"一类语句作拖腔或结尾。境内此活动在中华人民共和国成立成立初期较为盛行,60年代以后逐渐消失。

二、唱春

唱春是一种民间游艺活动,以唱为主,一般在每年的春、冬进行。唱春人肩背布袋,手拿小铜锣,每到一家门口,先敲几声小铜锣,接着说唱几句好话,再敲几下小铜锣,接着再唱,这时本家会给些小钱或米面等物品。为表示对本家的感谢,唱春者还会继续唱。所唱内容以民间小调为主,如《十张台子》《十二月花名》等。也有的即兴说唱,见啥唱啥,妙趣横生,还有"恭喜发财、福如东海、寿比南山、身体健康、阖家欢乐"之类的恭喜或恭维的好话。一家唱完再去另一家唱。唱的贴切或让主人高兴,给的赏品也多。唱春也是过去贫困人家谋生、补贴家用的一种方式,唱得好的人,一个冬春的收获能维持全家人几个月的吃用。70—80年代,汤联有两位唱春艺人——李家巷汤金宝、后房孟锦高,以后汤联村不再有人传承此艺。2015年春节期间,境内出现外地唱春艺人,尔后日渐少见。

三、放风筝

风筝,又称鹞子,放风筝又称放鹞子。每年冬季至翌年清明前后,是放风筝的最佳季节。风筝是用竹篾扎制成骨架,糊上彩纸制成。根据不同式样制成不同规格,有六角形、板门形、蝴蝶形和月亮形。用竹篾扎制的风筝比较小,放的时候只需1人或2人即可。放风筝以青少年居多,冬、春两季,放风筝随处可见。西庄宅基有放风筝的传统。风筝爱好者用竹子制成大型风筝骨架,长约

图11-8　放风筝(徐惠荣提供)

3.5 米,高 1.5 米,糊上薄布,在风筝头部装上鹞琴,用自搓的麻绳作鹞线。放风筝时,1 人撑住风筝脚,数人拉着鹞线;当 1 人将风筝往天空上送时,数人拉着鹞线逆风快跑,风筝徐徐上升,这时数人将鹞绳慢慢放出;待几百米长的鹞线放尽,风筝升空稳定后,便将鹞绳拴在大树上。鹞琴随风发出悦耳的音乐,1000 米以外也能闻听。傍晚,在鹞线上间隔装上鹞灯(小型灯笼,其中点燃一支蜡烛)数十盏,当风筝放上天空后,便会在夜空中呈现一长串灯光,琴声悠扬,鹞灯闪烁,情趣怡然,煞是一道靓丽的风景线。

第三章　体　育

中华人民共和国成立前,境内民众就有举石担、甩石锁、练拳等习武健身爱好。

中华人民共和国成立后,学校逐步开展广播体操、田径、篮球、乒乓球等体育活动,群众体育运活动形式多样,有跳绳、拔河、跑步、打乒乓球、打羽毛球、打篮球等。尤其是 20 世纪 60 年代开始,各生产队仓库场上竖起了篮球架,成为篮球爱好者工余饭后常到的活动地方。2000 年后,塘市成立篮球协会(分会),汤联村成立篮球队。2009 年开始,汤联篮球队走出张家港,多次到苏州地区各地参加比赛并获得佳绩。21 世纪开始,广场舞成了中老年健身的首选活动形式。2016 年,塘市花苑、动迁过渡房区和村委北侧有休闲广场 3000 余平方米。

第一节　体育设施

20 世纪 50 年代末 60 年代初,篮球运动在境内兴起。西庄宅基利用集体打谷场,竖起 2 个自制的木篮球架。尔后,各生产队仓库场上先后竖起篮球架。

80 年代,生产队仓库场逐渐取消,大队(村)部添置篮球架、乒乓球桌、羽毛球场、网球场等体育设施和场地。

2001 年,汤联村投资 30 万元,在动迁过渡房区建篮球场和健身广场,配有护栏、灯光球场、吊环、云梯、蹭腿器、伸背架等设施。2003 年以后,大批村民被拆迁住进安置小区。各小区都有健身场地与体育设施,单杠、双杠、吊环、平推训练器、坐蹬器、秋千、腰背腰肢组合器、云梯、伸背架、蹭腿器等应有尽有。

2006年,虹雨针织公司建室内健身房200余平方米,乒乓球、桌球等健身设施一应俱全。2007年,汤联村投资64万元,在新丰路与东南大道交会处建1400平方米文体广场,有塑胶球场、舞台、健身器材、休闲长廊等。2012—2015年,金塘社区建2000多平方米的健身广场,配有灯光篮球场、乒乓球、羽毛球场、网球场等。2016年,1000余平方米的艾

图11-9　健身广场一角(2014年摄)

柯健身体育馆在汤联路南侧南江塑料有限公司区域内落成,为篮球、羽毛球等爱好者提供培训、健身服务。

第二节　体育活动

一、石具操练

旧时,境内农民用甩石锁、举石担和打马鞍石、沙袋等活动方式强身健体。石锁是青石或花岗石等石料制成的形如古代铜锁样的锻炼臂力的举重器械。练习时,一手抓住石锁抛向空中,下落时,快速抢住,再抛再抢,循环往复。一般有10千克到30千克重量不等,练习者根据自身体力选择。举石担,即举重运动。民间用两块石轮(圆盘形,重40千克左右)按在竹杠的两段,由举重者以挺举或抓举方式练举。打马鞍石,即将一块马鞍形石块放置在二根平行的竹杠上,以适中的高度固定,习练时由拳手用拳重击马鞍石撞向墙壁。由墙壁弹回的称活络马鞍石,到墙壁止住不动的为死马鞍石。玩攥石是部分青壮年锻炼手指力量的一种活动。攥石是用青石制成的圆锥形物体,其表面光滑,重量在2—3千克之间,根据各人的情况选择不同重量的攥石。练习时,用大拇指、中指和食指把放置在地上的攥石抓起放下,再抓起再放下,反复练习。若能练到将攥石抓起后放下在攥石落地之前再抓住,反复数次(这叫吐丝),此时习练者手指的力量就非常了得。要是谁被他抓上一把,定是酸疼得哭爹喊娘。当然练就这些功夫的目的是防身自卫。

二、跳绳

跳绳是一种娱乐兼健身的运动,且老少佳宜。跳绳可分为单人跳和多人跳两种。单人跳中有单脚跳、双脚跳和换脚跳,还分单跳、双跳、三跳甚至四跳。多人跳是由两人分别抓住一根较长的绳子的两端同时甩起,中间有2—5个人一起跳。有时跳的人可以随时更换,你出他进,他出你进;有时也可以有多人排好队逐个跳,一人跳一下接连不断地循环往复,

这种跳法可以由更多的人共同参与。跳绳能锻炼一个人的反应能力和协调能力,也能培养人们的团队精神,既健身又养心。这种活动一直流行。

三、踢毽子

踢毽子活动,不分男女,适宜于冬季。毽子是用鸡毛、铜钱(旧时钱币)或毛线和布条做成。踢毽子的形式多样,既可以一个人自踢,也可以两个人对踢,还可以多人共踢。单人活动时可以单脚踢,也可以双脚轮换踢,还可以变着花样踢,甚至还可以跳着踢。此项运动既可锻炼腿脚,又可强身健体。如用于比赛,就以连续踢的个数多或花样多者为胜。近年此项活动在少儿中已不多见,在成人的某些比赛中偶有所见。

四、信鸽驯养

2011年,养鸽世家出身的吴柏平利用浸胶厂厂房顶层1000平方米的平顶,搭建了80平方米的鸽舍。鸽舍分种鸽区、保姆鸽区、赛鸽区,赛鸽区又划为幼鸽区和成鸽区。饲养信鸽200羽左右,其中,种鸽、保姆鸽、赛鸽分别占25%、25%、50%。赛鸽分为当年幼鸽和近几年成绩较好的老鸽。每年赛事结束,吴柏平总要在鸽群中逐羽筛选,挑选成绩及体质优秀的赛鸽要为种鸽,将体弱和成绩差的赛鸽淘汰。

饲养管理 饲料要新鲜,杜绝霉变,品种多样,营养及各种元素合理搭配。饲喂每天2次,早晨1次半饱,晚上1次七成饱,防止一次性饲喂太多,造成胃肠功能紊乱,影响消化吸收。喂食时细心观察每羽鸽子的进食状态,如出现不正常现象,及时解决。保证饮用水充足和饮水器洁净。鸽舍环境做到冬暖夏凉、通风、卫生,夏天让信鸽勤洗澡,防止中暑。夏秋季换毛期,信鸽体质较弱,有些寄生虫容易依附在羽毛上,洗澡时在水中按一定比例溶入百步草、高锰酸钾等消毒药物,防止寄生虫对信鸽的侵害。鸽舍及时清理鸽粪,对用具及鸽舍定期消毒。为预防毛滴虫、呼吸道传染病、胃肠道疾病,春秋两季作疫苗注射。根据信鸽实际情况及时调整饲料配方,防治病虫害侵入,确保信鸽健康成长。

科学训练 家飞:在路训前25天左右开始,每日分早晚2次,从开始的30分钟,每天适量延长,逐步增加到1小时左右。信鸽经过被动家飞到快乐家飞,此时,信鸽出棚即会高飞,远离鸽舍。1小时后才会返回,绕棚数圈后,再次离棚。此时信鸽食量增大,肌肉膨胀,气囊打开,腹部肌肉上的毛屑脱去,露出粉红色的胸肌。

路训:经过数月的家飞,开始路训。从10千米开始,20千米、40千米、60千米、100千米、200千米,循序渐进。路训的目的是培养信鸽良好的身体素质,熟悉赛线环境,同时根据信鸽体能状况适时休息,补充营养。

吴柏平建鸽舍6年,信鸽数量稳定在200羽左右,但在品种上先后引进了国内外近程快速鸽、中远程耐力快速鸽、适应本地区环境的优良鸽,试种培育出一批优秀参赛鸽及种鸽。

至 2016 年,吴伯平驯养的信鸽在各项赛事中获得前 3 名的有 82 次,前 10 名的有 200 次以上。其中,获得第 16 届全国 700~800 千米郑州赛区江苏省冠军。苏锡常地区环太湖赛张家港冠军 2 次,苏州地区赛、精项赛多次冠军及前 10 名,常熟市特比环大奖赛 ABC 总冠军。2012 年秋季张家港市特比环鸽王赛冠军,团体赛冠、亚军,年度总决赛冠军。2015 年 10 月,参加江苏省信鸽协会举办的 1000 千米联赛,0747795 号信鸽获得冠军。2016 年参加第十六届全国信鸽比赛,0961014 号信鸽获得亚军。

吴柏平严格执行《信鸽活动管理办法》《市容和环境卫生管理条例》的规定,文明养鸽,广交鸽友,深得同行和体育爱好者的信赖。2015 年,被选为张家港市信鸽协会会长兼秘书长,苏州市信鸽协会副会长。

五、其他活动

七八十年代,境内孩子多玩跳皮筋、踢沙包、车(滚)铁环等。80 年代中后期,拔河活动在学校、工厂、单位兴起。每逢重大节日(国庆节、元旦、五一节、妇女节)各单位组织文体活动时,都要举行拔河比赛。2003 年以后,村民陆续迁入各个小区居住,居民的健身活动方式逐渐增多。单杠、双杠、吊环、平推器、坐蹬器、荡秋千、腰背腰肢组合器、云梯、伸背架、蹭腿及跑步、打太极拳、舞剑、打乒乓球、打羽毛球、下象棋、转呼啦圈等应有尽有。2011 年开始,很多中老年人都参加到跳广场舞的行列。每到晚饭后,塘市花苑两处广场上都会响起舞曲,人们翩翩起舞,直至晚上 9 时。是年开始,汤联村每年举行冬季长跑比赛,参加人数达上千人。随着人们健康意识的增长,许多居民不定期地参加登山、游泳和常年户外跑步。

第三节 汤联篮球队

50 年代末 60 年代初,篮球运动在境内兴起。第一、二、四、十、十一、十二、十三生产队利用集体打谷场,先后竖起自制的木篮球架。劳动之余,三五成群的青壮年在篮球场上运球投篮。人少时打半场,人多时打全场。1962 年,西庄举行篮球友谊赛,邀请周边地区的篮球队参加比赛,其中有棋杆队、青少年队及塘市中学的师生代表队等。2009 年春,汤联村成立业余篮球队,队长为徐江,队员有朱晓春、张磊、李宇豪、徐海(大)、李科、闵云、陈博、朱宇超、徐海(小)、陈宏、徐凯。2010 年 7 月 1 日,汤联文体广场落成,举办"澳洋杯"篮球赛,参赛方有汤联村、澳洋集团、塘市派出所、旺西村、城管中队、河头村等,汤联村获得第一名。2011 年,参加塘市办事处在李巷村举办的"金帆杯"篮球赛,共有 12 支球队参赛,汤联村获得第一名。

2012 年 5 月,汤联动迁过渡房区篮球场落成,举办塘市片区篮球友谊赛,参赛队有汤联

图 11-10　篮球比赛获奖（2011 年摄）

村、河北村、李巷村、南庄村篮球队，汤联村获得第一名。是月，汤联村成立篮球俱乐部，隶于张家港市篮球协会塘市分会，徐江任俱乐部负责人。

2011 至 2016 年，汤联村业余篮球队连续 6 年参加张家港市及苏州市举办的村级篮球比赛，成绩都保持在前三名。2015 年开始，汤联篮球队队长徐江与张家港篮球协会一起，到有关国家（和地区）参加世界华人篮球友谊赛。

附：

难忘的 2011 总决赛

2011 年 7 月 23—24 日，苏州市"金陵杯"千村农民篮球总决赛在张家港市体育馆进行，来自苏州地区五市（县）、相城区和吴中区的 10 支球队参加了此次总决赛。杨舍镇有 2 支球队代表张家港市参加，汤联村篮球队就是其中的一支。为了迎接此次比赛，队长徐江带领队员们进行了为期一个月的集训，地点遍布全市各体育场馆，甚至暨阳湖学校、梁丰初级中学都留下了他们的身影。周一至周五晚上抽出 2 个小时，周六和周日利用一下午的时间训练，并积极与兄弟球队切磋技艺。

23 日下午开幕式后，汤联队便与常熟市小康村队展开了首场交锋。该场比赛被队员们认为是最辛苦的，因为小康村队是常熟市的一支强队。汤联队对对方的情况一无所知，凭着"初生牛犊不怕虎"的冲劲，按照平时的训练方式，传球、防守、进球，紧张而有序。"汤联队加油！汤联队加油！"在拉拉队的大声呼喊中，身穿白色队服的球员们奋力奔跑、拼抢、盯防、投篮。一次次漂亮的进球，赢得了在场观众的阵阵掌声和喝彩声。经过紧张角逐，汤联队以 6 分的分差取得了第一场的胜利。第二场与莲港村队的比赛过程也同样让人紧张，汤联队按第一场的打法毫无优势，比分经常处于"拉锯战"状态。徐江果断地调整队员布局，经过紧张的拼抢，距结束还有 10 秒钟的时候，汤联队以 3 分的微小优势高于莲港村队。但就在此时，莲港村队员抛出了一个 3 分球。篮球在空中划出了一道美丽的弧线，全场顿时安静下来，大家屏住呼吸，所有的目光注视着空中的篮球。当篮球碰触球框的那一瞬间，结束整场比赛的哨声急促而有力地响起，篮球也弹到了球框之外，在场的汤联村村民拉拉队随之呼喊、跳跃起来……

体育馆内，横挂在篮球场旁边一条红底白字的横幅格外醒目，这是汤联村的拉拉队连夜赶制出来的。在队长徐江的影响下，20 多名村民自发到现场为球队助威。66 岁的徐国平听说汤联队要参加比赛，特意冒着大雨坐公交车赶到体育馆观看。在观众席上，徐茹怡小朋友的表现尤为抢眼，她指着球场上奔波的 7 号球员告诉张家港日报记者："今天我是来为爸爸徐海加油的。"她在为爸爸加油的时候，也没忘记为爸爸的球队鼓劲，学着场边大人的样子，高喊着"汤联队加油，加油汤联队！"

图 11-11 2011 年 7 月 30 日《张家港日报》

7 月 24 日，经过两天 5 场激烈的高强度角逐，汤联村篮球队获得苏州市"金陵杯"千村农民篮球总决赛第二名。

2010—2016 年汤联村群众体育获奖一览表

表 11-3

时　间	获奖名称	举办单位
2010 年 6 月	"澳洋杯"篮球邀请赛冠军	塘市办事处
2011 年 9 月	李巷村"金帆杯"篮球赛第一名	塘市办事处
2011 年 12 月	"安康杯"迎新年农民健身长跑比赛团体一等奖	塘市办事处
2011 年 12 月	张家港市第五届社区篮球比赛第二名	张家港市体育局
2011 年 7 月	苏州市"金陵杯"千村万人幸福乡村篮球总决赛第二名	苏州市委农村工作办公室
2012 年 5 月	2012 年度篮球邀请赛第一名	塘市办事处
2012 年 10 月	"亚细亚"杯苏州市第十三届体育运动会农民组篮球总决赛第二名	苏州市委农村工作办公室
2013 年 10 月	泗港 - 塘市篮球友谊赛第一名	泗港办事处
2013 年 10 月	苏州市"金陵杯"千村农民体育运动会篮球总决赛第一名	苏州市委农村工作办公室
2014 年 5 月	"激情五一"杨舍镇塘市片区警民篮球友谊赛第一名	塘市办事处
2014 年 8 月	苏州市"金陵杯"千村万人幸福乡村篮球总决赛第三名	苏州市委农村工作办公室
2015 年 9 月	苏州市第九届"金陵杯"千村万人幸福乡村篮球总决赛第二名	苏州市委农村工作办公室
2016 年 11 日	苏州市"金陵杯"千村万人幸福乡村篮球总决赛优胜奖	苏州市委农村工作办公室

第四章　卫　生

中华人民共和国成立前,境内缺医少药,群众治病十分困难。不少人限于经济条件和受迷信思想影响,患病后不请医生治病,而请道士、亚婆"驱魔消灾"或去庙中烧香拜佛。一些重疾病人由于家属迷信鬼神,不请医生看病,从而死亡。

中华人民共和国成立后,医疗卫生事业逐步发展。1958 年,塘市公社卫生院成立,境内群众看病有所方便。

1969 年,大队自筹资金,办起了合作医疗。公社卫生院派医生徐国忠常驻大队,农忙时走村串户到田头为农民提供医疗服务。同时大队开始培养赤脚医生,徐国琴、朱永法、李德保、李小弟、王海燕等先后成为汤联村(大队)的赤脚医生,他们分片包干到各个生产队。平时社员看病可以去大队卫生室,对不方便去卫生室的病人,医生上门就诊,不分白天黑夜,随叫随到,为病人服务。20世纪70年代,随着集体经济的发展,合作医疗事业开始发展壮大,群众的健康水平不断提高。危害甚烈的霍乱、疟疾、天花、麻疹在境内绝迹,伤寒、百日咳、流行性脑脊髓膜炎、流行性乙型脑炎等传染病得到有效控制,群众的卫生观念逐步确立,医疗预防措施、保健制度等日臻完善。

80年代,全村实行合作医疗制度。进入21世纪,建立新型合作医疗制度,村民100%参加农村合作医疗保险,卫生室为村民建立健康档案。2000年开始,汤联村围绕"洁美、整齐、文明、卫生"八字要求,开展创建卫生村活动。按照既坚持高标准、高起点、又讲究实效的指导思想,重点放在健全队伍、完善功能、填平补缺、改造配套和严格规范管理等五个方面。经过4年的努力,2003年,江苏省卫生村考核检查组对汤联村创建工作进行全面考核检查,确认汤联村已达到江苏省卫生村基本要求。

第一节 医 疗

中华人民共和国成立前,民间称医生为"郎中",一般尊称为"郎中先生",其医术大多出于祖传或秉承师门。有的于药店坐堂门诊,有的自行挂牌行医,也有的游乡行医。患者有登门求医的,也有约医生出诊或者求医于游医(俗称"野路郎中")。医者有的自备小轿或由病家以轿接送。村民一旦患病,轻的服土方草药(俗称秘方),遇到重病请南园自然村丁宗英或塘市街叶志南、汤家桥顾克英或杨舍顾望祥等诊治。民间还有推经刮痧、针灸拔罐、伤科、牙科等医者,其医术专一,并具祖传秘方。但百姓治病,主要靠传统的中医中药。

在那个年代,境内群众治病十分困难。不少人限于经济条件和受迷信思想影响,患病后不请医生医治病,从而死亡。由于缺医少药和受迷信思想的影响,产妇因难产而死亡的情况时有发生。境内每年有人出天花、麻疹。1939年,境内霍乱流行(那时称瘟疫),由于缺医少药,加之发病迅速、病情严重,闵家巷一个宅基接连死亡多人。当时麻疹流行,小孩因出痧子死亡的现象非常普遍,同时大部分农民患有钩虫病,几乎人人都有蛔虫病。

中华人民共和国成立后,政府大力普及医疗卫生知识。1969年,大队在大会堂东侧建立卫生室。由公社卫生院下派医生徐国忠到卫生室就诊,是年培养徐国芹、朱永法为赤脚医生。卫生室设备简陋,仅有听诊器、血压器等。两年后,朱永法被推荐上大学。1973

年,大队卫生室吸收退伍军人李德保当赤脚医生。1976年2月,大队派李小弟、徐栋良2人到公社卫生院学习,半年后进入大队卫生室工作。后来,徐栋良进入公社卫生院工作。

1979年,卫生室搬到渔梁浜桥南岸加工厂辅房内。1983年,卫生室搬入渔梁浜桥北岸原汤联小学南排教室。1986年,卫生室搬到渔梁浜桥南岸小学旁边,有房屋2间。1993年,又搬回渔梁浜北岸泡沫厂办公房底楼。随着经济和医疗卫生事业的发展,1996年卫生室搬入(汤联路)新建汤联小学教育楼底楼,4间房子,并新添置病床6张,2年后使用电脑开具处方。2008年,赤脚医生徐国芹退休,镇分配仲锦到村当乡村医生。2004年,村移地新建村委办公大楼,卫生室一同搬进办公大楼北侧底楼。卫生室有房子3间,床位增至8张,电脑增至4台,同时建立居民健康档案。2012年,汤联村卫生室迁到金塘社区并更名为"金塘社区卫生服务站"。

金塘社区卫生服务站设在社区南大门右侧。卫生服务站有房屋8间,设全科诊疗室、观察室、药房、治疗室、中医治疗室等功能科室,有观察病床8张、输液椅8张,配备有血糖仪、中医治疗仪、心电图机、吸痰器、简易呼吸器等设备设施,同时开展中医针灸、推拿、拔火罐等基本医疗服务。有卫技人员3人,其中,执业医师以上资质人员2人,注册乡村医生1人。2016年,共接诊、服务居民17147人次,人均处方费用42.14元。建立居民电子健康档案3647份,建档率100%;签订家庭服务合约537份,签约率100%;建立家庭护理病床3张。

附:

朱永法——从赤脚医生到副主任医师

1969年,高中毕业的朱永法被贫下中农推荐到汤联大队当"赤脚医生"。其间,他拜塘市卫生院下派医生徐国忠为师傅,虚心学习专业知识,认真为病员服务。1972年4月,被贫下中农推荐到苏州医学院医疗系读书,1975年8月,毕业后分配到沙洲县人民医院(后改为张家港市第一人民医院)影像科工作。在人民医院期间,从普通科员逐步提升为放射科主任,先后兼任门诊部主任,介入化疗中心主任,并加入了中国共产党,被评聘为副主任医师。从事影像、介入工作40余年中,他悉心攻克支气管大咯血、消化道出血、子宫肌瘤、股骨头无菌性坏死、深静脉血栓、动静脉畸形及外周血管支架的介入等治疗难关,在医治上述病患方面有独到之处。先后在《中华放射学》《介入放射学》等国家、省级刊物上发表《大白鼠肝癌的模型制作》《转移性肝癌的动脉热化疗》《股动脉 Seldinger 穿刺的应用解剖》《先天性胆管囊肿的影像诊断》等论文10余篇,多次获张家港市科委颁发的一、二、三等奖。

2004年,朱永法出任张家港市澳洋医院筹建总经理,竣工落成后任澳洋医院副院长。2010年起,为国家级专业期刊《中国临床医生》第六届、第七届编委成员之一。

第二节　妇幼保健

中华人民共和国成立前,境内妇女生孩子由民间接生婆接生。遇到难产,产妇时有生命危险发生。产妇生产后,因卫生保健跟不上,缺少营养和休息,导致不少妇女产后落下种种病根,严重者丧失劳动能力。产妇产后,婴儿夭折的情况时有发生。

中华人民共和国成立初期,虽对妇幼保健工作有所重视,但因妇

图11-12　妇幼保健(2017年摄)

婴体检、妇科病普查等相关配套制度未得到推广,也没有针对妇女特点调整劳动作息时间的意识,所以妇女和幼儿发生各种疾病的情况仍很常见。

20世纪50—60年代初,妇幼保健工作开始完善,政府逐步实行计划免疫,即对儿童免费提供接种牛痘、鼠疫、霍乱、百日咳、白喉、伤寒等疫苗。70年代开始接种卡介苗、破伤风疫苗,服用小儿麻痹糖丸,接种流行性脑膜炎、乙型脑炎疫苗,加强对麻疹、小儿麻痹症的预防与治疗。

60年代开始,生产队对参加集体生产劳动的女社员进行优待:月经期,干活调干不调湿(即相对干燥的农活);怀孕期,干活调轻不调重(劳动强调相对轻的农活);哺乳期,干活调近不调远(劳动地点离家相对近的地方)。

70年代以后,随着经济社会的发展,传统的家庭分娩逐步改变为新法接生或住院分娩。有到塘市卫生院分娩的,也有到沙洲县人民医院分娩的。1978年,公社医院开设妇产科,为产妇产前体检和住院分娩创造了条件。80年代中后期,大队合作医疗逐步建立起一套妇幼保健工作体系及管理办法,每年组织育龄妇女进行身体检查,实行孕产妇休假制度、新生儿预防接种制度,开展妇女健康保健、生殖健康与优生优育知识普及,实施计划生育技术指导与药具免费发放等,妇幼保健水平得到很大提高,产妇、婴幼儿死亡等恶性事件未有发生。

第三节　疾病防治

中华人民共和国成立前,对各种疾病均无有效的防治措施,疟疾、伤寒、天花、霍乱、

白喉、麻风病、结核病等传染病流
行。对慢性病（高血压、糖尿病、冠
心病、脑血管病）知之甚少，对粉尘、
噪声、放射源等职业病更是一无所
知。中华人民共和国成立后，人民
政府组织医务人员对群众开展传染
病防治工作。1951—1952 年，向群
众普发治疟疾药丸。1953 年春，全
民大动员男女老少普种牛痘，自此
天花绝迹。1954 年，疟疾得到根治，

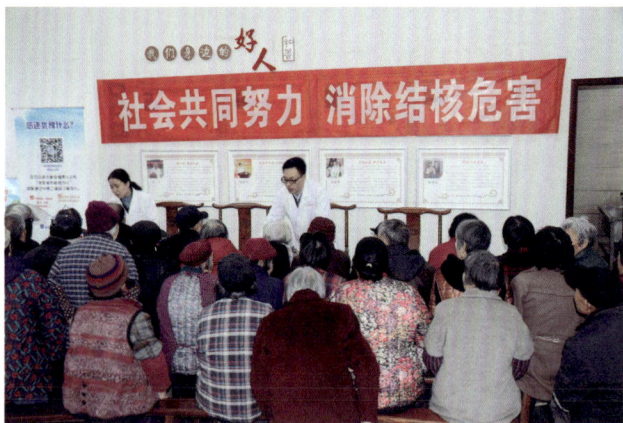

图 11-13 疾病预防（2015 年摄）

钩虫、血丝虫病普查普治得以开展。1958 年春季，对麻疹进行预防治疗。90 年代，对各种
慢性病的预防治疗知识进行广泛宣传。2002 年，开展慢性病普查普治，对患有高血压、糖
尿病、冠心病的病人，分别建立档案，定期安排医生上门查访，实施综合干预治疗。2003
年，全民开展宣传预防非典型肺炎工作。2004 年，全民开展宣传预防禽流感工作。2006 年，
开展宣传预防艾滋病工作。2009 年，开展预防甲型 H1N1 流行性感冒工作。

第四节　爱国卫生运动

　　中华人民共和国成立前，境内村庄分散，房屋破旧、低矮，大多是泥土墙茅草房，家前屋
后杂草丛生、垃圾成堆。露天粪坑遍布，鸡鸭牛羊狗粪便及死水潭、臭水沟随处可见，夏秋
季节蚊蝇成群。群众洗衣做饭等都用河水，由于河水被人畜粪便等多种秽物污染，常致肠
道传染病和寄生虫病在农民中传播流行，影响人体健康。

　　中华人民共和国成立后，境内每年掀起爱国卫生运动，农民群众逐步养成每年“黄梅季
节”翻晒被褥棉装、清洁家具，除夕之前打扫门庭（俗称“禅沿尘”）和整修树枝等卫生习惯。
同时政府重视水源管理，关心群众饮水卫生。乡防保组医生动员群众在水缸里掺入明矾或
漂白粉进行消毒，粪坑加盖，防止粪水流入河中，并提倡不喝生水。同时，开展全民除“四害”
（蚊子、苍蝇、麻雀、老鼠）爱国卫生运动，用人海战术驱赶麻雀；在河沟、粪坑周边等地挖蛹
或撒药杀灭蚊蝇幼虫，并将粪坑迁移集中区加盖。1968 年以前，境内群众大多饮河水，少量
饮井水。1968 年以后，一些生产队开始打公井。大队发动群众集体资助，组织专业队伍打
水井，解决农民饮水卫生问题。1996 年，全村用上以深井水为水源的自来水。2000 年，村
民家家户户用上了市给排水公司提供的以长江水为水源的自来水。至 2009 年，全村增设
垃圾收集箱（房）55 只、蓄粪池 19 只。随着经济社会的不断发展，全村农户先后被拆迁安
置到各个居民小区。金塘社区是汤联村居民入住最多的社区，同时也是杨舍地区较大的社

区之一。整个社区环境卫生有可靠保障。社区配有 10 个清洁工和 1 个河道管理员。公共场所设立垃圾箱 20 只、垃圾桶 120 只,居民生活垃圾袋装入桶,每天由垃圾车清理并运往垃圾处理中心。

2016 年,金塘社区开展"邻里护——共建洁美家园"环境整治活动,发动居民共同维护小区环境卫生。社区志愿者、物业工作人员及居民群众近 30 人,重点对第二网格、第四网格绿化带内的砖石、瓜皮果壳、烟头、春节期间燃放的爆竹残留垃圾等进行地毯式的清理。在清理过程中,动员居民在日常生活中对随手扔烟蒂、瓜皮果壳等不文明行为进行劝导和制止。宣传文明养狗、爱护家园环境常识,动员居民以身作则,维护家前屋后环境。

第五节　省级卫生村创建

2000 年开始,汤联村围绕"洁美、整齐、文明、卫生"八字要求,开展创建卫生村活动,并成立创建省级卫生村领导小组,组长张后兴,副组长李金城。围绕创建工作目标,全面开展健康教育宣传活动和大环境整治工作。与此同时,村成立健康教育领导小组,由 5 人组成,以团总支委员和乡村医生为主体,隶属创建省级卫生村领导小组。通过黑板报、横幅标语、宣传栏、印发宣传资料等方式开展宣传教育活动。

创建过程中,汤联村按照既坚持高标准、高起点、又讲究实效的指导思想,全村村容改造和环境卫生工作的重点放在健全队伍、完善功能、填平补缺、改造配套和严格规范管理等五个方面。

落实卫生保洁及管理专职人员 17 人。其中,1 人专门兼职除四害工程,对村内老鼠活动状况每月监测 1 次,冬春 2 季对灭鼠工作采取专项行动,统一投药;对蚊蝇密度 3—11 月每月监测 2 次。及时掌握四害密度消杀动态,有效控制、消杀四害。卫生保洁人员工资及福利纳入村财政预算。村内商贸服务业、工厂企业签订门前"五包"委托管理书,签约率 100%。

全村取缔露天粪坑,新建公共厕所 19 座,各企业厕所 100% 安装自流式冲洗设施。各村民小组公共场所设立垃圾箱共 55 只,垃圾堆放处理场 3 处。全村先后投入 150.6 万元筑建混凝土路面 1.5 万平方米,埋设下水道 3300 米,重点整治污水河道 4 条,村组道路硬化率达 100%。多渠道筹集改水改厕资金 22 万元,采取联网供水、延伸管道等方法,使全村自来水普及率达到省级卫生村的要求。2002 年,全村农户卫生知识普及率达到 95% 以上。

全村投资 18.22 万元用于绿化美化,境内村级道路全部植树绿化。全村绿化覆盖率 26.5%,人均公共绿地 7.8 平方米,达到"春有花、夏有荫、秋有果、冬有绿"的标准。全村有一定规模的工厂企业、商业门店,都按标准安装广告牌。

对卫生管理区域进行分段划片、定人定岗、定时保洁、定期消毒管理。垃圾清运率

100%,垃圾集散地无污水溢流、无蝇蛆,公厕、垃圾收集房统一编号;责任管理制度上墙,并设有监督电话,接受群众监督;采取综合治理和专项突击检查相结合,管理监督人员实行全天候服务。

对辖区建设工地,严格执行施工占用公地审批制度,要求围栏作业,禁止乱倒生活及建筑垃圾,按照规范化内容实施管理。以画廊、黑板报、图片展览等形式,认真宣传相关法律,强化凭证合法经营的法制观念。

业务培训方面,从2000年开始,每年专门召开食品行业卫生管理整改会议,举办食品安全相关知识培训,并组织书面考试。狠抓检查管理,对不符合卫生要求的进行相应处罚,并限期整改。

全村食品生产经营单位都认真贯彻执行《中华人民共和国食品卫生法》,不生产销售霉烂变质食品,出厂食品有生产日期、保质期标志,销售单位的食品存放和索证工作健全规范,执行良好。2000—2016年,全村无重大食品中毒事件发生,无肠道传染病爆发和流行。

2003年初,江苏省卫生村考核检查组对汤联村创建工作进行全面考核检查,确认汤联村已达到江苏省卫生村基本要求。是年,由江苏省爱国卫生运动委员会授予汤联村"江苏省卫生村"称号。

第十二卷　精神文明建设

中共十一届三中全会以后,汤联村响应中共中央把工作重点转移到"以经济建设为中心"的号召,在各个领域拨乱反正,恢复良好的社会风气和稳定的社会秩序,营造有利于发展国民经济、建设社会主义物质文明的良好环境。按照中共中央提出的"要在建设高度物质文明的同时,建设高度的社会主义精神文明""要坚定地确立'两个文明建设一起抓'"的指导思想,遵照上级党委的部署要求,自1981年起,在青年、学生中开展"学雷锋、树新风"活动,在全村范围内开展群众性的文明创建活动。

1981年10月,开展"五讲四美三热爱"活动。11月,开展创建文明新村活动,并拓展到创建文明工厂、文明学校、文明商店(摊位)、文明车间和五好文明家庭。1989年1月,开展评选"新风户"活动。2004年至2013年,分别开展五星文明家庭创建和公民道德、社会道德、思想品德和争做文明市民教育活动。从1981年至2015年,经过几十年的成功实践,全村经济建设快速发展,群众性精神文明建设持久深入开展,走出了一条两个文明协调发展的成功之路。2016年,汤联村第7次被评为张家港市文明村,金塘社区被评为江苏省文明单位。

第一章　宣传教育

第一节　宣传活动

一、"五讲四美三热爱"活动

1981年,汤联村成立以党支部书记为组长的精神文明建设领导小组,在全村范围内开展以讲文明、讲礼貌、讲卫生、讲秩序、讲道德和心灵美、语言美、行为美、环境美为主要内容的"五讲四美"文明礼貌活动,并把这一活动与社会治安综合治理、为民办好事、学雷锋树新风结合起来,推进文明村的创建。

1983年1月,将"三热爱"列入"五讲四美"活动,"五讲四美三热爱"活动主要在"一个突出""四个面向"上下功夫,即突出社会主义精神文明建设这根主线,面向基层,以治脏为突破口,重点解决脏乱差,全面建设文明新村;面向群众,全面开展为民办好事活动;面向服务业,解决服务工作中的"冷、硬、顶"现象,开展"窗口"单位创"三优"竞赛活动;面向社会,做好政治思想工作,实行社会治安综合治理。从1983年开始,村组织开展"全民文明礼貌月"活动,推进"五抓五治五变"(即抓思想道德建设,治旧变新;抓文化科学建设,治愚变智;抓环境卫生建设,治脏变净;抓社会秩序建设,治乱变安;抓生产发展,治穷变富)。活动中,村民深受教育,全村出现了爱党、爱国、爱社会主义的人多了,讲文明礼貌、讲环境卫生的人多了,先公后私、关心集体的人多了,尊老爱幼、助人为乐的人多了,见义勇为、拾金不昧的人多了,家庭和睦、邻里团结的人多了的新气象。

二、"四有""六要"活动

1986年,开展"四有"(有理想、有道德、有文化、有纪律)宣传教育活动,组织听取"两山轮战"(老山、者阴山)英雄事迹报告。1989年开始,学校每周一举行升国旗仪式,接受爱国主义教育。每年"九一八"国耻日,在青年和学生中开展各类歌咏、演讲比赛,教育青年"毋忘国耻、爱我中华"。

1993年,全村开展学习《张家港市文明市民守则》,内容为"六要"(要热爱祖国,建设港城,同心协力,勇于争先;要团结友爱,助人为乐,言行文明,自尊自重;要家庭和睦,邻里相亲,计划生育,拥军优属;要尊师重教,敬老爱幼,相信科学,移风易俗;要讲卫生,美化环境,义务植树,爱护花木;要遵纪守法,维护公德,诚实守信,优质服务)、"十不准"(不准粗言秽语,相骂吵架;不准随地吐痰,乱扔果壳、烟蒂、纸屑;不准闯红灯,妨碍交通;不准乱停车辆,挤占道路;不准乱设摊点,无证经营;不准乱搭乱建,影响村容;不准乱倒垃圾,乱堆杂物;不准乱涂乱贴,私设广告、标语;不准损坏绿化,侵占绿地;不准擅自挖掘,破坏设施)和《张家港市民行为规范》,其内容为"五讲十不"(讲文明、讲礼貌、讲卫生、讲道德、讲秩序;不随地吐痰、不乱丢杂物、不破坏绿化、不损坏公物、不乱贴乱画、不吸游烟、不骑车带人、不乱停车辆、不燃放烟花爆竹、不乱说粗话脏话)。1996 年,组织党员、干部、先进青年向孔繁森、曹克明学习的活动;组织开展"学沙钢、学梁丰、学习沈文荣"等活动,以先进典型的高尚精神和感人事迹,感召全村人民积极投身两个文明创建。1997 年 7 月 1 日,中国政府恢复对香港行使主权。全村以此为契机,紧密围绕"颂祖国、庆回归、迎七一"这一主题,开展庆祝香港回归系列活动,闵建明、吴雅萍等业余文艺爱好者还排练专场文艺节目与居民分享。

三、"三德""三礼"活动

1999 年,以"争创文明人,共建文明城"为主题,开展文明市民守则、文明市民公约以及"三德"(社会公德、职业道德、家庭美德)、"三礼(礼貌、礼仪、礼节)"常识宣传,把文明市民教育与公民基本道德教育有机结合和同步实施。是年,全村印发宣传小册子 1200 份。

2016 年,汤联村(金塘社区)、村委办公楼、动迁过渡区等休闲活动场所置有宣传栏(柜窗)12 处,常年向村(居)民宣传党的中心工作、文明新风尚、身边好人事例等内容,并定期更换。

第二节　教育活动

1995 年,张家港市首次青少年教育工作会议召开后,汤联村建立学校、社会、家庭"三位一体"的教育网络,汤联小学建立了家长学校,每年暑期之前,村妇代会、团支部对辖区内青少年暑期活动早作打算、早作安排。在暑期内组织青少年学生开展法律知识培训,聘请塘市派出所的警官为孩子们以案说法,作法律知识宣讲。1999 年开始,请村老党员、老干部、老村民、老军人、老知识分子等"五老"人员宣讲"三德三礼""五讲四美三热爱"等爱国主义内容。

2001 年 10 月,中共中央印发《公民道德建设实施纲要》(以下简称《纲要》)后,根据杨舍镇党委要求,全村召开学习、贯彻《纲要》动员会议,举办公民道德建设启动仪式,各村民小组和企业单位按照"重在建设,以人为本"的方针,认真抓好《纲要》精神的贯彻,并在全村精心策划和组织开展了公民道德教育"五个一"系列活动。

传唱一首歌 编创道德规范之歌,并制作成音带进行全面传唱,使"爱国守法、明礼诚信、团结友善、勤俭自强、敬业奉献"20字公民道德基本规范真正记到村民心里。

读好一本书 汤联村将《文明新风三字歌》顺口溜作为《公民道德建设实施纲要》的乡土教材广泛发放。每年暑假期间,利用市民学校举办暑期读书班,聘请塘市小学老师作"读好一本书,过有意义的暑假"专题辅导。向青少年推荐《今天我是升旗手》《我和小姐姐克拉拉》《小女生金贝贝》等书籍,并邀请青少年分别选择自己最喜爱的书籍朗读其中的片段,引导孩子们以积极向上的方式欢度暑假。

建好一批公民道德文化墙 在小区居民楼道、交通要道能见度好的建筑墙和围墙上,用漫画形式展示公民道德规范内容。在村部、社区宣传橱窗展示道德文化宣传画。

上好一堂课 结合课堂教育,在小学生中开展《中华人民共和国国旗法》、文明礼仪、道德风尚、法律法规等的教育;利用市民学校,在村民中开展道德规范教育,对党员、干部进行党的宗旨和公民道德教育。2005年,村委组织全体党员、干部赴浙江嘉兴红色旅游,接受爱国主义和革命传统教育,提高党员、干部对社会主义核心价值观的理解和认识,从而落实到各自的行动中。

推出一批文明典型 通过"文明使者"评选活动和组织宣讲巡回演讲的方式,使文明道德发扬光大。

在全村上下普遍举行公民道德规范知识竞赛,并将公民道德规范内容贯穿于"春之歌、夏之吟、秋之舞、冬之书"等群众文化系列活动、文化广场活动及各种联谊会之中,着力营造公民道德教育氛围。2001—2003年,汤联村共举办文化系列(广场)活动、联谊会等9场,有1800余人次参加。

2004年,汤联全面启动以诚信社会、诚信企业和诚信市民为主要层面的创建活动,大力营造"诚信为本、操守为重"的社会风尚,全方位塑造诚实、守信、文明的汤联新形象。2014年,全体村民认真学习党的十八大首次提出的社会主义核心价值观,其基本内容为"富强、民主、文明、和谐、自由、平等、公正、法治、爱国、敬业、诚信、友善"。村委和社区利用宣传栏、墙报、横幅、电子屏、微信公众平台等多种形式进行宣传、教育。

汤联村坚定落实两个文明一起抓的多项举措,促进了经济建设和社会事业的稳步推进。至2016年,汤联村连续七年被张家港市评为"文明村"。

第二章　文明创建

第一节　文明新风户、文明家庭创建

1989年,汤联村按照塘市乡党委、政府的部署,在全村范围内广泛深入地开展评选文明新风户和文明职工活动。

新风户评选标准(十要十没有)

1. 要爱国家、爱集体,自觉执行粮油种植计划,没有欠缴税款、规费和违反合同订购任务的行为;

2. 要遵纪守法,没有赌博、传看淫秽物品和小偷小摸行为;

3. 要自觉遵守《文明市民守则》,没有不文明不道德行为;

4. 要自觉搞好家庭内外环境卫生,积极消灭"四害",没有乱倒垃圾、乱堆杂物、乱拉电线和无证养犬;

5. 要移风易俗,没有参与关亡、算命、扎库、做道场和非法律建庙等封建迷信活动;

6. 要邻里相亲,团结互助,没有打架、相骂等邻里纠纷和搬弄是非、侵害他人权益等行为;

7. 要家庭和睦、夫妻恩爱,没有虐待老人、夫妻吵架;

8. 要自觉遵守《中华人民共和国婚姻法》和计划生育规定,没有无计划生育、大月份引产和早恋早婚、未婚同居、非法同居、未婚先孕、轻率结婚;

9. 要执行《中华人民共和国土地管理法》,没有违法占地、违章搭建、取土毁田、乱建坟墓;

10. 要自觉执行《中华人民共和国义务教育法》《中华人民共和国兵役法》,没有逃学流生和逃避服兵役。

工厂企业文明职工评选标准(十个要)

1. 要爱集体、爱企业、爱岗位,不做有损企业的事,不说有损企业的话;

2. 要忠于职守,按质按量按时完成任务。

3. 要遵守市民法则,没有不文明、不卫生行为;

4. 要遵守劳动纪律,不旷工、不迟到、不早退、不串岗、不干私活;

5. 要增强劳动质量意识,没有质量事故;

6. 要遵守安全操作规程,确保安全生产,不发生人身设备事故;

7. 要廉洁奉公,增产节约,节省水电;

8. 自觉遵守婚姻法和计划生育规定,没有早恋早婚、未婚先孕、非法同居、未婚先育等不文明、不道德行为;

9. 遵纪守法,不参与赌博迷信活动,敢于同丑恶现象作斗争;

10. 遵守市民守则,维护社会公德,敬老爱友、尊师爱徒,言行文明,家庭、邻里和谐。

评选工作定期进行:文明新风户、文明职工每季度评选一次;文明学生每学期评选一次。评选工作要经过家庭(个人)自评、群众互评、评议小组初评、单位领导班子审定、出榜公布、挂牌或摘牌等过程。

是年,通过家庭自评、群众互评、评议小组初评、村领导班子审定,全村共评选文明新风户 593 户,占全村总户数的 98%。

1996 年,为了进一步规范每季度一次的文明新风户评选活动,汤联村按照塘市镇要求,在所有参评家庭中建立文明新风户评选家庭档案手册,每户一册,用于记录每个家庭的特长、爱好、奖罚及文明新风户评选情况。这一措施有效地规范了全村的文明新风户评选工作。

2004 年,杨舍镇精神文明建设委员会下发《关于开展"五星"文明家庭评选活动的指导意见》。2005 年,"五星"文明家庭评选活动在汤联展开。年末,全村共评选出五星级文明家庭 587 户,其中五星户 37 户、四星户 532 户、三星户 18 户。同时评出五星文明家庭标兵户 16 户,并对评为五星文明标兵的家庭进行表彰和奖励,由村委组织人员将"五星文明家庭"的牌子敲锣打鼓送上门。

2016 年,金塘社区开展"最美家庭"微信投票评比活动。经过个人自荐、小组推荐,推出了 11 户最美家庭候选户参与评比。整个投票活动,引爆了网格,微信关注量达 8654 人次,参与投票的人员涉及全国 26 个省市、227 个城市,微信粉丝向和合金塘微信后台发送消息 1362 条,有点赞的,也有提建议意见的。通过这次"最美家庭"评比活动,金塘社区走出了苏州,走出了江苏,走向华夏大地、大江南北。经过 14 天的紧张角逐,最终评出一等奖 1 名、二等奖 2 名、三等奖 3 名,其余均为参与奖。

在全面开展社会主义精神文明建设的同时,涌现出一大批思想进步、道德高尚、乐于奉献、助人为乐的好人好事。2004 年汤联村修路,虹雨针织有限公司带头资助 1.62 万元。2014 年开始,南江塑料有限公司、虹雨针织有限公司、飞马橡胶有限公司、澳新毛条有限公司、佑达建筑有限公司、汇琨电子有限公司、金烁工程总承包有限公司、声达超声有限公司、赛尔考旅游用品有限公司、金博淳纺织有限公司、南湖苑大酒店等企业联合赞助,为汤联村60周岁以上老人发放年终福利,为70周岁以上老人解决理发费用,此活动从未间断。2015年开始,虹雨针织有限公司每年为塘市环卫所工人赠送手套、围巾、冲锋衣等劳动防护用品。

第二节　文明社区创建

金塘社区成立于2011年8月,是张家港经济技术开发区(杨舍镇)在城乡一体化建设进程中的农民动迁安置社区,属汤联村管辖。社区秉承"和合"这一中华文化精髓,紧扣"和美、和乐、和孝、和善、和融"的理念,大力开展"新家园、新乡邻、新风尚"主题活动,打造文明、和合、幸福家园。

强化社会主义核心价值观的教育　认真学习十九大精神和习近平总书记系列重要讲话。通过培训学习、观看视频等形式,全面领会十九大精神和习近平总书记重要讲话的深刻内涵和重大意义,被授予"张家港市理论氧吧""张家港市廉洁文化建设示范点"称号。同时,积极开展文明楼道、五星文明家庭创评活动,由议事会成员、居民代表、网格长、物业人员等组成检查小组,每月对楼道进行不定期检查,并将检查结果进行公示,对评选出的文明楼道给予表彰奖励;每年采用组织推荐、联名推荐、个人自荐评选出勤劳节俭星、孝敬和睦星、诚信友善星、洁美环保星、书香文化星各10户,共计50户,再从中评出文明标兵家庭和党员示范户共计10户。

落实"善行义举榜",挖掘选树身边好人　2013—2016年,金塘社区共推荐张家港好人42人,其中16人当选为张家港好人,他们的事迹先后在张家港日报刊登。通过道德讲堂、善行义举榜、社区简报等形式开展学习宣讲道德模范和身边好人先进事迹活动,在社区内形成崇尚道德模范、争当道德模范的良好氛围。

开展"好人帮"志愿服务　常年开设"党员服务社"女性手工创益、"包您满意"保意家电维修服务、"金帆"爱心美发屋、"鑫隆帮你忙"代购助行服务、"鑫隆解你困"水电维修服务、"情暖夕阳"居家养老用餐服务、"幸福来敲门"房屋免费中介服务、"阿虎帮帮团"协办证件服务等十多项与居民日常生活息息相关的志愿服务项目,让社区居民足不出区就能享受各种生活便利。

举办未成年人健康成长主题活动　金塘社区定期举办"我和书籍有个约会"全民阅读活动,激发社区居民的读书热情;开展"金塘小管家"青少年社区文明养成系列活动,鼓励孩子参与社区管理和自治;设立"安全岛"儿童安全成长指导支援服务项目,教会孩子必要的自保自救本领;培育"向日葵"全民阅读志愿服务项目,形成社区居民自我管理、自我服务的良好氛围;开展"阅读推广"、"好书推荐"、心得交流、"阅读之星"评选活动,进一步培养社区居民爱读书、读好书、好读书的习惯。其中,"金塘小管家""卧室图书管理小达人"分别获得 2012 年、2014 年张家港市未成年人思想道德建设创新奖。2013 年,金塘社区创建成为张家港市学习型试点社区。

2012—2016 年,金塘社区坚持以高标准完善硬件,高要求抓好软件,成为张家港经济技术开发区(杨舍镇)展示文明创建成果的一个前沿阵地。被主流媒体报道 60 余次,共接待各类参观团(组)1000 余批 40000 余人次,先后成为全国文明城市巡礼现场点位、全国科普示范市创建工作现场点位和苏州市卫计委流动人口社会融合现场教育点位。金塘社区先后被授予江苏省和谐社区建设示范单位、江苏省优秀志愿服务社区、苏州市文明社区、苏州市民主法治社区、苏州市"十佳"科普示范社区、张家港市文明社区标兵单位、张家港市书香社区等荣誉称号。2016 年,创评为全国科普示范社区、江苏省文明社区、江苏省科普示范社区、江苏省民主法治社区,第四次获评张家港文明社区标兵单位。

第三节 身边好人

汤满兴 汤联村李港巷人,1958 年出生,初中文化。10 岁时割草在农田沟里摔断了右腿,靠拄着一根拐棍行走。

1978 年夏收夏种期间,塘市公社党委书记施健在汤联大队检查工作,看到汤满兴拄着拐棍与社员们一起莳秧,莳一横秧挪一下拐棍。第二天,安排他到塘市电器厂(今金帆电器集团)工作。进了电器厂,汤满兴工作勤奋,钻研技术,当年加入了共青团,先后任生产组长、变压器车间主任,连续 4 年被评为(厂)先进工作者。1989 年,塘市电器厂业务不太景气,汤满兴离厂,先后到杨舍集镇开过烤鸭店,在杨舍东海电器厂打过工。1993 年,汤满兴在农民街(今聚丰新村)家里建办张家港市兴飞电源设备有限公司。

1997 年,上塘市小学三年级的儿子汤飞放学回家,讲起了学校开展"手拉手"活动帮助贫困地区小朋友解决上学的事。汤满兴闻讯后百感交集:

图 12-1 优秀"社会妈妈"汤满兴与季怡萍(2016 年摄)

"我也是贫困家庭出身,没有党和政府的关怀,哪有今天?……"妻子季怡萍虽因患小儿麻痹症而双腿残疾,靠拄着两根拐棍勉强行走,但善解丈夫的心意,支持儿子汤飞结对帮助贫困家庭的学生。第二天,汤满兴在儿子陪同下走到学校,要求帮扶四个贫困家庭的孩子,分别是江西籍华春发、哈尔滨籍邓秀丽(女)、四川籍李顺丽(女)、张家港籍邹爱华(女)。每当新学期开始的时候,汤满兴夫妇俩总是买些日常用品分别给他们寄去,少则三五百元,多则上千元。从小学三年级开始,一个学期不缺,直至他们完成学业。

2004年,汤满兴被评为杨舍镇第三届十佳优秀"社会妈妈"。2005年,汤满兴获杨舍镇塘市办事处"五星级文明家庭"特色标兵户荣誉称号。张家港日报和张家港电视台对汤满兴的事迹作过报道。

陆静英　女,1954年生,退休教师。2008年,陆静英召集6名爱好广场舞的同龄人,成立业余舞蹈队。为了把舞蹈编排得熟练、完美,陆静英买来许多舞蹈教学光盘,一有空先自己跟着学习,再手把手教给队友。由于陆静英耐心、开朗,舞姿优美,舞蹈队很快就发展到20多名队员的规模。在陆静英的提议下,大家主动到河北村、汤联村表演,为孤寡老人和居住在过渡房的居民送去欢乐。

2011年,陆静英担任金塘社区网格文化员和火舞金凤艺术团负责人。金塘社区是塘市地区最大的动迁安置小区,居住着汤联等七个村的部分被拆迁村民7000多人及不少新市民。为了丰富来自"五湖四海"的居民的业余文化生活,陆静英操了不少心。刚开

图12-2　2016年陆静英参加演出

始,社区经费紧张,她自费为队员们购买统一的演出服装。为了让舞蹈队的水平与时俱进,她自掏腰包请来专业的舞蹈老师,编排指导。每次排练前,陆静英挨个给队员打电话,告知她们时间地点及附带事项,提醒她们准点到场。

2012年,陆静英从朋友口中得知,江苏阜宁有一所小学条件艰苦、设备简陋,学生们学习很不容易。陆静英拿出5万元积蓄,组织10余名队友到阜宁,为该所小学捐赠30余万元的物资和设备。面对学校师生的再三感谢,陆静英非常淡定地说:"能帮人一把,也是一种幸福。"2014年,陆静英被苏州市全民健身工作指导委员会评为健身达人。

蒋平、常新霞　蒋平是土生土长的汤联人,1997年与常新霞结婚后,置2台横机在家中为村民加工摇羊毛衫。由于吃苦耐劳,讲究质量,颇受客户欢迎,小作坊的业务不断拓展。

2006 年,成立张家港市虹雨针织有限公司。事业扩大了,工作压力也随之增加,夫妻俩虽起早摸黑忙里忙外,但没有忘记回报社会。

2004 年,汤联村修路,蒋平、常新霞夫妇捐资 1.62 万元。2009 年开始,每年春节,夫妻俩都会带上女儿,前往张家港儿童福利院,给孩子们送上新年小礼物和 1 万元"压岁钱",从未间断。对素不相识的人如此贴心,而对"虹雨针织"的300 多名员工,蒋平、常新霞更将他们当成家人。从当初手摇横机加工羊毛衫到使用全自动专业设备定制羊绒衫,老员工们从夫妻俩创业初期跟随至今,没有一个跳槽,有的甚至将自己的子女也介绍到厂里。每年暑期,为了方便外地员工照看孩子,厂里请了专职阿姨,开设托

图 12-3　2015 年张家港"身边好人"蒋平、常新霞

儿所,为员工解除后顾之忧;一些员工为孩子的上学问题烦恼,夫妇俩亲自联系学校帮他们的孩子报名。每逢春节、端午、中秋等传统节日,蒋平、常新霞为企业员工发放节日福利,与他们举行联谊活动。

2014 年,广西籍员工王某的丈夫患尿毒症,病情危重,常新霞主动解囊,并在全厂组织"献爱心",解决了王某的燃眉之急。2015 年冬天,气温降到零下 4 度,环卫工人天不亮就在寒风中上岗作业,常新霞安排员工加班加点,编织了 80 多套围巾、手套,及时送到塘市环卫所的工人手中。2015 年,蒋平、常新霞夫妇被评为张家港市"身边好人"。

徐　江　1968 年生,汤联第十一村民小组人。他自小爱好打篮球,从读中学开始,已经是学校有名的篮球运动员。2004 年,他创建张家港市南江塑料制品有限公司,经营得不错,便萌生为社会做点公益的想法。2009 年,徐江看到村里喜欢打篮球的人不少,便把11 个爱好篮球的年轻人组织起来成立汤联篮球队。当初,训练场地、服装,甚至喝的矿泉水,算下来都是一笔不小的开支,徐江带头捐出数万元,再组织热心企业赞助。2012 年,塘市地区组建篮球俱乐部,有队员 40 余人,徐江被推荐为张家港篮球协会副秘书长兼塘市篮球俱乐部负责人。

为了提高俱乐部的团队形象和球艺水平,徐江不知花了多少精力。在平常训练中,徐江既当教练又当陪练,对年轻队员除了教技能,更像一名父亲一样去呵护。每年,他从俱

乐部有限的资金中挤出部分资金给队员买意外保险。2013 年一次比赛中,一名队员不慎摔伤骨折,徐江马上派人将其送往医院治疗。比赛结束,徐江立即赶到医院看望。俱乐部队员都是业余的,而有的联赛一打就是几个月,队员们不仅放弃了休息时间,有时还要请假参赛。考虑到队员训练辛苦,除给予大家精神鼓励外,每年年底,徐江总会给他们发放"年终补助"。篮球俱乐

图 12-4　2016 年张家港"身边好人"徐江

部在苏州市、杨舍镇屡屡获奖,徐江总是与队员们认真总结、寻找差距。为更好培育广大村民对篮球的兴趣,徐江每年安排 2—3 次带队员前往塘市小学进行义务辅导。2014 年开始,在徐江倡议下,汤联村 10 多家企业主联合为 60 周岁以上村民发放年终福利,给 70 周岁以上老人发放"爱心理发券"。

日常生活中,徐江总是说的很少,做的很多。2016 年,徐江被评为张家港市"身边好人"。2014—2017 年,徐江每年被评为张家港市群众体育先进个人。

第十三卷　人物·荣誉

　　汤联村历史悠久,文化底蕴深厚,自古名人辈出,他们分布于全国各地,在政治、经济、科技、工程等领域做出了杰出贡献。古代曾有徐恪(坊间称徐八都堂)官至工部侍郎。解放战争时期,丁振邦、陈妙亭等热血青年投身革命。中华人民共和国成立后,更是涌现出一批为社会主义革命和建设作出贡献的领导干部、国务院特殊津贴获得者、先进人物、能工巧匠及农民企业家等。为反映时代特征,展示名士英才,现将历史上具有一定影响力的人物、党政军高中级干部、获得市级及以上先进个人、中级及以上技术职称的知识分子等收入本卷,以励后人。对有一定影响力和突出成就的已故人物以卒年为序撰写传记;尚在世的副处级及以上干部、国务院特殊津贴获得者、省条线先进、正高级知识分子等以生年为序撰写简介;中级及以上知识分子录入名录;传记或简介的人物不再列入名录。收录的荣誉中,村级集体荣誉21项,社区荣誉8项。

第一章　人　物

第一节　人物传记

徐恪（1431—1503）　字公肃，号主一，又号让川。常熟渔梁里（今张家港市汤联村）出身，晚年定居西徐市（今张家港市凤凰镇）。因排行第八，又曾任右副都御史（俗称都堂），故坊间称其徐八都堂。明成化二年（1466），徐恪中进士，任工科给事中。工部是掌管工程、水利、交通、屯田等事务的部门，某太监欲从中捞取好处，被徐恪阻止。太监恼怒，企图罗织罪名遣返徐恪，但找不到证据，只得作罢。不久，徐恪调离京城，先后任湖广左参议，河南右参政。是时，陕西发生饥荒，朝廷令河南就地征集数万担粮食运到陕西赈灾。徐恪以路途遥远、耗费时日为由，将粮食折合成钱币，派人送到陕西，让灾民持币购买救灾物资，既及时救援了饥荒，又方便了河南地方官员，受到上下称赞。弘治初年（1488），徐恪先后任河南左、右布政使（省最高行政长官）。在任期间，他所管辖地域内的徽王府违反朝廷制度，增设官吏职位，多领朝廷俸禄，被徐恪发觉，即派人进徽王府调查取证，将冗余职位连同官吏一并革除，并把处理这一事件的详情报奏朝廷。徽王府见徐恪目无王族，敢"在太岁头上动土"，写奏章上告徐恪侵侮王权。由于徐恪所作所为均符合朝规，无可挑剔，明孝宗也不便指责徐恪，于是专门写信给徽王府，给予告诫，明确徐恪按照祖训办事，不可滥加罪责，要求皇亲国戚均应遵守国制王法，不得胡乱作为。

图 13-1　徐氏宗谱中的徐恪像（徐飞提供）

弘治四年（1491），徐恪被提升为右副都御史，并巡抚河南。其间，他多次上奏，建议精简机构，减少财政开支；清理地方税赋，减轻百姓负担；完善规章制度，堵塞管理漏洞。这些奏议大多被朝廷采纳施行。按照当时的典章制度，王府如果有重要成员逝世，朝廷都要派宦臣到王府祭奠。宦官从京城到河南，一路上地方官员迎来送往，既助长地方官吏巴结、讨好上司之风，又加重地方负担，滋扰百姓。徐恪建议革除这一陋习，王府的丧事自行承办，不必下派宦官。这一奏议被采纳后，引起王族豪门不满。平乐王和义宁王诬告徐恪擅自减少发给王族的禄米，随意改变王府的校尉编制。明孝宗派人调查，找不到证据。二王又借口徐恪进入王府时从唯有皇亲国戚才能行走的端礼门进入，犯下"大不敬"之罪，再次上奏控告徐恪。明孝宗收到两个亲王的奏章，内心明白徐恪并无所错，为平息皇亲国戚的不满情绪，降旨责备徐恪对二王不够尊重，将徐恪从河南调离，到湖广担任巡抚。

弘治八年，徐恪动身离开河南，开封地方士绅和百姓纷纷罢市，含泪相送，直到数十里之外。他的一位部属知道徐恪这几年在河南一身正气，两袖清风，囊空如洗，毫无积蓄，募集了三千两银子馈赠徐恪，被徐恪正色拒绝。

到湖广上任之初，正值岐王朱枚派人押运几百条船，满载私盐，准备贩运到湖广及其下游省份，抬高价格转手卖给地方百姓，从中牟取暴利。徐恪明知官场积弊深重，难以严格执法，却不愿随波逐流，果断下令，把几百条私盐船全部拦截下来，听候处理。岐王对此怀恨在心，串通朝廷中的太监，多次请求皇帝把徐恪调出湖广。一年后，太监到湖广传达圣旨，将徐恪提拔为南京工部右侍郎。徐恪心里明白，这是明升暗降。他见当朝是非不分，实在难以廉洁为官，于是写下一道奏疏："大臣晋升职务，按典章应有吏部考绩后公开在朝廷上推荐，没听说仅凭传闻就可以得到高官厚禄。我不敢从其他途径获得官爵，还是让我辞官回乡。"明孝宗再三挽留，好言劝慰，徐恪才到南京上任。他在担任南京工部侍郎期间，依然不改初衷，严格按照典章制度办事。部分王族权贵假公济私，向工部滥索工匠、银钱建造楼堂馆所，均被他悉数扣下，不予安排。

弘治十一年，经考核，徐恪进入京城拟任新职，因身体患病，辞官返乡，弘治十六年逝世。

朱汉章（1888—1973） 字惠卿，汤联村后房人，出身于三代木匠家族。自幼就读私塾。少年随父亲学木工手艺，因肯吃苦、善钻研，发展较快。成家后开始购买田地，扩展家业。1935年，在自己家里创办私学，学生20多人，聘民间名师宿儒执教，传授国学文化给农家弟子。1937年，大儿子朱虎从新疆寄回第一笔工资款，言明购买田地扩建住宅。朱汉章用该款在宅院旁建坐北向南五间两厢房庙庵一座，置观音菩萨等塑像七八尊。庙场沿石河岸栽银杏树一株，坊间称"观音堂"庙。每逢农历初一月半，方圆八里烧香拜佛者络绎不绝。中华人民共和国成立后土地改革期间，庙舍正房由农会分给贫困农民，菩萨等塑像搬至两侧厢房。1958年，菩萨等塑像移至东侧厢房，西侧厢房易作汤联大队办公室。"文化大革命"开始,塑像全部毁掉,所剩庙舍易作汤联大队十五生产队仓库。1973 年,朱汉章病故。

丁宗英（1899—1976） 名绳祖,汤联村南园人。幼时上过私塾,读过"四书五经"。十三岁跟父亲丁惠生学搭脉问诊,用毛笔抄写处方,利用业余时间研读《伤寒论》《灵枢》《脉经》《金匮要略》等医学书籍。二十岁出头,能独自诊疗一般常见疾病。1945 年,丁宗英离开家乡,先后到无锡黄土塘、常熟谢家桥开设诊所,独立行医。解放后,响应人民政府号召,先后在乘航、塘市联合诊所供职,擅长医治"流蛀"、痈疽。丁宗英行医 50 余年,先后带了 3 个徒弟,唯独没带自己长子丁炳坤。1976 年,丁宗英病故。

朱虎（1907—1988） 字重威,汤联村后房人,高级工程师。1915 年入私塾,先后就读于汤家桥初小、杨舍梁丰高等小学。1927 年,毕业于常熟师范。1928—1931 年,先后在江阴县马嘶乡（塘市）第四小学、杭州饮马井小学教书。1932 年 1 月,考入浙江省建设厅监工人员训练班,7 月份毕业,分配到杭徽公路局任监工员。1932 年 7 月—1958 年 11 月,先后在浙江省公路局杭徽公路、全国公路总局西（安）汉（中）公路、江苏省建设厅海（州）郑（州）公路、全国公路总局安（康）白（河）公路、四川乐（山）西（昌）公路、青藏公路、新疆南疆公路等公路工程处,喀（什）吐（吐尔尕特）公路、伊（犁）和（靖）公路、喀（什）塔（什库尔干）公路、巴（楚）莎（车）公路等国道、省道、边防公路搞勘察、设计及大型国企的规划和设计工作。历任监工员、测量队队长、工段长、副总段长、总段长、人事室主任、工程师等职。1958年 12 月—1959 年 12 月,参加了喀什市市政规划设计,负责国道（现 3014 线）翻越天山段（大喀段）的勘察设计等工作。1978 年退休,退休后的朱虎仍关注新疆交通事业的发展,参与并完成了新疆交通史的部分资料搜集和相关撰写工作。1982 年 11 月,被新疆维吾尔自治区人民政府授予高级工程师职称。1988 年 4 月,朱虎病故于新疆乌鲁木齐。1993 年,朱虎的骨灰回葬到张家港后房故土。

闵煜生（1923—1990） 汤联村闵家巷人,初小文化。17 岁父亲亡故,19 岁独立生活。中华人民共和国成立初期,先后任闵巷村和红星初级社农会主任。1954 年加入中国共产党。1956 年任汤桥乡第一高级农业生产合作社（后改称汤联高级社）党支部书记。人民公社化时期任塘市公社九大队（后改称汤联大队）党支部书记。1960 年,被选为塘市公社党委会员。1963 年出席沙洲县第一届党代会。是年开始,塘市公社树九大队为农业高产样板。每年夏收夏种、秋收秋种阶段,塘市公社都要组织大、小队干部到九大队召开现场会。为改变大队高产贫困面貌,闵煜生带领支部一班人发展大队工业,用副业队养的肥猪到苏州红旗钢铁厂置换钢材,再以钢材置换 30 匹单缸重型柴油机,用于大队自发电,解决工业用电不足的难题。1968 年 11 月,闵煜生退居二线。1971 年在汤联石棉厂工作,1974 年任塘市红木工艺厂党支部书记。1985 年,从塘市红木工艺厂退休。1990 年病故。

陈金才（1917—1992） 汤联村野鸡场人。家住古谷凟港东岸,住宅背后靠河有一块2000多平方米的竹园,竹园中有三间碾房。1947年1月,担任保长的陈金才在朋友介绍下认识了中共地下党武工队的一个成员,几经交往,慢慢地对中共地下党有所了解。当时,国民党特务包汉生的门生较多,给中共沙洲地下党在该地区开展工作带来诸多麻烦。武工队负责人何洛多次派人与陈金才接触,分析军事斗争形势,晓之以理劝其站到人民一边。陈金才逐步认清了国共两党、两军的本质和发展趋势,接受武工队"以保长身份作掩护,利用碾房地理、交通优势设联络站"的意见,想方设法为武工队提供情报。后来,因地下斗争的需要,陈金才还在北涧、栏杆桥、塘桥等地侦察敌情。陈金才文化低,有时发现重要信息,托闵锦标代写书信,再由联络员送到何洛手里。1948年冬,沙洲地下党联络员及新四军杨明岐部下的战士在碾房活动频繁,陈金才派邻居陈洪生、陈洪林等在村口为其望风。解放后,农业合作化时期陈金才担任汤联高级社社长。1954年9月加入中国共产党。人民公社化初期担任九大队(今汤联村)大队长。1992年11月陈金才病故。

陈妙亭（1921—2002） 汤联村西庄人,少年就读私塾。1946年,在时任塘市乡乡长黄忠义手下任秘书。1947年3月,秘密投身中共沙洲地区武工队何洛部下,从事地下活动。1949年4月,在江阴县城东区人民政府供职。5月至8月任江阴汽车站仓库主任,9月至翌年4月任江阴周庄区人民政府文书。1950年5月至1953年3月,先后任江阴县第一人民法庭书记员、助审员。1953年4月至1956年6月,任江阴县周庄区人民政府粮政股股长。1956年7月至1958年7月,调后塍区委办。1958年8月至1961年10月,任江阴县泗港公社文教委员。1961年11月至1963年5月,任泗港公社党委生产委员。1963年6月至1965年8月,任泗港公社民政委员兼政府办公室主任。1965年9月至1968年4月,任泗港公社财贸委员。1970年2月至1973年3月下放,回沙洲县塘市公社汤联大队十一生产队劳动。1973年4月,调入塘市公社机关,先后任副业办公室主任、民政办助理等职。1979年被评为沙洲县先进调解工作者;1980年,被评为江苏省先进调解工作者;1982年,分别被评为沙洲县、苏

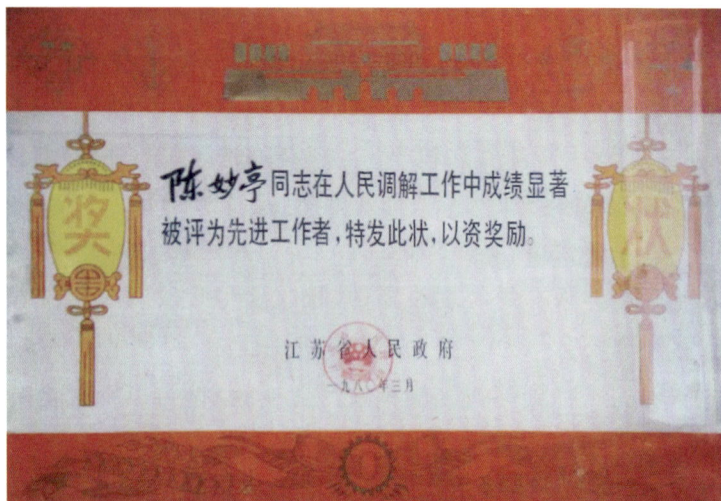

图13-2 陈妙亭获得的部分荣誉

州市信访先进工作者。1983 年 3 月 18 日,离休。离休后先后在汤联村老年协委和塘市工商所协助工作。1986 年,被张家港市工商局(个体劳动者协会)评为先进分会主任。2002年,陈妙亭病故。

沈洪如(1940—2006) 汤联村沈家堂人。1955 年塘市初中毕业后回乡务农,任高级社会计。1957 年,考入常熟高中学习。1959 年,考入天津大学化学工程系(原子能专业)。1965 年 1 月,毕业后分配到总字 917 部队,不久到国防科委第七研究院第十八研究所,从事第一代核潜艇空气净化、二氧化碳去除装置的研制。1978 年,获全国第一次科学大会三等奖。随后参加研制第二代核潜艇空气净化、二氧化碳去除装置,获得中国人民解放军第七研究院(军团级)二等奖。由于长期在艰苦环境下从事实验工作,沈洪如健康状况每况愈下。组织上多次安排其休息,他总以研究项目时间紧、任务重而婉拒。1981 年,沈洪如调至苏州半导体总厂,从事洁净厂房空调设计工作。1984 年,张家港市出入境检验检疫局筹建,江苏省出入境检验检疫局至苏州人事局寻找合适人才,将其调入张家港市出入境检验检疫局,主持筹建实验室,并负责检验工作。先后担任第一检验科科长、实验室主任。1990 年,被评为高级工程师。1999 年 12 月,退休。2006 年2 月,沈洪如病故。

丁炳坤(1931—2007) 汤联村南园人。其祖父丁惠生、父亲丁宗英都是地方有名的中医。丁炳坤自幼聪明好学,1947 年塘市初中毕业后,未随父亲从医,而是留校,边教书育人,边刻苦自学。1949 年,考入镇江医士学校(后改称镇江医学院)。1955 年,毕业后留校任教,历任讲师、副教授、教授。1976 年,调入南京工人医院(后称南京医科大学第一附属医院,又名江苏省人民医院),任业务院长、主任医师。1990 年,退休。2007 年,丁炳坤病故于南京。

丁同春(1929—2013) 汤联村北园人,中共党员,大学文化。1936—1946 年 7 月,就读于塘市小学、塘市初中。1946 年 9 月—1949 年 4 月,在梁丰高中读书,任学生会主席。1949 年 5—10 月,参加常熟县工作队,后被派往常熟县委干部学校学习。1949 年 11月—1952 年 5 月,分别在常熟县任南乡、唐市区工作。1952 年 4 月—1953 年 5 月,公派进入北京人民大学读书。1953 年 6 月—1956 年 5 月,任常熟县团委学生干部。1956 年6 月—1960 年 12 月,任苏州地委党校马列主义教员。1961 年,任昆山县党委秘书。1962年,任昆山县团委书记,并加入中国共产党。1963—1969 年,任沙洲县鹿苑公社团委书记。1970—1972 年 5 月,带薪下放到塘市公社汤联大队。1972 年 6 月—1983 年 2 月,先后任塘市公社党委秘书、宣传委员等职。1983 年 3 月,离休。离休后的丁同春先后到西张乡栏杆毛纺厂、塘市乡汤联村协助工作,直至 1995 年。2013 年,丁同春病故。

第二节　人物简介

丁振邦　1926 年生,汤联南园人。中共党员,少校军衔。上初中时,受老师赵友廉(又名赵金星)进步思想的影响,确立了参加革命的信念。1944 年 7 月,丁振邦获知赵友廉在无锡和桥"教书",便以求学为名,瞒着家人与江兆怡、顾玉龙等到无锡和桥与老师会合,并连夜赴宜兴投身新四军。1944 年 12 月,到淮南黄花荡新四军军部通信局工作。1946 年 8 月,丁振邦所在部队在山东临沂罗炳辉副军长墓前庄严宣誓,开赴前线。是年 10 月火线入党。1947 年 3 月 18 日调入特种纵队,先后参加莱芜战役、陇海战役、开封战役、淮海战役(解放济南)、渡江战役。1949 年 5 月上海解放,参加入城式,受到市长陈毅的接见。是年 7 月随部队转移到南京汤山。1951 年 2 月,任解放军第六纵队某电台台长,并分别兼任通信连长、通信参谋,11 月进入高干培训班学习。1952 年,为副营级。1953 年 9 月,任锦州炮兵训练基地主任教员。1955 年 5 月,被授予大尉军衔。1955 年 7 月,任重庆炮校训练部通信主任教员、教务科长。1957 年,升为正营级。1962 年,调张家口炮兵学院学习,被评为五好学员、授予少校军衔。1963 年 3 月,任北京炮兵科学研究院第二研究所五室副主任。1965 年 7 月,调任西安 205 所器材处(兵器工业部光学研究室)副所长(副师级)。1966 年,集体转业,到地方任研究室主任。1977 年,任科研处处长。1979 年,任科研所纪委副书记。1984 年,退居二线。1985 年 5 月,离休,享受行政 14 级待遇。

王仲坤　1937 年 12 月生。汤联后房人,中共党员,师政治部主任。王仲坤 14 岁母亲去世,读了四年半书就辍学种田。15 岁进硕晖坝粮库打工。1956 年 2 月,参军到浙江某防空兵高射炮部队。1957 年 5 月,编入上海空四军高射炮一〇四师十一团一营。1958 年,任班长。1960 年 5 月入党,9 月考入空军第十航空学校学习。1961 年 7 月,调到空军高射炮兵学校学习。1963 年 3 月,回到原部队任排长。1964 年 5 月,进入空军政治学校(现上海空军政治学院)学习。1965 年 7 月毕业,回部队任连政治指导员。1967 年 3 月,赴越南执行公务。1968 年 10 月任营政治教导员。1969 年 3 月回国,是年 9 月,任福州军区某部团政治处主任。1976 年 7 月,到空军军政干校(现称空军学院)学习。7 月 28 日唐山大地震,王仲坤与学员一起参加抗震救灾。抗震救灾结束后,王仲坤参加了在人民大会堂举行的抗震救灾表彰大会。9 月 9 日毛泽东逝世,王仲坤受福州军区空军委派,到人民大会堂北大厅瞻仰毛泽东遗容,并参加天安门广场的追悼大会。10 月 21 日,福州军区空军派王仲坤参加北京市举行的粉碎江青反革命集团的 150 万军民庆祝活动。1979 年 12 月,王仲坤从空军军政干校毕业回队,先后任团副政治委员、政治委员。1980 年 1 月,任高炮四师政治部主任。1987 年转业到无锡市供电局任纪委书记,1991 年任无锡市供电局党委书记,1997 年 12 月退休。

陈祖元　1939年生,汤联村西庄人,研究员级高级工程师。早年就读于塘市小学、塘市初级中学、江苏省苏州高级中学。1964年,于南京工学院(现东南大学)自动控制专业毕业,分配到上海航天局新江机器厂(后改为上海航天技术研究院第八○○研究所)工作。先后参与过国家701工程、331工程、921工程等重大项目的工艺技术研究和管理

图13-3　陈祖元获国务院特殊津贴证书(2017年摄,陈正元提供)

工作。从担任工艺技术工作开始,陈祖元首先对铝合金的无切屑化学加工进行攻关,成功解决了大型运载火箭贮箱生产的工艺难题。1986年起,先后担任技术处处长、总工艺师、主管全所技术和质量工作的副所长、科技委主任等职,后晋升为高级工程师、研究员级高级工程师。1993年10月,获国务院颁发的政府特殊津贴证书。1994年开始,参与国家载人航天工程的研制,1996年被评为航天工业部先进工作者,2003年获中国载人航天工程总指挥部颁发的纪念证书。陈祖元为防空导弹、空空导弹、长征型号运载火箭载人航天工程等的研制工作了近40年。2003年12月,退休。

姚湘成　1941年8月生,汤联后房人。中共青海省委原副书记,青海省人大常委会原常务副主任,第十届全国人大常委会委员。1959年毕业于青海省湟源牧校,后分配到青海省畜牧厅工作,分别任办公室副主任、主任。1960年9月,加入中国共产党。1963年,进入农业部中等专业学校师资培训班学习。1981年调中共青海省委工作,历任政策研究室副主任,办公厅副主任、主任、副秘书长、秘书长等职。1988—1989年,进入中央党校中青年干部培训班学习。1993年,任中共青海省委常委、兼秘书长。1994年,任中共青海省委副书记。1996年,进入国防大学战略研究班学习。2001年,任青海省人大常委会常务副主任。2003—2008年,为全国人大代表、全国人大常务委员会委员。2008年9月,退休。2006—2015年期间,担任青海省延安研究会会长。在省委机关工作期间,姚湘成获全国优秀工会积极分子称号。日常生活中,姚湘成经常深入基层,注重调查研究,撰写了大量对青海发展有指导意义的调查报告和理论文章。其中,《关于发展草原畜牧业的思考》一文,获青海省1988年社会主义初级阶段理论论文二等奖(一等奖空缺);有20余篇文章刊登在《青海日报》等省级党刊上;专稿《监督工作要在实施西部大开发战略中发挥作用》在中共中央办公厅刊物上发表。著有《姚湘成文集》1—3卷。

沈学如　1954年生,沈家堂(今汤联村第十三组)人,大专学历,高级经济师。江苏澳

洋集团有限公司党委书记、董事长、总裁。江苏省优秀企业家。

20世纪70年代先后任生产队长、汤联大队副大队长。1981年起先后任塘市毛纺厂党支部副书记、书记。1987年任塘市乡经联会副主任兼塘市毛纺织染总厂厂长。1987年、1988年、1990年被评为江苏省劳动模范。1990年任塘市乡农工商总公

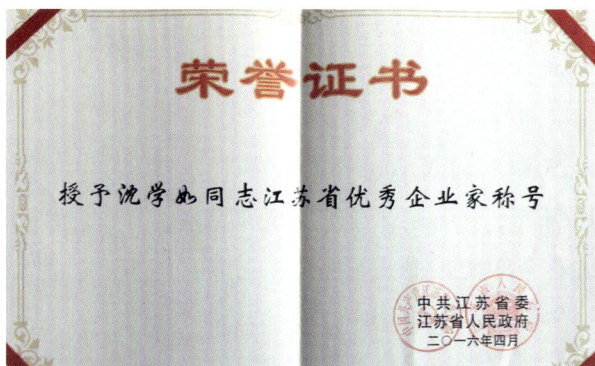

图13-4　沈学如获得的部分荣誉

司总经理。1992年10月任塘市镇党委书记兼欧洲精纺城管委会主任。1995年获"苏州市先进党务工作者"称号。1997年10月,沈学如不再兼任塘市镇党委书记,将目光投向金融、物流、房地产、高新技术、健康保健、文化创意、电子商务等前沿产业,设置打造"百亿澳洋·百年澳洋"的"双百"目标。2004年,沈学如被评为江苏省乡镇企业家。自1984年参加沙洲县第四次党代会起,至2016年张家港市第十一次党代会,其间,沈学如一直是张家港市(沙洲县)党代会代表。

徐友娣　女,1963年7月生,汤联西庄人。主任医师、副教授、硕士研究生导师。1979年塘市中学毕业后考入南京铁道医学院(现东南大学医学院)医疗系,1984年进入南京市第一人民医院。历任主治医师、副主任医师,2004年晋升为主任医师。2003年任南京医科大学附属南京医院(南京市第一医院)妇产科主任,南京医科大学第三临床医学院妇产科教研室主任。从事妇产科临床工作33年,擅长妇科肿瘤诊断和手术治疗、更年期激素替代、孕期保健和遗传优生咨询、妊娠合并症和并发症等疑难危重症的处理。在处理妊娠期糖尿病、前置胎盘、胎盘早剥、妊娠合并心脏病、结缔组织病、血液系统疾病及高风险复杂剖宫产手术方面有较深的造诣。发表学术论文30多篇;主持完成省市级科研课题7项;培养研究生毕业15名、在读5名。兼任江苏省医学会围产医学分会委员、江苏省中西医结合妇产科分会委员、南京医学会围产分会副主任委员、南京医学会计划生育和生殖健康分会副主任委员等职。

李卫芬　女,1965年4月生,汤联李港巷人,浙江大学研究员,博士生导师。1985年7月毕业于南京农业大学园艺系,1999年和2005年分别获浙江大学硕士和博士学位。1985年7月至1993年3月,先后在上海市农场局、上海前卫实业公司工作,任助理农艺师。1993年4月进入浙江大学,1999年7月,浙江大学饲料科学研究所毕业后留校供职。历任讲师、副研究员、研究员等职,主要从事益生菌与动物健康及其分子机理方面的研究。先后主持国家自然科学基金、973课题、863子课题、国家科技支撑项目子课题及浙江省科技厅等项目20多项,获国家发明专利11项。在国内外学术刊物上发表论文130余篇,其中SCI60多篇。2002年5月,《应用酶工程提高大麦和糠麸饲用价值及其产业化研究》获国家科技进步二等

奖,《野生风味甲鱼全价配合饲料的研制及应用》获浙江省科技进步二等奖。2006年入选浙江省151第二层次人才。2010年2月《富含生物活性多糖经济菌藻类的产业化关键技术集成与开发利用》和2013年4月《生态养殖中华鳖的精深加工关键技术研发与产业化》分别获浙江省科技进步二等奖。2015年开始,先后与哈佛大学黏膜免疫和生物学研究中心、宾夕法尼亚州立大学、俄力冈州立大学、法国农业科学研究院、美国SABINSA集团公司等开展学术合作与交流。2016年为中国畜牧兽医学会动物微生态分会常务理事。

第三节　人物名录

1963—2016年汤联籍中级职称及以上知识分子一览表

表13-1

姓　名	性　别	出生年月	籍　贯	毕业院校	职　称	工作单位
朱桂兴	男	1934.08	西洋巷	哈尔滨军事工程学院	高级经济师	南京轻工机械厂
闵金留	男	1937	闵家巷	苏州建工学校	工程师	芜湖建筑设计院
徐兴保	男	1939	西庄	梁丰中学	小学高级教师	汤联小学
项琴芬	女	1940.12	南园	梁丰中学	小学高级教师	汤联小学
陈正元	男	1945	西庄	梁丰中学	小学高级教师	塘市中学
闵建丰	男	1962.07	野鸡场	武汉理工大学	高级轮机长	南京长江油运公司
陈菊芬	女	1963.09	野鸡场	苏州大学	小学高级教师	塘市小学
虞惠贤	男	1964	虞家堂	广州外国语学院	翻译	中国足协大连公司、实德足球俱乐部
闵林春	男	1964.03	闵家巷	江苏教育学院（函授）	小学高级教师	塘市小学
徐丽萍	女	1965.06	南园	东南大学	电子电气工程师	虹美电器集团、东莞技术发展（上海）公司
徐建新	男	1966.10	西庄	沙洲职业工学院	工程师	塘市建筑公司
徐文炎	男	1967.07	西庄	江苏石化学院	工程师	江苏国泰集团
徐伟平	男	1967.09	南园	沙洲职业工学院	工程师	江苏国泰集团张家港诺菲尔纺织公司
徐　凯	男	1969.05	西庄	无锡轻工业学院	工程师	江苏国泰集团张家港东方刺绣服饰公司
朱海宏	男	1970.07	后房	中国药科大学	副主任医师	张家港第一人民医院
闵伟标	男	1971.05	闵家巷	中国地质大学	国家理财规划师（中级）	中国银行相城支行

（续表）

姓　名	性　别	出生年月	籍　贯	毕业院校	职　　称	工作单位
徐晓东	男	1971.12	后房	浙江大学	工程师	江苏金帆电器集团
朱丽红	女	1973.12	后房	南京师范大学	小学高级教师	张家港实验小学、崇真小学
徐利东	男	1974.04	后房	沙洲职业工学院	工程师	江苏金帆电器集团
徐敏梅	女	1975	南园	吴江师范	小学高级教师	塘市小学
陈天云	男	1981.01	野鸡场	苏州大学	中学一级教师	张家港高级中学

1958—2018 年汤联籍市级以上先进个人一览表

（按荣誉获得时间排序）

表 13-2

姓　名	性　别	荣誉称号	授予年份	授予单位	获得荣誉时工作单位与职务
顾凤娣	女	三八红旗手	1958、1961	川沙县人民政府	上海市国棉二十八厂车间主任
张顺琪	男	劳动模范	1963、1964、1965	杭州市人民政府	杭州市锅炉厂劳资科长
陈文英	女	劳动模范	2000	苏州市人民政府	张家港市和鑫电机研究所所长
		十佳科技创新女明星	2002	苏州市人民政府	
		先进工作者	2003、2008	张家港市人民政府	
高丽萍	女	人口普查先进个人	2011	苏州市第六次全国人口普查领导小组办公室	金塘社区党支部书记、居民委员会主任
		文化服务先进个人	2013	苏州市文广新局	
		十佳党务工作者	2016	中共张家港市委员会	
		优秀基层党组织带头人	2018	中共苏州市委员会	
肖玉春	女	人口普查先进个人	2011	苏州市第六次全国人口普查领导小组办公室	汤联村会计
张　丽	女	优秀农家书屋管理员	2015	江苏省新闻出版广电局	金塘社区居民委员会

第二章　荣　誉

1977—2016 年汤联村（大队）市级以上集体荣誉一览表

表 13-3

授予时间	荣誉称号	授予单位
1977	先进大队	沙洲县政府
1986	先进村	张家港市政府
2003	江苏省卫生村	江苏省爱卫会
2005	"双学双比"优胜单位	张家港市政府
2009	民主法治村	张家港市政府
2010	文明村	张家港市委市政府
2011	民主法治村	张家港市政府
2011	人口协调发展先进村	张家港市计生委
2011	充分就业村	苏州市政府
2011	"五有五好"创优争光先进村	张家港市关工委
2011	档案工作二星单位	江苏省档案局
2011	文明村	张家港市委市政府
2012	人口协调发展先进村	张家港市计生委
2012	计划生育先进集体	张家港市委市政府
2012	文明村	张家港市委市政府
2013	人口和计划生育示范村	张家港市计生委
2013	档案工作三星单位	江苏省档案局
2013	文明村	张家港市委市政府
2014	文明村	张家港市委市政府
2015	文明村	张家港市委市政府
2016	文明村	张家港市委市政府

2012—2016 年金塘社区市级以上荣誉一览表

表 13-4

授予时间	荣誉称号	授予单位
2012—2014	文明社区	苏州市精神文明建设指导委员会
2013	文明社区标兵	中共张家港市委员会 张家港市人民政府
2014	文明社区标兵	中共张家港市委员会 张家港市人民政府
2015	示范社区	江苏省民政局
2015	江苏省优秀志愿社区	江苏省民政局
2015	全国科普示范社区	中国科协财政部
2015	苏州市"十佳"科普示范社区	苏州市全民科学素质工作领导小组办公室 苏州市科学技术协会
2016	江苏省文明社区	江苏省精神文明建设指导委员会

志　余

一、村规民约

（一）汤联村村规民约

总　则

第 1 条　为进一步加强和保障村民自治,由村民依法办理自己的事情,发展农村基层民主,维护村民合法权益,促进社会主义新农村建设,根据《中华人民共和国村民委员会组织法》,结合本村实际,制定本村村规民约(以下简称"村规民约")。

第 2 条　本村村民自治在汤联村党组织领导和支持下,由村民委员会依法有序组织实施。坚持法治、德治与自治相结合,倡导爱国、敬业、诚信、友善的社会主义核心价值观,传承优良传统,树立良好村风民风。

第 3 条　村规民约是全体村民的行为规范,村民要自觉遵守,党员要充分发挥先锋模范作用,带头遵守。驻村村民组织、企业及居住在本村的外来人员,参照遵守。

第一章　乡风民俗

第 4 条　遵守社会公德,处事待人诚信友善,移风易俗,提倡节俭,人人争做守公德、讲文明的好村民。

第 5 条　积极支持、参与村各种公益项目建设,积极参加扶弱济困等公益活动。

第 6 条　爱护公共设施,不破坏公共绿化,不损坏电线电缆,不占用公共场地;停车要保证其他车辆过往畅通，行车交汇时礼让对方先行。

第 7 条 倡导立家规、传家训、树家风，大力开展"文明家庭""文明标兵家庭""党员文明示范家庭"创评活动。积极发展文化体育事业，加强文体活动室、广场、农家书屋、健身点的建设管理，扶持文化体育团队发展壮大，组织开展形式多样、丰富多彩、寓教于乐的群众性文化体育活动，丰富村民文化生活。

第 8 条 参军光荣，适龄青年应当积极报名参军。

第 9 条 尊老敬老，对年满 60 周岁以上的老人每年发放一次性老年慰问金，端午、中秋进行物质慰问；对征地安置、退休老人予以高温季节慰问；对 80 岁以上高龄老人，在春节前夕上门走访慰问。

第二章　和谐乡邻

第 10 条 尊老爱幼，百善孝为先，子女要赡养好老人；子不教，父之过，父母对儿女要尽爱、尽教。

第 11 条 夫妻双方在家庭中的地位平等，互尊互爱，双方共同承担家庭事务和管理家庭财产的责任。

第 12 条 育龄夫妇自觉采取计划生育避孕节育措施，接受计划生育技术服务指导。

第 13 条 关心教育未成年人，为适龄青少年提供良好的学习环境。

第 14 条 做好家里未成年人管理，防止因用火、用电、玩水不慎等引发事故。

第 15 条 邻里见面主动问声好，大事小事互帮互助，矛盾纠纷互谅互让，创建邻里和睦大家庭。

第 16 条 关心好重残或双残困难家庭；关心好孤老、五保户家庭；关心好病退伤残退伍军人家庭，做好军烈属优抚工作。

第三章　美丽乡村

第 17 条 自觉遵守土地管理及农民建房的有关规定，合理利用集体资源；爱护本村集体财产，不侵占、破坏集体土地、房屋等资产；已入住拆迁安置小区的要自觉遵守住宅小区物业管理规定，履行作为业主要按时交纳物业管理费和对物业的使用和维护的相关义务。

第 18 条 积极参与"美丽乡村"建设，不在河道、池塘、水沟、桥头、道路及两侧、健身场地、村庄绿化带等公共场所乱倒生活垃圾、建筑垃圾等杂物；不在村内围墙上乱涂乱画和制造"牛皮癣"；不在道路、公共场地乱堆放；不在公共绿化带开垦、种植蔬菜和堆放私有物品,自觉接受无偿清理处置。保持村容村貌美化、绿化、净化,建设环境优美整洁的新农村。

第19条 自觉美化庭院,履行"门前三包",做好家前屋后环境卫生整治工作,无乱出租、乱设摊、乱摆占、乱停放、乱堆物、乱拉扯、乱张贴等行为。

第20条 夏收时节不烧秸秆,不乱堆晒。取缔网簖、地笼网等捕捞作业及河道违章、填堵事件。村民要主动配合做好农药检测、动物防疫工作。

第四章 平安建设

第21条 积极学法、知法、守法,不断增强法律意识,自觉做到依法办事,照章办事。

第22条 村民之间要互谅互让,和睦相处。不诽谤他人,不侵占他人财产。发生纠纷时应协商解决,协商不成的,可由村调解委员会依法调解或者提交村民议(理)事会调解;调解不成的,通过法律途径解决。对不听劝阻、制造纠纷的当事人,情节轻微的予以批评教育,造成人身伤害或财产损害的,依法承担法律责任并赔偿经济损失。

第23条 村民有意见或建议可以到村民议(理)事会、村委会或镇相关部门反映,涉及镇政府及相关部门的事项,可直接或由村民委员会及时与镇政府及相关部门协调解决。不得无理闹访,或越级上访,或以堵路、放火、自残、自杀等极端方式扰乱秩序或胁迫工作人员。

第24条 积极参与社会治安"群防群治",参加治安义务巡逻活动,自觉抵制黄、赌、毒,反对邪教,增强防范意识,提高自防能力,加强个人和家庭财物保管,发现有身份不明和形迹可疑人员应当及时报告,勇于同一切违法犯罪行为作斗争,共同维护村内和谐安宁。

第25条 饲养宠物须做好卫生防疫,外出遛狗要牵牢,粪便清理要及时。

第26条 流动人口要接受本村属地管理,配合本村开展治安、计生、安全等各项工作,自觉做好卫生保洁,缴纳环境保洁费;自觉履行房屋租赁合同约定,不得利用承租房屋进行"无证办学""无证行医""无证食品加工""无证废品收购"等非法经营行为。

第27条 村民出租房屋应遵守"谁出租、谁管理"的原则,不得向未成年人和无身份证明的人出租房屋;需和承租人员签订《房屋租赁合同》及《房屋租赁治安安全责任书》,督促承租人带好身份证等有效证件到村警务站办理居住证。村民应加强对承租人履行合同情况的检查,并教育承租人遵纪守法,遵守村规民约。承租人发生违法违规事项的,出租人依法承担相应责任。

第五章 民主参与

第 28 条 积极参与村级民主管理,珍惜自身民主权利,坚持从本村公益事业发展和全体村民共同利益出发,认真提建议、作决策、选干部。

第 29 条 严格遵守村级组织换届选举纪律,不以个人关系亲疏远近、感情好恶、利益轻重为标准进行推荐和选举。

第 30 条 推选奉公守法、品行良好、公道正派、廉洁自律、热心公益,有一定文化水平和工作能力的人担任村干部、村民议(理)事会成员、村务监督委员会成员。

第 31 条 积极行使村民权利,参与村民民主协商议事,参加村民会议,对村务重大事项提建议、审提议、表决议;认真履行村民义务,配合村两委、村民议(理)事会、村务监督委员会开展工作,推进村民自治工作开展。

第六章 奖惩措施

第 32 条 实行以奖代补的考核制度,根据年度工作情况,对在村民自治各项工作中履职尽责、表现突出、成效明显、群众认可的党员代表、村民代表进行表彰与奖励。

第 33 条 每年对文明家庭创建工作进行总结,并对在文明家庭创建活动中表现突出的家庭进行表彰和奖励。

第 34 条 凡违反本村规民约的,除触犯法律由相关机关追究法律责任外,应根据实际情况承担下列责任:

(一)批评教育;

(二)赔礼道歉;

(三)书面检讨;

(四)恢复原状或赔偿损失;

(五)以户为单位,凡有家庭成员违反本村规民约的,经村民小组上报,村民议(理)事会商议,村民代表会议决定,该家庭不得参加本年度市、区、镇、村级各类先进评比,不得享受当年本村各项奖励;造成严重后果的,暂扣或取消法定权益外村给予的有关福利待遇。

第七章 附则

第 35 条 本村规民约与国家法律、法规、政策相抵触的,按照国家法律、法规、政策执行,与镇有关意见、政策不一致的,按镇意见、政策执行。

第36条 本村规民约未尽事宜由村民代表会议、村委会制定具体工作制度或实施办法,作为本村自治制度的组成部分。

第37条 本村规民约由村民会议通过后施行。

第38条 本村规民约由村民会议授权村民委员会解释。

二〇一五年十二月

(二)村民自治章程(草案)

第一章 总则

第1条 为进一步加强和保障村民自治,由村民依法办理自己的事情,发展农村基层民主,维护村民合法权益,促进社会主义新农村建设,根据《中华人民共和国村民委员会组织法》,结合本村实际,制定本村村民自治章程(以下简称"章程")。

第2条 本村村民自治在村党组织的领导和支持下,由村民委员会依法有序组织实施。

第3条 本章程在广泛征求本村村民意见基础上由村民会议讨论通过,既是村民委员会事务管理工作规程,也是全体村民的行为规范,适用于本村所有村民组织、企业及村民。村民是指具有本村常住户籍及集体经济组织成员。

第二章 村民组织

第一节 村民会议和村民代表会议

第4条 为保障村民依法行使当家作主的民主权利,本村建立村民会议和村民代表会议制度。

第5条 村民会议为本村最高权力机构,由本村十八周岁以上的村民或者户代表组成。村民会议讨论决定以下重大事项:

(一)选举、罢免村民委员会成员;

(二)制定村民自治章程;

(三)撤销或者变更村民委员会、村民代表会议不适当的决定;

(四)讨论决定涉及全体村民切身利益的其他重大事项和村民会议认为应当由其讨论决定的重大事项。

第6条 村民会议由村民委员会召集,有本村十八周岁以上的村民过半数或三分之二以上的户代表参加方可召开,经上述到会人员的过半数通过决定有效。法律另有规定的,从其规定。有十分之一以上的村民或三分之一以上的村民代表提议,应当召集村民会议。召集村民会议,应当提前十天通知村民。

第7条 村民代表会议按村民会议授权讨论决定下列事项:

(一)村经济和社会发展规划、年度工作计划及审议年度财务预决算报告;

(二)村公益事业的兴办方案;

(三)村产业结构调整方案;

(四)村集体经济所得收益的使用;

(五)财务收支报告以及预算外10万元以上的重大支出;

(六)推选村民议事会成员;

(七)推选村务监督机构成员;

(八)听取并审议村民委员会、村民议事会的年度工作报告,评议其成员工作;

(九)撤销或变更村民委员会、村民议事会不适当的决定;

(十)修改本村村民自治章程及其他村民自治制度;

(十一)村民会议认为应当由其讨论决定的涉及村民利益的其他事项。

第8条 村民代表会议由村委会召集,原则上每年二次。有五分之一以上的村民代表提议,应当召集村民代表会议。村民代表会议有三分之二以上的组成人员参加方可召开,所作决定应当经到会人员的过半数同意。法律另有规定的,依照其规定。

第9条 村民代表由村民按每五户至十五户推选一人,或者由各村民小组推选若干人。村民代表的任期与村民委员会的任期相同。村民代表可以连选连任。村民代表应当向其推选户或者村民小组负责,接受村民监督。

村民代表的主要职责是:

(一)参加村民代表会议,讨论决定村民会议授权的事项;

(二)联系、服务推选户,反映他们的意见和建议;

(三)向村民传达村民代表会议作出的有关决议、决定,动员组织村民认真遵守和执行;

(四)组织、带领推选户自觉遵守村民自治章程及实施细则,自觉整改违反法律法规和村民自治章程的事项。

第二节 村民委员会

第10条 村民委员会是村民自我管理、自我教育、自我服务的基层群众性组织,是村民实行自治的执行机构和工作机构,是村民会议、村民代表会议的日常工作机构,对村民会议、村民代表会议负责并报告工作。

第11条 本村村委会设委员3—5名,其中主任1名。村委会根据需要设立人民调解、治安保卫、公共卫生与计划生育等委员会,并明确工作职责和工作制度。

第 12 条　村民委员会履行以下职责：

（一）根据发展需要，提出本村经济和社会发展规划以及年度工作计划意见；鼓励和支持村民运用多种形式发展经济，坚持合法经营，勤劳致富；

（二）依法管理本村属于农民集体所有的土地资源和其他资产，引导村民合理利用自然资源，保护和改善生态环境；

（三）完善集体经济组织的发展与管理机制；

（四）宣传宪法、法律、法规和国家政策，教育、引导村民自觉遵守村民自治章程和实施细则，实行自我管理、自我教育、自我服务；

（五）规范私房出租，做好外来人员管理；调处矛盾纠纷，加强社会治安综合治理；做好计划生育、环境卫生、消防安全、社区建设等社会管理工作，并建立长效管理机制，加强考核督促；

（六）组织开展社会公益事业和各类文化体育活动，推进地区精神文明建设；

（七）法律法规规定应当由村民委员会履行的其他职责。

第 13 条　村民委员会实行集体领导下的分工负责制。主任对村民委员会工作全面负责，所有成员应当明确各自的岗位职责，对村委会负责。村民委员会实行少数服从多数的民主决策机制和公开透明的工作原则，建立健全各项工作制度。

第 14 条　村民委员会及其成员应当遵纪守法，带头执行村民自治章程及实施细则等各项制度，执行村民会议、村民代表会议的决定、决议，照章办事，廉洁奉公，热心为村民服务，自觉接受村民监督。

第 15 条　本村建立岗位目标责任制和述职述廉民主评议制度，村民委员会及其成员、条线干部每年向村民代表会议述职并接受评议，薪酬与评议结果挂钩。

第三节　村民小组

第 16 条　村民小组是在村民委员会的领导下组织本组村民开展自治活动的基层组织，是村民委员会联系村民的桥梁和纽带。

第 17 条　本村下设 16 个村民小组，每个村民小组设组长 1 名，由本小组村民直接选举或推选产生，任期与村民委员会任期相同，可以连选连任。

村民小组长的主要职责是：

（一）协助村民委员会做好本村民小组的公共卫生管理、市容环境整治、安全稳定、私房出租、外来人员管理、其他公共事务和公益事业；

（二）组织协调本村民小组的村民代表开展联系、服务村民的各类活动；

（三）收集并向村民委员会、村民议事会反映本组村民的意见、建议，向本组村民传达有关决定。

第18条 召开村民小组会议讨论决定本村民小组有关事项,应当有本村民小组十八周岁以上的村民三分之二以上,或者本村民小组三分之二以上的户代表参加,所作决定应当经到会人员的过半数同意,所作决定及实施情况应当向本村民小组的村民公布。

第四节 集体经济组织

第19条 为加强本村股份合作社资产管理,发展壮大股份合作社经济,使股份合作社成员共享发展成果,建立股份合作社成员代表会议。股份合作社成员是指在本社中享有权益并承担义务的人员。

第20条 股份合作社成员代表会议行使以下职权:

(一)听取评议村股份合作社运行、收支情况,年度盈利情况、股份合作社的保值增值情况;

(二)听取、评议村民委员会年度收支预决算情况;

(三)讨论、决定村委会关于股份合作社成员年度收益分配的建议方案;

(四)讨论、决定村股份合作社重大投资和集体资产的处置及以借贷、租赁或者其他方式处分村股份合作社财产。

第21条 股份合作社社员代表大会每年至少召开一次,遇有特殊情况或三分之二以上社员代表提议,可以召开社员代表临时会议。

第22条 股份合作社成员代表的产生方式为社员代表由村党委、村委会提名,公开征求意见后产生。社员代表每届任期5年,可连选连任。

第23条 董事会是社员代表大会选举产生的常设执行机构。

第24条 董事会由5人组成,每届任期5年,可以连选连任。董事长由董事会推选,为本社的法定代表人。

第25条 董事会主要行使以下职权:

(一)执行社员代表大会决议;

(二)聘任、解聘本社所属部门的负责人;

(三)负责召开社员代表大会,并报告工作;

(四)决定发展计划、经营方针和投资方案,制订年度财务预算和决算;

(五)决定本社内部机构的设置;

(六)制定本社的管理制度。

第五节 村民议事会

第26条 为扩宽村民议事协商渠道,更好实现村民参与村务管理,本村设立村民议事会。村民议事会是村民委员会开展村民自治工作的有效补充。

第 27 条　村民议事会行使以下职权：

（一）收集民情民意,向党组织、村委会提出意见和建议;

（二）参与村务管理,宣传政策法规,调解矛盾纠纷,执行民主决议;

（三）民主议事协商,参与审议应由村民会议、村民代表会议作出决定以外的事项。

第 28 条　村民议事会成员由村民代表会议在村民中推选 7 至 11 人组成,设议事会主任一名,任期与村委会相同,可连选连任。议事会主任对村民议事会工作全面负责,所有成员应当明确各自的岗位职责。村民议事会实行少数服从多数的民主决策机制和公开透明的工作原则,建立健全各项工作制度。村民委员会成员不得兼任村民议事会成员。

第六节　村务监督委员会

第 29 条　本村建立村务监督委员会,村务监督委员会在村党组织领导下开展工作,负责监督村民委员会对村民自治章程和实施细则的执行情况,监督集体资产经营管理及村账镇管财务记账、民主理财情况和村务公开情况。村务监督委员会对村民会议和村民代表会议负责,定期报告工作情况。

第 30 条　村务监督委员会一般由 5 至 7 人组成,由村民代表会议在村民中推选产生,任期与村委会相同。村民委员会成员及其近亲属不得担任村务监督机构成员。

第三章　村民的权利和义务

第 31 条　村民具有以下权利：

（一）对本村重大事项,通过村民会议或村民代表会议进行讨论并表决的权利;

（二）对村级事务的监督权及对村民委员会和村干部工作提出批评和建议的权利;

（三）参加各种文化体育活动、慈善公益活动及文明创建等创评活动的权利;

（四）享受本村规定的各项福利待遇的权利;

（五）国家法律法规和政策赋予的其他权利。

第 32 条　村民履行以下义务：

（一）自觉遵守村民自治章程和实施细则,自觉执行村党组织、村民会议和村民代表会议、村民委员会的有关决定、决议和规定;

（二）自觉遵守土地管理的有关规定,合理利用集体资源;自觉维护本村环境卫生、美化村容村貌,爱护本村集体财产,不侵占、破坏集体土地、房屋、河道、仓库等资产;已入住拆迁安置小区的要自觉遵守住宅小区物业管理规定,履行作为业主要按时交纳物业管理费和对物业的使用和维护的相关义务。

（三）自觉维护本村荣誉，支持村民委员会开展各项工作，配合村民小组长及村民代表的各项工作；

（四）合理表达诉求，对村委、村干部或其他村民有意见或矛盾纠纷，应当通过与村民议事会、村委会、村党组织沟通、协商，理智处理，珍惜并保持本村民风淳朴、和谐安定的局面；

（五）宪法和法律规定公民应该履行的其他义务。

第四章　经济管理

第一节　土地管理（资源）

第 33 条　本村集体所有土地，用地单位和村民只有使用权，没有所有权，不得侵占、买卖或者其他形式非法转让土地，不得随意改变土地性质及用途，不违法用地，不违法搭建。不擅自在农用地、空闲地或拆迁储备用地上植树、挖塘及建设任何建筑物。本村集体所有土地，由村民委员会在上级有关部门指导下依法统一进行管理。

第 34 条　保护耕地，各项建设用地必须符合土地利用总体规划，如涉及占用农用地的须先办理农用地转用手续后方可申请办理建设地用地手续。

第 35 条　国家和集体因发展与建设的需要征用土地，村民应当依法服从，并依法获得补偿。

第二节　集体资产经营与管理

第 36 条　村集体资产包括：依法属于村集体经济所有的土地、建筑物（厂房、仓库等）、道路、场地、桥梁涵洞、管线等设施资产；货币及其他资产等。

第 37 条　村集体资产由股份合作社统一经营管理。股份合作社与承租方签订租赁合同时，租赁价格原则上不得低于同期镇域指导价。

第 38 条　村集体资产的出售、收购、对外投资等处置方案须经村两委班子讨论、村民代表会议通过（一般事项议事会通过），并履行相关报批手续后实施。

第 39 条　村集体资产发现有不良债权和不实债务的，须经村两委班子讨论、村民主理财小组通过，依据审计部门的审计意见调整账户，并报镇农经科备案。

第 40 条　村活动中心及其他公共会所由村委会管理，全体村民均可使用，使用时要爱护公共财物，损坏财物照价赔偿。村民借用集体场所时需支付使用费（含水电费等）。

第三节　财务管理

第 41 条　本村集体经济组织实施村（组）财务镇级代理，在上级业务部门指导下开展财务工作。村民委员会和财务人员必须认真执行《杨舍镇集体经济组织财务制度》，严格遵守各项财经纪律。村财务收支情况由村民主理财小组审核后方可入账,并按季度向村民公开。本村集体资产、资金、财务收支情况作为村务公开重要内容,定期向村民公开,接受村民监督。

第 42 条　村级集体资金、资产和资源属本村全体集体经济组织成员所有,其权益受法律保护,任何单位和个人不得以平调、挪用、拆借或任何方式侵占。

第 43 条　本村建立财务预决算制度,村委会年度收支预算必须经村民代表会议通过,年内收支发生重大变化的,必须调整预算,并经村民代表会议通过。预算执行情况年终向村民公开。

第 44 条　本村各项开支应履行审批手续,按《杨舍镇集体经济组织财务制度》执行。村(社)集体资金不得直接拆借(或委托银行放贷)给民营企业或个人,特殊情况需履行相关报批手续,并报镇农经科备案。融资行为必须符合国家有关金融政策。为保障资金安全,本村不在除国有控股银行之外的任何金融机构开设账户,禁止公款私存、出租和出借银行账户,禁止为任何单位或个人提供经济担保。

第四节　合同管理

第 45 条　本村各类集体经济合同授权股份合作社签订。合同签署前应了解对方资信状况,并遵守相关程序,确保集体经济组织及成员利益不受损害。签订时应遵守镇相关指导意见并应及时报镇农经科备案。

第 46 条　合同签订后,股份合作社应督促对方当事人按约定履行合同条款,维护集体利益。土地、房屋等集体资产租赁合同未经出租方同意并履行相关手续,承包户或承租人不得转租,或改变土地用途,或随意新建、翻建房屋或其他构筑物,否则出租方有权解除合同,收回土地或房屋,并责令恢复原状;承租人不能在规定期限内交回土地、房屋等并恢复原状的,由出租方自行处置,给出租造成经济损失的依法索赔。

第五章　社会管理

第一节　环境卫生

第 47 条　积极搞好村域环境卫生,建立长效管理制度,明确责任,落实人员。引导村民努力做好各项环境卫生整治工作,落实病媒生物防治措施,制止乱出租、乱设摊、乱摆占、乱停放、乱堆物、乱拉扯、乱张贴等行为,不向河道内倾倒垃圾杂物,保持村容村貌美化、绿化、净化,建设环境优美整洁的新农村。

第 48 条　加强食品安全教育和管理,积极开展健康社区建设、红十字救护培训、初保、合作医疗等工作,做好食品安全及卫生工作,保障村民的身体健康和生命安全。

第 49 条 积极取缔无证行医、无证食品加工、无证办学、无证废品收购等非法经营行为,不破坏河道,不污染环境,自觉维护健康良好的生活、生产、生态环境。

第二节 安全生产

第 50 条 本村落户企业应增强安全生产意识,自觉遵守消防及安全生产法律法规,建立安全生产责任制度,消除安全隐患,确保安全生产。

第 51 条 取缔网簖、地笼网等捕捞作业及河道违章、填堵事件。村民及种植户要主动配合做好农药检测、动物防预、规范养殖工作。不私拉电线,确保安全作业。

第三节 社会稳定

第 52 条 利用各种有效方式进行普法宣传,教育村民学法、知法、守法,不断增强法律意识,自觉做到依法办事,照章办事。

第 53 条 村民之间要互谅互让,和睦相处。不诽谤他人,不侵占他人财产。发生纠纷时应协商解决,协商不成的,可由村调解委员会依法调解或者提交村民议事会调解;调解不成的,通过法律途径解决。对不听劝阻、制造纠纷的当事人,情节轻微的予以批评教育,造成人身或财产损害的,依法承担法律责任并赔偿经济损失。

第 54 条 村民有意见或建议可以到村民议事会、村委会或镇相关部门反映,涉及镇政府及相关部门的事项,可直接或由村民委员会及时与镇政府及相关部门协调解决。不得无理闹访,或越级上访,或以堵路、放火、自残、自杀等极端方式扰乱秩序或胁迫工作人员。

第 55 条 组织开展群防群治活动。加强白天和夜间的治安巡查防范工作。村民应当增强防范意识,提高自防能力,加强个人和家庭财物保管,发现有身份不明和形迹可疑人员应当及时报告,勇于同一切违法犯罪行为作斗争。对见义勇为人员,除上级政府或部门予以表彰外,村委会给予奖励。

第四节 流动人口管理

第 56 条 流动人口是指不具有本市常住户口通过租赁房屋而居住在本村的人员。流动人口必须遵守本章程有关规定。

第 57 条 (承租户的义务)居住在本村的流动人口必须遵守以下规定:

(一)与出租人签订房屋租赁协议,并到本村警务站备案;

(二)到达本村七日内,持本人居民身份证或者其他有效身份证明到本村警务站进行登记,并办理居住证;

(三)接受本村属地管理,配合本村开展治安、计生、安全等各项工作,自觉做好卫生保

洁,缴纳环境保洁费;

（四）自觉履行房屋租赁合同约定,不得利用承租房屋进行"无证办学""无证行医""无证食品加工""无证废品收购"等非法经营行为。

第 58 条　（出租户的义务）村民用于出租的房屋应符合出租条件,确保安全、卫生、有序管理,否则发生事故责任自负。

村民出租房屋应遵守"谁出租、谁管理"的原则,不得向未成年人和无身份证明的人出租;需和承租人员签订《房屋租赁合同》及《房屋租赁治安安全责任书》,督促承租人带好身份证等有效证件到村警务站办理居住证。村民应加强对承租人履行合同情况的检查,并教育承租人遵纪守法,遵守村民自治章程。承租人发生违法违规事项的,出租人依法承担相应责任。

第五节　婚姻家庭

第 59 条　自觉执行《中华人民共和国婚姻法》,符合法定条件的男女双方办理结婚登记。

第 60 条　自觉执行《江苏省计划生育管理条例》,实行优生优育,流入人口要自觉执行当地的计划生育管理规定,坚决杜绝无计划生育和非法生育。

第 61 条　夫妻地位平等,反对家庭暴力。父母应尽抚养、教育未成年子女的义务,子女应尽赡养老人的义务,不得歧视虐待老人。

第六章　文化建设

第 62 条　重视村民思想道德建设,充分利用村民学校、宣传栏等阵地,积极开展各类文化教育活动,崇尚健康生活方式,坚决抵制黄赌毒等现象,反对各类邪教和封建迷信等活动,不断提升村民综合素质和地区文明程度。

第 63 条　大力开展"文明家庭""文明标兵家庭""党员文明示范家庭"创评活动,鼓励村民自觉遵守章程和实施细则,积极参与文明创建等各类活动,为建设幸福和谐乡村而努力。

第 64 条　积极发展文化体育事业,不断加强文体活动室、广场、农家书屋、健身点的建设管理,关心扶持文化体育团队发展壮大,组织开展形式多样、丰富多彩、寓教于乐的群众性文化体育活动,丰富村民文化生活。

第七章 劳动就业、社会保障及福利待遇

第一节 劳动就业

第 65 条 村民要适应新型劳动用工制度,提倡自主择业;求职者可到各级就业管理机构或村委劳动保障专管员处进行登记,接受各级就业服务部门或村委会劳动保障专管员推荐应聘。

第二节 征地安置

第 66 条 安置征地劳动力,按上级规定,征地工名额及安置对象向村民公开,征地工保障待遇按有关规定落实。

第三节 医疗保障及补助

第 67 条 组织村民参加居民基本医疗保险。本村农业户籍的村民,应按规定标准交费,本村视情给予相应补助。

第四节 养老保障

第 68 条 本村户籍村民在年老时享受退休养老金待遇(或村定补助待遇)。城镇养老保险人员、城乡居民基本养老保险人员、被征地农民按有关政策执行。退休养老金按市人社局政策及本村有关补助待遇规定发放。

第 69 条 本村对 60 周岁以上的村民每年端午、中秋进行物资慰问,并在春节发放慰问金。

第五节 社会救助

第 70 条 对经济收入水平较低、生活困难的村民,村民议事会可提交村委会讨论,经协商后确定名单。村委会要指导村民做好低保申请和材料送审。

第 71 条 关心好重残或双残困难家庭;关心好孤老、五保户家庭;关心好病退伤残退伍军人家庭,做好军烈属优抚工作及因天灾人祸造成家庭成员重度伤残、死亡或财产损失的,视损失轻重进行上门安抚慰问。

第八章 奖惩

第 72 条 实行以奖代补的考核制度,根据年度工作情况,对在村民自治各项工作中履

职尽责、表现突出、成效明显、群众认可的村民议事会成员、优秀村民小组长、村民代表进行适当的表彰与奖励。

第73条　每年对文明家庭创建工作进行总结，并对在文明家庭创建活动中表现突出的家庭进行表彰和奖励。

第74条　凡违反本章程的，除触犯法律由相关机关追究法律责任外，应根据实际情况承担下列责任：

（一）批评教育；

（二）赔礼道歉；

（三）书面检讨；

（四）恢复原状或赔偿损失；

（五）以户为单位，凡有家庭成员违反本章程的，经村民小组上报，村民议事会商议，村民代表会议决定，该家庭不得享受当年本村各项奖励；造成严重后果的，暂扣或取消法定权益外村给予的有关福利待遇。

第九章　执行与监督

第75条　本章程由村民委员会执行。村委会应根据客观事实，按照章程有关规定酌情对违反本章程的行为人作出相应处理。处理时必须调查核实，经村委会（或村民议事会）集体讨论、村民代表会议决定。处理应公平公正、合乎情理。处理决定以书面形式作出并通知村民，处理决定、依据等有关资料存档三年。

第76条　本章程授权村务监督委员会对执行情况进行监督。村民认为村委会处理有关事项违反本章程规定的，可向村务监督委员会反映，由村务监督委员会调查核实，并公布结果。

第十章　附则

第77条　本章程与国家法律、法规、政策相抵触的，按照国家法律、法规、政策执行，与镇有关意见、政策不一致的，按镇意见、政策执行。

第78条　本章程未尽事宜由村民代表会议、村委会制定具体工作制度或实施办法，作为本村自治制度的组成部分。

第79条　本章程由村民会议通过后施行。

第80条　本章程由村民会议授权村民委员会解释。

二〇一五年十二月

二、轶闻传说

（一）渔梁的传说

渔梁是一条河，渔梁是一方土，渔梁是根脉源流。

据光绪《重修常昭合志》记载：隋代，海虞、南沙两县合并为常熟县，合并后的海虞、南沙设置为常熟县辖区内的海虞乡和南沙乡。宋至清代，南沙乡境内渔梁泾（又名渔梁浜，下同）周边地区称渔梁里（今汤联村南园、北园、西洋巷、后房和西庄自然村一带）。

渔梁的形成可追溯到元代。据光绪三十一年（1905）版《渔梁徐氏宗谱》和《常昭合志》记载：徐氏族人七世祖徐恢祖（谱名明十，字春轩，赠大中大夫武略将军），在元朝鼎盛时期自祖居地邵舍（今张家港市杨舍镇农义村境内）迁至距海虞（今常熟城）城北两舍之远（古时一舍三十里）的渔梁泾旁安家落户，世称渔梁徐氏。

明十公（徐恢祖）举家迁居渔梁后，兴家立业，成为富裕大户。但世事难料，在元、明朝更迭时期，战乱频发，盗贼四起，殃及渔梁。《四库全书》集部六别集类五《篁墩文集》卷五十载："天兵下姑苏，乃挈家避难邑城，事大父母，父母愈力，涉险茹辛。凡数年大父母、父母相继去世，亦不敢以客丧废礼，既而常熟失守，复徙郡城。虽颠沛中，所与游必一时名士。吴元年始还渔梁，顾兵燹（xiǎn）后业以中圯（yí）。"

毋庸置疑，元末渔梁徐氏确经一场浩劫，至明初始还，但家业已毁。

明十公（徐恢祖）始迁之地在渔梁里何处？历代几多争议。1967 年，汤联大队在石河西侧、渔梁泾北岸建造大会堂，开挖地基时，挖出老墙基，墙基旁迭现砖砌排水沟及瓦筑水井等。大面积碎砖瓦砾、大规模基础设施呈现出古时大宅院的痕迹。1974 年，汤联大队十五生产队社员李小琴建房，在原大会堂南 100 米左右挖出旗杆基石，为边长约 1.5 米正方形青石块，高约 1 米，中间有圆孔，直径约 60—80 厘米，孔边凸起成弧状，制作讲究。足见旧时主人为官宦之家，最有可能是明十公（徐恢祖）始迁之地，坊间多有传说。

传说一："先有渔梁里，后有塘市街。"

相传明十公（徐恢祖）从邵舍迁居渔梁里后，善谋生计，富甲一方，有良田百顷。大宅院有厅、堂、楼、阁 100 多间，另有南花园、北花园、南鱼池、北鱼池，前有西洋巷（鱼码头商行），后有养鸡(猪)场,南有马放潭(牧马场),北有大松坟(渔梁徐氏祖坟)。此景于元末明初朝代更迭时期遭毁。

避乱复归故土,已是徐恢祖曾孙孟字辈(渔梁徐氏十世)时期。

据《渔梁徐氏宗谱》记载:渔梁徐氏塘墅(市)支以明十二后裔徐江、徐滨迁居为支祖,与明字辈(渔梁徐氏七世)相隔三代。另居《沙洲县志·集镇志》记载:塘墅(市)镇又名淀东,于明洪武初建镇,分属南沙乡和白鹿乡。故"先有渔梁里,后有塘市街"之传说成立。

传说二:"先有西洋(杨)巷,再有后房村。"

"西洋巷"初称"栖洋港"。相传渔梁始祖明十公迁居渔梁后家大业大,乐善好施。渔梁泾中段(当时在大宅院东首)有阔荡,约有50余亩水面(素称鱼肚大荡),引得东海渔船回港后在此停泊栖息,时间愈久便成渔码头。故此有"西洋巷"之说。

明初,天下开始安定。避乱在外的渔梁之孙逐步复归故土,重建家园。至渔梁徐氏十世,徐恢祖长子徐举(字伯皋,谱名荣七)育三子:长房孟坚之子徐宽于祖宅(石河)东建宅后房,称后房支;二房孟达之子徐礼迁昆山,为昆山支;三房孟明之子徐讷于祖宅西南建宅,称徐(西)庄。季子(孟明)功绩最大,又常随父母身边,所以沿称渔梁支。孟明后裔徐讷生有八子,谱称渔梁八分,以后开枝散叶,各奔前程。徐恢祖次子荣八,生一子孟修,其后裔徐约居南园为园上支祖。

渔梁徐氏历经600余年,且岁岁相传的一句是"先有西洋巷,再有后房村",并非空穴来风。

传说三:五知县坟

后房北侧(今汤联村第六村民小组境内)有块农田名"五知县田",田间有座坟墓,为渔梁徐氏十世孙徐讷第五个儿子徐忕墓。据《渔梁徐氏宗谱》载,"徐忕,字公度。中明正统丁卯(1447)乡贡,历任古田、长宁知县,晋阶文林郎。娶蒋氏,无子。死后葬渔梁东北,北园西南。"因徐忕排名第五,且历任知县,故后世皆称五知县坟。北园在后房东北,渔梁徐氏祖茔大松坟在后房西北,北鱼池在后房直北,五知县坟在北鱼池上首。至于徐忕为何不葬大松坟(祖坟),"版本"颇多:徐忕年轻时在外乡做官,尽忠有余尽孝不足,一生无后但未纳妾,彰显义举,晚年回乡后另择墓地距祖先约500米的地方,以表孝心;徐忕兄弟分居后另建基业,各有一方天地,卒后自然另立墓地;而按家规宗法,嫡长子留居祖地,卒后方可入葬祖坟。以上均为坊间传说。

清光绪三十一年(1905)重修《渔梁徐氏宗谱》,渔梁支第七房二十八世孙徐思赞在采编途中经先祖五知县坟时,触景生情,留下感言:

渔梁东北北园西,隙地均成稻麦畦。

犹有邻人侵马鬣，竟无族人奠豚蹄。

生前大展中年绩，死后难留片石题。

八是都堂五知县，弟兄同没草萋萋。

此诗摘自《渔梁徐氏宗谱·艺文·继美集》。徐思赞在采编途中经先祖五知县坟的感叹，于100多年前为寻踪渔梁徐氏始迁地提供了佐证，与前文提到的1967—1976年石河西侧建房（挖地基）时挖掘出的大宅院遗址不谋而合，由此可见，后房（石河）西侧是渔梁徐氏始迁落脚点。

（根据1905年版《渔梁徐氏宗谱》，团结出版社2018年版《铭记渔梁》记载，以及徐阿标、徐仁明、徐建标、朱莲娣、朱仁林等老年村民集体回忆整理。）

（二）大松坟

大松坟位于原后房西北侧，为常熟、张家港地区的望族渔梁徐氏祖坟之一，占地20余亩，四面环河，因坟地上栽满松树，故名。

据清光绪三十一年（1905）版《渔梁徐氏宗谱》记载：大松坟始于六世祖省八公（徐珵，元初任海道都漕运府万户）原配冯夫人卒葬渔梁；成于七世祖明十公（徐恢祖）迁居渔梁，葬渔梁；继而九世祖孟明公、十世祖南溪公（徐讷）之随（附）葬。明礼部右侍郎程敏政所撰《徐处士传》称"（孟明）墓在南沙乡敬真里渔梁溪北之源"，点明了大松坟所处的位置。明先竹深府挽徐敏叔（徐讷）诗句："青山数亩松千树，愁绝心知挂剑来"，描绘了大松坟的气象。大松坟建有石牌楼，安置着孟明公的神道碑，上刻明吏部尚书大学士李东阳撰的《明故赠通议大夫都察院右副都御史徐公神道碑铭》，颇为壮观。

大松坟历经七百多年。渔梁徐氏家规："诸处坟茔年远其有平榻浅露者，宗子当择洁土益之。近茔树木不许剪，拜岁节及寒食十月朔，子孙须亲展省。"《善士子贞公传》记载："子贞，名殿英，世居小市，第三子乘熙，子仰山，嗣殿南后，分居徐市（今凤凰镇），从贸易起家，祭扫渔梁一如既往，而建堂，栽松柏，过其旁者，咸郁郁哉佳城也。"

几百年来坊间一直流传：明代

图14-1　清代大松坟牌坊示意图

州府徐八都堂（即徐恪）因秉公办事，被奸党陷害后头颅未找到，棺内装了纯金假头，深夜三更出丧时七口棺材在同一时间往不同方位安葬。"文化大革命"时期大破"四旧"，大松坟被全面砍树、挖墓平坟，较多村民带着各自的目的参与。期间在1座墓穴中挖出3口棺材，1男2女。据渔梁徐氏后裔徐阿标、徐建标等回忆，墓穴挖下约2米，见30—40厘米厚的糯米、生矾、蛋清浇铸的"石板"，"石板"下是糯米、生矾、蛋清浇铸的"混凝土"包围层。数人用洋镐、铁杵经三五天砸开包围层，紫红色的棺椁依旧如故。撬开椁盖，灵柩上四周尽是铁铸风圈，上面插满三角形丝绸彩旗；撬开灵柩，内部干燥，一具男尸躺着，着装如古装戏中武将模样。旁侧两口棺材挖出的女尸一具完整，衣着打扮属贵妇人模样；另一具尸体已经消解，仅有长头发与衣服、鞋子可辨。在距上述墓穴西北3米左右，挖出一具男尸，身着缎子长衫，身旁附一根与尸体相当长的竹竿烟杆及数件书生用品。有的墓穴挖开后尸体泡在水里，无法辨认。部分村民在泡水的棺材中捞到碗具等器皿。还有一个墓穴被砸了二天，"混凝土"包围层实在坚固，半途放弃。至此，境内无人发现徐八都堂墓穴。

2015年2月2日，张家港博物馆发布一条"征集到数件明代文物"的信息："近日，张家港博物馆从塘市汤联村一村民中，征集到数件明代文物，包括墓志盖一方，出土于汤联村大松坟中。墓志盖约残缺三分之一，铭文'明故南溪徐敏叔妻周氏之墓'清晰可辨。"（见彩插"历史记忆"）另据《重修常昭合志》记载，明著名大臣徐恪官至南京工部侍郎，乃一代廉吏，"父讷，字敏叔，号南溪"，志盖内容与史书记载相吻合，据此可知该墓盖为徐恪母亲墓葬所在地所出。

（根据1905年版《渔梁徐氏宗谱》记载，以及徐阿标、徐仁明、徐建标、徐阿汝、徐祥生等老年村民集体回忆整理。）

（三）李港巷的由来

李港巷形成于明代。据锡山李氏2011版宗谱记载：两宋时期民族英雄李纲（1083—1140，字伯纪，号梁溪）的后裔祥云（1368—1397），字见龙，号福三，于明洪武年间从泰兴南下，始迁江阴澄东马嘶镇西塘墅（市）江北人宅基（今河北村境内）。祥云公育3子，世芳、世荣、世华。世芳迁徙常州芙蓉镇定居，世荣留原地发展。世荣育叔洪、叔济、叔清3子。叔济、叔清因五行缺水，长子叔洪留在"血地"，次子叔济至渔梁泾畔

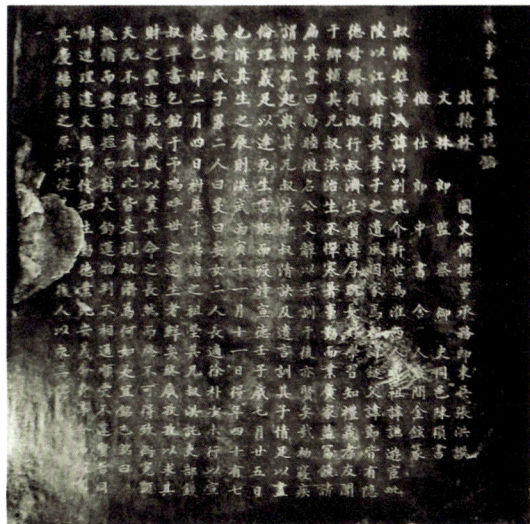

图14-2 李叔济墓志铭（李喜生提供）

后房东北侧低洼地建宅定居,命名李港巷。因宅基自东至西被张泾河、传水浜、下泾河、东泾河和西泾河环绕,北侧紧靠菖蒲塘,四周高,村落低,东西两条大坝是进出唯一通道,故坊间有"小台湾"之称。三子叔清至芦庄(今棋杆村境内)建宅置业。

1983 年秋,塘市南庄轮窑在映山河北岸挖泥取土。李港巷李姓人先祖叔济公青石墓再现。启封石盖,逐层清理棺椁,先祖遗体无朽,虽近 600 余年仍栩栩如生。后由李氏后人把其移葬到杨舍镇河头公墓。在清理石棺时,得墓志铭石碑 1 块(见附图)。碑文载:"叔济公排行第二,生于明洪武丙寅年十一月十一日(1386),卒于明宣德壬子七月二十五日(1432),得年四十有七。妻为黄氏,育 2 男 2 女,长子旻,次子晏,长女嫁徐朴,次女待闺未行"。

(根据 2011 年版《锡山李氏宗谱》记载,以及李连生、李永加、李望生、李永元、李喜生等老年村民集体回忆整理。)

(四)西庄的传说

2016 年末,汤联村人口 2201 人,其中徐姓 573 人,占全村总人口的 26.1%,大多居住在渔梁泾(又名渔梁浜,下同)旁的南园、北园、西洋巷、后房和西庄自然村。

西庄旧称徐庄。

据清光绪三十一年(1905)版《渔梁徐氏宗谱》记载:徐氏族人"七世祖徐恢祖(谱名明十)在元朝鼎盛时,自祖居地邵舍(今张家港市杨舍镇农义村境内)迁至距海虞(今常熟城)城北两舍之远的渔梁泾旁安家落户",始称渔梁徐氏。

至第十世,渔梁徐氏氏族中逐渐分成 18 个支系,汤联境内有后房支、园上支、渔梁支三个支系。

徐恢祖育 2 个儿子。长子荣七,生育 3 子:长子孟坚,后裔徐宽称后房支;次子孟达,后裔徐礼迁居昆山,称昆山支;三子孟明,后裔徐讷于祖宅(今后房石河西岸)西南另行建宅,称徐庄。徐讷学问广博,品德高尚,时任地方粮长,率其僮奴服劳农事,家用再起,新建题名"积善堂"的大庄院,厅堂亭榭,错落有致。左副都御史吴讷所撰《积善堂记》,记载在《常昭合志》中。徐讷常随祖父、父母生活,沿称渔梁支。徐恢祖次子荣八,生 1 子孟修,后裔称园上支。

徐庄改名西庄之谜

徐讷于明正统十四年(1449)过世后,八兄弟就分家各奔前程。据宗谱记载:次子徐恺分居今凤凰高庄村徐家宅基、徐塘头等地;三子徐悌无子,由弟徐怀三子徐绌承祧;四子徐怀分居鹫山周边滚塘岸、珠村等地;五子徐忕当县令,未有子嗣记载;六子徐怿分居六房墅桥、江阴华墅镇等地;七子徐悛分居西张马四房、北泾庄等地;八子徐恰分居八房巷。

依据"嫡长子不出祖屋"的宗法,长子徐慎理应留居渔梁(西庄),然而宗谱中未有徐慎子女在渔梁的记载。徐慎传至第二十世,共有35人没有传承下去。经推算,渔梁徐氏第二十世所处的年代,约在清顺治至康熙初。他们为何不知去向?《铭记渔梁》编著人徐正元在2012—2015年续修《渔梁徐氏宗谱》过程中,对徐慎后裔的去向作了探析。

清代后期,居住西庄的徐氏,并不是徐慎的后裔。光绪四年(1878)版《渔梁徐氏塘墅(市)支宗谱》记载:居住在塘市街镇的南茔分支第二十世孙徐瑚、徐瑛、徐瑗,于清顺治末至康熙初分别迁居西庄,繁衍生息,相传至今。西庄村(宅基)上另一大姓陈氏,江阴云亭《陈氏宗谱》记载,大约在康熙十年至二十年间,陈宏富自塘市镇低坝头迁居西庄。

徐慎后裔在宗谱中消失的年代,正是塘市支徐氏和云亭陈氏迁居西庄的年代。可以推断,在那个年代,徐慎后裔家庭发生了重大变故。

2015年5月与2016年3月,徐正元访问了原居住西庄的徐姓族人。民营企业主徐凯回忆,小时候曾听祖、父辈老人讲,西庄徐姓是一个大家族,大约在明末清初遭强盗抢劫,祸至灭门。徐正保等几位老人提供了另一种说法,徐家是犯了大罪被杀头的,家人为死者装了"金头",半夜间7口棺材同时出殡,分葬数处,以防盗墓。因为这个传说,"文化大革命"期间,大松坟(徐讷祖坟)被砍树平坟,一帮人花了很大力气,掘开墓穴,结果未发现"金头"。

徐正元又查阅了江阴、常熟等地的文史资料,明末清初江南发生过两件大事。

一件是"奴佃暴动",明清史称"奴变事件"。据韩菼(tǎn)《江阴守城记》、计六奇《明季南略·江阴续记》以及江阴《梧塍徐氏宗谱·禀彦范中公传》等记述,徐霞客兄亮工、亮采和徐霞客长子徐屺家,在己酉七月中元夜(1644)遭奴变,徐家宅园被毁,三家共有16人"骨肉灰烬",幸免于难者流浪在外,过着颠沛流离的日子。居住暨阳邵巷村(今杨舍西北)的邵氏,家族内一个姓孙的仆人,乘社会动乱,策动"奴变",恶意纵火,将主人家的房屋、衣服付之一炬。

另一件是奏销案。清顺治十六年冬,朱国治抚吴,上奏章称苏、松、常、镇四府钱粮抗欠者多,为此清廷假大狱以示威,江南士绅革黜至万数千人,并多刑责逮捕之事。二百余年,人人能言有此案,而无人能详举其事者。官方对此大案讳莫如深,在《东华录》中不着一字。仅在某些私人传记、墓志中可见零星记述。如王士祯撰《何讷墓志》:"十七年庚子,充武会试同考官,是年大计吏,举卓异,会江南奏销事起,公名注籍中,去官。"徐乾学《憺园集·翁铁庵元配钱夫人墓志》:"翁铁庵(叔元)于奏销案,虽未被逮,而逃亡十六年。"秦瀛撰《钱陆灿传》:"年四十余,始举顺治十四年乡试,以逋粮案继误,既而复还授通判职。"

徐慎后裔是当地大户,很有可能与这两事大件有关。徐家遭此大难,杀头的杀头,坐牢的坐牢,幸免于难者,离乡背井,隐居他乡。而后来迁居的人们,为图吉利、祥和,便把徐庄改名西庄。

遗憾的是,上述事件在《渔梁徐氏宗谱》中未有记载,此乃不解之谜,有待后人探索研究。

（根据1905年版《渔梁徐氏宗谱》,团结出版社2018年版《铭记渔梁》记载,以及徐正保、徐毛保、徐兴保、徐方保、陈正元、陈进元、陈惠良等老年村民集体回忆整理。）

（五）溃逃国民党士兵秦家巷"拉夫"

1949年1月的一个上午,天气阴沉沉的。水洞坝、河南桥、李港巷一伙年轻人在菖蒲塘北岸秦家巷孙英家打牌,李惠廷(李港巷人,丙寅年十月三十日生)在旁边观看。国民党溃逃军队船路过菖蒲塘,3个士兵上岸"拉夫",打牌的人闻讯后躲的躲,跑的跑。孙英家大门紧闭,李惠廷背靠园堂已闩上的侧门上,屏住呼吸。国民党士兵在门外叫了几声,没有反应,用脚踢了几下,还是无动静,一个士兵用步枪对准门板,扣动了扳机,李惠廷应声倒在血泊之中。

一声枪响,如晴天霹雳,李惠廷被无辜枪杀的消息随即传遍附近村庄。三四十个乡邻火速赶到现场,义愤填膺,要求给个"说法",国民党士兵啥也不睬,蛮不讲理。无奈,众乡邻眼睁睁看着国民党军队船溃逃东去。

沉浸在新婚蜜月中的李惠廷妻子陶氏闻此噩耗,哭得死去活来。

（根据李连生、李喜生等老年村民集体回忆整理。）

三、其　他

（一）陈阿士收养弃婴

陈阿士(1914—1977)　又名陈士保,汤联村野鸡场人。因其体形壮硕,性格刚强,有时"三不买账",坊间叫他"硬毛头"。1949年4月20日,人民解放军渡江南下前夕,陈阿士摇小木船把杨舍镇镇长夏一之(女)送到上海(后撤往台湾),夏一之以一包麝香给陈阿士作酬金。新中国成立后,坊间百姓有牙齿痛等,都会去找陈阿士用麝香给予治疗。陈阿士育有三个女儿一个儿子,住两间竹竿橡泥筑墙草屋,家庭经济状况较差。1952 年冬的一个早晨,陈阿士到塘市赶集,路过东街厕所旁,听到有微弱的婴儿哭声,走近一看,破棉袄里裹着一个被遗弃的小女孩,陈阿士二话没说,把小女孩往"长格篮"里一放,直往家里跑。平时以稀粥汤作婴儿主食,有时候向宅基上产妇人家要点奶水喂养。尔后 3 年中,陈阿士又在乡政府(老洋房)门口先后捡回 2 个弃婴抚养。妻子周满娣从自家生活状况考虑,执意不要,陈阿士铁心不从。周满娣执拗不过丈夫,一气之下离家出走,到上海"住人家"(即从事家庭服务行业)去了。陈阿士分别给捡来的 3 个孩子取名陈阿萍、陈金虎、陈建新。尽管自己家生活非常艰苦,常年以带皮南瓜为主食,但陈阿士仍把阿萍、金虎当作自己亲生子女扶养长大并成家立业,建新在 18 岁时自愿要求回老家江阴市北涸定居。1977 年陈阿士病故。1979 年,离家出走 22 年的妻子周满娣获悉丈夫过世,回到家庭。

(根据陈金虎自述,以及陈明保、陈梅根、陈正明、陈建明等老年村民集体回忆整理。)

(二)虞惠贤:影响团结的话不翻译

熟悉虞惠贤的人都对他忠厚的笑容与待人的随和留下印象。虞惠贤说,常态下他是个不爱发脾气的人,但有时候也会"爆发"。

曾和米卢吵过一架

两年多来同米卢的合作是愉快和融洽的,但也有过纠葛。在黎巴嫩同他面红耳赤地争论了好几分钟。幸好当时没有记者在场,这段"不快"也从未被曝光。一些队员当时拉着小虞,让他克制,球员们都奇怪一向笑容可掬的翻译在米卢面前也有脾气。其实这次争执完全是因为工作,西班牙语本身在人称代词上就比较特殊,而米卢是个思维活跃到常常大幅度的跳动,有时你上一个意思还没有翻译完,他新的主意又来了。虞惠贤就提醒他先把你上一个要求做完,否则队员也难以理解。他和虞惠贤争论,最后吵起来了。虞惠贤说,自己只是个翻译,对米卢的工作不能有一点越俎代庖,但传达清楚是他的责任。虞惠贤感到自己应该更多地去适应米卢,智商高的人常常说话让常人一时理解不了,就是米卢的夫人有时在同米卢说话时也会问他:"你刚才说的是什么,我怎么没有听懂?"看来,这一吵并没有坏处,至少在一些做法上更统一了。有时候队员听米卢说两句虞惠贤却翻了四句而感到奇怪,但同行翻译听了后都感到翻译得好,因为米卢的话有时简练到必须加工。当然,有的时候就要由着米卢的性子来。世界杯外围赛中国队对柬埔寨踢完,"米卢下课"的声音沸反盈天,米卢走遍世界从来没有受到如此羞辱,他感到委屈的是中国队没有被淘汰,为何这样让他没有尊严。他对虞惠贤叫唤了一刻钟,有时激动得像咆哮,虞惠贤微笑地听着,觉得让他发泄一下驱走坏心情是必要的,哪怕自己成为出气筒。

影响团结的话不翻译

南勇在一次中国足球队的会上介绍虞惠贤时风趣地说："好话时他夸张,纠葛时他隐瞒。"按说这不符合翻译的职能,虞惠贤认为自己过去为商业谈判必须严谨到一丝不苟,但在中国足球这个大环境下,有些事情翻译需要起到防震垫的作用,甚至有时干脆给予阻隔。

在是是非非笼罩的中国足球界,米卢有着语言上的优势,那就是对他不满和非议的话他都听不懂。一些并不利于团结的话,又偏偏有一个会帮他过滤的翻译虞惠贤。比如米卢遭到球队内一些不能上场球员在报纸上的指责,受到连续失败后对他权威的疑问,那些凡是情绪化的和没有建设性的话语,虞惠贤都不翻出来。所以米卢曾得意地说:"我有个好翻译,他从来不告诉我他们对我的侮辱和指责。这对我来说就很轻松了。"难怪央视后来连续用虞惠贤的讲话作为一种任何人需要互相理解的范本,虞惠贤在多次播放的画面中说:"米卢有的时候说话比较刻薄,球员讲话也有欠妥的,我一般都要掌握分寸,不要把影响团结的话翻出来。"这实在是一种耳不听为净的好办法。有一次在沈阳听《实话实说》崔永元与米卢的对话,一位职业球迷在激动之余说:"米卢先生,您帮助我们实现了44年的梦想,当您离开人世的时候,我们一定给您建立一座丰碑,每年都去墓地给您献花。"崔永元有些不高兴地说:"越说越不像话了。"事后问虞惠贤翻译给米卢了吗,他说:"那怎么能翻出来呢?有些事情就需要耳不听为净,米卢不想听,因为他不愿自寻烦恼,不愿介入一些人事上的纠葛,那就不要给双方添堵。"

(摘自 2002 年 7 月 31 日《体坛周报》)

(三)程才元与家庭圆作坊

20 世纪 50—60 年代,境内经常出现肩挑箍桶担(工具箱)的圆作匠走街串巷。工具箱里装有各种刨子、斧子、凿子、榔头,担肩上还挂有扁形铁条和竹片(又称铁箍、竹箍)。农户家有马桶铁箍锈蚀断裂、提桶底板腐朽漏水,需要换板改足、重新上箍的,经他们修修补补,可再用上 3—5 年。

程虞家堂圆作程才元与众不同,3 间平房既是 7 口之家又是作坊工场,成品间、原材料间、工具间都在其中,有时挤得水泄不通。每到冬天,还要组织家庭成员外出收购榉树、楝树,买回家后堆放在场头待其自然风干,方圆八里留下他们的足迹。在那个年代,农家闺女婚嫁,少不了屎马桶脚盆,俗称"三盆三桶",经济条件好一点的家庭"五盆五桶"。大到子孙桶(又称长桶),小到水果盆,还有脚盆、提桶、担桶、鞋桶、饭桶等等。程才元制作的木桶木盆,都是用自然风干的上等树材做成,大多是流线型的弯板构成,无柴油桶式的直筒子,工艺精湛。这些"三盆三桶",经油漆匠描龙绣凤般装饰点缀,都像一件件艺术珍品,其形状有正圆、椭圆、扁圆,有腰鼓形、鼓墩形,有的上口大下底小,形似亭亭玉立的少女。60 年代中期,程才元被选为十三生产队队长,白天没时间做圆作活,客户来料加工的"三盆三桶"不能"毁约",程才元只得每天"开夜工"完成。1974年,程才元到塘市红木工艺厂当圆作师傅。80年代后,塑料制品逐步替代了各种盆盆桶桶。塑料制品虽然价廉物美,但原先的木桶木盆环保,使用寿命长。附近农户还是习惯地到程才元家订制,也有把家中上等树材运到他家要求定制加工。

进入21世纪,随着农村城镇化建设的不断推进,居民的婚嫁观念随时代变迁而发生巨变,"三盆三桶"逐步退出嫁妆行列,圆作这个流传了几百年的老行当渐行渐远。

(四)古诗词摘录

人世吟

渔梁徐氏南渡十世孙　徐　讷

人生寄世若梦中,达人洞视知穷通。

孜孜矻矻劳神思,富贵原来总是空。

君不见,

西山晚照多坏土,五陵第宅蓬蒿中。

子孙贤愚有分定,气运盛衰皆数逢。

吁嗟乎!

北窗一塌清风里,安问趣味谁能比?

就是三公犹不易,世上浮名何足喜。

此心淡泊久无为,静坐焚香看书史。

人若贪恋一迷心,终日营营忙到底。

长行之际徒叹嗟,身后茫茫谁料理。

君不见,

始皇欲图万世业,二世以后谁为主。

粮长歌

徐　讷

粮长好、粮长好,

私租私债不用讨。

何如十万稻人家,

红日三竿犹未晓。

府君见当时粮长多怙势害民者,乃赋此以讬讽。友人韦司教涣,述其乃祖所闻,及从伯庭昭所云亦然。

上御史

徐 讷

莫怪柴门久不开，

只因鸡犬污庭台。

儿童未识天朝使，

误报寻常一秀才。

洪武至宣德间，监临宪臣多微行，当时豪石敛迹。一日御史过渔梁旧第，闻闾里交称府君乐善好义；又见门庭清肃，诸下循规，赞叹不绝。盖御史素幕府之名，而廉得其实也。乃府君得报，御史已行矣。随赋此章，命仆追及上之，御史笑曰：我既行矣，不必复返，为我致谢主人，遂去。呜呼！府君著作尽失，可胜惜哉，然睹此可概其余矣。

元孙侨谨识

洛阳即事

渔梁八房十一世孙 徐 恪

洛下芳园自古夸，

姚黄何处见名花。

萧条官舍冰霜里，

惟有寒松阅岁华。

题墨梅

徐 恪

花开长是岁寒时，

雪虐风饕号自持。

可是群芳忌孤洁，

故将玉艳化为缁。

谒万安山范文正公墓

徐 恪

晓谒封茔过万安，褒贤寺里驻征鞍。

三朝事业推人杰，九族声华振岁寒。

徒自由心增感慨，却渐无术济艰难。

龙门风景非当日,惟有伊流绕旧滩。

谒朱仙镇岳武穆王庙

徐 恪

汴洛腥膻寝庙空,中原恢复仗英雄。

黄龙未遂长驱志,歇马犹存旧战功。

貔虎散归烽戍老,河山遗恨古今同。

西风一掬怀贤泪,洒向荒祠夕照中。

歇马营:在朱仙镇南二十里,以武穆驻师于此故名。

新安有感

徐 恪

河南饥馑之余,所在凋敝,第民间疾苦,未能上彻庙堂,遂行益税之法,所司亦怵于势,一切横征以济目前之急。于是流徙闻风莫敢言。旋予始至新安,闻其事,思有以缓之而纲运已迫行矣。付诸一叹,书此以告同志,幸为我民筹之。成化丁未十月二十三日。

村落荒凉烟火稀,河山犹说旧京畿。

绕林倦鹊惊还去,鸣泽饥鸿集又飞。

逋负已蠲仍横索,流亡虽在敢思归?

凭谁寄与岩廊客,莫遣闾阎有是非。

凤山述怀

徐 恪

家林原在凤山前,绿野茫茫际让川。

直道曾遭展禽黜,知几不似秃鹰先。

悠悠往事今何较,落落虚怀我自便。

卧起两峰如濯翠,炉薰聊复对遗编。

（摘自 2018 年团结出版社《铭记渔梁》,徐正元编著）

（五）民间歌谣（节选）

1. 儿歌

摇篮曲

摇摇哎，
摇摇哎，
肉宝贝（女）。
肉宝贝（男）。

养养杜（大），
养杜（大）则（了），
嫁出扣（去）。
做官扣（去）。

扛铃、扛铃马来哉

扛铃扛铃马来哉，
隔壁大姐转来哉，
吃点啥，
茭白炒河虾（虾读唬）。
厨子踏煞老鸦，
老鸦告状，
告拔（给）和尚，

和尚念经，
念拔（给）观音，
观音卖糖，
卖拔（给）土地，
土地放屁，
吞煞苍蝇。

十只箩

一箩巧，
二箩执，
三箩拖棒柱，
四箩全不识。
五箩富，

六箩穷，
七箩长工，
八箩相公。
九箩骑白马，
十箩坐官座。

2. 习俗歌

新　年

蒸糕做酒新年到，
合家老小齐欢笑。
芝麻开花节节高，
今年又比旧年好。

照田财

正月半，照田财，
田财娘娘到我（俚）田里来。
别人家稻箩荸荠大，
我家的稻箩掀天高。

清　明

清明时节雨纷纷，
千家万户去上坟。
桃红柳绿无心赏，
田野坟间多哭声。

中　秋

八月中秋赏月忙，
月饼水果台上放。
香烟飘飘求嫦娥，
年年丰收无饥荒。

3. 酒色财气歌

酒

酒字舀来一碗汤，
凡人偏爱肚中藏。
酒肉荤腥人人爱，
酒性丑个气闹来。

财

财字想来个个爱，
势利小人心更恨。
君子爱财有道取，
昧心横财难临身。

色

色字想来凡人贪，
贪色小鬼伤自身。
一夫一妻前生定，
闲花野草作尊深。

气

神情高傲心气盛，
大事小事都要争。
虚荣心思要不得，
伤了和气伤了身。

4. 劝世歌

奉劝贤良大众听，
贪婪妄想不回心。
指望年年常富贵，
不愁生死与贱贫。

世上只怕空腹饥，
肚中有食便思衣。
衣食两字都好过，
又想姣容美貌妻。

娇妻美妾房中有，
每日思量房屋底。
造得高堂并大厦，
叹无田地少根基。

买得良田千百亩，
缺少龙舟骏马骑。
有了轻马又奴婢，
若无官职被人欺。

做了官员嫌职低，
小官要受大官气。
做了五马黄堂守，
还想朝中着紫衣。

人心不足蛇吞象，
南柯黄粱梦一场。
诚实守信立身本，
百世流芳美名扬。

四、文件辑录

关于成立中共杨舍镇旺西等村党总支部委员会及顾建平等同志任职的通知

杨委组〔2006〕16 号

各基层党组织：

根据市委组织部《关于同意建立"中国共产党张家港市杨舍镇旺西村等 25 个村总支部委员会和前溪社区等 9 个社区总支部委员会"的批复》（张组复〔2006〕4 号）文件精神，建立：

（略）

中共杨舍镇汤联村党总支部委员会，下辖工业党支部、农业党支部；

（略）

张厚兴同志为中共杨舍镇汤联村总支部委员会书记；

李锦城同志为中共杨舍镇汤联村总支部委员会委员，兼工业党支部书记；

徐明保同志为中共杨舍镇汤联村总支部委员会委员，兼农业党支部书记；

（略）

中共杨舍镇委员会
二〇〇六年六月二十五日

关于调整金塘社区党总支设置及蒋炜等
4位同志职务任免的通知

张经工组〔2015〕6号

区镇机关各党组织,各办事处(街道)党工委、各村(社区)党组织、企事业单位党组织:

为进一步理顺党员组织关系,调整党组织设置,经2014年12月26日经开区党工委、杨舍镇党委会议研究决定,将汤联村党总支与金塘社区党总支合并,成立新的金塘社区党总支,下设金塘党支部和汤联党支部:

蒋炜同志兼任金塘社区党总支书记;

李金城同志任金塘社区党总支副书记兼汤联党支部书记;

高丽萍同志兼任金塘党支部书记;

免去程亚同志兼任的金塘社区党总支书记职务。

中共张家港经济技术开发区工作委员会

二〇一五年一月十二日

关于村（社区）党组织班子成员调整的通知

张经工组〔2016〕1号

区镇机关各党组织,各办事处（街道）党工委,各村（社区）党组织、企事业单位党组织：

经二〇一六年三月十八日经开区党工委、杨舍镇党委会议研究决定,对村（社区）党组织班子进行调整,现将调整结果予以公布。

（略）

季健同志为汤联村党总支书记（兼）,李金城、高丽萍、徐江、李卫丰、肖玉春同志为汤联村党总支委员；

高丽萍同志为金塘社区党总支书记,陈瑞虎、徐琴芬同志为金塘社区党总支委员；

（略）

中共张家港经济技术开发区工作委员会

二〇一六年三月二十九日

后　记

2015年秋,时任塘市办事处副主任、金塘社区(汤联村)党总支书记蒋炜要编者编纂《汤联村志》,编者既钦佩家乡领导有如此强烈的责任意识和为村民留住乡愁的文化理念,又心存畏惧,担心自己才疏学浅,难以做好这项工作。小小一部志书,实际上却是一项宏大的文化工程,是一个村的"根"和"魂"。志书涉及地理历史、政治经济、文化社会、民生习俗等,其时间跨度长、质量要求高,难度超乎想象。经请教市文史专家徐祖白、《塘市镇志》主编陈进章,加上编者学过摄影,曾在市民政局帮忙编写过《苏州市吴文化地名保护名录(张家港卷)》,熟悉家乡的风土人情、轶闻掌故,于是欣然从命接受了这一项艰巨的任务。

在中共青海省委原副书记姚湘成、江苏澳洋集团总裁沈学如等关心支持下,《汤联村志》的编纂工作于2016年3月启动,2017年9月完成初稿。2017年10月,开始征集老党员、老干部和村民代表意见。几经增、删、调、改,经市委党史地方志办公室初审、复审,2018年6月终审结束。终审会对终审稿的体例结构、行文规范等方面进行了全面评审,认为《汤联村志》稿接地气,真实、客观地反映了汤联的地方特色和历史风貌,同时,也中肯、细致地提出了100多条修改意见和建议。会后,编者按照评审会议提出的意见和建议,逐条修改、补充,特别是在居民、工业等卷增加了新的内容。2018年10月,村两委班子及老干部、老党员代表再行审核。历时近三年,数易其稿,终于使《汤联村志》定稿,实现了全村父老乡亲的夙愿。

在1500余年的历史长河中,汤联隶于常熟县;新中国成立后,五十年代划归江阴县。其间无一部专门的旧志,而常熟、江阴的志书中,涉及汤联的仅是一鳞半爪。这给村志编写造成了很大的困难。汤联村两委根据"众手修志"的精神,召集老党员、老干部、社会贤达、村民代表,召开座谈会27次,近300人次为编写村志提供史料。全体资料员紧密配合,广征博采,搜集原始资料。写作人员以编好村志为己任,坚持"征引必从所出,疑义互相折衷",夜以继日,默默耕耘,为写好村志倾注了最大努力。

《汤联村志》不少内容涉及解放初期常熟、江阴、塘市的历史变革,较为繁杂,查找原始资料犹如大海捞针。在编纂过程中,工作人员一方面多次到张家港市、常熟市、江阴市档案局查阅档案;另一方面认真翻阅了《常昭合志》《常熟县志》《江阴县志》《沙洲县志》《张家港市志》《张家港水利志》《杨舍镇志》《塘市镇志》以及历年的《张家港年鉴》等志书和一些宗谱,获取了大量有价值的资料。在编纂人物卷过程中,先后20余次组织人员调查采访,认真听取群众意见。汤联村原党支部书记张后兴,原村办企业负责人程叙法等认真回忆了汤联的地情、风情和村办企业的发展历史,不厌其烦地提供相关资料。中风后半瘫痪且语言成障的闵汝生由妻子推着轮椅,把纸张泛黄、字迹模糊的相关原始资料递交给编者。杨舍镇史志办的戴玉兴、蔡惠兴、苏仁兴以及中共张家港市委党史地方志办公室的汪丽菁、陆正芳、朱永平等,热情指导、精心审核,在确保志书质量方面全力给予支持和帮助,在认真审阅终审稿后对人物、精神文明建设等卷不仅提出了修改意见,而且提供了具有一定历史文化价值的资料。

正是由于众人合力,才能在较短时间内完成《汤联村志》的编纂工作。在此,编者衷心向汤联村许多老同志、在职干部和各界人士在工作上的关心和支持表示衷心感谢,向杨舍镇史志办和张家港市委党史地方志办公室领导的关心和指导表示衷心的感谢!

《汤联村志》既要符合"志"的体例规范,又要反映汤联村的时代特色,所记述的内容门类繁多,面宽量大。尽管编者竭尽所能,变"淡墨"为"重彩",化枯燥为形象,但仍有诸多不足。由于历史年代久远、史料繁杂,口述回忆或许有所出入,部分章节第一手资料缺失,加之时间紧迫,编者阅历和水平有限,志书中难免有不足之处,恳请各方专家学者、有识之士及广大村民予以批评指正。

编 者

2018 年 10 月